走进孙佩苍

ZOUJINSUNPEICANG

孙元　著

沈阳出版发行集团
沈阳出版社

图书在版编目（CIP）数据

走进孙佩苍 / 孙元著 . -- 沈阳 : 沈阳出版社，
2018.2
ISBN 978-7-5441-6880-9

Ⅰ . ①走… Ⅱ . ①孙… Ⅲ . ①孙佩苍（1889-1942）
—生平事迹 Ⅳ . ① K825.46

中国版本图书馆 CIP 数据核字 (2018) 第 036541 号

出版发行： 沈阳出版发行集团 | 沈阳出版社
（地址：沈阳市沈河区南翰林路 10 号　邮编：110011）
网　　址： http://www.sycbs.com
印　　刷： 辽宁一诺广告印务有限公司
幅面尺寸： 150mm × 235mm
印　　张： 29
字　　数： 300 千字
出版时间： 2018 年 3 月第 1 版
印刷时间： 2018 年 3 月第 1 次印刷
责任编辑： 闫志宏　李　赫
封面设计： 润泽文化
版式设计： 李　赫　彭伟哲
责任校对： 毕玉良
责任监印： 杨　旭

书　　号： ISBN 978-7-5441-6880-9
定　　价： 128.00 元

联系电话：024-24112447　E-mail：sy24112447@163.com

本书若有印装质量问题，影响阅读，请与出版社联系调换。

孙元，1946 年生于沈阳，退休工程师，现居北京。写有《寻找孙佩苍》。

戊辰冬尽写雨珊老友　悲鸿（1929）

孙佩苍（1889—1942），又名孙沛苍，字雨珊、禹珊，媒体报道中还有雨三、玉山、玉三、慰三等称号。民国时期著名的美术家、教育家、收藏家。

《孙慧筠画像》孙禹珊笔（1927—1928）

孙佩苍的道路（代序）

——杨先让

人世间多少人与事，被遭灰飞烟灭，真乃一江春水向东流，遗留下永远的遗憾与惆怅。

读了孙元著的《寻找孙佩苍》和即将出版的《走进孙佩苍》这两本书，我惊叹不已。不仅知晓了孙佩苍这位传奇式的人物，也进一步认识了我的恩师徐悲鸿。

1946 年出生的孙元是孙佩苍先生的嫡孙，他与 1942 年在四川成都神秘死亡的祖父不仅未曾谋面，而且几乎全然不知。经历了近七十春秋，孙元退休后才有条件跑家乡东北、赴四川、进台湾、飞欧美，不辞辛苦去寻找与祖父有关的蛛丝马迹。

孙佩苍（1889—1942）、徐悲鸿（1895—1953）先后于第一次世界大战后的 1919 年和 1920 年赴法留学，曾在巴黎高等美术学院同一画室学习绘画。他们一起成立“天狗会”，孙佩苍为军师……交往二十余载。二人都有一个为中国文艺复兴志同道合的梦想：办学、建立美术博物馆等。

孙佩苍因有东北家乡和政府的资助，在经济上比徐悲鸿等人优越一些，可以游遍欧洲各国博物馆、图书馆。他具备极高的鉴赏力，收购了一定艺术水平的油画名家作品和大量精致的印刷品。加之 1930 年他再赴法国任里昂中法大学校长三年，又有从 1936 年到 1940 年间数次旅欧赴法期间的收藏，使之成为中国近代美术界独一无二的收藏众多西方绘画艺术品第一人。

未料 1942 年 1 月，孙佩苍首次将部分收藏在成都展出时突然去世，展品随着也失踪。（此时正是徐悲鸿由新加坡逃至云南，遭“八十七神仙卷”被盗，又身患重病不起之际。）几十年后的 1969 年“文革”中，孙佩苍遗孀姚淑容将余下一批西方绘画艺术品托存于中央美术学院库房。

我从 1948 年考入北平国立艺专，1952 年毕业于中央美术学院绘画系，随徐悲鸿院长习画五个年头，直至在中央美术学院退休。居中国美术界近七十年经历的我，对孙佩苍为何许人，竟一概无闻无知，如我者百分之九十九也，这是令我惊叹不已的又一缘故。诚然，在那个两党分裂、意识形态水火不容的年月，孙佩苍身为国民党人，又系国民参政会参政员身份，他的家属和后人们，躲还来不及，怎敢去追寻孙佩苍的功绩呢，这是多大的障碍与悲哀。

借助改革开放的形势，年已退休的工程师孙元，继承了东北人的基因，拿出超人的勇气，在老辈们相继离世、无一纸一字记录的情况下，大海捞针，去天南海北寻找祖父的事迹，先写出《寻找孙佩苍》。

此书出版后，孙元又历时三年，在国内外寻找到数万字相关历史文献、档案。通过对其祖父一生行踪史料钩稽，让我们了解到孙佩苍的美术思想、价值观和世界观，并以点带面，将研究内容扩充到其他相关人物、地域、时期的美术、教育并涉及若干鲜为人知的美术史活动。发现了更接近于真相的历史，重新加以审视、诠释，写成此书。

孙佩苍在促进国家统一、抗战方面的表现令我对孙佩苍先生有了新的认识，并对徐悲鸿院长有了更多的理解。

孙佩苍一生被异族侵略家国的仇恨、复仇使命压身，这位有血性的东北汉子聪慧明智、正直果敢，他为公而学习绘画艺术和收藏西方名家艺术品，原本与徐悲鸿一样要以美术救国，却被九一八事变、七七抗战爆发一步步牵动，为了爱国救亡参与党派、身许政治，申诉呐喊、身体力行，出生入死，在艺术这条道路上，无奈地分心了。本属艺术气质之人，却不安分，如他所言："倘逢不合意之事，则必深感不快，惟其不快，斯有改革，惟其改革，斯有进步。"全身心投入抗战的他却陷入政界旋涡，最后竟遭不测，呜呼哀哉，无处申冤。实乃国家民族之憾事，更是中国美术界无法弥补的损失。

徐悲鸿走的是一个爱国主义艺术家的道路，他创作教学，抗战期间以画笔当枪，抱病挥汗创作，办画展募捐支援军民，尽了一位艺术家崇高的责任。在现实中，徐悲鸿既远离又厌恶国民党，他比孙佩苍幸运，等到了抗战胜利。虽然 1953 年早逝，也总算实践了自己的艺术主张，未如孙佩苍先生遭那无辜的惨烈牺牲。

他们是中国美术界光荣的先驱，我们将永远尊敬和纪念，更不可遗忘。

我在孙元新书——《走进孙佩苍》面世之前，以此感慨一番了。

2017 年夏于北京

艰辛的寻找，一个没有结局的历程（代序）

——许光明

每每拜读《走进孙佩苍》一书原稿，眼前总是浮现出西藏著名摄影家车刚先生的一幅著名摄影作品《天路》。黑暗混沌的天地间，一抹金黄色的阳光，透过云层，洒在朝觐的路上。一位虔诚的信徒，一边行走，一边朝拜，在阳光的沐浴下向着心灵的圣地前行，去寻找心中的太阳以及那片光明。虽然，两者的目的各不相同，我却总是把寻找祖父历史的孙元先生和作品画面中的人物重叠在一起。

认识孙元，缘自老友鲁迅美术学院张澎教授的引荐。他说北京有一位朋友，其祖父是辽沈地区的历史文化名人。因为我曾多年从事档案和文史研究的管理工作，希望能为其寻找祖父的历史档案提供帮助。我便做点功课，在网上搜寻，先找到孙元所写的《寻找孙佩苍》一书，后从网上购得。从这本书我开始认识孙元和他的祖父孙佩苍先生。

沈阳是一座历史悠久的城市。清末民初的沈阳，从封建都城到新兴的工业重镇，完成了历史的蜕变。清末的新政，日俄战争的洗劫，铁路的修建，商埠地的开放，现代工业的兴起，现代商业的繁荣，日本南满铁路附属地的建立，张氏奉系军阀统治。沈阳在血雨腥风中完成了沧桑巨变，一个现代工业城市在东北崛起。这一时期，开放的沈阳不仅聚集了国内外各路建设大军，同时也凝聚了国内外一大批文化、教育界的精英。章士钊、梁漱溟、罗文干、冯祖荀、刘仙洲、黄侃、刘半农、吕思勉、梁思成、金毓黻等，他们辛勤耕耘，与这座城市一同成长，为沈阳的社会发展和文化繁荣做出了杰出贡献。孙佩苍先生也是其中重要的一位，历史不该遗忘。

孙佩苍先生是沈阳杰出的西方美术的传播者、教育家，沈阳最成功的美术社团的倡导者和组织者（奉天美术研究社社长），沈阳最具规模的现代美术展览组织者，东北文学研究会发起人之一，东北大学教授，法国里昂中法大学校长，国联宗旨教育青年分委员会中国委员，首届和第二届国民参政会辽宁省籍参政员，抗战时期的国民党东北党务办事处主任。他丰富的阅历足以成为民国时期辽沈乃至国内的重要历史人物。孙佩苍先生是一生致力于西方美术的学习创作、教育和传播者，同时也是国内西方美术作品最大的收藏家。他早年毕业于北洋师范学堂博物科，以优异成绩成为清末最后一代举人。在沈阳从事十年教育工作后赴巴黎高等美术学院学习，是徐悲鸿、邵洵美、郭有守等先生的同窗和挚友。他一生收藏了大量的西方和国内名家的美术作品，同时也致力于为国内美术机构收藏西方美术作品。先生英年早逝，虽然他的去世和身后个人藏品下落都成为历史悬案，但作为西方美术的传播者、教育家、收藏家，他一生的追求无憾。

追溯和研究历史事件和历史人物，尤其是个人，是一件非常艰难的事情。考察、收集、考证、研究、出版需要大量的经费和时间，没有国家或相关机构的支持是很难支撑的。更难的是寻找历史的踪迹和佐证。遗憾的是孙佩苍先生没有留下日记、文书，给后代留下的只是记忆中只言片语和一些模糊的情景。或许就是割不断的血缘关系，让孙元踏上了一条艰难的探索路。退休后的他，自筹经费，开始寻找祖父的踪迹，一找就是十年。国内各地和台湾的图书馆、档案馆，国外祖父学习生活过的法国巴黎高等美术学院、里昂中法大学和其他国家的图书、档案馆，都留下了他的身影和足迹。在历史档案、图书报刊资料和历史人物日记中寻找，向学者、专家们虚心求教、求证。孙元不是学者，也不是作家，只是位退休工程师。他文学底蕴深厚，或是因多年从事科学研究工作，其写作思路清晰、取材缜密，书写流畅。这本书字数并不算多，由一件件历史档案文献资料和寻找过程串联起来，读起来沉甸甸的。不仅让其祖父的形象逐渐地清晰起来，走近现实，矗立在我们的面前；又引发我们沿着书中披露的人物、事件线索，走向历史。

书写这样一位地域的历史文化名人的工作，本应由辽沈地区的历史研究者或作家们来撰写，不能不说是个遗憾。说明我们还有许多工作要做。

近年来，许多历史人物的后代撰写了他们前辈的回忆文章或传记。这本是件好事，家族的回忆和家藏的史料，可以弥补历史档案和文献中的空白与遗缺。但在一些作品中，缺乏实事求是的态度和严谨的考证。为了让先辈们的形象更加丰满，增添了一些主观色彩和缺乏考证的描述，反使得人物与历史偏离，本来的真实人物通过这样的描述却让读者觉得不真实。撰写历史人物传记或考证，无论是公撰还是私撰，尤其是后人写前人的，都应以史实为先，同时还要保持一个平常心。孙元最值得我尊敬也是我愿意为此书作序的动因，是其写作的方法和态度。他尊重历史，让档案文献说话，相信它们的力量。他尊重读者，尊重祖父，少有主观评价和溢美之词，避免人们对历史或历史人物误读误解。这正是值得我们学习和借鉴之处。

从第一本《寻找孙佩苍》到第二本《走进孙佩苍》，在寻找和写作的过程中，孙元也同书一起成长。他走近了未曾谋面的祖父，我们走近了孙佩苍先生。孙元完成了自己的夙愿，也完成了自己。

我之所以选择“艰辛的寻找，一个没有结局的历程”作为序言的标题，一个原因是两本书记录了孙元十年艰辛寻找的过程，另一个原因是两本书也只是寻找到孙佩苍先生生平中的一些关键节点和粗线条的记录，只是把这位历史人物矗立起来。由于没有同时代人对其详细的记录，又没有日记的支撑，缺少对人物细节的描述和刻画。且两本书不是传记或回忆录，需要作者和读者不断地发掘、研究，使其更加丰满鲜活。我们都无法真正走进历史，走进历史人物。只能走近他们。书籍出版只是开始，不是结束，路途还很遥远。

在沈阳出生的孙元有个愿望：这本书能在沈阳出版，让祖父回到家乡。孙佩苍先生大半生都在沈阳度过，是沈阳故事中人。受孙元之托，我向沈阳出版社举荐这部书，得到出版社总编辑闫志宏女士的首肯和支持，令我非常欣慰。借此向闫志宏女士表示衷心的感谢。

2017 年 9 月于盛京洗耳堂

走进孙佩苍（自序）

2014年4月1日小书《寻找孙佩苍》出版，6月12日在中央美术学院举行新书发布会；之后陆续接受一些媒体采访，报刊网站报道诸多，朋友熟人亦给予好评，便生再写续集之想。

静心思量，又觉无可能。

寻找历时七年，所发现记录都是浅层或中浅层的，相对容易。而要向中层乃至深层挖掘，凭我一己，无论精力、资历和学识都难以为继。

友人说，你的书中虽写有考证，但感情色彩浓厚。是的，一个退休工程师业余写作，可感召些读者的多是这份积蓄多年的情怀。可在《寻找孙佩苍》中释放后，我还有多少非说不可的欲望，一吐为快的冲动?

小书受益于陈丹青举荐，踏上名人肩膀，是机遇，也有些偶然。如再出书，更需拿出篇篇有质量有新意有动人故事的文章，我已技止此耳。

依稀听见祖父在天上说：好孙子，你已经尽力了。

于是我不再想这第二本书，全部心思放在筹备孙佩苍诞辰一百二十五周年的纪念展览上。

在朋友们全力帮助下，2014年10月11日“青青子佩　民国美术史的再发现　孙佩苍及其收藏”纪念展在中国艺术研究院中国油画院展出。

历时半年的筹展过程是我对祖父生平、收藏与自己寻找过程的重温、总结和深化；展览引起美术界和新闻界的广泛注目，尤其是北京市文物局因受到“震动”而引发整体收购设专室陈列的举措令我欣喜万分，又因功败垂成而沮丧已极。

将近一年殚精竭虑日夜忙碌，亦成亦败冷热交加喜悲参半的起伏跌宕，我经历了诸多人与事，备感友情之温馨，更受挫折破灭的煎熬，林林总总，刻骨铭心。

我很害怕那种精神折磨重现，对祖父“美术陈列馆”梦想的破灭也不再做无谓的挽救。

但我必须还要做些什么，这愈来愈强烈的念头，恐怕和孙佩苍的一次“托梦”有关。在青岛参加一个雷电技术研讨会，梦里见他隐约出现在空旷的会场，只对我说一句：把会务文件整理好。

醒来思忖良久，我朝天上说：懂得了……

实体的陈列馆虽不再有，我仍可为他立传树碑：以虔诚之心去寻找并写出更多，把新的发现、感悟展示给读者，让更多人，更全面地了解认知民国历史中的孙佩苍。

于是，2015 年 3 月再赴家乡沈阳，6 月万里走单骑赴法兰西，9 月再度赴沈，在身心疲惫达到极点前的 2016 年夏，再访台北。

上帝帮助自助者，感谢寻找路上认识和新结识的良师益友们，让我收获多多，不虚此行。

沈阳找到的三万多字文献填补了祖父生涯中相当部分的空白，从中得知了他的身世、生涯、理念和价值观。《美术与人生之关系》是我得以走进他人生的关键文献；孙佩苍所绘美术作品的发现也极为珍贵。

在巴黎里昂获取百多页档案照片进一步缩短了我们祖孙间的距离。在百年前勤工俭学与中法大学历史漫步中油然而生的感悟，让我写下中法大学的前世今生，也令我发现了祖父同乡、被历史尘埃湮没的中国第一位女雕塑家——王静远。

在与其他寻找者相拥互暖中，又收获多多。

百余卷的翻阅，数千里的奔波，几万字的细读，近三十万字的写作，我的意识不断被惊喜、意外、欣慰、伤感、慨叹裹挟不能自拔，飘坠到百年前。朝着历史昏暗隧道的光亮前行，每页档案，每篇文献，每幅照片都在闪烁，指明行方。当驻足在清末和民国时，终于看见他了：在沈阳、在天津、在上海、在巴黎、在里昂、在陪都、在敌占区的孙佩苍，任教、留学、参政、抗日的孙佩苍，敏感、易怒、执着的孙佩苍，美术家、收藏家、教育家的孙佩苍……虽有些模糊却又如此清晰。

我走进了他的时代，他的世界。

我们在历史中相见。

2017 年春末于人济山庄

目录

目录

第一章　新书发布会

第一章 新书发布会

我已读了你的书《寻找孙佩苍》，十分感动你在寻祖父的过程的诚恳。文化，乃至一个民族的主脉就是这么传承永续的吧。这也是我终于写出《巨流河》的力量吧。

——齐邦媛

2014 年 4 月《寻找孙佩苍》出版后，引得读者诸多评论：

“说心里话，这是一部几乎不可能的书，外围的，少得可怜的线索，强烈的猜疑和推理，依旧隐蔽在历史真相里的迷雾。这部书到底为我们提供了神秘性‘八卦’？但是透过这一切，透过似乎没有说服力的寻找，我们还是感受到了作者——这位退休电气工程师的文笔下巨大的回忆的力量和呼唤。”

“作者所寻找到的材料尽管只是片言只字，所能写出的前人往事都只是沧海一粟。但这也已足够。深情而朴实的笔调，既是历史尘封、记忆断裂的苍凉，也是重寻历史的执着、孤独的征途。要寻找孙佩苍，要寻找更多的孙佩苍。”

“近代以降，我东北在军、政、文、艺、学、教等领域人才频出。孙佩苍是位在政、教两界名享一时的著名人物，由于历史原因却早已不为世人所知。如今孙氏嫡传孙元先生的这部《寻找孙佩苍》，是为我们了解民国西洋绘画第一收藏家的最好佳著。”

“倘若能解开其中那些扑朔迷离的秘密，倘若能完整呈现那个对中国美术史和美术教育史有着如此重量的孙佩苍，那么不仅还给历史一个真相，更给了我们所有人一个尊严，因为每一个人都不该这样不明不白地湮没在无声的沉默里，正如意大利历史学家贝奈戴托·克罗齐所言：‘一切历史都是当代史。’”

2014 年 6 月 12 日，广西师范大学出版社理想国和中央美术学院空白诗社在中央美术学院北区礼堂举行名为“寻找孙佩苍——一段终见天日的传奇”

的发布会。安排陈丹青先生出席并与我对讲。

接到通知，兴奋之余心里沉甸甸的。

三十年前在日本名古屋工业大学进修期满回国前，被友人介绍到当地的天神中学毕业典礼上做过一次演讲。研修流体力学的我要介绍中国的教育，真是“乱穿靴子”。我好一阵忙乎：先挖空心思地杜撰内容，再写日文讲稿并请朋友反复修正语法修辞；然后自己对着镜子排练，还提前到这中学参观一番。校方提前给我准备了十个回答问题，并安排学生依次提出，终于闯过这一关。

在发布会上与陈丹青对讲，讲什么，怎么讲，与会者会提出什么问题，我能否答出？没人像三十年前那样给你安排，全凭即兴，在著名学者和众多有文化素养的观众面前，我能应付吗？

笨鸟先飞，好好准备吧。

先到北区礼堂“踩场”。好家伙，阶梯座位三百余席，舞台好大，想到众目睽睽下只身面对陈丹青，喉头发紧。

给陈先生发了个短信：“将与您相隔三年半幸会真是高兴，周昀（按：责任编辑）说要我与您对讲，令我诚惶诚恐。”他马上回道：“咱江湖兄弟，惶什么恐呀！放开了说，痛说你爷爷，我陪你。”

登台

这无拘无束的回复蓦地令我消除了大半紧张，是啊，知道什么就说什么，讲实话就得了呗。当然我还是做了些准备，写了提纲和备忘，甚至也小小排练了几把，虽然后来基本没用上。

中央戏剧学院图书馆沈宁老师约我提前到美院，把图书馆副馆长安永欣和书店的李枝两位女士介绍给我，在餐厅一番款待后一起去会场。在礼堂又介绍了学者华天雪女士。

礼堂走廊见到白衣黑裤潇洒神气的陈丹青，握手时他那一见如故的微笑令我甚是松快。我俩到庭院吸烟，随便聊起来。

主持人介绍后入场，陈丹青执意让我走在前面。登上舞台坐在椅上，我这个业余作者终于亮相了。

陈丹青先介绍了孙佩苍以及他的收藏故事：

在我上学时，中央美术学院陈列馆有数十张欧洲19世纪的原作，其中有德拉克罗瓦、库尔贝、列宾、苏里科夫、普桑。1978年年底，油画系的老师靳尚谊、侯一民曾带我们进入陈列馆看过这些原作。我现在还记得那幅库尔贝早期画的阿尔及利亚妇女的肖像，非常周正。后来到美国看了库尔贝的作品就对上了。当时老师告诉我们这些画是北洋时期一位驻法国官员以自己的费用收藏的。那时我就记住中国过去百年曾有一位去法国购买这些名家原作的收藏家。今天在座的这位就是收藏家孙佩苍先生的亲孙子，我是在三年前认识他的。一面之交，三年后这是第二次见面。那时我同杨飞云等从俄罗斯回来后便商议举办一个民国留法、（20世纪）50年代留苏与我们这三代人的临摹与写生展览，看看所谓百年油画是怎么过来的，算是个证据。展会上有许多珍贵的借展作品，包括徐悲鸿、吴作人、颜文樑以及其他油画老前辈在二三十年代和五六十年代临摹的欧洲油画。其中有一幅是伦勃朗的《参孙和大莉拉》，画面很暴力，英国画家培根说这是世界上最恐怖的画之一。孙佩苍在法国期间请徐悲鸿临摹此画，一直保存至今。我在这幅画前见到孙元，得知来历，一秒钟便想起三十多年前看过的那批收藏。晚饭时孙元告诉我他并不了解自己的祖父，因为他的祖父在民国时期是国民党的官员，父辈对此讳莫如深。我没想到孙元先生居然用两年时间去了不同的国家和档案馆，到处搜寻祖父的故事并写成今天大家看到的这本《寻找孙佩苍》。我很有幸为此书写了序。

陈丹青接着问在场观众有没有兴趣听过去的故事，众口答有，陈丹青再问有兴趣是因知道还是不知道？大家齐说不知道。于是陈丹青便顺势叫我拿起话筒，讲述寻找祖父的事。

轻舒口气，看看台下，并不紧张。开头说什么我有自己的打算。

“首先我要讲陈丹青和他的序……”

“说正题，讲你爷爷。”话音未落便被陈丹青打断。

我送去一个抱歉的微笑接着说：“如果大家看了陈先生的序，就可基本得知孙佩苍了。他从民国历史的高度诠释了我的祖父，可以说比我们还真正了解孙佩苍。”

“说这些画嘛。”他指着幻灯背景再次打断我。

没有理会，我继续自己的话：“由于陈丹青的举荐，小书得以出版，他对我很有情义，但是如果没有祖父，我不会找他，他也不会认识我，所以这情义是对孙佩苍的，可也不是只对他个人，陈丹青先生对的是在民国时代像祖父那样为社会进步做出执着奉献的那些仁人志士，让我们恢复历史记忆，记住他们。因此……”

我站起：“请陈先生受我一拜！”

陈丹青有些意外地起立，全场掌声响起。

终于表达了这憋闷在心里许久的感恩之情，顿觉痛快淋漓。

陈丹青娓娓道来

“从孙佩苍先生的收藏中我读到很多信息。”陈丹青说。

他是唯一一位在二十世纪二三十年代收藏19世纪西方经典的收藏家，到现在没有出现第二个。蔡元培先生曾小规模收藏过法国早期立体主义版画十七件，是在他去德国短期差旅时购买的，由于战乱等原因找不到了。此后再也没听说过。1949年后封闭锁国三十年就更不可能了。（20世纪）80年代改革开放后，我也不知道有谁收藏西方画家的经典，有名头画家的原作。徐悲鸿先生收藏甚多，有不少宋画、明画、元画，但我有点惊讶徐先生没有收藏过西画。他留法历时七年，也很舍得花钱买喜欢的东西，为此与蒋碧薇搞得关系不好。他学的是西洋油画，可在他的藏品里没有。民国和解放初期，国家很穷，不像美国、俄国靠大财团、皇家的力量去收藏欧洲作品。这就说明为什么百年以来中国向现代化转型没法同俄罗斯、日本甚至东欧小国相比，我们没有一份世界美术史收藏，到现在还是没有。

陈先生介绍乌镇木心纪念馆和美术馆建设时，为理解贝聿铭先生的设计理念去日本考察贝聿铭晚年设计的一家私人日本美术馆的故事，众人饶有兴趣听过后，他讲这样的民间美术馆在日本有几百家，其中有二十多家拥有非常完整的西方艺术收藏，从古希腊、古罗马、埃及、两河流域、玛雅文化，也包括东亚文化，虽不多却都有。日本是战败国，也富不到哪里去，收藏靠的是民间。现在中国崛起了，从三皇五帝到现在，从来没有像今天这么有钱。很多美术馆建设起来，你可以告诉我有很多古典收藏，有北宋的画、“文化大革命”的画，以及若干民国画家的作品。但可以确认没有一家美术馆藏有19世纪有名头画家的画。这一层我们又输给了日本。

我提及今年要为祖父举办一百二十五周年诞辰纪念展，可能是在中国油画院，陈先生说一定去，有很多画还没见过。

有观众说，他在去欧洲看了经典原作后才知道与之前只看图片完全是不同感觉，国内鲜见好作品，包括请来的作品，会造成我们对大师片面的印象。例如对伦勃朗的印象是缘于某次展览所带来那幅画的感受，而不知道在这之前之后伦勃朗的创作。一张画就决定了我们很多人对伦勃朗产生偏颇的认知。

陈丹青认为这是从徐悲鸿那一代到今天都没有摆脱的状况，虽然在好转。这几十年来中国学油画的人越来越多，可我们只是看印刷品和支离破碎的原作，近年情况比以往好多了，进进出出的展览很多，但是有脉络的、全面的收藏没有。这个问题不解决，学油画的困境会一直跟着我们，因为你无法获

会场提问踊跃

得一个全景观，你的判断总是非整体的。你“遭遇”到哪张，就会下载一个局部而破碎的印象。几代人都没有摆脱这个命运，因为我们没有收藏。

陈先生认为，即便没有遭到后来的厄运，孙佩苍以个人财力的收藏也有其局限。应该有几十位甚至上百位收藏家，几代人之后形成大景观，类似美国人、俄罗斯人那样做的。

他介绍了俄国叶卡捷琳娜强盛时期依靠国力的收藏以及沙皇时期两位伯爵现代主义的收藏。

“中国庞大的油画教学是全世界最厉害的，在法国、意大利，你找不到一所学校有那么多人在学写实油画。为什么今天让孙元和我到美院这个地方来讲述孙佩苍的收藏，是想说明一个问题：我们很可怜，至今未摆脱困境。”

观众问陈丹青：您对中国的馆藏提出了忧心的问题，应当由谁完善，怎样完善?

陈认为最好的办法是民间管理美术馆，因为这馆是他自己的。国家的馆藏要交给一个部门，部门要交给一个官员，钥匙就装进他的口袋。徐悲鸿学生吕斯百是非常好的风景画家，他大部分作品在南京的江苏师范大学，可是外界很难看到，除非你和院长或管这批画的人认识。我见过该人，一大串钥匙就挂在腰间，换我也得这样做，因为很难相信他人，保不齐一拿出去就进了拍卖行。无奈是国内的现状。

一位女士指出陈丹青讲徐悲鸿没有西洋画收藏不妥，最近在中华世纪坛有一个“大师与大师”的展览，展有徐悲鸿收藏的两幅西画，一幅肖像是他的老师达仰送的，另一幅是达仰画的奥菲利亚，徐悲鸿自己筹钱买的，尺幅很小。看来财力是收藏的重要前提。陈丹青感谢她提供的信息。

最后发言的一位女士对我说：您写的这本书会使更多的人追溯历史，还原那个时代，也让八零后、九零后甚至零零后对历史有新的认知而不被屏蔽在真相之外。需要您这样的人让我们看见真相。她又讲如果孙佩苍的部分藏品尚在美院保存也算幸运，但如果这些画落入私人手里却说这些东西不在了，就是巧取豪夺，很可怕。

是的，那些尚未归还的孙佩苍藏品如果尚在中央美术学院，总有经过协商重见天日的机会。要是一些藏品落入私人手中，无论什么原因、借口，无论该人尚在还是去世，都不可容忍，都必须追回。

我将一册《寻找孙佩苍》赠给陈丹青，扉页写道：“如果没有您，孙佩苍还在历史的黑暗中徘徊。”

会场上还有一些有趣的话题，不时引来会心的笑和开心的掌声，这里不赘述。

求签书者排成长队，都是奔着陈丹青来的，我自然开心，因为借了不少光。

发布会的 114 分钟视频分为九个题目：放在我的新浪博客：

“孙元在寻找” http://blog.sina.com.cn/u/1007359933

第二章 学者沈宁

第二章　学者沈宁

通过对这些史料真伪的辨析，发现更接近于历史的真相，将那些由于历史变迁、政治环境、意识形态、戏说诸类现有成说的历史事件、人物评价得以回置到接近的历史环境和文化语境中，去重新加以审视、理解和定论。

——沈宁

初识受教

2014 年 5 月中旬在网上看到一则《苏州美专鸟瞰》的报道，里面提及孙佩苍留学法国及回到东北从事美术事业的简介，作者为沈平子。此君系何方人士，竟得知祖父的历史？很想找到他当面赐教。

委托广西师范大学出版社责任编辑周昀查找，几日后周告诉我沈平子本名沈宁[(1)]，在中央戏剧学院图书馆工作。打电话到中戏办公室、人事部和退休办，回答是并无此人。

购得一本沈宁整理的常任侠日记选《春城纪事（1949—1952）》，系河南大象出版社出版，试着打去电话，寻找该书责任编辑。出版社的人挺爽快，不一会儿将编辑叫来，是位热情女士，她告诉我从六年前编辑出版这书后与沈宁再无联系，倒是有个手机号可试试。

记得那天是 6 月 5 日，拿到手机号立即拨去，幸运，对方正是沈宁，他就在中央戏剧学院。便急切自我介绍，希望前去拜访。沈先生说下午有空，于是带着一本签名的《寻找孙佩苍》匆匆上路。

中戏大门前打电话，沈宁将我接到图书馆。

面前的沈宁，身材偏瘦，衣着素简，一口标准北京话，客气热情，好似四合院里的邻居，不是我预想中的那种带些夫子气的学者模样。定睛细看，却觉此君神清气朗，眼镜片后双目透着灵气。

将所写小书赠上，沈宁也送我一册事先签好名的《春城纪事》，是他编注并在台湾出版的常任侠日记，内容比大象社出版的增加许多。

见到沈宁

介绍了祖父和自己寻找写书的情况，沈宁说他近来对孙佩苍有所考究，会把手头的资料发给我。

沈先生原在中央美术学院图书馆工作了 23 年，2002 年转到这里，业余时间从事民国艺术界史料的研究。他说只是个人兴趣，充实生活。

初次见面，彼此谈聊却无忌讳，不知不觉过了两个小时，不便过长时间打搅，交换 QQ 号后告辞。

晚间 21 点 3 分，打开 QQ 致意，两分钟后沈宁发来一份文件：《1920 年 11 月 7 日上海〈申报〉第十版本埠新闻》。

十五届赴法学生姓名录　华法教育会第十五届赴法学生一百九十七人将于今日乘法邮船包岛斯号起行，兹将此届学生姓名录下：……

我在“奉天（俭学）”中找到孙佩苍的名字。看名单方知赴法学生分为“俭学”（清贫读书）和“勤工”（半工半读）两种。在另外的 196 人中找见四位熟知人物：周恩来（浙江省俭学）、李福景（直隶省俭学）、郭隆真（女　直隶省）、张若茗（女　直隶省）。

父亲只说过爷爷是拿到四等舱船票去法国勤工俭学的。终于知道他们乘

教育會聯合會第九次大會

同濟建築費之部電

兩商會同接印花稅分處公函

旅美華僑組織國民外交會

智和里刼案首盜府嚴究

十五屆赴法學生姓名錄

第二師範運動會紀

國內各輪船進出口貨物紀

1920年11月7日上海《申报》第十版本埠新闻

坐的法国邮船叫包岛斯号，也称博尔多斯号。在商文立《随吴稚晖先生同船赴法记》中有这样的描述：

博尔多斯（Porthos）号是当时法国邮船中最大的一艘，在第一次世界大战中曾改装为运送伤兵的医院船。此时尚未完全恢复原状；在船头甲板的同一层上还保留一个大舱，里面有一百几十个铺位，位置在三等舱的上面与二等舱的下面，跨出舱门便是船头甲板。我们这一批旅客就住在这个大舱里，成了我们的包舱，我戏称之为特等舱，因这个舱原来并不供应一般旅客，是经过特别安排，专为我们而设的，一切都很特别。

十年后，即 1930 年 10 月 25 日，出任里昂中法大学校长的孙佩苍再次乘博尔多斯号离沪赴法，同行的有奶奶姚淑容、姑姑孙慧筠和奉天第一师范学校校长马雨尘[(2)]之女。祖父与博尔多斯号邮轮和法国很有缘分。

惊喜之余，沈宁接着发来《辽宁省文化志资料汇编第六辑》的一页。

孙佩苍 （1889—1929 年？ ）字禹珊，沈阳人。孙自幼即喜爱美术与文学，一直想专习以深造，当时乘有中法教育会公布勤工俭学之机，1920 年秋，则以教育调查员之名义赴法留学。先在巴黎市郊郭伯郎学校学习法语和绘画，后考入巴黎国立美术专科学校绘画科。在此学习期间，曾先后游历意、英、德、俄、荷兰、西班牙等十国，考察近百处美术馆，进行探索与创造，终于学有所成，于 1927 年 1 月回国。

回国后暂就任四洮铁路秘书。然其矢志要提倡美术，充实人民的精神生活，以促进文化之向上，遂与李友兰、张之汉、李象庚、邱烟云等共同发起筹办奉天美术研究社，借用沈阳故宫西院为社址，1927 年 10 月正式成立，此为沈阳第一个美术团体。孙佩苍被选为该社社长。为振兴沈阳美术，1928 年末，他被聘为东北大学教授，仍然主持美术研究社，增设国画研究班，并收女学员，使之日益发展，曾多次于沈阳故宫举办画展，成绩沛然，影响颇大。他亦发表长篇论著《美术与人生的关系》，成为继韩乐然之后，沈阳现代美术的奠基人之一。

1930 年末，受到法国的聘请，南京政府教育部之委任，前去法国就任中法合办的里昂大学校长而离沈。

可以想象我的心情。七年来我始终未能找到祖父留学法国的信息，沈宁却在与我相见的当晚就发给我了！

“您如此慷慨大方！”我感谢道。

沈宁回复：“这种资料只有提供给有需要的人才有价值。能理解获取新资料后的兴奋之情，其实许多历史留下的悬念都有待于后人们去理解。”

他又发来《孙美兰访谈》，里面对 50 年代转让给中央美术学院那批印刷品有所介绍。接着再收到《冰庐失宝记》（常任侠）和他撰写的《难忘帅府园：国立北平艺专迁校纪略》（后来我将这篇精致的考证文章发给了在帅府园中央美术学院上过学的陈丹青，他称赞此文“很周正”）。

沈宁接着写：“我在整理美术史家滕固先生的著述时，同样遇到死因不确的困惑，与您祖父的情况相似，为此我曾查阅所能读到的他的友朋留下的日记、书信等，至今没有太大的突破，奇怪的是，均无记载！近年来我曾遇到过张西曼、黄芝冈、张钫等先生的后人，像您一样费尽周折联系到我，令我十分感动，也激发起努力探求的信心。”

“但交往十分密切的朋友为何在日记、书信中失记呢，这真是令人不能理解，比如《静晤室日记》中也不见，他（按：金毓黻）与滕固也是关系较好的朋友。”

最后沈先生道：“我将在近日拜读您的大作后再根据线索尽力查找相关资料，一旦有所得，即发上供参考。”

“发现”沈宁后，沈宁的“发现”开始了，一波接着一波。

我的 Teacher

6 月 8 日晚，沈先生用 QQ 发来一篇《孙元著〈寻找孙佩苍〉校审》，提出 29 处勘误质疑。这是他用三个晚上看完我的书后整理出来的。我惊呆了，竟然有人如此仔细阅读查看，将正文、附件和注解中的错漏一一标出，透着功底，更是认真。

在 6 月 12 日《寻找孙佩苍》一书的发布会上我专门提及沈先生这篇校审，旁边的陈丹青也接过看了一番。我举着打印出的三页说：“沈先生不是 Reader（读者）, 是 Teacher（老师）”！

荣宏君(3)告诉我：沈宁阅读他写的《徐悲鸿与刘海粟》点出一字之误，险成大谬，一再表示要当面致谢。

沈宁也是我的一字之师。

小书《寻找孙佩苍》192 页中王世杰秘书长奉蒋介石主席之命电唁孙佩苍家属电文最后一句我抄录为“王世杰敬叩”，沈宁看过这份报刊后指出：“敬叩”有误，应是“歌叩”，“歌”是民国时代电文日期的代码，为 5 日。我仍不解，说按照老式拼音的波坡摸佛，“歌”音排第九，他便发给我一份《民国电报月日代码》。朋友见之，大呼难得，纷纷索要。把这份世人鲜知的工具文列入本书附录与读者分享。沈先生得知当无意见，他一直主张资料应给需用的人。

重要的是“敬”与“歌”的一字之差，使得 1942 年 1 月 3 日孙佩苍突然去世后蒋介石先生的“反应时间”从七天（10 日见报）缩短成两天（5 日），这对解开孙佩苍死亡之谜添加了些许因素。

徐庆平先生给我一幅徐悲鸿为祖父所作素描（详见本书《看“师·道”展》一章），我将款识读为“戊辰冬画写雨珊老友悲鸿”，发给沈宁后得到回复：“这是您祖父与徐悲鸿交往最为直接的证据之一，值得庆幸！惟不知在何处发现？另外，我核对了《书法大字典》，题款应当为‘戊辰冬尽写雨珊老友’，旧谚‘小寒大寒又是一年’，故‘戊辰冬尽’当在此时到立春节气之前日，大体应在公元 1929 年 1 月下旬。”一字之差（繁体“畫”和“盡”——笔者），确定了作画的具体时间。

比我年轻 13 岁的沈宁先生确为当之无愧名副其实的老师!

他叮嘱我：“对资料的查找需抱着竭泽而渔的态度，而利用资料撰写文章时又需抱着去粗取精的态度，在此过程中逐渐修订自己的观点，使研究更加深入。”

“仅靠网络输入主题词的方式去查找资料肯定不行，有些事件埋没在报刊的文章中，只有认真查考，才会有新的发现。所以有重点地在地域、事件上把握、选择查找线索和资料范围，才有可能做到目标明确，收效显著。对同一时期的背景资料参考使用也是需要注意的。”

阅读沈宁《“傅汝霖”非傅雷笔名解析》和《一张照片拍摄时空的两种矛盾说法》两篇文章，很有感触。他对一个笔名的真伪、一张照片的错误说明引用多种有据可查的史料，先将话题所处时空的背景全貌端出，接着从多角度（服饰、表情、相关人的日记等）和多方式（诸如相关论文、“不在现场证明”等）证实出结论——真相。他的结论不是推断，而是用完整的证据链做成“铁案”。

拜读沈宁赠书《春城纪事》(4) 和《闲话徐悲鸿》(5) 两本著作，对其治学之严谨、考证之确凿、文笔之精练、语境之独立甚为钦佩。

他的治学风格正如其在《〈闲话徐悲鸿〉后的闲话》中所言：“这些封尘于陈刊旧报和秘藏难露的档案中有关徐氏佚文、行踪和与之相关的人物事件、社团组织等史料的重新发现，比对当今这些业已公开发表的文字论述，其历史资料中一文一字、一事一影所具有的价值在于：可以通过对这些史料真伪的辨析，发现更接近于历史的真相，将那些由于历史变迁、政治环境、意识形态、戏说诸类现有成说的历史事件、人物评价得以回置到接近的历史环境和文化语境中，去重新加以审视、理解和定论。”

印象更深的是沈宁对常任侠那一代知识分子悲剧命运的评判中阐述的历史观。

《〈春城纪事〉校订后记》中写道：“在经历了土地改革、思想改造、三反五反运动等一系列政治运动后，这一代知识分子真正感到了重新做人的意义，学会了只有通过自我否定、相互批判来换取精神与人身自由的资格。当初以积极从事民主运动，推翻旧政权，对新政权充满希望的知识分子，如今与昔日的敌对者共处一室，相互揭发，清理思想，这种对人格的侮辱和精神的伤害，远非当事人所预料。而当通过对意识形态领域的规范，对自由思想的禁锢，彻底压制了知识分子的精神与物质的自尊，反叛的思想可以用限制生命来解决，生存的道路只有顺从一途。这就是为何我们在从事对历史人物研究时，必须要考虑到当事人所处的时代背景来加以评判的原因，也是为何我们要抱有宽容之心来看待这一代充满了悲剧色彩的知识分子的原因。”

两篇新作

2014 年 8 月和 9 月，沈宁先后发给我两篇研究孙佩苍的文章：

《孙佩苍为北平研究院搜集油画考略》（简称《考略》），《关于四川美术协会主办第一次美术展览会及其他》（简称《第一次美术展览会》）。

《考略》以介绍孙佩苍及其收藏为引，用 1929 年设立的国立北平研究院与法国里昂中法大学在美术方面的合作为历史文化背景，以史料描述了孙佩苍为北平研究院搜集西洋美术品的历史事实；对于这些美术品的存留转移做了细致的跟踪，最后对“国家美术收藏工程”寄予厚望。

《第一次美术展览会》则详尽介绍了四川美术协会的成立以及包括第一次美术展览在内的诸多美术活动，令我意外的是沈先生在考证孙佩苍的参展及藏品流向后有一个新的观点：即祖父的藏品有可能没有参加联展。他的推测质疑有根有据亦有分寸，我并无反感甚至觉得新颖。当然还是回文对他的说法提出不同的解释，沈宁的回答是：“很好，我怕寂寞。”

我也不甘寂寞，有沈宁这良师益友，真好。

孙佩苍生平的很多部分至今仍为迷雾遮掩，这种以史料提出的质疑有助于对他的研究。祖父并非完人，对他的评价只能依据历史资讯。有一份史料说一分话，真相才是道德。

文中鲜为人知的记载勾勒出祖父在民国美术史的一些重要活动，实在难得。尤为令人心动的是沈宁不仅“寻找”孙佩苍，更是以此为题展示了那个时期美术活动的纷彩景观。

如其所言：“通过……具有代表性的人物佚文、行踪的史料钩稽，采取以点带面、小中见大的命题写作方式，逐渐将研究内容扩充到其他相关人物、地域、时期的美术活动之中，有些甚至涉及被人刻意回避的特殊时期地域性美术活动范围内，将有助于端正自身、开拓视野、多维思辨的治学态度，获取更多的参考资料和追寻信息。”(6)

恕我直言，这位谦称出于爱好业余写作的沈宁先生在治学态度、观史视角、通材达识、多闻阙疑且淡泊名利、谦虚为人诸方面不仅是我这样的门外汉，亦是许多学者专家的榜样。

后来我写“寻找王静远”即受其启发。

在美术史研究领域，“业余选手”沈宁一人，或可打败某个“职业团队”，并非言过其实。

经沈先生同意，将这两篇著作已经放入《青青子佩　民国美术史的再发现　孙佩苍及其收藏》展览图册内，再置于本书附录中。

片羽吉光

《寻找孙佩苍》出版后，忙于祖父一百二十五周年诞辰的收藏展，对孙佩苍历史记录的寻找基本停止。而这阶段却得到沈宁的许多珍贵史料：

“1914年(民国三年)4月，奉天省立第二高级中学成立，地址在锦县城内，校长董宝麟，有学生4级。教务主任孙佩苍因训管多方，以身作则，一时生徒咸以得师为幸。”

(《锦州市教育志 1840—1985》，锦州市教育志编纂委员会编，1991年)

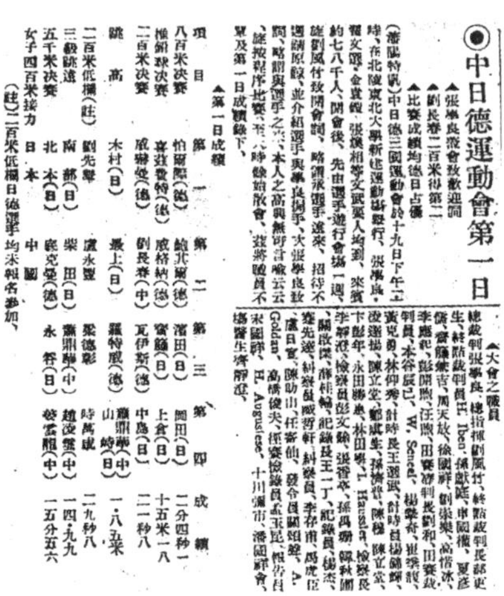

◉中日德運動會第一日

▲張學良蒞會致歡迎詞
▲劉長春二百米得第二
▲比賽成績均德日占優

(瀋陽特訊)中日德三國運動會於十九日下午二時、在北陵東北大學新建運動場舉行、張學良、暨文武、金貴殿、張煥相等文武要人均到、來賓約七八千人、開會後、先由選手遊行會場一週、旋劉風竹致開會詞、略謂派選手遠來、招待不週請原諒、並介紹選手與張學良握手、次張學良致詞、略謂與選手之[illegible]、本人之高興無可言喻云云、旋按程序比賽、至六時餘始散會、茲將職員名單及第一日成績錄下、

▲大會之職員

總裁判張學良、總指揮劉風竹、終點裁判長郝更生、終點裁判員H. Ibeo、孫獻廷、申國權、夏彥儒、齋藤兼吉、周天放、徐國祥、劉崇樂、高惜冰、李應紀、彭開煦、汪煦、田賽總裁判長劉和、田賽裁判員、本谷辰巳、W. Sencel、楊蔭奇、崔集裕、黃克翰、林仰秀、計時長王選武、計時員楊錦蟬、發令員[illegible]、陳立堂、鄭斌生、孫佩蒼、陳穆、陳立棠、卞彭年、永田勝典、林田摯、L. Haussler、檢察長李靜澄、檢察員彭文餘、張香亭、孫禹珊、郭秋圃、關啟棠、蔣桂輪、記錄長王一丁、記錄員、楊杰、龔先遂、糾察員臧哲軒、糾察員、李存甫、馬虎臣、盧日宣、陳助山、任寄仙、發令員關頌聲、A. Goldan、高橋俊夫、掃察檢錄員孟玉昆、報告員宋國祥、H. Augustese、十川彌市、潘國祥會、場醫生齊靜澄、

▲第一日成績

項目	第一	第二	第三	第四	成績
八百米決賽	怕爾際(德)	鮑扎爾(德)	濱田(日)	岡田(日)	二分四秒一
推鉛球決賽	喜登費特(德)	威格納(德)	寶齡(日)	上倉(日)	十五米一八
二百米決賽	威爾楚(德)	劉長春(中)	瓦伊斯(德)	中島(日)	二一秒八
跳高	木村(日)	最上(日)	羅特威(德)	蕭鼎華(中) 山崎(日)	一·八五米
二百米低欄(註)	劉先聲	盧永豐	梁德彰	時萬成	二九秒八
三級跳遠	南部(日)	柴田(日)	蕭鼎華(中)	趙汝盤(中)	一四·九九
五千米決賽	北本(日)	庶克曼(德)	永谷(日)	發雲龍(中)	一五分五六
女子四百米接力	日本	中國			

(註)二百米低欄日德選手均未報名參加、

《申报》1929年10月24日

孙佩苍1920年11月赴法留学，时年三十一岁，这之前他的履历始终很模糊，这个记录开始填补这个时段的空白。

沈先生心细如发，就连孙佩苍在运动会上作计时员这么细小难见的信息都能发现。

此时祖父已经从四洮铁路转到东北大学任教。

教育部公函第三四号　二十年一月十七日

为拟派孙佩苍、谢东发参加青年教育专家分委员会由公函讲“该项专家，既须有相当资格，又须能前往出席”。此时（1931年1月17日）孙佩苍在法国里昂中法大学任校长职才一个多月。

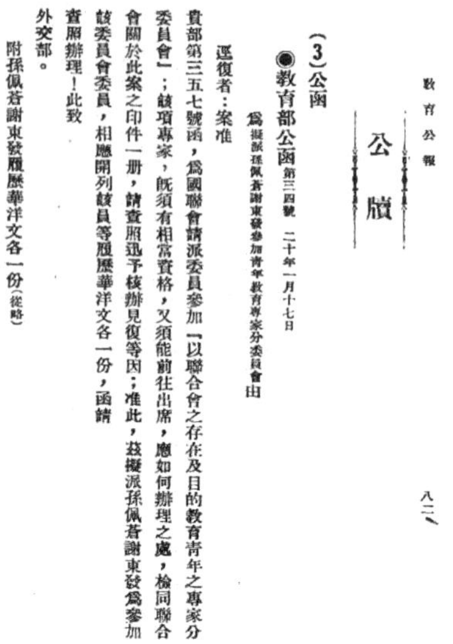

教育公報

公牘

（3）公函

◉教育部公函第三四號　二十年一月十七日

為擬派孫佩蒼謝東發參加青年教育專家分委員會由

逕復者：案准

貴部第三五七號函，為國聯會請派委員參加「以聯合會之存在及目的教育青年之專家分委員會」；該項專家，既須有相當資格，又須能前往出席，應如何辦理之處，檢同聯合會關於此案之印件一冊，請查照迅予核辦見復等因；准此，茲擬派孫佩蒼謝東發為參加該委員會委員，相應開列該員等履歷華洋文各一份，函請

查照辦理！此致

外交部。

附孫佩蒼謝東發履歷華洋文各一份（從略）

八二

可是“附孙佩苍、谢东发履历华洋文各一份”后的“（从略）”令沈宁和我十分惋惜。

至今我没有祖父的履历，希望以后找到它。

下图一览表记录有孙佩苍在1932年7月12日出席了在日内瓦的国联教育青年专家分委员会会议。

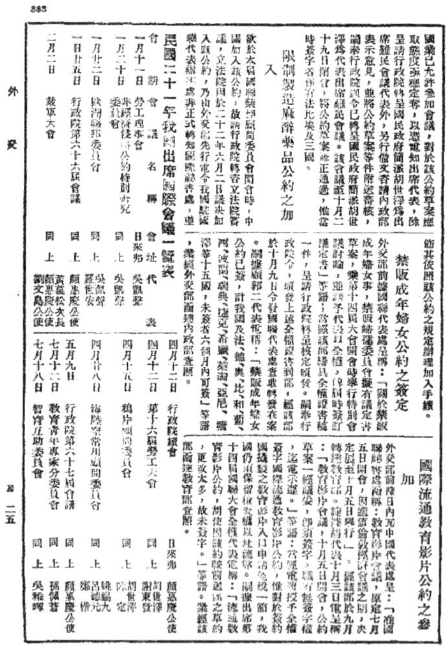

383

國業已允許參加會議，對於該公約草案應取態度亟應定奪，以憑電知出席代表，除呈請行政院轉呈國民政府簡派胡世澤為出席鐵民會議代表外，另行備文咨請內政部表示意見，並將公約草案等件附送審核，嗣奉行政院訓令已轉呈國民政府簡派胡世澤為代表出席鐵民會議。該會議至十月二十九日閉會，將公約草案修正通過，惟當時簽字者僅有法比埃及三國。

限制製造麻醉藥品公約之加入

欲於本屆國聯禁煙顧問委員會開會時，中國加入該公約，故請行政院轉咨立法院審議，立法院因於二十二年六月二日議決加入該公約，乃由外交部先行電令我國駐國聯代表辦事處非正式轉知國際聯合會秘書處，並飭其依照該公約之規定辦理加入手續。

禁販成年婦女公約之簽定

外交部前據國聯代表處呈稱：「關於禁販成年婦女事，禁販婦孺委員會擬有議定書草案，業第十四屆大會開會時舉行特別會議討論，並請予代表以全權，俾屆時簽訂議定書」等語；當經該部繕具全權證書稿一件，呈請行政院轉呈核定頒發。嗣奉行政院令，頒發上述全權證書到部，經該部於十月九日令發國聯代表處查收轉發在案。嗣據顧郭二代表電稱：「禁販成年婦女公約已簽，計我國及法、德、奧、比、和、衛、丹、波蘭、瑞典、捷克、希臘、葡萄、亞尼、瑞澤等十五國，未簽者六個月內可簽」等語，業經外交部函轉內政部查照。

國際流通教育影片公約之參加

外交部前接日內瓦中國代表處呈：「准國聯秘書處函稱：教育影片會議，原定七月五日開會，因適值倫敦經濟會議之期，決定展至十月五日舉行」。經該部於九月轉請教育部。旋准派代表十月三日電呈稱：「教育影片會議，十月五日開會，公約草案一經議妥，即須簽字，議有簽字權，送電示遵。」等語；當經電覆授予全權簽字國際流通教育影片公約，惟對於簽約國攝製之教育影片入口申請免稅一節，我國仍須保留檢查權以杜流弊。嗣據出席第十四屆國聯大會全權代表電稱：「流通教育影片公約，胡使因該約辯論意見之草約，更改太多，故未簽字。」等語。業經該部函達教育部查照。

民國二十一年我國出席國際會議一覽表

會期	會議名稱	會址	代表
一月十一日	勞工理事會	日來弗	吳凱聲
一月二十日	非經濟侵略公約特別研究委員會	同上	吳凱聲
一月廿二日	歐洲聯邦委員會	同上	吳凱聲 羅世安
一月廿五日	行政院第六十六屆會議	同上	顏惠慶公使
二月二日	裁軍大會	同上	顏惠慶公使 黃蘊松次長 劉文島公使
四月十二日	行政院續會	日來弗	顏惠慶公使
四月十二日	第十六屆勞工大會	同上	胡世澤 謝東發
四月十五日	鴉片顧問委員會	同上	胡世澤 陳定
四月廿八日	海陸空常川顧問委員會	同上	姚錫九 呂德元 鄭楷
五月九日	行政院第六十七屆會議	同上	顏惠慶公使
七月十二日	教育青年專家分委員會	同上	孫佩蒼
七月十八日	智育互助委員會	同上	吳稚暉

外交

民国二十一年我国出席国际会议一览表

沈宁让我购买《程砚秋日记》，看到如下信息：

1932年8月11日　法国尼斯　孙佩苍约程砚秋到里昂

8月12日　陪同程砚秋到里昂，在家招待程砚秋晚饭

8月15日　里昂　晚在中法大学开欢迎会

8月17日　里昂　晚11点送程砚秋赴柏林

9月1日　里昂　下午在家招待再返里昂的程砚秋

9月4日　里昂　李石曾到里昂

9月5日　里昂　为程砚秋召开

欢迎会

沈宁告诉我《程砚秋日记》第171页有祖父一家人与程砚秋夫人在公园的合影；还发来一张参政员合影照，说其中一人是孙佩苍。可惜这两张照片都较模糊，以后设法找来。

沈宁很重视在上海为孙佩苍保存收藏的姚淑文（祖父妻妹，共产国际联络站负责人），认为她是位了不起的女性，在政治上对孙佩苍的影响不可忽视。于是陆续发来金沙《我所知道的姚淑文女士》（1948年《现代妇女》）、张心怡《缅怀“孤儿之母”姚淑文》回忆文章以及姚淑文任沈阳同泽女中校长时的照片。

声言继续寻找的我除了感谢，更是汗颜。

沈宁先生博学入微。比如他给我解释“佚文”和“轶文”的区别：均有“散失”意，前者指书或文，后者指不见记载之事。他对文字的使用极为考究，告诉我：有时一个字就能改写一段历史，一件事就能改变人的一生，所以对细节的求证看似些微，实则意义重大。

因此他将郭有守《第一次美展出品人介绍》、洪毅然《评八画家联合画展及其他》《蒋主席电唁孙佩苍家属》《孙佩苍家属讣告》等文对照旧报一一仔细核对，修正了若干误字发给我。

他身边好像有个资料库，向他咨询些事，回复甚速似信手拈来。例如一天晚上我们筹备画展时需要洪毅然的简历，电话过去没十分钟，来自《中外文学评论家辞典》《中国当代美学名人志》和《20世纪中华人物名字号辞典》的三种简历便传来。

要知道他是“业余爱好”哇。

我与沈宁很少见面，都是用QQ沟通。为避免打搅他的工作生活，尽量少打电话。

令我略有不爽的是他不愿在公开场合露面。陈丹青看过他的文章，说“很是周正”。“青青子佩”展览开幕前一天，陈丹青问我沈宁是否出席。我打电话给沈宁，并说陈丹青想见你，可死说活说十来分钟他就是不肯。

中央美术学院曹庆晖教授告诉我，沈宁就是这么个人，我们举行画展请他参加开幕式，就是不来。过后悄悄来看，画册要掏钱买，挺贵，要是来开幕式，都是赠送的，这人真没辙。

我写此章若发表他肯定是不同意的，可不能放弃，我行我素，先说声对不起了。

隔窗粼波

2014 年 8 月 3 日在中国美术馆东侧的三联生活书店再次见到沈宁，还有华天雪女士[7]、荣宏君先生和李卫先生[8]。那晚我们从六点畅谈到午夜。沈宁话语不多，总是听我们说，将他的《闲话徐悲鸿》赠与各位。读过华天雪的几篇文章，尤其对她在《徐悲鸿在一九四九》一文的直言不讳印象深刻。听其谈论，人如其文，观点鲜明，直爽犀利。谦谦君子荣宏君带来好酒，与大家小酌细谈，席间对沈宁为其《徐悲鸿与刘海粟》书中的关键一字纠正面谢。许久不语的李卫后来居上，讲起文物局的丰厚库藏引得四座惊异。

谈及祖父与徐悲鸿的交集和友谊，得到不少启示建议，也纠正了我的某些想法。论及孙佩苍是否可成为研讨课题时，华天雪说研讨的主题应是“寻找”，不限于一个孙佩苍，需要寻找的历史人物和事件太多了，寻找的必要、寻找的模式和方法是研讨的价值，我很钦佩这广义开放的思路。

右起：沈宁、华天雪、李卫、笔者、荣宏君

这一晚的聚会真是受益匪浅，深感与各位高人不可比肩。

人生常是误打误撞乱穿靴子，小书出版后不留意间弄湿鞋子，沾得点滴溅玉飞珠，让晚年多些文化生活。但我自知身在门外，仅隔窗望见粼粼波光。

足矣。

不会忘记

沈宁给我一份 1938 年 7 月 4 日《新华日报》登载《孙佩苍先生意见：望参政会提出动员民众的方案　抗战来我国国际地位日益提高》的消息。他说

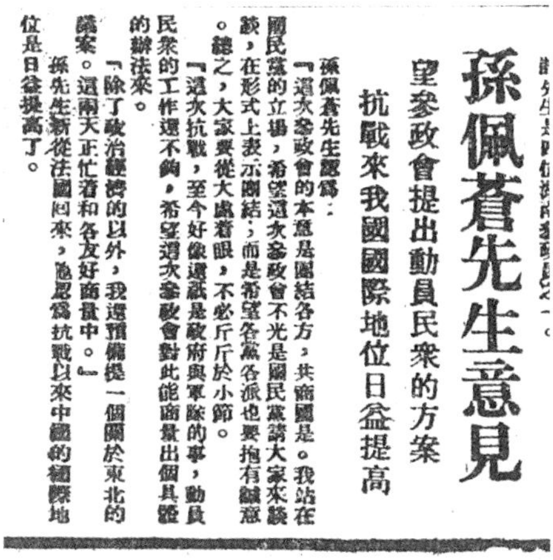
孫佩蒼先生意見
望參政會提出動員民衆的方案
抗戰來我國國際地位日益提高

孫佩蒼先生說：

「這次參政會的本意是團結各方，共商國是。我站在國民黨的立場，希望這次參政會不光是國民黨請大家來談談，在形式上表示團結；而是希望各黨各派也要抱有誠意。總之，大家要從大處着眼，不必斤斤於小節。

「這次抗戰，至今好像還祇是政府與軍隊的事，動員民衆的工作還不夠，希望這次參政會對此能商量出個具體的辦法來。

「除了政治機構的以外，我還預備提一個關於東北的議案。這兩天正忙着和各友好商量中。」

孫先生新從法國回來，他認爲抗戰以來中國的國際地位是日益提高了。

孙佩苍先生意见：望参政会提出动员民众的方案　抗战来我国国际地位日益提高（新华日报 · 1938年7月4日,Num.174）

这是极重要的一份“亲共”证据。

在这个“意见”登载于《新华日报》的四个月零十四天后，孙佩苍被任命为东北党务办事处主任委员，不久潜伏到沦陷的天津的国民党地下组织，被日本特务机关破获只身逃出（详见本书《从政 · 爱国 · 抗战》一章）。

我至今难以想象，一个留法七年，曾任里昂中法大学校长、国联教育组织中国委员、著名的美术家、收藏家、鉴赏家的祖父竟变身潜入日本占领区，这需要何等的胆气。我也在三十几岁留学，四十后曾撞见一步之遥让子弹飞，但充其量仍是凡夫俗子一个。爷爷，您虽身材瘦小，却这般勇猛高大伟岸，孙儿佩服您！

凝视这旧报一隅，“孙佩苍”三个大字透过眼帘涌入心扉，脆弱的我不由再起伤感。

被富饶辽阔的东北哺育成长的孙佩苍深爱这片中国的领土，他曾为东北易帜归顺中央不遗余力。日寇铁蹄践踏东三省后又侵占华北并南下妄图吞灭中国。寸寸关河，寸寸伤心地，刀光硝烟，韶华如梦，问书生能有报国心？拔剑起！孙佩苍用他的言论、提案，更以九死一生的行动抗日救亡、报效国家。

历史虽将您遗落，有人不会忘记！

沈宁老师，谢谢您！

注释

（1）沈宁（1959—　），笔名沈平子，北京人。供职高校图书馆，对民国时期文化教育、艺术社团及人物史料多有钩稽，整理出版《滕固艺术文集》《滕固文存》《冰庐锦笺：常任侠珍藏友朋书信选》《常任侠书信集》等图书二十多种；著有《闲话徐悲鸿》《难忘帅府园》；撰写发表研究文章百余篇。

（2）马雨尘，原名马缵益，字禹臣、雨尘，辽阳城南崔家屯人，奉天优级师

范毕业，师范科举人，民国初任奉天省立第四小学校长。（沈广杰先生提供）

（3）荣宏君（1973— ），职业画家，山东曹县人。全国青联委员，中国作家协会会员，北京溯源文物鉴定中心主任。著有《丹青典藏 荣宏君写梅集》《世纪恩怨 徐悲鸿与刘海粟》《烟云俪松居·王世襄文物聚散实录》《季羡林说佛遗稿汇编》。

（4）沈宁：《春城纪事——常任侠日记集（1949—1953）》，台北 秀威资讯科技 2013 年 12 月 BOD 版。

（5）沈宁：《闲话徐悲鸿》（新锐文创），台北 秀威资讯科技 2013 年 3 月 BOD 一版。

（6）沈宁：《闲话徐悲鸿》第 189–190 页。

（7）华天雪，女，1967 年出生于辽宁省营口市。1985—1989 年就读于中央美术学院美术史系并获学士学位。1991 年考取中央美术学院硕士研究生，攻读方向为美术史专业袁宝林副教授的"中西美术比较与交流"，1994 年获硕士学位，学位论文为《在中西文化的交汇点上——吴冠中论》。2003 年考取中国艺术研究院研究生院博士研究生，攻读方向为美术学专业郎绍君研究员的"近现代中国美术史"，2006 年获博士学位，学位论文为《徐悲鸿的中国画改良》。1994 年 9 月至今就职于中国艺术研究院美术研究所。撰写发表大量美术研究文章。

（8）李卫（1976— ），北京翰海拍卖有限公司油画雕塑部和当代书画部总监，北京钧天雅奉文化传播有限公司总经理。

第三章

看『师·道』展

第三章　看“师·道”展

他以一种策略性的考量和发展稳固着其在艺术界的主导地位。

——菲利普·杰奎琳

2015年1月17日，作为翰海当代艺术中心开年大展的“师· 道——徐悲鸿及其学生作品展”开幕。

该展以徐悲鸿教育体系为线索，选取了包括徐悲鸿及其学生吴作人、萧淑芳、张安治、孙宗慰、冯法祀、文金扬、艾中信、宗其香、李斛、戴泽、韦启美等12位艺术家的52幅作品。

祖父孙佩苍收藏徐悲鸿先生临摹的伦勃朗《第二夫人像》《孙佩苍夫人和女儿画像》《人体素描》以及吴作人先生的《女人体》作为重头作品参展，置于展厅中心。

参展画家的家属、后人几乎全部到场，若干美术界人士出席此展，并接受了媒体采访。

美术家、徐悲鸿研究学者杨先让先生与我同行参观。

参展作品是翰海油画雕塑部主管冯宇向每位画家后人征集，并和团队一起做了精美的设计布置和展书。这是李卫领导的翰海当代艺术中心继成功举办“青青子佩　民国美术史的再发现　孙佩苍及其收藏”展后的又一次重要美术活动，两个展览承前启后，相异且相关。

“师·道”展览现场

中央美术学院曹庆晖教授接受雅昌媒体采访时，认为翰海团队从展览名称到内容都投入了智慧。展览彰显徐悲鸿先生在写实主义方面的开拓和创导，他的这批学

接受访谈的曹庆晖教授

杨先让先生谈观感

《青青子佩》《师·道》姐妹篇

生以徐悲鸿为精神旗帜，艺术与人生联系理念进入他们的肌肤和骨肉。这是个相对小规模的展览，是当前热衷的话题，很引起关注。作品虽不多却很浓缩，精致而耐品味，令人流连忘返。

杨先让先生对近一两年发现的孙佩苍及其收藏大发感慨，认为是中国美术史的重要事件。对过去的一无所知深感遗憾。

回来的路上，杨先生对我讲要马上写篇孙佩苍的文章，说虽不能全面写出他，但一定要呐喊。

回到家，将深红封面的《师·道》放在墨绿的《青青子佩》展书旁，二者装帧、版式、尺幅同出一辙，堪称姐妹。

称之姐妹，不因外形相似，而是她们有相同的内涵、“基因”。

浏览《师·道》，第一印象是编者力图建立徐悲鸿及其学生的“族谱”。首先是徐悲鸿二十一位学子（包括旁听生）的列表，内容虽简却一目了然。然后是参展十二位师生的年表，虽囿于篇幅不能印出年谱，却可简明扼要地知了他们生平和另十一位学生的艺术人生。

翻阅了每人的年表，这些经历了民国和共和国两个时代的艺术家们的生涯令我感慨，这里暂不多言。

作为门外汉的我更感兴趣的是书里的文字、照片，因为里面有历史，有价值观，也有故事。可以说《师·道》用智慧的方式，以新颖的视角将徐悲鸿师生的艺术生活集汇浓缩，构成了一段美术史。虽不能说完整严密，却也弥足珍贵。

这也是我将《师·道》称为展书而不叫画册的理由。"师·道"展览结束，而《师·道》展书会被长久保存，既是缅怀纪念，也成为史料。

除了健在的戴泽先生，《师·道》中记载的精英们均已作古，作为家属、后人，缅怀纪念之余，更需在文化上传承，续接历史的断裂，揭示更多的真实，让历史更为丰满。设想，如果家属后人更深入地参与，提炼出更多史料，拿出更精致的作品，让《师·道》有更丰足的再版，必成为美术史的精品。

冯法祀先生的公子冯世光告诉我，他将进一步研究父亲的艺术生平，祝愿他成功。

展册中艾中信先生在开篇《关于徐悲鸿美术教育学派的研究》一文中介绍了徐悲鸿两段话：

> 吾国绘画上于此最缺憾者，乃在画面上不见'人之活动'也。
>
> 中国的艺术，在世界上无比优美、丰富，好像一个百花园。欧洲的艺术，雄浑而博大，反映着整个社会。

徐先生1947年9月在《世界艺术之没落与中国艺术之复兴》中也说：

> 我所谓中国艺术之复兴，乃完全回到自然师法造化，采取世界共同法则，以人为主题，要以人的活动为艺术中心，舍弃中国文人画的荒谬思想独尊山水……人家已经用原子弹，我们还耽玩一把铜剑，岂非奇谈。

我以为凡研究美术史，研究徐悲鸿者不宜忽视此言。

传统中国画以大自然山水花鸟为主，西方美术则以人为本，这是两种文明、两种价值观的明显差异和差距，留学欧洲了解西方文明的徐先生深谙此理，提出了普世的"共同法则"、与时俱进的价值观。

徐先生的"百花园"虽好却不能反映"整个社会"的认识非常深刻，是他美术教育思想的根基和出发点。

展后思索，在徐悲鸿留法前后其他赴欧日学习油画的数人中，为何唯有徐先生成为中国画界的领军者，且后来成为旗帜？我以为并非仅出于天赋、才气和造诣，最重要的是徐先生在留法时已经具有的雄心壮志以及审时度势的睿智选择。

非常赞同菲利普·杰奎琳的这番话：“在当时的社会背景中，选取徐悲鸿这一‘学院派’从客观上也产生了不少优势，负面影响则非常少。对此徐悲鸿相比是有着相当清醒的认识。他以一种策略性的考量和发展稳固着其在艺术界的主导地位。这在1919年五四运动爆发至1949年徐悲鸿居于主导地位的这一时期，特别是在他与竞争者的交锋过程中多次表现出来……他所处的位置对于一些美术要义的判断、理解和把握最准确。要知道在那样的时代背景下，这些因素是唯一能被引介到中国，被艺术家们领会，并得到教育机构认可的。”(1)

徐悲鸿的“主导地位”并非起于1919年。而是萌于留法，始于归国，得名于画界，显赫于1932—1934年的欧洲苏联之旅。

1928年田汉批评徐悲鸿“似乎本没有一种为新兴阶级的而奋斗的心思”，“悲鸿所赞美的甚至不是近代的所谓爱国心，而是一种封建的道德”，“无意识地成了资产阶级的画家”。(2)但徐先生没有遵照田汉的要求成为一名推翻现政权的无产阶级战士，他天生就是也应该是艺术家。徐悲鸿一生结识达官贵人甚多，但不入党派，这与他年轻时持有的无政府主义理念有关(3)。

徐悲鸿回国后幸逢这段被史学家称为民国“黄金十年”的1927年到1937年时期，使他得以在安定的社会环境中成功实现了“接地气”。

徐悲鸿对中国画界的“改造”实为不易，凭其对民族兴旺的热切、执着甚至固执的性格、留法的资历和学成的技艺 、国画书法的根底、出色的文笔与口才，旗帜鲜明，勇敢无忌，呕心沥血，中外求索，终成正果。

为看民国美术，自购《良友》画报，前些期所刊国画油画（国内画家），多少有昏郁之感，待徐悲鸿作品出现，确觉耳目一新。此非仅我素人之识，1930年初徐悲鸿的《田横五百士》《徯我后》在中央美术会展亮相，“被称为是我国美术复兴的第一声”。(4)

1938年至1942年徐悲鸿在新加坡和印度的三年是其艺术生涯的又一个黄金期，也可称为顶峰。已经名声显赫的他早已摆脱经济拮据之窘，也结束了与蒋碧薇、孙多慈两位女性的婚姻爱情纠葛。这两处英属殖民地各界对他的文明礼待、尊敬乃至崇拜，令不惑之年的徐先生得以大显身手，尽施才艺。我以为《愚公移山》是徐悲鸿最伟大的作品，这幅大型油画中出现了徐悲鸿作品中鲜见的宗教与哲学要素。也是他稳操中国美术界牛耳最有说服力的明证之一。

不能说徐悲鸿所有的观点都无偏颇，他的“马奈之庸，勒奴幻之俗，塞尚之浮，马蒂斯之恶”，将他们视为“粪汁之污垢”，在当时和现在都属偏见。而徐悲鸿下面这段文字，却让人觉得这位天生艺术家任性得如此可爱。

“若吾国国民政府启其天纵之谋，伟大之计，高瞻远瞩，竟抽烟赌杂税一千万元，成立一大规模美术馆，而收罗三五千元一幅之塞尚之画十大间（彼等之画一小时可作两幅）为民脂民膏计，未见得就好过买来路货之吗啡海洛因，在我徐悲鸿个人，却将披发入山，不愿再见此类卑鄙昏聩黑暗堕落也。”（引自王震：《徐悲鸿年谱长编》）

我同情他的好恶，更欣赏他执着甚至固执的选择。

徐先生在20世纪三四十年代的创作、教学、论证、参展、出访等纷彩的社会活动中建立了他的“族谱”和同盟，这是实现写实主义统领必不可少的组织条件。可成为标志的是1946年夏徐悲鸿受命国民政府教育部令，对“国立北京艺术专科学校”的全面人事改组(5)。组织人事的优势，使徐悲鸿在1947年秋“国画论战”得以稳操胜券。

师生圈子结同排异古今有之，无可多责。

作为男人，对于蒋碧薇、孙多慈两位女性，徐悲鸿有失其责；而正因为是男人，性情中人的他敢任心之所爱，演绎了浪漫甜蜜而纠结苦涩的爱情故事，在我看来也是佳话。

我在对史料的阅读中，对徐先生的某些情况产生疑问，例如他在巴黎高等美术学院的老师究竟是谁，又如与祖父关系的微妙（写在本书第十一、十三、十五章内），这不同见解应允许存在。

有关徐悲鸿研究的一些文章过于拔高甚至贴标签。世间诸人均无完美，徐悲鸿先生亦然，我们现在越来越变得接受尽美和全坏，有失极端。讲出徐悲鸿的缺点、不足，不仅不会矮化他，反而令人尤感其一生的真实，这真实让我们更接近他，而愈是接近，愈能清晰地看到他的气质、才华、贡献与荣光。

合影留念（左起徐骥、徐庆平、孙元）

徐先生1953年早逝，成为中国美术的一面旗帜。他的学生们不仅应铭记恩师生前的教诲，更应该感谢的是徐先生逝世后仍如一棵大树荫护着他们，至少避免像胡风弟子们命运多舛的那种可能。

徐悲鸿地位是时代的赋予。今后中国画界不可能再树立新的“旗帜”，也是缘于变化的时代。

只有一个徐悲鸿。

开幕日徐庆平先生在外地，他回来的第二天我打去电话，相约展会见面。1月19日在翰海当代艺术中心与他及其公子徐骥相会。

对翰海当代艺术中心的这次展览，徐庆平先生颇为赞许和感谢，其中的一些老照片是初次见到，很是欣喜。

徐庆平再次看到徐悲鸿临摹伦勃朗的《第二夫人像》，仍很感慨。

我对他说：“此画是徐悲鸿先生从画师向大师升华过程中的突破瓶颈之作。”庆平先生连声赞同。

我们一起重温先辈的友谊和收藏，徐先生告诉我新的徐悲鸿纪念馆将在9月竣工，如果孙佩苍先生的美术品能够整体保存，新馆将增设“悲鸿好友孙佩苍先生旧藏专室”。徐庆平与我同岁，虽不同校却同年入大学，对毕业后那一代人共同的坎坷经历颇有感慨。

当徐先生在《青青子佩》画册见到祖父孙佩苍字号雨珊时，一下想起纪念馆有一幅带有“雨珊”题款的素描，说肯定画的是你爷爷。我听罢甚为惊喜，请徐先生把图像发给我。

当晚收到徐庆平先生的厚礼：徐悲鸿1929年为祖父所作素描。

徐骥告诉我，1928年11月14日徐悲鸿到北京，翌日正式接任北平大学艺术学院院长之职务。应是孙佩苍到北平与老友相见画得此素描。

款识：戊辰冬尽写雨珊老友　悲鸿

我虽未见过祖父，看这素描却觉得他就在面前，与我这些年从史海捞取资讯得到的感觉相同：自信、从容、睿智、亲切却有几分咄咄逼人……

陈丹青看过说此素描实为精品，只是不明以前为何不曾见。

关于祖父及他和徐悲鸿的交谊应当还有若干资讯等待我们去寻找，这幅素描的发现令我充满期待。

“师·道”展，谢谢你。

注释

（1）王文娟主编：《徐悲鸿和法国学院派绘画：一个艺术和社会性选取的性质和结果》《全球化与民族化：21 世纪的徐悲鸿研究及中国美术发展 》，中国人民大学出版社，2014 年 6 月。

（2）田汉：《我们的自己批判——我们的艺术运动之理论与实际》上篇《田汉作品选》，湘潭大学出版社，2009 年 5 月。

（3）1920 年徐悲鸿、刘厚、李石曾等人在巴黎成立三学社，该社约章“本社社友，无论男女，凡不奉宗教，不入政界，经本社三人介绍为合格”。（1920 年《北京大学学生周刊》第九号）

（4）宜兴市政协文史资料委员会编：《宜兴市文史资料·第二十三辑》，1996 年。

（5）沈宁：《难忘帅府园》记载，“抗战胜利后，徐悲鸿应教育部聘北上故都时，邀请了一批与之当年相随、志趣相投的美术家共举复兴中国美术之大业，名为接收，实则创新。1946 年 7 月 31 日晚甫抵北平，即以电话通知临时大学补习班主任陈雪屏；翌日，即 8 月 1 日晨九时便赴临大第八分班与班主任邓以蛰办理交接事宜；2 日正式到校视事。随机在接受报社记者采访时，徐悲鸿对艺专未来发展阐明新计划：人士方面大致已决定由吴作人担任教务长兼西画主任，训导长为李德三，中画系主任由徐氏自兼，图案系主任为庞薰琹，雕塑系主任为王临乙，秘书内定为黄养辉；此外则已聘定教授宋步云及留法雕塑家滑田友、留比画家沙耆等。”

第四章　筹备纪念展

第四章　筹备纪念展

青青子衿，悠悠我心。纵我不往，子宁不嗣音？青青子佩，悠悠我思。纵我不往，子宁不来？

——《诗经·郑风·子衿》

2014年春节后，在美国的堂妹孙思宁来京，同北京翰海拍卖有限公司商洽拍卖事宜。

1986年中央美术学院归还的大部分美术品一直保存在三叔所在北京大学的善本斋，如何处理它们由父亲、二叔和三叔决定，那时我们这一代无权参与，也不很关注。

1993年父亲去世，加之20世纪90年代后人们某些观念的变化，我们同二叔三叔商议，由三叔将美术品分成三份，每家抓阄选得一份。

公平地说，三叔多年保管整理这批旧藏，也做过一些研究，唯他有资格选分，二十年后的今天看也可谓均衡。也正因为他对藏品的熟悉，为我们留下了中央美术学院尚未归还孙佩苍重要藏品的记录。（我在《寻找孙佩苍》第七章《明尼苏达文件》中已有介绍）

这两年堂妹和翰海已有许多交流，同油画部的总监柴宁和主管冯宇已熟悉，这次来京，柴宁已经移民离职，冯宇同她洽谈。

孙思宁打算在翰海2014年秋上拍徐悲鸿的两幅油画：临摹伦勃朗的《妇人倚窗像》、《孙佩苍夫人与女儿画像》，两张徐悲鸿素描，一幅吴作人的油画《女人体》以及任伯年的《扶杖老人》和陈小莲的《麻姑献寿图》等国画。

孙思宁（左）和冯宇谈画展

堂妹十分希望在秋拍前举办一次孙佩苍藏品纪念展，她会将所有中西美术品拿出，也希望我们兄弟姐妹四人将每人名下的美术品一起参展。

我欣然同意，祖父生前的愿望是建立美术陈列馆，虽然在上世纪 40 年代大量藏品丢失和 60 年代的再次遗失，加之二叔家的美术品已基本卖出，美术陈列馆之梦已不能实现，若能有个纪念性质的展览，也能满足大家心愿。

于是我们向冯宇提出，可否请油画部帮助我们办一次展览。

冯宇当即表示同意，说虽然需向油画部新来的总监李卫请示，当无问题，因为这不仅有商业因素，也有文化价值。她是《寻找孙佩苍》最早的一批读者，对于孙佩苍以身殉艺术怀有敬意。

几天后我们在油画部见到李卫，他给我的印象很一般，寸头，不高的个子，穿着一件粗布对襟褂，有点儿像农民工。交谈起来，却感其智慧与豁达。

李卫讲，看了《寻找孙佩苍》，第一次较全面地得知孙佩苍其人，非常感动，今年是翰海二十周年庆，这个纪念画展应是重点之一，表示会努力办好。

得到油画部确认，孙思宁和我很高兴。

油画部为孙佩苍办画展，还需得到我家哥姐妹的认可，要签署合作意向书才能正式运作。我们开始和他（她）们联系。

自己不花钱，由别人办展览，这事没人反对。可没想到的是我们家人之间出现一些误解，从 4 月中旬开始联系，用了两个月才完成合作意向书的签署。

延误的两个月影响了展场的选择和档期，原本计划 8 月开幕的展期不得不后延。

油画部将早已备好的几十页报告书上交公司备案后运作开始。

参展美术品分别在北京、保定、香港，以及加拿大和美国的亲人手中。

我受家人委托，和翰海代表冯宇分别于 7 月上旬赴香港，下旬飞美国，在两地办理交接手续，先后取回西画十三件、国画十九件（套）。在北京和保定的美术品也陆续取回。

在香港取画

重访明尼苏达，堂妹安排的还是上次我入住并看过父辈遗留文件后彻夜无眠的酒店（后来撰写了《明尼苏达文件》一章），依然感慨。

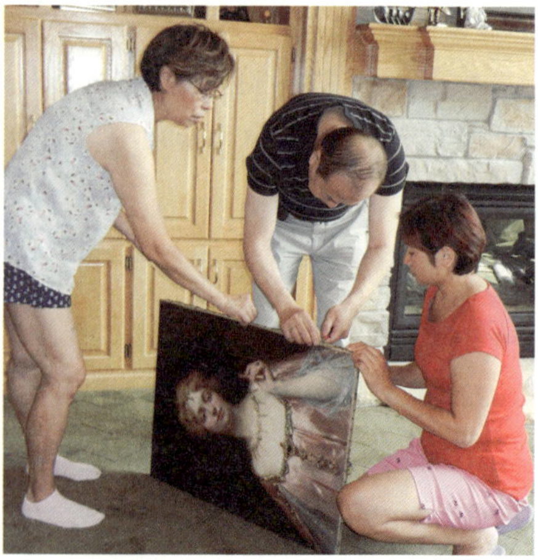

在美国取画

Adrien Henri Tanoux
阿德里安·亨利·塔鲁斯（1865—1923）
女人像

三婶那天兴致勃勃，回忆起当年往事

在堂妹家又一次见到那幅我幼时迷恋的美妇人油画。

再去三婶处探视，她正在看那本《寻找孙佩苍》，见老人家精神矍铄情绪盎然，就请她和堂妹再叙1969年中央美术学院来取画的详情。当年在场的这母女俩交相回忆核对，终于搞明白为什么中央美术学院清单中只有八十件（套）而其余诸如库尔贝、列宾、德拉克拉瓦、陈老莲、吴作人、仇英等藏品没有登入的原因。

祖父藏品在三叔家存放时，多数作品框画分离，三叔将他认为重要的美术品平铺在几个箱中，那天下午来取画，吴作人先生过目，古元先生登记，见天色已晚，便将其余未开的箱子一并搬走，包括那些名作、铜牌和笔记等。应当感谢吴作人和古元先生等人，毕竟他们还是做了大半登记。在那人人自危的年代，一股脑儿端走也没人在乎。

这四十五年前无人在意的缺漏造成我们与美院扯不清理还乱的尴尬。

孙佩苍藏品的数量种类已经确认，展览的策划开始了。

2014年8月1日傍晚，李卫约我到什刹海的餐厅同他请来的策划专家讨论展览。

策划人是中国美术馆的邓锋，另

有研究员安雪和一位设计师印定才。

在我概念里策划展览的专家不应是邓锋这些三十几岁的年轻人，因而对他们不很在意。

邓锋开门见山问我："你们举办这个展览有什么目的和打算？"

"希望通过展览让孙佩苍进入美术史。"我回答。

"恕我直言，孙佩苍在美术史的位置不取决于你们的愿望，而是美术界的认知和评价。"他拿出那本《寻找孙佩苍》："我用一个晚上看了这本书，这前所未闻的孙佩苍先生的一生以及您的寻找经历令我非常感动。展览应当以你书中的寻找作为脉络，将孙佩苍的各个时期活动以及收藏贯穿。"

见我不解，他接着说："找个展场，有个孙佩苍的介绍，把画挂上，标注名称、作者、质地、尺幅，简单容易，就像拍卖会预展那样，可这样的展览能够反映出在民国美术史中的孙佩苍吗？展示他的收藏只是一部分，他的理想追求、沉浮的经历、多舛命运不可或缺，这是重点，工作量最大，需要相关介绍文字、文献、史料以及《寻找孙佩苍》出版后的新发现。"

我开始对这个来自四川绵阳的年轻人刮目相看。

几天后冯宇领我到中国美术馆，邓锋拿给我们一册《苏立文与二十世纪中国美术》的画册，里面的美术品画面仅是小部分，更多的是文字、照片和文献。

"苏立文是第一个向世界介绍 20 世纪中国美术的西方学者。"邓锋说，"我们为苏立文展览做的不是画册，是一本书。让观众了解苏立文和他的作品只是一部分，他的人生、性格、尤其是和中国美术界交际的历史和时代背景，对世界了解中国美术起到的作用是主题。这本书里有故事，有历史，相关美术品和史料穿插在全书文字间，对美术研究者是一册可借鉴的史料文献。孙佩苍的画展也按照这个思路办，也要出一本书，图文并茂，让它成为《寻找孙佩苍》姐妹篇，加入新的发现和研究。"

看见邓锋所做过的业绩，对他将策划的孙佩苍纪念展开始期待。

李卫和冯宇寻找展出场地，走访了几处展馆，最终决定放在中国油画院。

李卫和我到油画院，先到修复室拜访陈列馆负责人郃武旗先生，那天他穿着深蓝大褂的工作服，正在修复一幅董希文先生 50 年代的油画。李卫将打印的孙佩苍旧藏画页和《寻找孙佩苍》一书交给他，提出在陈列馆办展要求。

因三年前我们为“面对原典”和“回到写生”两个画展提供过三幅徐悲鸿油画，邰先生对孙佩苍已有所知，见了画页更觉重要，当即表示支持，便安排我们见院长杨飞云。

那天杨飞云非常忙，一直接待客人，快八点才见到他。

杨飞云见到我，特别热情，再次提及 2010 年那两个画展并表示致谢，又唠了点儿家常。对我们办展的要求一口答应。临走送给我一册《中国油画院 2013 杨飞云》和一本他作品及签署首日封的《名家》邮册。我说老伴喜欢芃芃的静物，于是他翻箱倒柜找出他夫人的画册，都签名加印。

虽和三年前比他略微显老却更显沉稳，那一见如故的热情再次让我觉得他依旧是那种“在任何标准上都堪称的好人”，在《寻找孙佩苍》第四章我曾这样写过。

邰武旗发来陈列馆平面图，我们开始筹划。除去廊间，陈列馆共有一大六小七个展厅，长期陈列国内老中青三代画家的作品。邓锋提出用一大四小展厅，大厅展出徐悲鸿五幅油画、两张素描和吴作人的《女人体》并搭建一个影视间，二十幅西洋美术品和十九件（套）国画分别用两个小厅布置，这些厅对面的墙壁展出历史和寻找文献。

后来到现场实勘并同陈列馆商议，调整为一大两小厅。

展览文字资料和历史档案、照片主要由我准备，冯宇负责所有的图录，印定才做电脑设计，邓锋总体策划。

“除了孙佩苍简介和家属撰文代序置于大厅，把对面的墙做成历史走廊，依次展示‘引子’‘寻找’‘消失’‘浮现’‘遗留’‘没有结局的结尾’与‘新的开始’这些主题。”邓锋在稿纸上边写边画道，“每个主题都需要准备足够的照片文献和叙述文字，美术设计体现民国风格，一些历史人物的照片、简历还需查找。”

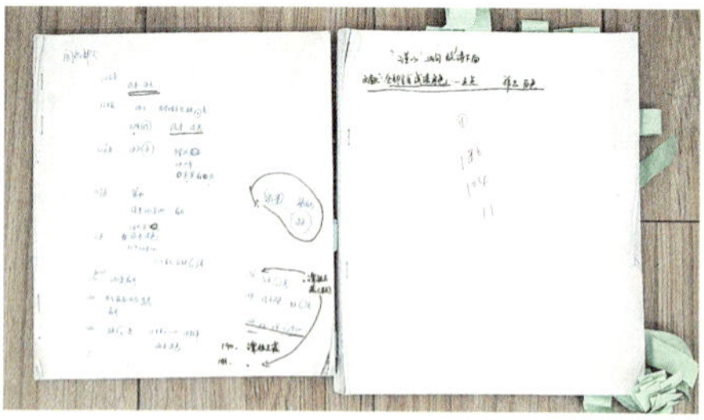

部分手稿

邓锋工作很忙，不时出差外地，我们每次的讨论只能在晚上。地点在中央美术学院附近的“花舍”咖啡厅，这样的聚谈共有六次，起初干到午夜十二点，后来延续到后半夜和凌晨。

编辑展览书籍工作量很大，每个主题，每篇文章，每幅照片和文献都要反复推敲变更修正，甚至推倒重来。

工作虽然很累，编写方式却别开生面。邓锋审视每页初稿，提出意见，我和冯宇将需要增添的文字或照片用QQ传给对面的印定才，他按照要求几乎同步地调整好，临时需要加写的，立刻打字传给他添入。

每次结束前，印定才都把修正版用PDF格式发给我们。一次一次地编写，一版一版地诞生，这本书越发有了模样。

纪念展原计划在9月20日前后，月初接到油画院通知，由于俄罗斯画展到10月7日结束，孙佩苍纪念展需延至10月10日后。

这始料不及的变动带来了一些麻烦。油画部在“Hi艺术”刊登了八个版面的展览介绍，写的是原定展期，已经开印，只得作废，数万元打了水漂。

有利的是我们多些时间可以把展（书）做得更精细些。

邓锋建议进一步确认西洋美术品作者的身份，他委托在广州的一位美术史学者协力；国画中所有的款识、钤印都加进图录，这两项就用了不少时间。

展览延期还让我们有时间增加了两个内容，虽篇幅不大却很有意义。

一个添加是张大千信函。2012年在成都，四川省文物局刘振宇先生给我一些有关孙佩苍信息文件，其中有这张信函，行书中除了佩苍二字清晰可认，其他龙飞凤舞的字让我眼花缭乱，觉得无甚价值。

编辑时突然想起，便用电脑出示给邓锋，他阅过说：我念你记下，看来有些内容。

张大千致张目寒、谢稚柳信中提及：“佩苍兄枉驾青和场，而天风海水图乃藏于群浦友人家。弟行前匆促，未能往取，致令虚行，罪甚罪甚，乞转告之，俟弟归时寄上，绝无遗误也。”

在“花舍”咖啡厅

邓锋说：令祖父去青和场取这幅“天风海水图”应是借给张大千的，而张大千将其放在了“群浦友人家”，让孙佩苍“枉驾”。张大千一生画过若干天风海水图，但信中所指不应是张大千作品。有可能是元代钱选之作。

（详见本书《孙佩苍收藏补遗》一章）

这是个孙佩苍搜藏的故事，也许进一步查询会有新发现。我们把它加入展书和展板。

另一个添加也是信函。9 月 10 日我收到来自台北桃园的一封信，打开看，喜出望外，是齐邦媛先生给我的。

2012 年 6 月去台湾寻找，获赠齐先生著作《巨流河》，她在扉页签名并鼓励我：

> 您在这断裂漂泊的世界寻找令祖父孙佩苍的踪迹，即是历史的延续。祝福，盼您终能找到一些有意义的资料。

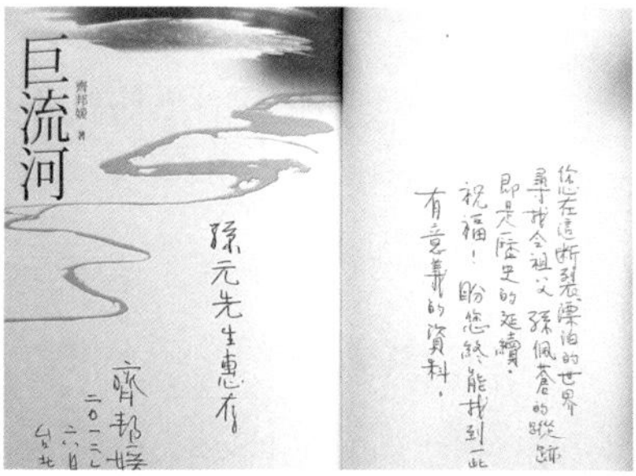

小书《寻找孙佩苍》出版后即将书寄去。她看了我的书，再次为我写了如下的感语：

> 孙元先生：你的信寄到台北士林后辗转到了桃园我现在住的长庚养生文化村（是医院附设的老人公寓，有医药照顾，但可以自己生活）。我已读了你的书《寻找孙佩苍》，十分感动你在寻祖父的过程的诚恳。文化，乃至一个民族的主脉，就是这么传承永续的吧。这也是我终于写出《巨流河》的力量吧。寄上祝福并祝顺遂！全家好！
>
> 齐邦媛 二〇一四年八月 九十岁（已渐不能读写）

于是我们将齐邦媛先生这两段文字先后置于“立志寻找”和“没有结局的结尾与新的开始”页内，使“寻找”显得有头有尾，“善始善终”。

邓锋审阅国画的款识钤印时，在倪田的《人物纨扇》《松鼠》、黄山寿《仕女图》和孙万清《仙觞介寿》四幅中辨出“谭组云藏”（朱文），他告诉我，谭组云系收藏名家，孙佩苍有藏品来自其人，又是个收藏故事。

此次画展和这本书用什么名称呢？我们想了几种，都觉平俗。最后还是邓锋一锤定音。

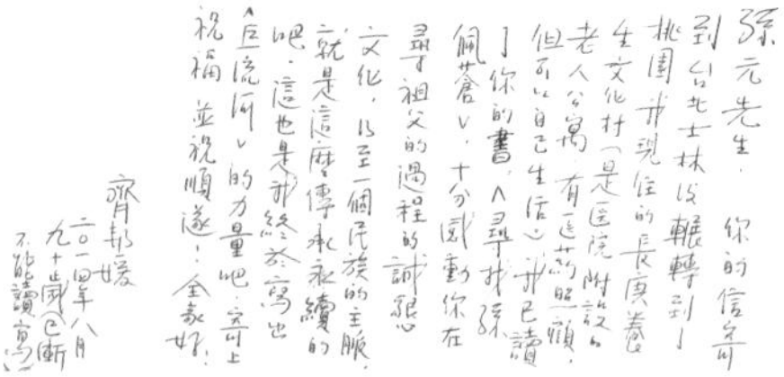

孫元先生：你的信寄到台北士林後輾轉到了桃園我現住的長庚養生文化村（是醫院附設的老人公寓，有醫藥照顧，但可以自己生活）我已讀了你的書《尋找孫佩蒼》，十分感動你在尋祖父的過程的誠懇。文化，乃至一個民族的主脈，就是這麼傳承永續的吧，這也是我終於寫出《巨流河》的力量吧。寄上祝福並祝順遂！全家好！

齊邦媛 二〇一四年八月 九十歲（已漸不能讀寫）

齐邦媛先生信函

每当编辑中遇到难题，他总是拿出《寻找孙佩苍》一书思索地翻阅，然后提出建议来讨论。

9月中旬的一天，邓锋对我们讲，书中提及孙佩苍为三个儿子起名均引自《诗经》，便翻阅《诗经》，在《郑风·子衿》看到："青青子衿，悠悠我心。纵我不往，子宁不嗣音？青青子佩，悠悠我思……"我想取用"青青子佩"这四个字，既有孙先生的佩字，青亦有苍色之意；"悠悠我思"虽省略，也不失缅怀纪念之思。

大家绝口称赞。

于是"青青子佩　民国美术史的再发现：孙佩苍及其收藏"这个名字陆续布现在开幕式的展板上、烫印到展书的封面上、彰显于三种张贴海报、媒体微信的广告和邀请函内。

时近9月末，展览各项准备已进倒计时，海报展板已安排喷绘印刷，邀请函和给媒体的电子文档U盘已做好，展书的纸张、封面材料和印刷装帧要求已同印刷厂确认，印刷前我们对展书做了最后一次校审。

从9月28日晚六点开始的全面校审持续到翌日晨，整整十二小时，全书文图二百多页，除了对文图比例、画面安排再做调整外，又发现了四十余处文字错漏。

迎来疲惫的曙晓，窗外抹出穿透雾霾的清冷白光，看着样书夹贴的一条条灰绿色标签，印定才在电脑上最后一次敲动确认键。

印刷厂来人拿走文件，一时间有点儿无所事事的失落。

我们，包括油画部、邓锋、印定才和我这个团队共同完成了一个作品，希望它精彩，令有志者留藏参阅，使研究者有所再发现，让孙佩苍及其收藏为更多人知晓。

彻夜修订最终版

又想起邓锋那句话："孙佩苍在美术史的位置不取决于你们的愿望，而是美术界的认知和评价。"我要向团队每一个人说：感谢你们对历史、对孙佩苍的敬意与尊重，感谢你们尽心竭力日以继夜的辛劳，相信祖父孙佩苍将因你们卓有成效的努力而重现复活！

画展筹备仍在继续。

“十一”黄金周是油画部最紧张的七天，发请柬，媒体的最终确定，贵宾的安排。还有十月下旬秋拍的准备，筹备展览的大量工作挤占了他们拍卖业务的正常时间，经常加班至午夜甚至通宵。

10月6日，六百册墨绿封面烫银字精装的《青青子佩》展书送来，我一页一页翻看，欣喜之情溢于言表。正要向李卫致谢时，他却说真对不起，我们又找到几处错误。

《青青子佩》展览册

想起他初春承诺办展时说的那让我觉得泛泛而谈“努力”二字，却是弄出这么大的动静。这人总是那么收敛低调，不急不慌。

这时我还不知道后来的动静更大。

邓锋为展览撰写了一篇新闻稿，用一页的篇幅介绍展览内容、孙佩苍其人、收藏的美术史价值和展望。这是篇兼有美术理念学识和哲学史学观的佳作。大部抄录如下，与读者分享。

> 孙佩苍是谁？他在民国美术史中到底是一个怎样的人物？他收藏了什么样的艺术品？这些艺术品背后潜藏了怎样的曲折故事？这些作品又怎样勾连起中与西、民国与当下、孙佩苍及其后人等等之间的历史关系？……2014年10月11日，由中国艺术研究院中国油画院主办的“青青子佩——民国美术史的再发现：孙佩苍及其收藏”一展将在油画院陈列馆开幕，正是旨在通过历史的追踪探讨关于孙佩苍的传奇及其中西、古今藏品文脉的延续。此展分为文献与藏品两大部分，前者以孙佩苍之孙孙元先生所著《寻找孙佩苍》一书为内在脉络，汇聚其历经五载、走访各地所收集的有关孙佩苍的历史文献，以及在诸多专家学者帮助下拼凑复原的历史片段，为我们拨开历史迷雾、逐渐还原一个在民国美术史中极为重要而又并非清晰的“孙佩苍”形象：他既是国民党的高级官员，又是留法“天狗会”团体中的“军师”，还是多所大学的教授与校长；他既收藏西方油画经典原作，试图写作《世界美术史》一书，又与民国当时重要中西画家相交往，

收集不少中国古代绘画与当时名家的作品，尤其是徐悲鸿为其绘赠五幅油画作品，实属罕见；然而，正是这样一个人物，却在 1942 年其收藏品第一次露面展出之际突然消失，时隔七十余年后方连同他的部分收藏再次展现在大家面前。因此，文献部分以其家属寻祖的“追问”开始，以《蒋碧薇回忆录》中的记载展开“寻找”之路，以其 1942 年的展览与“消失”作为历史的停顿，以“浮现”的历史片段重现其留学、任教、从政的依稀经历，以收藏品“遗留”的散佚、波折揭示其美术陈列馆之梦的破灭。最后以《寻找孙佩苍》一书之出版作为小结，并期冀着新的发现与研究的开始。

藏品部分则将孙佩苍家属保留的藏品遗存汇集一堂，分为三个小的版块：藏品之徐悲鸿、吴作人部分共计八件，既可通过徐悲鸿对西方油画大师作品的临摹见出中国画家研习西画的手段和精通练达的能力，又可在徐氏为孙佩苍妻女所绘人像中管窥其写生转化的东方意蕴，也可展现徐孙二人之间的情深义重；藏品之西画部分包括至今尚存的德拉克罗瓦、亨利·埃米利安·卢梭、迪亚兹、劳伦斯、道墨、图尔斯、卡里尔等西方自 18 世纪以来的诸多名家之作，既有浪漫主义画风，也有东方主义画家，还有巴比松画派大将以及学院派、象征主义等多种艺术流派和风格类型，加之散佚的普桑、库尔贝、列宾等大家作品，共同勾勒出西方油画从古典形态向现代形态演变的基本脉络。对于民国美术界来说，孙佩苍收藏西方油画的世界视野和谱系研究，无疑在中西艺术交流中起到了极为重要的作用，同时也凸显出立足于民族文化的自信与魄力，难怪今人称其为“西画东渐”第一人（从作品的流转、收藏层面而言）；藏品之中国画部分主要集中于明清和近现代，除虚谷、任熊、任伯年等海上大家作品外，张大千（藏品已流落他人之手，见于拍卖行）、谢稚柳（藏品已流落他人之手，见于拍卖行）、汪亚尘等均与其有信件及作品往来，从所署孙佩苍上款可见孙氏与当时书画名家交往关系之一斑。

“历史是有问题的烟云，艺术史也不例外。”（吕澎《20 世纪中国艺术史》扉页题句）

此次展览和随展画册正是试图穿透这些烟云的努力。从有限的文献资料和留存藏品来看，孙佩苍及其收藏已经成为了民国艺术史、艺术收藏和美术教育等方面极具研究价值的历史个案。相信，通过此展的举办和画册的出版以及后来学者的努力，历史终将拨云见日。

只可惜该文未能收入展书。

堂妹孙思宁4日晚从美国飞来北京。倒了一天时差后，6日一早穿着运动服的她到油画部，正好赶上展画的清点包装。稍事寒暄便一头加入。国画油画雕塑大小共六十六件，按表核实后，一一包装并加贴标签，我俩加冯宇三人干了大半天。

10日午前，所有参展的美术品、书籍资料、展板、展牌运到油画院。

历史走廊和影视厅已经搭建，按照印定才的安排，我们几个把油画和国画分别搬到各自展厅的位置，专业队伍开始挂画。

铜雕和石膏雕塑放进玻璃展柜，《青青子佩》展书、《寻找孙佩苍》以及这些年来查找所用的二十多册书籍、相关文献信札也各就各位，当然没有忘记祖父那件遗物——在德国买的照相机和三脚架。堂妹一直和我们干到傍晚。

孙思宁很有眼力见儿，一看即知是会干活的人。看着快六十岁的堂妹手脚麻利不知疲倦地搬来搬去兴致勃勃的样子颇有感触。从两年半前和她久违多年一见如故的相逢起，我们联系不断，她关心支持我寻找孙佩苍，尽其所能帮助我。我两次去明尼苏达，备受款待，谈及祖父，情感之共鸣，意愿之相合在亲属中无人可比。因有她，我在寻找之路中的寂寞孤独得到舒缓，甚至苦闷之时可倾诉衷肠。孙思宁后来的表现，更令我感动。

翰海油画部由于筹办“青青子佩”展览，加之夏季刚刚搬到恒通商务园，多少影响了办公，也给他们2014年秋拍带来很大压力。秋拍专设孙佩苍旧藏专场，名为《画史津梁　孙佩苍家族旧藏》。我参与了图录和媒体宣传的文字编辑。

10月底“青青子佩”展览结束前秋拍就要开始，展览的一部分作品将移至拍卖场。

展览提前闭幕还是继续？油画院部武旗先生建议将要上拍的作品复制，加贴“复制品”标签，继续展览到月底。

于是油画部将要上秋拍的作品复制、定做画框后存入库房，准备20日后更换。

可是这些精心做好的复制品没有用上，那三千册110页《画史津梁　孙佩苍家族旧藏》的拍卖图录也未能派上用场。

因为，在10月11日下午的开幕式后发生了一件谁都意想不到的事。

第五章 『青青子佩』展览

第五章 “青青子佩”展览

此次展览和随展画册正是试图穿透这些烟云的努力。从有限的文献资料和留存藏品来看，孙佩苍及其收藏已经成为了民国艺术史、艺术收藏和美术教育等方面极具研究价值的历史个案。相信，通过此展的举办和画册的出版以及后来学者的努力，历史终将拨云见日。

——邓锋

“青青子佩 民国美术史的再发现：孙佩苍及其收藏”展于2014年10月11日在中国油画院举行。

我告诉陈丹青，他说一定来，让我开幕前一天再提醒一下。

10日打去电话，他问了两件事：杨飞云是否在，那位中戏的沈宁会来吧？我告诉说杨飞云出国尚未回，沈宁不想参加开幕式。陈丹青不解地说：干吗呀，叫他来。

于是电话沈宁，劝说了十几分钟，他坚持己见，说是会找时间来看。他就这么个脾气，只得恭敬不如从命。

上午十点前到油画院，《青青子佩》画册、给媒体的文件、矿泉水堆了满地，该分放何处，音响电源怎么接，签到台摆在哪儿，桌子和台布还没找来。一时混乱。翰海油画部主要人员去接来宾，我竟有些不知所措。

我公司同事帮助运来五十册《寻找孙佩苍》，在展厅外墙粘贴海报。

亏了冯宇的闺密张兰早来，她见此状立马自认总指挥，左右吩咐，里外安排，大有呼风唤雨之势。好个能干的女汉子，不一会儿就全部理顺。

黄金周后连日雾霾，中午的天气预报说傍晚起风，污染指数会降下。

展览分三个厅，主厅有孙佩苍的介绍以及徐悲鸿的五幅油画、两张素描和吴作人的油画《女人体》；第二厅展出孙佩苍在欧洲搜集的二十件油画、素描、雕塑作品；陈列在第三厅的是二十二件（套）国画。展厅走廊的墙壁装饰成历史走廊，分作“引子”“寻找”“消失”“浮现”“遗留”“没有

“青青子佩”展览开幕

结局的结尾”和“新的开始”七部分。走廊内陈列着遗物、研究书籍文献等。

下午三点半，秋风习习，灰雾有所减轻。在展厅外院举行了开幕式。

中国油画院副院长朱春林主持，一一介绍了主要来宾。

策展人邓锋介绍展览内容和理念，戴泽、徐庆平、陈丹青先后发表感言。

邓锋：展览以孙佩苍家属的追问开始，展开四个部分：第一是

左起 徐庆平、戴泽、陈丹青、文物局副局长于萍、文物公司总经理何小平

邓锋对展览的介绍

从《蒋碧薇回忆录》引发的寻找，继而是孙佩苍在1942年的消失，接着是关于他的留学、任教和从政历史片段的浮现，最后是关于他的遗留。从发现的孙佩苍两个文件看，他的基本想法是在不断吸收西方物质文明之时，需坚持文化的提升，进行美育。

戴泽：孙佩苍先生的名字最初是从我老师徐悲鸿那里听到的。徐先生说孙佩苍有很多收藏且非常难得。酷爱艺术的徐悲鸿先生也想收藏，可是经济条件有限，他对孙先生的收藏很是羡慕和佩服，听说孙先生收集了很多精美印刷品，可惜今天看不到。方才仔细看了展览，觉得徐悲鸿当时的作品和后来的有所不同。那时徐先生精力充沛，很细致，展厅里他的作品都很精彩。酷爱美术的孙佩苍把钱用在收藏上，给我们留下如此精美的作品，非常感谢孙先生。

徐庆平：画展的题目恰如其分地体现出孙佩苍先生的人格和追求。

我很关注孙佩苍先生的一生和他的收藏，以前曾在中央美术学院教书，那时真的想去找这些藏品，好安排学生做专题研究，可没做成，因为美院谁都不知道放在哪里。以前见过一些他的藏品，这次展出的大部分没有看到过，但应还有几位法国名画家作品，这次没看见。但就是这次展出的也令我有惊心动魄之感。

九十八岁高龄的戴泽先生

徐庆平先生诸多感言

那幅临摹伦勃朗的《妇人倚窗像》我一直想看到，直到今日方如愿。家父喜欢伦勃朗，伦勃朗代表欧洲的弗莱德斯画派，特点是尽精微，不断地深入，一个面划分出许多面，不断地画进去，这本事了不起。一战后德国物价便宜，在法国一年的生活费在德国可够两年，所以家父去德国，在那里临摹了此画。临摹这幅画时用了很大的精力，他感觉已有很多心得，却不能马上用到画中。回到法国他向大师达仰讲述了自己的困惑，达仰告诉他需磨砺功力，对人物分部研究，掌握极尽精微。

这张画是家父学习过程中十分重要的一幅，也体现了与孙佩苍先生的友谊。他将此画送给孙先生，一是出于敬佩，更是知道孙佩苍搜集西洋美术品是为了中国的审美教育和艺术教育。我父亲也想做此事，曾找过蔡元培、康有为、傅增湘以及驻法公使，均无结果。当时只要用十分之一的钱就能建成一个大美术馆。孙先生这些收藏浸透着当年那一代出国寻求真理的艺术家对国家的一腔热情和在美术教育上注入的心血。

这批藏品尤为珍贵，尤其经历了这么多年的风风雨雨。孙先生在 1942 年的展览会中去世，有种说法是被毒死的。在经历我们所知道的那些坎坎坷坷，尤其是“文革”，这批作品竟然得以保留而且保存如此之好，真是不可思议和令人感动。如果孙佩苍先生在天有灵，得知他当年含辛茹苦的收藏还能得以妥存，也会感到欣慰。

真心希望这批收藏在我们极为缺少西洋美术品佳作的现在，不要散失，能够继续在我们国家发挥其作用，实现这位收藏家的心愿。

陈丹青：邓锋，你这个展览和画册做得非常好。你说在四个月前对孙先生一无所知，我在四年前对孙佩苍才有所知，就是在同一个地方，旁边的展厅。孙佩苍固然是一位令人尊敬和感慨的人物，但是也非常可怜和悲惨。徐悲鸿先生是中国现代美术的老祖宗，孙先生和徐先生是老哥们儿。杨飞云先生办了一个展览，从民国到现在三代艺术家临摹西方美术家的作品。在展览中看到徐悲鸿先生临摹伦勃朗的那幅《参孙和大莉拉》，于是想起 1978 年在美院我们研究生班被带到仓库看到了二三十张从欧洲买回的西方美术家原作。此事一直未忘，便问杨飞云怎会有这幅画，他说就是这位孙元先生借给我的。我就觉得当年在仓库看到的那些作品的收藏者与此有关，一问，就是孙元的祖父。今天特别高兴，四年过去了，孙先生的事

陈丹青发言

情进入了画册，在这么好的展厅得以展示，让更多的人可以知道他。说到孙佩苍，固然是一个令人尊敬、令人感慨的例子，可也非常非常可怜和悲惨。

孙先生和徐先生都是我们油画界的老祖宗。但非常可怜。第一代油画家，第一代收藏家在孙先生那儿是独一份；我们找不出任何一个人在过去一百年凭自己的财力、热情、眼光在欧洲买原作。有一位大名鼎鼎的蔡元培，他在20年代一度由于政治原因去德国治学，其间买了十七幅立体主义作品，不是油画，是版画和部分纸本作品。完全不知到哪儿去了。我是在万青历发表在《美术》杂志中得知的。大家试想，如果有了孙先生这批19世纪的油画，加上蔡元培先生这批立体主义的画，此外再接着收藏二战以后的画，那么我们中国无论规模怎样，大约可以建立起一个相对完整的、有脉络的从传统到当代的西方美术收藏。为何说可怜，我们的国运在过去一百年遭遇种种战争、革命的艰难的国家转型。我们的收藏同俄罗斯比较、与美国比较，甚至和日本比较实在拿不出来。当然从历史上看这样比不是很公平。俄罗斯19世纪崛起时正是中国倒霉的时候，俄罗斯从

18 世纪末到 19 世纪初崛起，中国在 19 世纪中叶就遭遇鸦片战争。在叶卡捷琳娜女皇时期，用朝廷的力量在欧洲收集名作，才有了今天的世界十大博物馆之一的冬宫博物馆。美国是在 19 世纪末 20 世纪初崛起，有了今天的大都会博物馆、华盛顿博物馆、波士顿博物馆、费城博物馆，整个文脉从古希腊到今天，包括中国从先秦到现在的艺术非常完整的收藏。我对中国美术史的视觉了解是在美国发生的而不是在中国。我出国时根本没有像样的画册、像样的展览，非常可怜的。再一个让我难受的是日本，日本在明治维新时跟中国差不多，可你今天到日本去看，购买从希腊到印象派的收藏家有几十人，最后捐给国家。有三十多个小型博物馆，在那里可以看到印象派、巴洛克、巴比松，甚至有希腊罗马的部分艺术。我今年还去了一次，看一个日本老太太请贝聿铭设计的画廊。相比可怜之余，对孙佩苍先生个人的举动，他的热情，可以说是疯狂，一个人做的这件事就特别珍贵。

悖论在哪儿呢？四年前与孙元兄认识，他已开始寻找祖父的历程，其中有个细节听了难受，由于那几十年的政治运动，没人敢告知下一代其祖父是谁，因为他在民国政府做过事。孙元父亲都不在履历表里填上自己爸爸的名字。这个展览很好，把那张没有孙佩苍的履历表陈列在那儿，这么重要的一个人、徐悲鸿的老哥们儿却不敢提及。孙元今年 68 岁，前几年他一直在寻找祖父，一个孙子在寻找他的祖父哇。在座的年轻人你们用不着寻找，祖父就在那儿。方才庆平先生的话我也很感慨，庆平先生居然没办法看到他父亲临摹的伦勃朗，这祖孙之隔，父子之隔，我们不知道上一代在干吗，就算知道却看不到。好不容易到晚年才看到，这里有多少令人感慨的事。

我们也在崛起，现在是中国收藏的盛世，身价亿万的收藏家，建美术馆，在全国各地都在发生，如上海的龙美术馆，北京的一些美术馆，都是私人的财力。也有些人去国外收藏国外的现代艺术，可那是个断层，我们已不可能收藏到西方有文脉的原典，在国外小型的拍卖行、古董店还能见到些许，好东西难见了，当代艺术可能，

徐庆平和笔者堂妹孙思宁在《妇人倚窗像》前合影

部分现代艺术可能，但19世纪到一战前那一段的，尽管我们有的是钱，也已经不太可能。

在现在的收藏盛世，在这一刻，有如天意，孙先生的事迹和他的收藏因家属和各界的努力让我们终于看到。庆平先生说得对，我们真是不愿意让它再散失了。方才文物局的领导也对我说国家应该拿下。大家都有这个意愿，总算有了一个历经劫难，到了可以坐下来思考这件事的时候了。

看到这幅久违的《妇人倚窗像》，徐庆平先生感慨不已，告诉我们，这幅作品与《赵夫人像》可谓徐悲鸿艺术生涯中的里程碑。他对堂妹的精心保存表示感谢。徐先生对记者说：

我父亲徐悲鸿和孙佩苍先生无论在创作还是生活方面都有很多渊源。20世纪20年代他们一起在法国学习，那时很少留学的人中就有孙佩苍先生，他不光学画，还研究艺术史。他们俩的学习都有一个明确的目的，希望从西方学到对中国有益的东西，开展并建立中国的现代教育体系。必须将西方艺术的来龙去脉研究透才能确定学什么和怎么学。

Carriere卡里埃尔《母与子》

笔者指给陈丹青看那份父亲未写爷爷的档案

孙佩苍是最早的西方艺术史专家，不知何因他的艺术史手稿遗失了，这是很大的损失。但他留下的这批画真的是我们国家的财富。中国在世界艺术史上有自己的地位，但是西方美术藏品太少，基本是空白。我父亲有几张他老师达仰的作品，也就这些。这里可以看到孙佩苍先生的收集，研究艺术史的他有很高的品位和鉴赏力。孙先生与我父亲是最好的朋友，两人经常一起切磋，父亲见到好的东西，买不了就介绍给他去买，他也买不了就设法上别处找钱买下。当时

与闻立鹏[(1)]交谈

靳尚谊[(2)]、詹建俊[(3)]等在看展览

正值第一次世界大战后，物价飞涨可艺术品卖不出去，价格低廉。我父亲说只要用十分之一的钱就能建一个大艺术馆，他为此到处奔走未果。

而孙先生买下如此之多。例如那幅迪亚兹的《风景》（按：见本书《孙佩苍收藏补遗》一章），他是巴比松七星之一，这个法国风景画派对世界影响极大，对印象派也影响极大，成为巴比松画派。我每次到巴黎都要去巴比松森林，因为这里出了一位伟大的风景画大师。由此可见这幅画的重要。还有这幅卡里埃尔的作品，他的油画永远都是一个题材：母爱。用单色油彩如同素描一样地表现。用今天的话说就是油画的心。这些能保存到现在是非常重要的艺术财富。

陈丹青让我随他看展，他说话不多，不时摘下眼镜凑近细看。他在“只有一位孙佩苍”中对我父亲为避祸端不愿向下一代告知祖辈身世感触颇多，我们便在有父亲档案的展板前停下。

众媒体记者追随围住陈丹青，听他感言。

这个展览的国画以前没有见过，油画也大部分没见过，当年在中央美术学院库房见过库尔贝的作品和一些法国画家的油画，但是为什么这儿没有。希望有个有钱的主儿打包全部买下来，然后盖个美术馆。这谈不上传承，是强求。我们现在收藏的是中国当代的自己的艺术家，背后不就是个钱吗?

老伴陈吉宇是木心迷，阅读了所有木心著作。一次我把她的读后感发给陈丹青。他挺高兴，将新写成怀念木心的《孤露与晚晴》发给我们。这次在展会上见面，她请陈先生在《文学回忆录》签字。陈说乌镇的木心美术馆已经建成，应去看看。老伴说现在我还没资格，见陈丹青不解又说：木心不是令人仰止的高山，是座水下的宫殿，只有深入潜下才能看清。她请陈先生写上几句鼓励的话，陈丹青思忖后写道：“吉宇嫂，我如何鼓励您，您喜欢此书，我高兴！”

见徐庆平和文物局的两位领导交谈些许便匆匆离去，并未介意。

看到各幅画作前观展人们的神态表情，成功的沉醉油然生出。彼岸的祖父啊，你可看见听见吗，你生前未竟的展览在你一百二十五年诞辰时实现了。

我虽很累，满面倦容，却坐不住，在各展厅游走，直到观客散尽……

步出展厅，秋风强劲吹来，将数日笼罩的雾霾扫尽。

第二天得知，开幕式前文物局领导看了展览，感到意外和震动，一番联络磋商后决定整体购藏这批美术品，在徐悲鸿纪念馆开辟专室陈列。徐庆平先行离场是去同廖静文先生商议，向文物局提交整体收购申请。

听罢很意外，原本计划其中的二十余件要上当年的秋拍，图录都做好了，该怎么办。当然我更振奋，因为祖父生前的美术陈列馆之梦即将实现。

注释

（1）闻立鹏，1931 年 10 月 5 日生于湖北浠水县巴河镇闻一多故居（闻家新屋，今张家塘村陈家岭）。闻一多先生的小儿子。受其影响，闻立鹏从小喜欢文艺作品，作品被国内外众多美术馆收藏。闻立鹏画风讲究精练和谐，向往宁静的崇高，追求悲剧性的英雄主义。

（2）靳尚谊，1934 年生，河南焦作人。1953 年毕业于中央美术学院绘画系。1957 年毕业于苏联专家马克西莫夫油画训练班，并留校在版画系教授素描课；1962 年调入油画系第一画室任教。中央美术学院原院长。现为中央美术学院博士生导师、教授、中国美协主席、中国文联副主席、全国政协常委。作品多次获得国内外大奖，并被中国美术馆等机构和个人收藏。

（3）詹建俊，满族，1931 年 1 月生，辽宁盖县人，中央美术学院教授、博士生导师、学术委员会顾问，中国油画学会主席，中国美术家协会顾问，欧洲人文艺术科学院客座院士。1953 年中央美术学院绘画系本科毕业，1955 年中央美术学院彩墨系研究生毕业，1957 年苏联专家马克西莫夫油画训练班毕业，同年在中央美术学院任教。曾任中国人民政治协商会议第八、九届全国委员，中国美术家协会副主席，1986 年被国务院授予有突出贡献专家称号。2013 年 1 月 29 日，詹建俊获第二届“中国美术奖终身成就奖”。

“青青子佩”展会部分展出作品

（本书其他各章刊登的藏品不再重复）

亚历山大 · 及布里埃尔 · 德康《载重车》

让 · 加布里埃尔 · 道墨《坐女像》

让·保罗·劳伦斯《罗马战士》

亨利·卢梭《阿拉伯人骑马图》

梅尔尼克《老人像》

任伯年《扶杖老人》

狮与蛇

任伯年《花鸟扇面》

任渭长《金地花鸟扇面》

任渭长《金地花鸟扇面》

虚谷《枇杷》

汪亚尘《金鱼》

倪田《松鼠》

第六章

无奈的天命

第六章　无奈的天命

用你的全部力量和才能去效忠和服务一个超越自身的东西。

——马丁·塞利格曼

看过展览，希望将孙佩苍收藏整体保存下来是很多人的呼声。

得知部分藏品要秋拍，中国油画院邰武旗先生在开幕日当晚写给我这样的感慨之词：

“夜，风起，杂树涌动。浅淡的开幕背板巨大着，比例失调地压缩着孙佩苍先生那枚椭圆的相片……

良久，觉着些冷，瑟瑟的……以为是来看他，其实被他看得有些心虚了。

一个时代，落进历史，耀眼的无非几个尖顶、几颗星子。百年不算远，世事惶惶至今，灿烂尖顶们灿烂到了烂，个别尖顶隐埋了（丹青先生的发言

里疑似闪烁过这个意思）。埋去七十年，不算长。今天隐约可见处恐怕只在孙家触及的一隅吧？未来如何？

我是前天才知‘专场拍卖’。售卖绝非不当更非坏事，能否更好呢？只是纯粹技术性问题，我想有讨论的空间。11 日近午，钟涵先生急急的两个电话催我见面，他知道油画院实际较多介入这个展览的人是我，且他只跟我熟悉，切切地叮咛：‘就事件意义而言，无论如何作品不能散，想想办法！’

我对作品意义的尊重和珍重是不会影响作品价格的，或许更好。这般散去正如拆散那‘尖顶’的砖瓦。作为一个外人，看到您及您周围人对此事追溯的诚挚恳切让我们这些旁人感佩。

唯恐此展成为孙佩苍先生生命主张的一个句号——待转天拆毁了先生那枚椭圆的相片之后，或许我等也不会再作此念想了——人类的记忆是需要依据和契机的——无论幸与不幸——眼前这个展览是为例。”

虽然已知道北京市文物局整体收购的打算，但并非易事，我给他的回复很谨慎：

“来信使我非常感动。

我曾有与您类似的想法，也尝试过，但无人理睬问津，如同我寻找孙佩苍过程中遭遇冷落一样。加之我只拥有很少的所有权，不能代表家里他人。小书书写过程中，我对祖父的情感，对他的理解不断加深，近时我的精力全放在展览筹备上，对我来说纪念祖父第一位，对拍卖兴趣不大。我很清楚，月底的拍卖场揭幕，槌声响起，最终的离散将开始。无奈彷徨失落之余，只能以小书和展会自我安慰。

这两天事情正在起变化，文物局打算整体购买，拍卖已近，李卫、冯宇以及翰海团队在日以继夜准备，在与我家人联系。

我希望此事如愿。

如此事可成，更需感谢您对展览的支持关照。正是这个展览的‘发酵’，终引起了有关方面的在意和重视，才出现契机。

结果如何尚难说，为此我忧心忡忡。”

我将郃武旗的邮件转给邓锋，收到他的微信：

“您转发郃老师的文章看了两遍，虽短小，却情真意切，令人唏嘘感叹。

对民国美术史我一直有一个感觉，民国其实很辉煌，某种程度完全可以和魏晋、五代相提并论，但是民国是断裂的，尤其50年以后。民国的这些人，这批物弥足珍贵，寻找过程非常困难，非常艰辛。寻找之后很可能昙花一现，物去人非。这个选择非常困难，我也了解一些您家的情况，所以可能您也非常难做。很多时候命运是吝啬的，人不在后只能寄托在可视而具体的实质物体上。能够整套保存下来，留给后人是再好不过的，如果散掉，像郜老师说的那样即使化成几个类型处理也不失好的办法。

但我辈无力。与管理收藏的领导谈过，汇报了情况，会有很多人感兴趣。对于您来说只能尽最大努力，尽人事听天命。知道您一直很辛苦。

说些感受，请多保重。”

北京市文物局和市文物公司领导对整体收购很尽职，邀请美术界和艺术市场若干部门对这批藏品分别进行了艺术评估和市场价格评估。那天我和文物局及文物公司几位领导（他们按照程序而回避）在场外等待。

2014年11月评估出的价格在当时和现在看，都是合理且优惠的。

由于这些美术品分属于若干位亲属，需要每人对自己部分的价格确认。

这个过程一波三折，我已不忍回顾那些令我纠结痛苦的细节。对自己藏品的价格抱有更高的期望值乃人之常情，但在总价格已经确定的情况下，“讨价还价”就十分困难。为了实现整体收购，堂妹孙思宁和我不止一次做出让步以满足各方需求，遗憾的是这种诚意却导致对价格的要求越来越多，远超出总价。

数月的讨论最终以整体收购失败而告终。

看到圆祖父美术陈列馆之梦的希望近在咫尺而欣喜若狂的我，顿时堕入苦闷的深渊。

错过这个历史性的机会，藏品散失各方，对不起祖宗，对不起越来越多关心尊敬孙佩苍的人们。失望，沮丧，愤懑，心痛不已。原有的成就感、幸福感消失得无影无踪。

思虑囚在封闭的圈子里打转，几乎不能自拔。食寝难安，心脏持续早搏。熟人见罢说我明显衰老，对镜自看，眼皮发肿，目光失神，谢顶且两鬓生出白发。不断苦闷地想，我这样做是否值得，为什么会是这样？……

知心朋友，上海原曲画廊的彭小苓[1]鼓励我：

“孙元：生命中最重要的事情，你能在短短的几年完成，这是多么令人钦佩欣慰和羡慕的啊！不应痛苦得不能自拔。这次不能美满地整体收购，你已经努力了！剩下的是你力所不能及的了。这是非常令人遗憾痛心的事，但每个人对孙佩苍的感情和认识高度都不是一致的。历史将记住孙佩苍有你这样的孙儿！接下去已经不必纠缠画的将来，而是做你想补遗的爷爷的传记。这同样对社会对你和我们这些关心你和孙佩苍命运的朋友有重要的意义！我们一起努力吧！”

彭小苓和其他朋友的安慰鼓励让我逐渐调整了心态，开始平静思考。

维克多·弗兰克[2]在《生命的意义》中说：

> 一个人愈忘我——为了所爱之人、所爱之物燃烧自己——那个人才愈加是一个真正的人。
>
> 当一个人意识到他是无可取代之时，他就会意识到自己身处于世所背负着的责任，他就会将这份责任发扬光大。当一个人意识到了他需要承受来自他人温情，当一个人意识到了他需要完成未竟的事业，他就永远不会放弃自己的生命。因为他已经知道了自己生存的意义，所以他能坦然面对前方的任何挑战。

这是弗兰克用自己多舛而光辉的生平总结出的，可以用来评价那些堪称人类大脑和脊梁的先驱者，诸如哥白尼、伽利略以及我所知的遇罗克、林昭、顾准、高华等，绝非我等凡夫俗子。写上这些词句时对自己说：好意思吗？你有资格吗？

是的，有些勉强，曾很犹豫，也红过脸。但这思想毕竟是有股力量感动启示着我。

心理学家马丁·塞利格曼[3]说：追求有意义的生活，就是“用你的全部力量和才能去效忠和服务一个超越自身的东西”。

在“寻找孙佩苍”的这些年中，心中萌生了对祖父的爱和尊敬，被他已知和未知的历史“燃烧”起来。前几年以一己之力，寂寞孤独，几度动摇，最终靠那股非我莫属的使命感挺下来，写成《寻找孙佩苍》。

筹备“青青子佩”展览的四个月，极尽所力，“孙子找爷爷”的行为上升为“民国美术史的再发现”，开始“超越自身”了。

当然这绝非我一个人的“效忠和服务”，身边有志同道合之人，我不再寂寞。

“如果生命有着它的意义，那么所经历的痛苦也一定是有意义的。”弗兰克这句话再启示我。有意义的生命和幸福的生活未必联系，甚至导致痛苦，这是必须接受的人生规律吗？

取出纪念祖父一百二十五周年诞辰的展书，墨绿封面的烫金字《青青子佩　民国美术史的再发现　孙佩苍及其收藏》在眼前闪光，我凝视着，渐渐充满视野，伴着急促的呼吸，胸中涌出激情：

亲爱的各位良师益友、展览团队的朋友们，这是我们为美术史乃至历史的一种贡献啊！陈丹青为我在历史幽暗中划燃火柴，现出希望之光，你们支持我奋力将火炬点起，照亮了民国美术史的一隅。孙佩苍文化理想的传承已经超然于家族，升华至社会层面，从此孙佩苍不再仅属其后人而回归世上，这火炬将继续传接，终将在民国美术史中燃起。我们是在发现历史，增加生命的意义，就需承受衍生出的痛苦。

值得，我们值得。

于是我走出苦闷，不再纠结；回复常态，规律生活；开动思绪，参加活动。迈动半月板损伤的双腿，揣着胰岛素和硝酸甘油，走出家门国门，期望用更多的发现真实全方位地将祖父还原于历史，弥补陈列馆之梦未尽的遗憾。

一年半后我致函郃武旗：“我曾为此伤悲失落消沉，在刻骨铭心的思考之后，决心继续用笔书写民国时期的孙佩苍以及相关人物和历史。在国内外诸多友人的帮助下，所获资讯，无论从数量、广度和深度上都超过《寻找孙佩苍》一书。

相信我的努力不仅提供了您所言‘记忆需要的依据和契机’，更可以使人们走进孙佩苍的世界，并得知若干新的，甚至有些颠覆性的民国美术历史片段。

‘青青子佩’展并非祖父‘生命主张的一个句号’，‘死亡的历史会复活，过去的历史会变成现在，这都是由于生命的发展要求它们的缘故’（意大利克罗齐）。拂去历史雾霾，让 21 世纪的阳光照亮过去，虽然很难，必须尽力，这是上帝赋予我晚年的使命。”

我做到了，没有食言。

注释

（1）彭小苓，女，1953年出生于湖北武汉，1965年入北京一〇一中学，1968年至1975年先后在山西绛县和江苏丹阳县插队。1976年到北京鲁迅博物馆工作，1983年入复旦大学历史系学习文物博物馆专业，毕业后回到鲁迅博物馆任陈列部主任。1992年上海东原房地产有限公司总经理，2006年上海原曲文化艺术有限公司、原曲画廊董事长。目前生活工作在上海。

（2）维克多・弗兰克（Viktor Emil Frankl 1905—1997），临床心理学家。出生于奥地利，1930年在维也纳大学获得医学博士学位，1949年获得哲学博士学位。第二次世界大战后，是美国国际大学的著名教授，并任哈佛大学、斯坦福大学、迪尤省大学和南卫理公会大学的访问教授。

弗兰克是言语疗法的奠基者，其治疗理论被称为维也纳第三精神治疗学派，前两个学派为S・弗洛伊德学派和A・阿德勒学派。弗兰克的言语治疗是以“人类对意义的探索”为依据的，因此他给他的成名作定名为《人类对意义的探索》。这部著作以弗兰克在纳粹集中营的亲身经历，包括在臭名昭著的奥斯维辛集中营的经历，阐述了他能支撑下来的唯一支柱是对生活意义的理解，并由此提出言语疗法的理论与实践。他后来的一些著作有《意义的意愿》《无意识的上帝》《听不见的要求意义的呼声》《精神治疗和存在主义》《医生和心灵》等。这些著作详尽阐述并发展了他的言语疗法。

弗兰克是第二次世界大战期间纳粹集中营的侥幸生还者。集中营的不平凡遭遇，使弗兰克的人本主义思想，带有明显的意志色彩和超脱意味，这一特点反映到他的心理健康观上。弗兰克确信，人在任何情境下，对自己的行动都是自觉选择的，即使是在集中营这样恐怖的情境下，也应当如此。对人生意义、理想或目的的自觉探求，是心理健康者的基本特征。鉴于对人生意义的探寻是存在于自我之外的，所以弗兰克强调，仅仅靠自我实现或机能成熟与充分发挥是不够的。人们还必须超越自我，把自己同某个人、某种理想或某件工作紧密联系起来，这样才能摆脱自我的羁绊，找到人生的真正价值或意义。

（3）马丁 · 塞利格曼（Martin E.P. Seligman 1942—　），美国心理学家，著名的学者和临床咨询与治疗专家，积极心理学的创始人之一，主要从事习得性无助、抑郁、乐观主义、悲观主义等方面的研究。曾获美国应用与预防心理学会的荣誉奖章，并由于他在精神病理学方面的研究而获得该学会的终身成就奖。1998 年当选为美国心理学会主席。

第七章

沈阳纪行

第七章 沈阳纪行

无论找到和尚未找到的，孙佩苍已经在这里。

——付晨明

“青青子佩”纪念展后一直有再次赴沈寻找祖父踪迹的打算，可是半年来忙于孙佩苍旧藏整体收购，由于坎坷不断，内心纠结不已，除了做些资料整理，参加一些活动外，总是心不在焉，还患了失眠症。

2015 年 3 月初到医院验血，结果不妙：肝、肾、血脂、血糖均超标，加之心脏早搏，肺部结节，明显在衰老。也许我的时间不多了？想到此急上心头。

不能再等，要马上行动，趁着还能动，先尽快去沈阳，然后去法国巴黎和里昂，做最后的寻找。

孙佩苍五十二岁的一生中至少有三十多年在东北，而迄今仅找到片段的记录，基本是空白，连简历都构不成。祖父的青少年和中年的经历对解析他的生平、世界观、价值观至关重要。沈阳之行势在必行。

出发前几天做了点准备。

先致电在北京的一位沈阳同乡朋友，音乐制作人蒋涵，请他联系沈阳美术界。蒋涵给了我鲁迅美术学院大连校区副院长张澎的电话，说《寻找孙佩苍》一书早就寄给了他。

七年前同蒋涵一起在沈阳音乐学院见过张澎，记得我们一起把酒言欢谈天说地胡诌八咧十分开心。张澎接到我的电话就说，你家老爷爷在我们这儿挺火，是个了不起的人物。何时到沈阳，我从大连过去陪你，介绍一些朋友帮你查。

2014 年 10 月翰海当代艺术中心的李卫向我提及辽宁省文联副主席付晨明，说她会给我帮助。后来和付晨明通过一次短信。

未曾谋面久疏联系，犹豫之后还是拨通电话。

付晨明回话言简意赅：光大东北历史名人很有意义，我下周在沈你可来。

抄录了七条已知线索并加上自己的想法发去，供她事先做初步联系。再邮去六册《青青子佩》画册和七本《寻找孙佩苍》。

走前又在网上订购12本《寻找孙佩苍》携带上路。

2015年3月11日

中午在北京站乘D11去沈阳。

上次赴沈查找，深知不易。省图书馆、档案馆都在搬迁，大量文件封存；只有公民身份的我想查阅和复制历史档案有很多限制。希望搬迁结束，更指望借助关系让我能深入查询。

动车过葫芦岛，接到付晨明电话，说她已经做了些联系，明天上午见面。

不一会儿张澎来电讲他已上高速，晚间抵沈，让我今晚休息，明早酒店见。

昨夜只睡四个钟头，很困。动车行驶平稳，旁座呼呼酣睡，想着明天的事，就是睡不着。

第二次入住沈阳金廊智选假日酒店。

有个小插曲：一年半前住在这里时，觉得房间的照明开关设置不合理，便去前台申诉，遇事常作矫情的我与值班经理看法不一，争执之间走来一位身着笔挺西装三十几岁的帅气男士，别着“大堂经理”胸牌，在一旁默默听后说：先生的要求合理，我马上安排工程部解决。

我自对这位谦谦君子有好感，便交谈起来。他叫李鸥，得知我来沈寻找之事，表示敬重，好生聊了一阵并互留电话建起微信。

半年后李鸥到北京培训，我们再见面，那时小书《寻找孙佩苍》刚出版，送了几册给他和同事，并祝贺他已从大堂经理升任酒店总经理。

电话预定房间后他说已按照您的习惯调整了房间照明。

五点半到沈阳北站，在地铁站买了一张“盛京通”（即北京那种一卡通），买卡乘车优惠5%，从北站到市图书馆六站，消费1.9元。

虽是晚高峰时间，车厢里没北京那么多人，身前脑后传来快爽的沈阳话，忽有小时候听爸妈讲话的感觉。沈阳是祖父祖母爸爸妈妈的家乡，我出生在这儿的小河沿，也是东北人，看着周围素不相识的人，尤感亲切。

睡眠甚缺，加上重归故里的松心，我睡了九个小时。

2015 年 3 月 12 日

张澎来了。

他叼着烟斗微笑地看着我，一见如故，我俩立刻掏心窝子说起来，不到几分钟竟深至各叙衷肠。张澎与主管辽宁美术的文联副主席付晨明很熟，我来前他们已经联系过。他说付晨明为了你方便，一会儿在酒店对面的华人大酒店聚会。

“沈阳大姐”付晨明，后来她说女儿不喜欢这称呼

老张计划在沈阳逗留两天，除了付晨明安排的走访外，都陪我。

付晨明和我在网上看的照片差不多，只是个子比预想高些，这位副厅级干部像位和善的沈阳大姐，我毫无拘束。

落座后递给我三页纸，是我发给她寻找线索的复印件，各处勾写着人名和电话，她事先做了“功课”。

在座的还有沈阳画院画家崔晓柏和鲁迅美术学院学报编辑部主编杨振国。

一番致谢后，付晨明让我饭后马上去省档案馆见保管处和接待处的两位处长，下午去省政协见一位研究张学良的专家。她认为熟知那段历史的赵杰参事会提供信息。

永远是笑容可掬的张澎（左）和杨振国（右）

席间交谈的主题自然是孙佩苍。他们对《寻找孙佩苍》一书开启对民国美术史尤其是辽宁美术史的研讨与反思给予肯定。

付晨明说对孙佩苍的寻找会成就一段美术史，也是沈阳人的责任。无论找到和尚未找到的，孙佩苍已经在这里。

张澎感慨道：找到孙佩苍这老一辈，辽宁美术才算有了自己的根。

崔晓柏认为孙佩苍的发现对建立辽宁美术史学系统很有价值。又说这寻找的故事应当拍成故事片，甚至可以竞选奥斯卡外语片奖。我的第一反应是言过其实，寻找过程鲜有 STORY（故事），充其量做个纪实短纪录片，就像《客从何处来》那样。同时很奇怪这位画院的画家和电影有何连带。

当然很感谢他对寻找的肯定。

我提及是否让祖父回一次家乡，在沈阳举办孙佩苍藏画展。在座的纷纷赞同，建议付晨明立项。

当然这牵涉方方面面，尚属务虚。

分手后打车直奔在浑南新区的省档案馆，经过一大片高层住宅楼，不见人迹。司机说这儿离市区太远没有生活设施，谁都不愿来。

到档案馆下车，四处张望，不见路人，眼前的建筑美轮美奂却只身孤影，和前年来时一样。

安检后李云涛处长接我上楼到阅览室，再见接待处里蓉处长。我对李云涛说今天只是先作查找汇报，李将我的要求一一记录。

里蓉告诉我检索到一处孙沛苍，一看，是上次找的那篇《孙沛苍为请组织美术研究社致奉天省长公署》，因是拍摄电脑屏幕，不很清晰，我请求复制电子版。

档案馆设备先进，那台和电脑连接的缩微胶片机在国图和日本国立国会图书馆都未曾见。不一会儿缩微胶片上的这篇文献通过电脑拷入我的 U 盘。

往阅览室走，一路迷迷瞪瞪想着查询之事，不料“咚”的一下，头撞到玻璃墙，如梦方醒，头晕眼花。

这里交通和饮食条件如前，只能乘私车，午饭自行解决。

里蓉取来一册《奉天教育目录》，翻开看到“同泽女子中学”，便记下来，我二姨奶姚淑文曾是该校副校长。正往下翻阅，付晨明来电，要我四点前赶到省政协见赵杰先生。

已是三点二十，急忙收拾东西，请接待处的女士叫辆私车。离开时她执意送我到电梯前，担心我二撞南墙。

明天（周五）档案馆开会，只能下周一再来。

没到晚高峰，并不堵车，可不时停下等红灯，快四点时付晨明来电问到哪儿了，司机说在空军指挥部。她啊的一声说来不及了，你先回，明天再约。

赶紧给张澎打电话说现在没事儿了。他让司机开到鲁迅美术学院。

掉头往回开，张澎又来电话，让回酒店，他去找我。

在“渔港村”的小包房，见到张澎引见的两个人：沈阳市文史研究馆馆长许光明，鲁迅美术学院美术史论系副教授李林。

签书送给二位，许光明说已知此书并在网上订购还未到，会好好看。他送我文史研究馆编纂的《沈阳地域文化通览》和《沈阳历史人物传略》，孙佩苍在一百多位民国时期历史人物中。

祖父的家乡记得他。

初见许光明

许光明给我留下的印象非常深刻，不是因他四十年的从政经历以及在沈阳朝鲜族人中是行政级别最高者。而是他的学识，是他出口成章以及对东北历史、城市建设和收集史料实事求是的中肯叙述。

尤令我敬佩的是他对历史的尊重。

他正在收集整理并准备出版从民国时代第一任到第十任沈阳市长业绩的书，为的是恢复历史。

许光明详细介绍了历史文献彰显出当年政府精细致密认真负责的敬业，令我们慨叹不已。他对日本统治时期的包括地铁的城市规划、建筑给予很高的评价。谈及这些年来他为研究馆四处奔走搜集文史资料的花絮，其学识、投入和睿智让我颇长见识。

我拜托他提供关于四洮铁路所建扶轮小学的线索，还有辽宁各地，尤其是抚顺锦州的地方志。因为据说孙佩苍任抚顺道台的祖父在袁世凯进兵朝鲜时征粮有功。他一一应下并讲以后会把所需年代《盛京时报》的电子版拷成光盘给我。

李林讲授中国古代美术史，便托付他根据张大千致张目寒谢稚柳信函查找“天风海水图”的“案子”。

晚上打开电脑，正打算记录些什么，有邮件进入声音，打开看，一个个十几兆几十兆的文件进来。

《沈阳县志十五卷首一卷》《承德县县志》《宣统抚顺县志》《民国宣统县志稿》《民国兴京县志》……

许光明发来的。

接着收到他的短信：“扶轮小学不在沈阳，在吉林省四平市，1927 年由四洮铁路兴建，九一八事变前三十余名教师捐口铁钟，铸字‘国耻钟’，纪念签订卖国二十一条。每天敲击，九一八事变前中止。1995 年该校重铸大钟，建议查吉林省教育志——吉林文史，四平市志、四平市文史资料、四平市教育志。”

后来又发微信告知查到沈阳曾有几所扶轮小学：

沈阳市大东区辽沈街第一小学位于大东区东北大马路如意二路 36 号。学校始建于 1928 年 3 月，史称“扶轮小学”，是一所有着辉煌历史的老校。

沈阳铁路实验小学坐落于辽宁省沈阳市和平区的南部，始建于 1946 年，时称沈阳扶轮小学。1948 年沈阳解放后改为沈阳铁路职工子弟第一小学。

皇姑屯扶轮小学建于 1913 年，是京奉铁路局为皇姑屯和皇姑屯修车厂的子女们创办的公办学校。

有关详细情况已经存档。

有许光明这样热忱、精细、专业的朋友，寻找孙佩苍何难！

这晚，CBA 总决赛第二场在辽宁队本溪主场角逐，得知自己钟爱的北京队大比分输掉，却没了往日的缠绵悱恻，我喜欢北京队，尤其是马布里，可辽篮是我的家乡队，特别是我“人在这儿呢”。

2015 年 3 月 13 日

本约定乘地铁再打车去省政协，付晨明担心我地不熟，让司机来接。

九点前到政协，稍等片刻赵杰先生到了。

他有些像王卓然之子、我的远房姨夫王福时，便不禁说出。赵先生自然知道他们，于是我先讲了一个东北抗日七杰王卓然与他的日本夫人泉富子的爱情故事。

20 世纪 50 年代初，王卓然在日本为新中国政府从香港购买物资被台湾当局发现，让日本外务省将持中华民国护照的王卓然驱逐出境并押解回台湾，王向大陆有关当局呼吁解救未果，幸得友人高崎达之助伸手，将其救回大陆。已经怀孕的夫人泉富子便将家搬到丈夫所在的贸易公司附近，期望王卓然回来即可找到她们母子。为此她含辛茹苦省吃俭用就地打工数年，竟将一座楼盘买下。

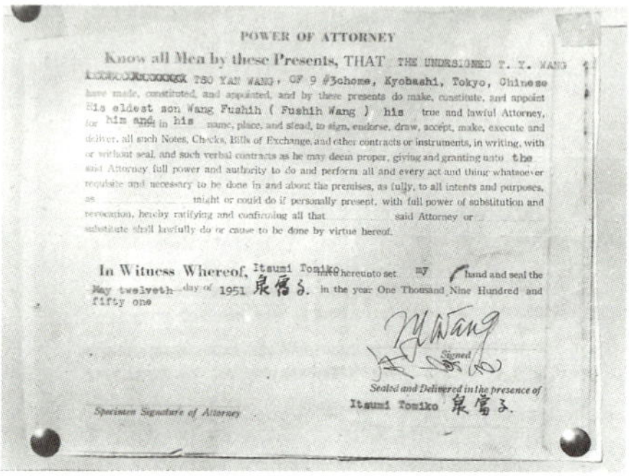
POWER OF ATTORNEY

Know all Men by these Presents, THAT THE UNDERSIGNED T. Y. WANG TSO YAN WANG, OF 9 #3chome, Kyobashi, Tokyo, Chinese have made, constituted, and appointed, and by these presents do make, constitute, and appoint His eldest son Wang Fushih (Fushih Wang) his true and lawful Attorney, for him and in his name, place, and stead, to sign, endorse, draw, accept, make, execute and deliver, all such Notes, Checks, Bills of Exchange, and other contracts or instruments, in writing, with or without seal, and such verbal contracts as he may deem proper, giving and granting unto the said Attorney full power and authority to do and perform all and every act and thing whatsoever requisite and necessary to be done in and about the premises, as fully, to all intents and purposes, as might or could do if personally present, with full power of substitution and revocation, hereby ratifying and confirming all that said Attorney or substitute shall lawfully do or cause to be done by virtue hereof.

In Witness Whereof, Itsumi Tomiko have hereunto set my hand and seal the May twelveth day of 1951 泉富子. in the year One Thousand Nine Hundred and fifty one

Signed

Sealed and Delivered in the presence of Itsumi Tomiko 泉富子.

Specimen Signature of Attorney

泉富子1951年盼夫归的电报

这一等便是“绵绵无绝期”了。直到 1994 年泉富子才到北京悼念了 1973 年去世的丈夫。

赵杰为我们沏上咖啡后又拿出烟来，让我这烟鬼喜出望外。

他谈吐直言爽快，说不知孙佩苍其人，主要的研究是张学良被囚禁后到去世这段。我问过去沈阳的一中、二中和五中的情况，他说沈阳没有，过去的中学多在奉天城周边各县，二中在锦州。

这和《锦州市教育志》记录相符。

又问孙佩苍就学的“北洋优级师范博物科”，赵先生说没有这个师范。

付晨明曾帮我寻找撰写《辽宁省文化志》的王庆丰未果，此人写了孙佩苍在法国留学和回沈阳推动美术教育的简介，若能见到他，可以了解撰写时依据的史料。没想到赵先生认识此人，说他个子不高很老实。讲罢打电话给朋友问王庆丰在哪儿。

泉富子夫人（中）在八宝山革命公墓悼念王卓然

谈起张学良，我问最终张学良对西安事变的评价，赵说他至死未言。赵先生为写张学良历史走遍了国内外所有张的居留处，在重庆押解张学良赴台时下山的台阶都一一数过。

电话来了，是王庆丰的消息。非常遗憾，这位我一直想找到的人已经于五年前去世。

赵杰先生送书给我，一册是《张学良在美国的最后岁月》。另一是《“九一八”全纪录》，这本书是他 2005 年根据《大阪朝日新闻》发行的一套 29 份号外加以考注、追溯和揭露，是珍贵的史料。

他曾因高原反应患脑梗塞失语三年，该书就是在这期间完成的。

他不无遗憾地对我说：此书原名为《号外的自白》，可惜被编辑改成这个名字。

傍晚张澎领我到附近的韩国烧烤，特地叫来崔晓柏，还有鲁迅美术学院大连校区的一位同事。

我饮红酒，他们三人喝白酒。吃着喷香的烤肉，借着越来越浓的酒兴，几人畅心快聊。

张澎眯眼看着我说：“老哥，在沈阳我们有缘相会坐在这里，是天上有灵啊。你觉没觉到有双眼睛在看着、期盼着我们……你算是孙佩苍的孝子贤孙。”

我们谈了很多孙佩苍的记录，还有寻找……

崔晓柏十分健谈，夸我的书写得实在，说以后就这样写。

谈及东北文化，他认为在历史上东北对中华文化缺少认同度，至今亦有表现。说他自己就制了两方印：“鲜卑后人”“辽西太守”。

谈及电影，得知曾当过武警，看守监狱两年的崔晓柏在 1997 年编导了一部电视剧《监狱长手记》。这部戏因投资方入狱（后无罪释放）被封杀。他绘声绘色地讲起拍摄时场记、灯光等边拍边流泪的场景和几段精彩的台词，看着他发红的眼圈，纵情的面容，觉得这位画家不仅有文采，更属性情中人。

崔晓柏

我问他在写剧本时流泪吗，回答是肯定。

我也是，写的时候不知触及哪根神经，忽地就悲伤起来。

酒喝得更多，话题有所放肆。

崔晓柏曾对来访的日本团体感慨地讲栗原小卷是自己的梦中情人，引得在座的省文化局领导坐立不安，旋即他又巧妙地将话题引申至世界和平，转危为安。我说喜欢一位歌坛影视双栖明星女优小柳ルミコ，人称才女。

我俩一致认为女人最美在知性。

2015 年 3 月 14 日 星期六

续订五天酒店。检查所带物品，心脏急救和保健药、胰岛素够用，其余缺少的去药店购买。

本想去故宫西院看看，因为那儿是祖父成立的奉天美术研究社旧址，觉得累就罢了。

2015 年 3 月 15 日 星期日

追记前几天的日记。

晚与沈宁 QQ 联系，他提示我：1923 年《奉天教育杂志》第二卷第五期刊登《法兰西现代教育概况》（署名孙沛苍），比 1924 年《东北》杂志那篇《法兰西现代教育状况——孙沛苍报告》要早。

沈宁认为近现代东三省美术史的研究是一个薄弱点（主要是涉及伪满，就如同北平美术史研究步履艰难一样），让孙佩苍“重返家乡”或许能带动这一领域研究的开展。

崔晓柏的电视剧中有这样一个情节，一个年轻人在刑场被处决前问了一句：辽宁队赢了吗？

今晚 CBA 总决赛对北京的第三场，109:108，辽宁队赢了。

2015 年 3 月 16 日（星期一）

省档案馆的查询今天开始。

七点四十，带上酒店定做的三明治，乘地铁到白塔河，再搭上黑车，一个小时到达。

省档案馆位于浑南区

安检存包坐电梯到三楼，阅览室刚刚开借，我是第一个（其实闭馆前也就是倒数第四五个）。

没要《盛京时报》，因为国图有，再说许光明馆长答应给我电子版，就按照沈宁的提醒调阅《奉天公报》。

接待处里蓉听我要1912年到1920年的，说共有一百多本，且没有1912年的。只好先借1913年仅存的四册和1914年上半年的共计十本。

调档员抱来《奉天公报》放在桌上，顿时有点儿傻眼。薄薄的宣纸原件每月装订成册，两三公分厚不等，眼前这几千页的公报至少得看五六个小时，要是翻完八九年的，需要两个工作周。周末需赶回，还有不少其他线索待查，如何是好。

没办法，只得大海捞针竭泽而渔，一篇篇翻，尽快扫视。

一本翻完，接着第二本……

民国二年十月十六日第565号《奉天公报》有如下介绍：

奉天社会教育书籍编辑所布告

本所第二次征求各种新唱本剧本若干现已审定完竣评定甲乙按等给奖除呈请行政公署备案外兹将取录各唱本剧本并著者姓名奖金开列于左

标题	著者姓名	等次	奖金
英雄胆	孙炳新	甲等	七元二角
犒秦师	孙沛苍	乙等	七元
崖山泪	孙沛苍	丙等	六元
……			
沈云英	孙沛苍	丁等	五元
……			
秦良玉	孙沛苍	丁等	五元

已在中学执教的祖父写了四个得奖唱本。显出其文采且有如此雅兴。我记录下来，只觉是个花絮。

回来上网查看这四出戏的历史故事。觉得触摸到了青年孙佩苍的脉搏。

爱国商人弦高机智勇敢巧犒秦师而祢平国亡家破的战祸。陆秀夫在崖山背着南宋最后一个皇帝赵昺跳海，之后全国十万读书人跳江跳河跳海自尽，中华文明几乎断绝，何其悲壮惨烈。

祖父敬仰他们满腔的爱国热血，悲壮的英雄主义情操，为之讴歌呐喊。

1913 年（民国二年）共和伊始，宋教仁遇刺；孙中山讨伐袁世凯，二次革命爆发。孙佩苍歌颂沈云英、秦良玉两位明末文武双全抗清的女英雄，自有其寓意。

在时代巨变的清末民初，受到中华文明教育的二十四岁孙佩苍的人生观已经形成。

他是被这样教育的，后来也用来教育别人并身体力行。

就迄今所知，孙佩苍厉行教育、为东北易帜努力不懈、赴欧留学、在国联为国争光、抗战期间舍身潜伏、为中国文化搜集西洋美术品等，都是基于他年轻时代形成的历史观、价值观。

陈丹青认为孙佩苍 “有天下情怀”（Art 289 2014 年 11 月创刊号　陈丹青《谁是中国当代艺术标志性人物？》）。

也许，也许他的死亡也是这种英雄主义情怀的绝唱。

还应当指出，征集新唱本是谢荫昌先生发起的。

> 1913 年他先后出任教育司社会教育科科长、奉天巡按使教育科主任、奉天公署内务科主任……为了弘扬爱国主义精神，他筹设社会教育图书编辑处，并且通过悬赏的办法征集各种激扬爱国精神、破除迷信陋习的小说唱本近百种，他将这些小说唱本编辑印行后，散发到城乡各地。

（沈阳文史研究馆，《沈阳历史人物传略》，2005 年）

在哪里能够找到这些散落在各地的小说唱本呢？当年的爱国主义教材应当放进博物馆，为我们铭记（后来找到《崖山泪》，放在本书附录）。

在一百多册里大海捞针

下午一点，肚子饿了，坚持看完第四本，下楼取出午餐就着开水吃饭。到馆外散步抽支烟，接着来。

午后犯困，左额头阵阵刺痛，眼神发散，快

七十的我实在想歇了。

食指摸着页脚闭目养神，忽地想起张澎那天说的话，朦胧中觉得天上有双眼睛在看我，好像说你赶紧往下看哪……

眼睛模糊了……

孙佩苍早已进入我的悲伤节奏，而且是段敏感心碎的旋律。经常写到他想起他就鼻酸、流泪甚至哭泣。这里有怀念，也有些说不明的委屈……

擦擦潮湿的眼角，掰掰发僵的食指，继续。

1914 年 4 月后的公报，陆续出现省教育视学的委任书和视学巡视所在区的详细报告，在最后的 1914 年 6 月那册，虽然视学孙佩苍的字样还未出现，但我相信在他 1920 年 10 月赴法留学前的公报中会看到对他的委任以及写的报告。

在几千页的扫视中，司法、教育、外交、警务、慈善、军事、预算、任命、训令、述职这些词语条令不断闪击视网膜，逐渐在脑中绘出民国初期的场景，既真实又模糊，宛如梦境……

这不是梦，我在触摸历史。嗅到陈旧文献的别样气味，传来指头抚摸旧本异样的质感。很多页面的左下角或依稀或清晰看见百年前读者掀页的痕迹。现在我的指纹也添加在上，会留下微量的 DNA 检材，我和他们用这种方式交集，一起坠入历史……

我有幸打开触摸阅读尚待数字化的档案原件，可能是它们最后的借阅者。中国历史上历代政权都为前朝修史，所看到的地方志、教育志的编纂都得益于这些文献的妥存，它们静静地躺在各自标号的位置上，等待数字化，期望让更多的人便捷找到，穿透时代雾霭看到历史，揭示真相。

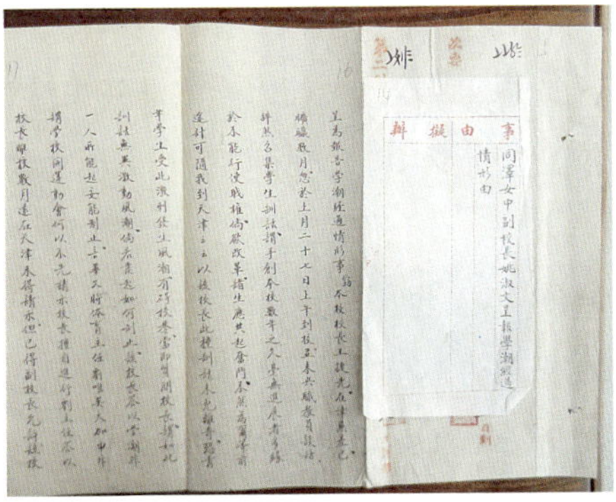

姚淑文手书

历史在等待她忠实的读者。

沈宁多次提醒我注意姚淑文的记录，认为孙佩苍的政治态度与她有关。

临走借阅的两份奉天同泽女中档案中有一份该校学潮的文献，副校长姚淑文是这场风波的主角。

同泽女中新校舍落成典礼（沈广杰提供）

姚淑文在信中对校长王捷先鼓动学潮反对她提出辩解和反驳。尚不明此风波之因果。但这封手书信件甚是难得。

姚淑文（《大亚画报》1930年1月15日）第203期

“同泽女中”事件如果值得教育史学家做些研究，则可调阅“辽宁省政府新亨字第三〇四号”档案、1931年7月1日《晨报》第七版“辽同泽女中大波澜”以及1931年7月10日《大亚画报》第二版。

二姨奶姚淑文后来在上海慈幼院任院长，被誉为“孤儿之母”，也是上海共产国际联络站负责人。解放后被周恩来调入北京，因上海潘杨事件，加之当年的共产国际联络人李正文含冤入狱，始终低调生活，终生未婚。1988年去世时，大批中年以上军官和干部到八宝山送别，都是她抚养的孤儿。

她的生平还有许多谜。1940—1941

年期间祖父数次去上海和她的交往，对孙佩苍的政治立场有何影响尤为值得关注。我相信会有些记录在某个档案里。

姚淑文在八宝山革命公墓的墓碑

2015年3月17日 星期二

在省档案馆继续翻阅《奉天公报》1930年1–10月。

这部分公报已十分残旧，翻阅需极为小心，为减少翻动次数，只打开每天的目录，只要奉天省文化厅训令中没有视学孙佩苍的字样便揭到下一天，个别的多翻几页，认为可反映奉天教育状况的就拍下来。

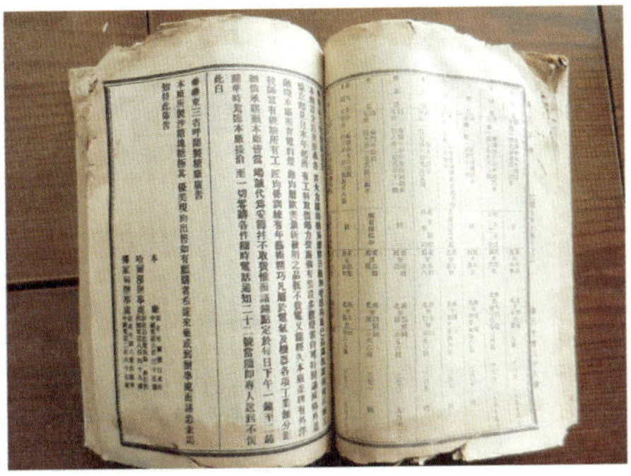
残旧的《奉天公报》

翻阅次数减少，便加快了速度，不到下午两点已经看完。

没再继续借阅《奉天公报》。想查四洮（四平—洮南）铁路信息，因为孙佩苍留法回国后在四洮路任过秘书，我一直不明三年之内祖父从铁路局秘书——东北大学教授——法国里昂中法大学校长的“华丽变身”缘于何故。先找到他在铁路局的记录吧。

“满洲铁路”资料属不能开放，有幸四洮铁路的文件可以。

打开文件目录，有点头疼，虽然我会日文，但没有任何年代记录。只好从最初的628号“职员任免令”开始填写了10个编号。

一个小时后十盘胶片送来，放进阅读机。果然有秘书的任命函甚至包括简历、月薪（190~200元）。可是文件最早日期是1928年3月，这之前祖父已经任职甚至已离职，需查阅1927年1月开始的记录。

再借来1965年东北档案馆整理的四洮铁路从1916年开始的目录，可编辑得更看不明，当然也无年代标记，不知如何“下嘴”。

已到闭馆时间。再来找吧，也许查一天也没结果，那就接着追到底。

回酒店路上接到许光明电话，他的朋友刘竟女士在《盛京时报》上找到两个孙佩苍赴法任职的报道，已经发给我。

回到房间立即打开电脑看。

孙佩苍赴法就里大校长

据闻前东北大学教授孙佩苍，现经法国里昂大学，聘为校长。孙氏乃于二十五日，乘南满车携其女公子首赴大连，由上海放洋赴欧。省城各名人皆赴站欢送，闻一师校长马雨尘之女公子，亦随行赴法就学云。

（1930 年 9 月 28 日《盛京时报》第四版）

盛京時報

孫佩蒼赴法就里大校長

1930年9月28日《盛京时报》关于孙佩苍的报道

里昂大学校长孙佩苍由平转京后赴法就任

前东北大学教授及辽宁美术研究社社长孙佩苍（字禹珊），于二十五日由沈赴沪转欧，就任法国里昂大学校长一节，已志前报。兹闻孙氏离沈并非直接过沪赴欧，因北平上海两地友人甚多，必须辞别，且此次升任法国里昂大学校长系经南京政府与法国当局事前接洽妥协，然后由法国聘请。南京教育部委任，故孙氏必至南京晋谒当局然后始能放洋赴法。按里昂大学为法政府以庚子赔款所办，所聘校长，尽为中国名流，吴稚晖、李石曾等均曾充任该校校长。现因吴李等不能兼顾，国府乃派孙氏前往接充。考孙氏毕业于法国巴黎美术专门学校，前后居法国八年之久，为当时留法

里昂大學校長孫佩蒼由平轉京後赴法就任

紹宗校注重品格

1930年9月30日《盛京时报》关于孙佩苍的报道

学生中之翘楚，对法国教育极为接近，故国府今特派（孙氏）前往。孙氏接电后，遂携其夫人及女公子，由平转沪赴京，预定两礼拜后，始能放洋赴任云。

（1930 年 9 月 30 日《盛京时报》第四版）

我不知道如何评价这两条新闻，只是觉得孙佩苍的“名气”比自己预想的高些。

那天许光明答应以后刻录相关年代的《盛京时报》光盘寄给我，看了这报道，心想何不买个硬盘到他那儿去拷下来，又觉得唐突，犹豫再三，还是发了微信，开头是：“恕我冒昧，可否……”

许光明立即回复：“刚读完您的大作，为孙氏祖孙感动！力所能及，只要见到相关信息一定邮寄给你。明天我让同事刻盘给您。”

晚，付晨明电话问我何时去省图书馆，我说那儿已经打包要迁新馆，看不到资料的。她却固执地说：我转给你一个王筱雯馆长刚刚发来的短信看看，你得去。

恭敬不如从命，我答应了。

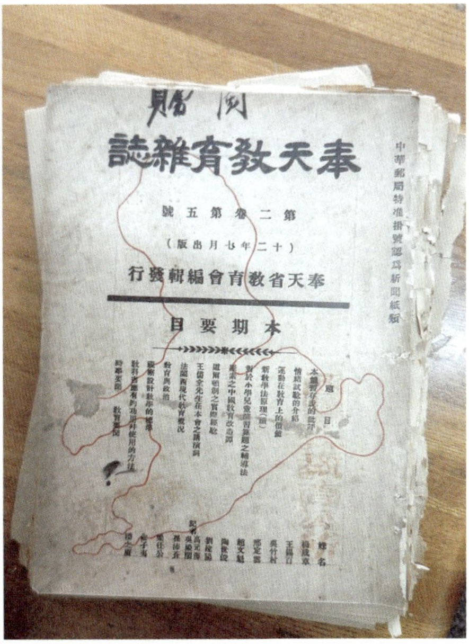

杂志已成散页

2015 年 3 月 18 日 星期三

辽宁省图上次来过，离住处不是很远。

敲门进馆长室，风度翩翩的中年女馆长见我便说：我让地方文献部的吴利薇帮你查询。

吴利薇进来，约五十岁，一口沈阳话。馆长把我送的书给她，让我们去会议室详谈。

我在纸上写了孙佩苍的各种姓名字号，简介他的情况和寻找目的。这位谦和的女士告诉我她也有过一段不寻常的寻找，在台湾的祖父留学日本后派驻东北，她和父辈便留在东北，也是经历一番寻找，终于觅到根脉。该是个有意思的故事，可惜没时间细聊。

提出先借阅《铁路公报》《奉天教育杂志》。经查询只有后者。

吴利薇带我去储藏文本的库房，请人搬出两个纸盒。她有事先离开。

找到了民国十二年出版的《奉天教育杂志》第二卷第五号，一叠深黄破损的散页。

小心翼翼掀开，熟悉的报告第一页现出，拿起相机拍照。

拍到第五页，认为结束了，却没结束语，拿起翻看，竟还有第六第七第八页……

这篇对法国教育的报告《调查——法兰西现代教育概况》竟整整有三十五页！

这份三十五页一万三千余字的报告手术刀式地剖析了 20 世纪 20 年代的法国的教育体系，把它放在本书附录，读者若有兴趣可参阅。

这是不是百余年前中法文化教育交流的重要活动和文献呢？

重温 1924 年的《东北》杂志那篇《法兰西现代教育状况》，方知并不是 1923 年《调查》的摘要，后者着重介绍法国的音乐美术和师范学校，论述了

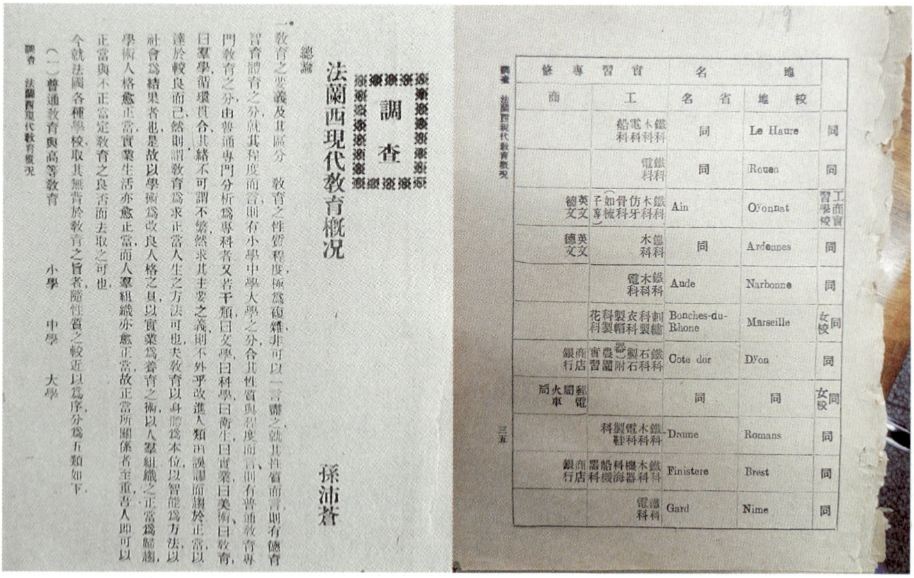

調查

法蘭西現代教育概況　孫沛蒼

總論

一　教育之要義及其區分　教育之性質程度，極爲複雜，非可以一言盡之，就其性質而言則有德育智育體育之分，就其程度而言則有小學中學大學之分，合其性質與程度而言則有普通教育專門教育之分，由普通專門分析爲專科者又若干類，曰文學，曰科學，曰衛生，曰實業，曰美術，曰教育，曰羣學，循環貫合，其緒不可謂不繁，然求其主要之義，則不外乎改進人類的誤謬而歸於正當，以達於較良而已，然則謂教育爲求正當人生之方法可也，夫教育以身體爲本位，以智能爲方法，以社會爲結果者也，是故以學術爲改良人格之具，以實業爲養育之術，以人羣組織之正當爲歸趨，學術人格愈正當，實業生活亦愈正當，而人羣組織亦愈正當，故正當所關係者至重，吾人即可以正當與不正當定教育之良否而去取之可也。

今就法國各種學校，取其無背於教育之旨者，隨性質之較近以爲序，分爲五類如下，

（一）普通教育與高等教育　小學　中學　大學

調查　法蘭西現代教育概況

調查　法蘭西現代教育概況

地名		實習專修		
省名	校地	工	商	
同	Le Haure	鐵科 木科 電科 船科		同
同	Rouen	鐵科 電科		同
Ain	Oyonnat	鐵科 木科 仿牙科 骨科（如梳子等）	英文 德文	工商實習學校
同	Ardennes	鐵科 木科	英文 德文	同
Aude	Narbonne	鐵科 木科 電科		同
Bonches-du-Rhone	Marseille	刺繡科 製衣科 製帽科 製花科		同女校
Cote dor	Dyon	鐵科 石科 製石（附農器）實習	商店 銀行	同
同	同		郵電局 火車局	同女校
Drome	Romans	鐵科 木科 電科 製鞋科		同
Finistere	Brest	鐵科 木科 機器科 海船機器科	商店 銀行	同
Gard	Nime	鐵科 電科		同

三五

1923年《调查——法兰西现代教育概况》

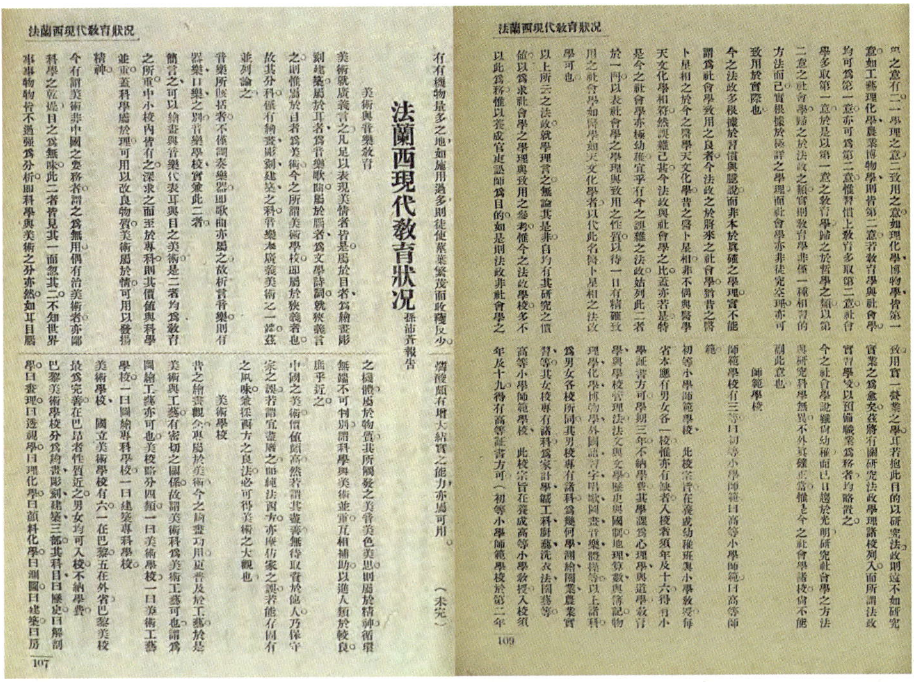

有有機物最多之地，如施用過多，則徒使莖葉繁茂而收穫反少。燐酸頗有增大結實之能力，亦屬可用。（未完）

法蘭西現代教育狀況

法蘭西現代教育狀況　孫沛蒼報告

美術與音樂教育

美術就廣義言之，凡足以表現美情者皆是。屬於目者，爲繪畫、彫刻、建築；屬於耳者，爲音樂、歌曲；屬於腦者，爲文學、詩詞。就狹義言之，則惟屬於目者爲美術。今之所謂美術學校，即屬於狹義者也。故其分科，僅有繪畫、彫刻、建築之科。音樂本廣義美術之一種，茲並列論之。

音樂所賅括者，不僅謂奏樂器，即歌曲亦屬之。故析言音樂，則有器樂、口樂之別，音樂學校實兼此二者。

簡言之，可以繪畫與音樂代表耳與目之美術。是二者均爲教育之所重。中小校內皆有之。深求之而至於專科，則其價值與科學並重。蓋科學屬於理，可用以改良物質；美術屬於情，可用以發揚精神。

今有謂美術非中國之要務者，謂之爲無用。偶有治美術者，亦鄙科學之乾燥，目之爲無味。此二者皆見其一面，忽其二，不知世界事事物物皆不過强爲分析，即科學與美術之分亦然。如耳目屬之機體，屬於物質；其所觸發之美音美色，美思則屬於精神。循環無端，不可判別。謂科學與美術並重，互相補助，以進人類於較良，庶乎近之。

中國之美術，價值頗高，然若謂其盡善無待取資於他人，乃保守家之誤；若謂宜盡廢之，而純法西方，亦摹仿家之誤。若能存固有之風味，兼採西方之良法，必可得美術之大觀也。

美術學校

昔之繪畫觀念，專屬於美術；今之繪畫功用，更普及於工藝。於是美術與工藝有密切之關係，故謂美術科爲美術工藝可也，謂爲圖繪工藝亦可也。美校略分四類：一曰美術學校，一曰美術工藝學校，一曰圖繪專科學校，一曰建築專科學校。

美術學校、　國立美術學校有六，一在巴黎，五在外省。巴黎美校最爲完善，在巴昂者性質近之。男女均可入校，不納學費。

巴黎美術學校分爲繪畫、彫刻、建築三部，其科目曰歷史，曰解剖學，曰畫理，曰透視學，曰理化學，曰顏料化學，曰測圖，曰建築，曰房

107

法蘭西現代教育狀況

與之意有二：一學理之意，二致用之意。如理化學、博物學，皆第一意；如工藝理化學、農業博物學，則皆第二意。若教育學與社會學，均可爲第一意，亦可爲第二意。惟習慣上教育多取第二意，社會學多取第一意。於是以第一意之教育學歸之於哲學之類，以第二意之社會學，歸之於法政之類。實則教育學非僅一種相習的方法而已，實根據於極詳之學理；而社會學亦非徒究空理，亦可致用於實際也。

今之法政多根據於習慣與臆說，而非本於眞確之學理，實不能謂爲社會學致用之良者。今法政之於將來之社會學，猶昔之醫卜星相之於今之醫學、天文化學。昔之醫卜星相，非不偶與醫學、天文化學相符，然誤雜已甚。今法政與社會學之比，蓋亦若是。特是今之社會學亦極幼稚，宜乎有今之誤雜之法政。姑列此二者於一門，以表社會學之學理與致用之性質，以待一日有精確致用之社會學，如醫學、如天文化學者，以代此名醫卜星相之法政學可也。

以上所云之法政，就學理言之，無論其是非，自均有其研究之價值，以爲求社會學之學理與致用之參考。惟今之法政學校，多不以此爲務，惟以養成官吏、訟師爲目的。如是則法政非社會學之致用，實一營業之學耳。若抱此目的以研究法政，則遠不如研究實業之爲愈矣。茲將有關研究法政學理諸校列入，而所謂法政實習學校，以預備職業爲務者，均略說之。

今之社會學，誠尙幼稚而已，日趨於光明。研究社會學之方法，與研究科學無異，不外眞確正當。惟是今之社會學諸校，尙不能副此意也。

師範學校

師範學校有三等：曰初等小學師範，曰高等小學師範，曰高等師範。

初等小學師範學校、　此校宗旨在養成幼稚班與小學教授。每省本應有男女各一校，惟亦有缺者。入校者須年及十六，得有小學證書方可。學期三年，不納學費。其學課爲心理學與道學、教育學、與學校管理法、法文與文學、歷史與國制、地理、算數與簿記、物理學、化學、博物學、外國語、習字、唱歌、圖畫、音樂、體操等，以上諸科，爲男女各校所同。其男校專有諸科，爲幾何學、測繪、園業、農業實習等；其女校專有諸科，爲家計學、縫工科、廚藝、洗衣法、園藝等。

高等小學師範學校、　此校宗旨在養成高等小學教授。入校須年及十九，得有高等證書方可（初等小學師範學校於第二年

109

1924年5月号《法兰西现代教育状况　孙沛苍报告》

祖父的美学、美育思想及中国美术需“兼西方之良法”的观点，并且在社会学及其教育的诠释中彰显普世价值的理念（见本书附录 4《调查——法兰西现代教育概况》）。

孙佩苍留学法国带有教育视察员身份，该《调查》和《报告》与他后来出任里昂中法大学校长以及在国联两个教育分委员会任中国委员是否有种必然的联系呢？

吴利薇检索出重要信息

孙佩苍 1920—1927 年留法时期思想理念的逐渐深化由此可见一斑。如果能找到他发表的《美术与人生的关系》一文，应该有更多的了解。

将文件收回纸盒致谢后，回到吴利薇的大办公间，十二点多午休，门已上锁。边下楼边打电话向她道别，刚接通电话她就说我马上回去，你在办公室门口稍候，方才又给你检索了几条消息。

下到三层的我又返回六楼。

吴利薇打开电脑，有几条孙佩苍消息和他妻妹姚淑文的照片。接着一张重要的照片现出。

这张照片虽很模糊，但底部说明文字清楚。

第六次世界新教育大会，参加会员一部分摄影，会场在尼斯皇家花园中学（民国二十一年九月）图中＋为罗格教授▲为倍克教授×为大会主席朗之万教授○为该会国际执委会会长恩沙尔夫人□为里昂中法大学校长孙佩苍＃戴白帽者为中国代表陈和铣博士。

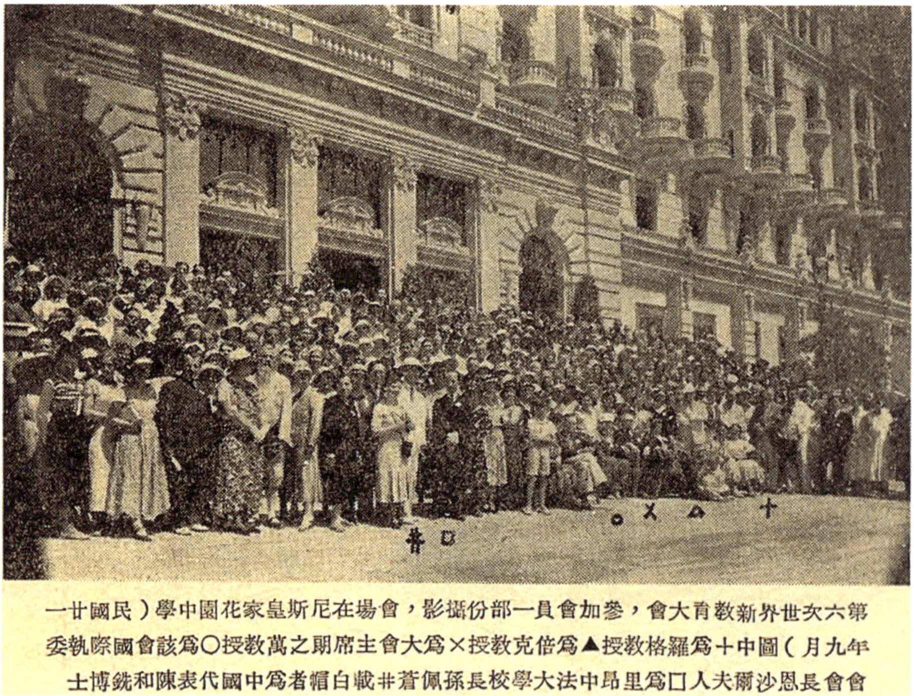

孙佩苍（图中□示意者）参加尼斯世界教育大会

祖父真是风光，他代表了中国！

快回酒店时看表十二点半，致电酒店总经理李鸥约喝咖啡，他爽快答应。

我们吃的是玉米面蒸饺。

酒店总经理李鸥与我很谈得来

下午到市图书馆见许光明介绍的地方文献部马丽女士，她推荐我看《奉天通志》。先拿来“教育”和“名人”部分，我在里面查找孙佩苍（孙沛苍）的名字，不知何故，奉天主要学校毕业生的名录中有不少我熟悉的人，诸如金毓黻、臧启芳、王卓然、齐世英、孙国封等，就是找不到孙佩苍。

接到两个电话，先是吴利薇的，说从我书中得知父母毕业于东北大学，便想起省图在整理东大文献，过去询问查看，竟找到母亲项云霞 1941 年的毕业论文。没等我答谢说完，她接着讲：你的书刚开始看，我的习惯是为读者做查询一定要了解寻找标的背景并记于心，我不能保证，可也许读完书还能查出点儿什么，但是眼下图书馆搬迁加之纪念抗战七十周年的任务，要晚些。

四点半时许光明来电话，约我在附近的辽宁日报社门前见面，把《盛京时报》光盘给我。被查找弄得一头雾水的我只好离开，明天再仔细看。

五点半许光明开车来，还有他事，交给我光盘便分手。

上网查光绪和宣统年号，祖父生于光绪十五年，己丑牛年（1889），宣统元年（1909）他已经二十岁，他应当毕业于光绪年间吧。

昨晚写日记兴起，加之与上海、美国联络交流，到午夜两点才关机。躺在床上，兴奋不减迟迟未眠直至四时。

许光明送来的14片光盘

2015 年 3 月 19 日　星期四

晨八点前起，早饭后再去省图书馆见吴利薇，请她将《寻找孙佩苍》转交王馆长。吴利薇又让我看电脑，昨晚她在家里检索了些参考信息，有奉天美术、四洮铁路、王卓然等。又有一张照

沈阳美术研究社西洋画室写生实习

片：“沈阳美术研究社西洋画室写生实习。”

张学良 1928 年 12 月 29 日宣布东北易帜归顺中央后，将奉天改为沈阳，故推断这张照片拍摄于 1929 年初。

这张照片虽然较模糊，却是孙沛苍向奉天省长公署成立美术研究社的申请获批并成功实施的佐证之一。后来知道祖父曾坐在照片右侧那个火炉旁讲授素描。

她给我拷贝了母亲 1941 年在东北大学的毕业论文，连封面共 103 页。

时年二十三岁的母亲书写齐整，字体端正娟秀，论文前后部分是她的笔迹，中间若干为父亲代抄，父母的字体我清楚。

现在的年轻人有几个能写出这样的字呢。

现在大谈国学，是否先从做到会端正写汉字，识得些繁体字开始呢。

回酒店在网上搜索“吴利薇”，方知她是省图研究员、辽宁省台盟副主席、

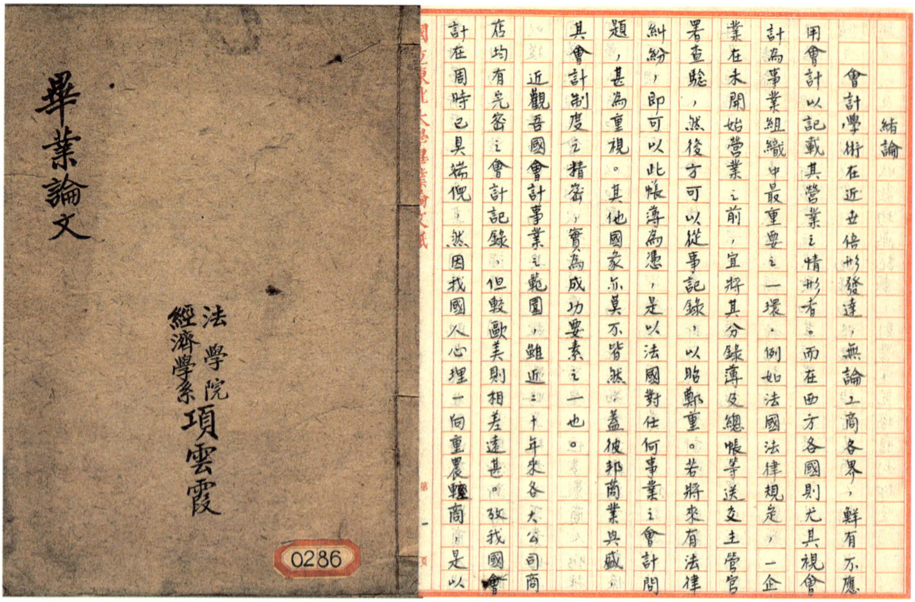

笔者母亲1941年东北大学毕业论文《会计和商业管理》

《奉天通志》书影

沈阳市政协委员。

吴利薇，谢谢你。今天给我的这些很知足了。

下午，市图书馆。

马丽用小车推来厚重的五本《奉天通志》。

该通志是辽宁省志书中既完备又系统的文献。全书 260 卷 10 函 100 册，洋洋数百万言，该志全面记录了辽宁历史沿革、山川地貌、天文气象、风土人情、物产资源及政治、经济、文化等各方面情况，保留了丰富的自然和社会的各方面文献，其资料性相当充实。

重新翻阅教育和名人部分，从光绪二十七年（1901）起一页页一行行寻找祖父的名字。一个小时过去，没有，又一个小时过去，还是没有……

我坐不住了，孙佩苍入学的“北洋师范”根本没有，他的学历有问题吗？

拨电话给沈宁告知我的忧虑，沈宁说印象中“北洋师范”应该在天津，晚间查询后告诉我。

我的爷爷，您把我给“涮”了。不在家门口待着就近入学，跑到天津去干吗呢。

想必有其志向吧。

倒是也找到一处，在第三五二〇页：

> 省立第二高级中学校：民国三年四月成立，位于锦县城内，校长董宝麟，教务主任孙沛苍驯管多方，以身作则，一时生徒咸以得师为幸。初省学生四级，迨新学制颁行，乃改为高中文科二级，理科一级，初中二级。常年经费二万七千〇七十三元。

第三五三五页（民国十八年）还有一段介绍留学欧美必不可少的“三试”和学费：

> 奉省留学欧美学生既有定额，必俟有毕业归国者，始克递补。其考选递补之学生，凡分三试：第一试，为国文及所赴国文字，第二试，就其志愿所肄业，并经官府指定之学科，而仍以所赴国之文字试验之，第三试，由省长择尤传见，详考其德性才具。经三试合格者，方为人选。其派赴英国者，

> 给用资英金一百二十磅，年给学费英金一百六十磅。派赴德国者，给川资英金一百一十磅，年给学费英金一百二十磅。派赴美国者，给川资美金四百元，给学费美金九百六十元。派赴法国者，给川资英金八十磅（按：磅应为镑），年给学费法金八千四百佛朗（按：法郎）。此民国十二年度所规定者。待已入指定学校，须将研究所得，以汉文记述送教育厅，分送专门人员考。

孙佩苍留学法国恐难以通过这“三试”，他不会法语。

金毓黻在《静晤室日记》写道：

> 余友孙君禹珊，英、法文字皆未习，年逾三十，忽发奋留法，余窃为危之，而孙君一切不顾，甘往之如饴。

由此看来他东北大学简历的那句“奉派赴法考察教育”是主因之一。

还找到许多有关奉天省公立、私立、初等中学的信息以及扶轮学校的介绍，已作为资料保存。

闭馆时已饥肠辘辘，便电话李鸥，要在他的酒店由我签单回请一次玉米面饺子。六点后他下班，我们在上次的座位又畅聊许久。

晚上接到沈宁资料：“1906 年（光绪三十二年） 直隶总督兼北洋大臣袁世凯创设北洋师范学堂于天津。校址在天津府署北。专门招收直隶、山东、河南及东三省学员。设优级完全科、专修科、初级简易科。完全科分预科、本科，学制各三年；本科又分地理、历史、数学、理化及博物等门，培养中学堂教员。专修科设半年制预科和三年制本科；本科又分文学、教育、地理、历史、数学、物理、博物及图画手工等门，培养初级师范教员。初级简易科，学制一年，短训性质。”（回北京后许光明发来《辽沈名人辞典》中孙佩苍的介绍，其中写道：“1910 年毕业于天津北洋师范”，后查知为 1909 年 10 月）。

终于搞清楚了，孙佩苍 1906 年入学，是年十七岁。

2015 年 3 月 20 日 星期五

昨天又睡得很晚，早上醒来已快九点。

匆匆吃过早餐，装好三明治，刚出门觉得周身疲惫，便叫上路边出租车。坐进立即打瞌睡。

今天查什么？还是看 1919 年《奉天公报》吧。既是大海捞针，就翻个遍，余下 1914 下半年到 1918 年的五十四本下次来沈再看，做到“竭泽而渔”，就是没有重要发现，至少无悔。

十点半开始翻阅，午饭前完成了四册。

下午接着看，不时觉得腰酸，起身活动一番再阅，还是腰疼。

强弩之末啦，推开案卷揉揉眼，忽的想起一件往事：1973 年我到北京图书馆阅览国外的汽车杂志（因归为技术类允许借阅），这是难得从夹缝窥视外部世界的机会。正津津有味翻看，忽听后面座位上有人“啪”地拍桌，接着高声说：“找到他了！”回头看，见是个中年男人手指一份旧报，旁边的两位看是一伙儿的立即凑过去，激动地说：“可算抓住这家伙了！” 我顿时再无心思看那些色彩斑斓的美女香车，知道又一个“阶级敌人”产生了，这伙人回去后，那位在解放前报刊发表文章的人绝无好下场。

“文革”中查档翻卷是为了“清理阶级队伍”。今天在这档案馆的人却是寻找历史原迹考证研究。

时代进步了。

真可笑，又撞了一次“南墙”，好在没碰头。档案馆到处都是玻璃，门、墙、电梯、阶梯，除了卫生间。

不能说无果，一些教育方面的背景文件也需存留。

奉天省道县视学会议规程（民国八年七月八日）

奉天省道县视学考试条例（民国八年六月二十二日）

谢荫昌赴教育厅厅长委任状（民国八年八月二十八日）

……

三点半终于看完。祖父在和我捉迷藏，也许在考验我的耐力吧，仍然没看到“视学孙佩苍”，甚至也没有东北学生赴法勤工俭学的训令通知等。

回到房间，桌上有瓶红酒，该是李鸥送我的。

电话他：这酒我不带走，请今晚与我一起喝掉。

李鸥六点半来。这位公私分明自觉自律的总经理从酒店旁的小店买些花生米鱿鱼丝。说今天咱爷俩（我与他父亲同龄）好好聊聊，于是在房间的小桌上摊开下酒菜，从卫生间取来刷牙用的玻璃杯，斟酒开聊。

先说 CBA，我讲辽宁队如果未能夺冠，问题出在季前赛，因为他们乐于十七连胜的“哈德森”模式而忽略了像北京队那样牺牲一些场次使国内外球员磨合成一体的必要性，属战略性失误。李鸥认为辽宁队主教练才打完第一场就说要打满七场，影响队伍士气。由此他引申到酒店管理，员工士气、客户满意度、投诉处理、数字化管理、满入住率的技巧、国际管理集团的理念等。我听得很入迷，方知酒店管理绝非只是硬件好、微笑露出八颗牙齿那么简单，背后有许多学问。也开始明白一个有档次的酒店可以提供给客人许多视觉以外的隐性服务。

还聊了许多许多。

十二点半酒尽人散，我们握手道别。

2015 年 3 月 21 日 星期六

乘 9:26 的 D24 回北京。

在寻找孙佩苍路上与我同行的沈阳良师益友们，你们给我的不仅是寻找成果，更让我感知人间友情和温暖，坚定了信心。衷心感谢你们!

海量的县志和《盛京时报》等着我阅读，还要重返沈阳，去里昂巴黎，原计划今年结束寻找，时间够吗?

我说不好，但知道继续寻找孙佩苍已是有的放矢，有史可循，有案可查了。

家门外柳树吐出新绿。

爷爷，春天到了……

后记

回北京不久，随公司全员到泰国普吉岛旅游八天。

蓝天碧空下白色海滩的休闲矫正了在沈阳日夜忙碌引起的失眠，消除了积累的疲惫。3 月 30 日收到许光明发给我的孙沛苍《调查——法兰西现代教育概况》，他委托省图书馆研究员刘竟女士也查找到《奉天教育杂志》1923 年第五期的这篇报告，并传来全文电子版。

没能及时告诉他已在省图拍摄了这份文件让我内疚，更令我感动。他拍摄的质量比我好得多。

此时还不知道许光明送给我的《盛京时报》会给我更多的惊喜。

第八章 清明显灵

第八章　清明显灵

时万物皆洁齐而清明，盖时当气清景明，万物皆显。

——《历书》

春天来了。

4 月，春天中的春天。

对 4 月不乏赞美之词：万象更新，春意酥怀，惠风和畅，柳绿花红，鸟语花香，草长莺飞。

T · S · 艾略特在《荒原》中却这样说：

4 月是最残忍的月份，从死去的土地培育出丁香，把回忆和欲望混合在一起，用春雨搅动迟钝的根基。

我喜欢这话，复苏的 4 月令人情怀迷乱，悸动的春天孕发了很多事件进入历史。

愚人节后就是清明。

1935 年国民政府决定 4 月 5 日为国定假日清明节，也叫作民族扫墓节。国人的悲伤节奏大多在这天鸣响。

《历书》称："时万物皆洁齐而清明，盖时当气清景明，万物皆显。"

欲望萌生，何不借此祭日寻祖，或可借助祖先显灵有所发现。

微信发感："清明今日，用什么来祭奠你们？我的父母祖父祖母和逝去的先辈同辈们……"

取出许光明给我的《盛京时报》光盘，将十几年的报纸照片录入电脑。

曾在国家图书馆阅览过该报的部分缩微胶片，看得头晕眼花，未见任何记录。屏幕上图海茫茫，能如愿吗？

祈望祖父清明日显灵，从这数千张照片中走出来。

十几年的报纸，从何看起？

鼠标箭头在各年文件名间移动，不知怎的点上 1928，祖父留学回到沈阳的第二年。

才闪读几幅，灰色版面中忽地冒出一张照片，孙佩苍头像！

放大细看，这是 1928 年元旦第四版，整版的标题是《瑞雪红梅 春城紫气中奉天画家访问记》。介绍的第三位便是孙禹珊。

三　孙禹珊先生

奉天负笈海外专攻绘画者，自来甚鲜。曰，有之。除新客蓬莱仙岛之开原王家人与在美主治建筑工程兼学美术之沈阳童隽外，则为抚顺孙禹珊君。孙君于奉天画苑中虽非先进，而其刻苦求学，远渡重洋，只身游法，殆为侪辈中前此所仅见。盖学校出身之画家能恣观天下雄伟巨制，足经欧亚者，当以先生为首屈一指。凡此所以成其壮怀或者尽以其人之能有远志耳。愚数年前，尝闻法国有奉天研究美术留学生，一为某女士习雕刻，一即孙君治绘画也。幻想之间，未尝不欲一晤两志士矣。本年奉天美术研究社成立之日，适为孙君与愚初次晤谈之时。孙君着西装，态度和蔼可亲，有若故旧之再遇然。厥后孙君被举为该社社长，对于社务进行不遗余力，每值日曜。则聆其言，乃知其为多才多艺一弘毅之士也。前日愚叩已往小史及留学法国经过。翌

盛京時報
瑞雪紅梅
春城紫氣中
奉天畫家訪問記

1928年1月1日《盛京时报》

日君覆书告愚曰：佩苍原籍抚顺，十岁时，移居沈阳，刻下便成为沈阳县籍之一人矣。自幼即嗜文学及美术（绘画），因家境寒苦，遂于十七岁时（按：光绪卅二年即公元1906年）考入天津北津（按：为“洋”字之误排）师范学堂博物科肄业非本愿也。宣统二年（按：即公元1910年）毕业归来，历充提学司省视学、第一中学、第二中学、第五师范教员及学监主任教务主任等职，凡十年有半。在此时期中，无时无刻不作求学之想。惟以一家数口饘粥之费，咸赖一人支持，欲脱仔肩，势有未能。遂坐视此一生最可宝贵时光，悉消磨于防饥御寒之际矣。至今思之，犹为痛心。嗣后因二舍弟润苍，自北洋大学毕业归来，三舍弟裕苍，亦自高等员警察学堂毕业，皆能任事赡家。佩苍遂决计欢（按：疑为“欲”字误排）行我求学初志。尔时，适值华法教育会规定俭费留学章程，阅之心动，乃有西航之志。顾虽云俭学，每年亦须数百金，仍非私力之所能任。当时长教育厅者为谢演苍君，因在提学司时与有同事之谊，当将私衷向之披露。谢君壮佩苍之志，遂由厅费以教育调查员名义，送赴留国法学（按：“遂赴法留学”之误排）。于是佩苍乃于民国九年秋，买舟西渡。是时，年已卅有一矣。虽炳烛之明，难比日中之光，顾视味行，犹有闻耳。到法后，住巴黎近郊哥仑布专习法文。半年后，言语稍通，遂移居巴黎。上午在郭伯郎学校习画，下午习法文，夜间更在巴黎市立职工补习学校习画二小时。如是二年，乃于民国十二年春，考入巴黎国立美术专门学校绘画科选（按：疑为“选科”之误排），在吕西羊·西蒙画室用功（美校绘画教员，共有三人，听学生自择其师）。计在此校肄业凡四年，始将应习功课学习完后，绘画之根基，亦稍稍打定。更于休假时，赴各美术著名之地，阅览其所藏之图画。计除法国之外，曾列意、英、德、奥、比、俄、瑞士、荷兰、西班牙等国，共历名城约四十处，阅图书馆在百数以上。对于古今美术之情形，颇能知其梗概。于是欧游之心愿，至此完毕。遂于十六年一月，乘西伯利亚车返国。当六年留法期中，因费用不甚充足，又兼鄙性好收集印刷品，生活状况，殆有难以语人者。加以家中妻子，号饥告病促归之信，月凡数起。佩苍为本身学业计，只有忍痛不顾，

破天荒之偉舉
奉垣新設闡揚文化機關
美術研究社成立記
不吝營理想藝苑欲步西東
士紳首倡……學子風從
一朝大計……思垂永久

破天荒之伟举
奉垣新设阐扬文化机关
美术研究社成立记
不啬营理想艺苑欲步西东
士绅首倡 学子风从
一朝大计 思垂永久

始获竟其初志而归。返国之后，仍以债务累及家人，生计关系，不能本所素习以谋安生之道，乃就四洮铁路局秘书事。然求去之心，无时或忘，俟有机缘，便当舍去此不合心情之职务也云云。读罢之后，不禁初为此艺术家苦，终则为此艺术家快。盖读万卷书，行万里路，然后方识天地之大，宇宙品类之奇。欲有所兴，不能不学无术，则得道多助。夫愿艺术发扬，固易犹反掌之事耳。自美术社成立以还，震听发馈，社会助者日众。孙君将矢志提倡美术，固已无负有司供给，远游及乡邦期待之心。是愚出入宫墙均峻宇之美术社中，以为孙君诚当尊之为先觉者。他日，如能使奉天变为巴黎，弗洛兰斯之一美术中心地带，则此春城紫气中，夫谁不愿与诸公同饮屠苏而庆中国艺苑之复兴哉。孙君游欧归来，搜罗甚富，将来贡献画苑，自当匪浅。

在这“万物皆显”的 4 月 5 日，孙佩苍真的显灵了！

这一千六百字的报道将他的原籍、亲属、学历、志向、苦闷、留学、归国、

中秋佳節中省垣將有

空前樂趣

美術 遊藝 運動

金碧皇宮中 展覽美術

青年會舉行 遊藝歌舞

藝苑壯舉

美術社漸次起色

秋節中開展覽會

前日皇宮會場討論已有結果

各方籌備出品正在積極進行

艺苑壮举 美术社渐次起色/秋节中开展览会/前日皇宫会场讨论已有结果/各方筹备出品正在积极进行

理想以及收藏一一告诉了我。

无疑这是极为重要的发现，信息量前所未有的丰富。孙佩苍四十岁前（1889—1928）的生平不再是空白，使我向他走近一大步，有了更多的认知，并成为解析以后发现的依据。

翌日继续搜索《盛京时报》。

“爷爷”，我心中呼喊，“既然您已显灵，就不妨让虔诚的孙子更多地看见您吧。”

念叨着连击鼠标，1927 年 10 月 25 日出现“美术研究社”字样。

1927 年 12 月 17 日祖父致函奉天省长公署的《孙沛苍等为请组织美术研究社由》（见本书附录 7）终于有了下落。是对 10 月已经成立的美术研究社做备案。这是辽宁美术史的一件大事。

除了报道美术展览会筹备情况，还介绍了美术研究社成立以来克服时局困难坚持开展活动的情况。尤令我注意的是担任社长的孙佩苍尚在四洮铁路

秋節皇宮展覽成績中

奉天美術研究社之一瞥（上）

東省藝苑一頁新紀錄

秋節皇宮展覽成績中

奉天美術研究社之一瞥（下）

東省藝苑一頁新紀錄

秋节皇宫展览成绩中/奉天美术研究社之一瞥（上）（下）东省艺苑一页新纪录

上班，每周六从四平街乘火车到沈阳，周日组织活动，指导学生。

继续找，在 1928 年 9 月 27 日和 28 日报纸找到对奉天美术研究社更具体的介绍。共计两千六百多字的报道详尽介绍了奉天美术研究社成立情况，包括起因、办设宗旨、方针、组织、成员以及中秋美术展览盛况。

这是研究辽宁现代美术史的重要史料。

另一篇 1929 年 11 月 28 日的报道《孙禹珊艺术生涯记》则对祖父在美术教育的热忱和投入做了生动形象的描述。

有关美术研究社的详细情况，见本书第十章《1924—1931 奉天现代美术之一瞥》。

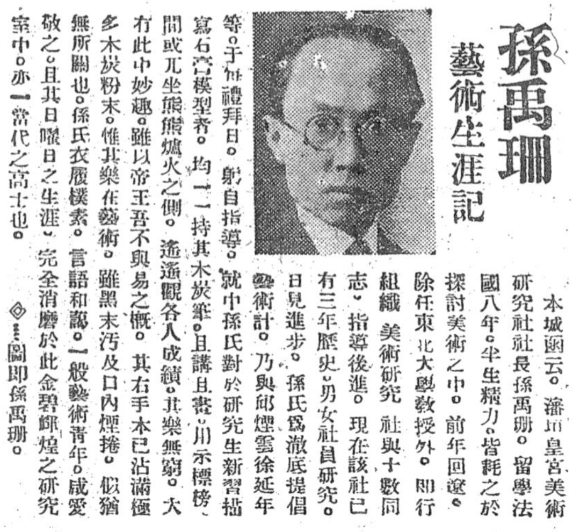
孫禹珊藝術生涯記

本城函云。瀋垣皇宮美術研究社社長孫禹珊。留學法國八年。半生精力。皆耗之於探討美術之中。前年回遼。除任東北大學教授外。即行組織美術研究社與十數同志。指導後進。現在該社已有三年歷史。男女社員研究。日見進步。孫氏爲徹底提倡藝術計。乃與郎煙雲徐延年等。于每禮拜日。躬自指導。就中孫氏對於研究生新習描寫石膏模型者。均一一持其木炭筆。且講且書。用示標榜。間或兀坐熊熊爐火之側。遙遙觀各人成績。其樂無窮。大有此中妙趣。雖以帝王吾不與易之概。其右手本已沾滿極多木炭粉末。惟其樂在藝術。雖黑末污及口內煙捲。似猶無所關也。孫氏衣履樸素。言語和藹。一般藝術青年。咸愛敬之。且其日曬日之生涯。完全消磨於此金碧輝煌之研究室中。亦一當代之高士也。◎…圖即孫禹珊。

1929年11月28日《盛京时报》

之后的半月一直在细读这些报载，尤其是介绍祖父生平的那篇。

许光明给我的《抚顺县志略》“人物略”中写有“孙沛苍字雨三师范举人”，祖父在抚顺的祖上有待查询。初次得知孙佩苍有两个弟弟。

孙佩苍二弟孙润苍 1914 年入天津北洋大学预科第四班第一部，1917 年毕业。1921 年在奉天市政公所任秘书。九一八事变后做了汉奸，1932 年任奉天实业厅第四课长，1933—1934 年任怀德县县长，曾修《怀德县志》，1935 年任吉林东丰县县长，1935—1937 年任锦县县长，1937 年 12 月 1 日任伪满安东副市长，1943 年再任拜泉县县长，1944—1945 年任西安县县长。他占有了孙家在沈阳的财产。光复后作为汉奸入狱，东北解放后赴沈阳从事有色冶金建设的二叔孙倬曾到监狱看过他。应死于狱中。

孙佩苍三弟孙裕苍高等警察学堂毕业后任职沈阳警察局，据亲属言，九一八事变夜，全沈阳唯有警察在局长黄显声率领下抵抗日军。孙裕苍在街垒战中被飞溅石片击瞎双眼，为躲避日军搜捕，由嫁给湖南衡阳商人的姐姐带到夫家。衡阳战役中日军狂轰滥炸，所居地夷为平地，从此再无消息。

奉天教育厅厅长谢演苍（谢荫昌）先生对祖父有知遇之恩。由于他的鼎力相助成就了孙佩苍的法国留学，祖父的一生因此而改变。

在沈宁先生指导下，我从 1931 年《东北丛刊》中找到他的墓志铭，敬录于下以表缅怀：

奉天教育厅长谢公演苍墓志铭　（于省吾）

公姓谢氏、讳荫昌、字演苍、世居江苏武进县、曾祖讳某、祖讳某、考讳某、母邵太夫人、公幼劬学、考望荪公督课之綦严、公聪颖迈于等夷、年二十三补博士弟子员、为学喜经世、文尤博辨雄伟、不趋时尚、故屡踬于有司、而声称籍甚、邑绅刘宝良创设致用精舍、甄录士子、讲肄经世之学、分东西两部、东部为内斋、华世芳缪筱山主之、西部为蒙泉斋、公主之、数载之间、所造就者、多一时俊髦、无何、赴沪任选报社撰述、兼同文沪报及各书局编辑、癸卯应晋报馆主撰之聘、丁未、钱绍云观察约之至沈阳、创办东三省公报、公自去故邑、至是凡十余载、主撰报章、伟议高论、日辄数千百言、伸指吮毫、俄顷而就、庄嘲杂作、震世牖俗、未几、任奉天提学司图书课长、转奉天省长公署主任、己未、升任奉天教育厅长、公率物整躬、饬风纪、严教条、使顽惰者勤、贞悫者智、便黠者诚、湛化流泽、士论归高、犹春霖之被于槁干、而百谷草木皆怒生也、于戏盛矣、公任教育厅长凡五载、辞官任哈尔滨交通银行经理、凡四载、复辞去、筑室辽宁商埠以居、以患胃癌、己巳十二月二日午时卒、春秋五十有四、娶韩氏、生子同、元、强、女复、适潘家玙、侧室钟氏、生子龙、康、女某、公素以挽救世风、振拔人才为怀、历主报章、所以发皇耳目、转移风会者、何其伟也、及作育辽东、遭际差隆、拼九死不悔之志、拯邦国之陵夷、树百年之硕画、而高怀伟抱、百不一雠、卒至辞官、市隐滨江、论公之劳心事物、可谓勤矣、然终不获大用、虽然、自古魁髦俊彦之不遇而侘傺以死、有甚于公者多矣、公其岂有憾乎、然知公之深、与夫读公所撰年史者、莫不羡其材之高、而悲其志之屈、知其言之可施、而叹其业之未竟、初公疾大渐、不食月余日矣、知其将卒而志事之十不一就、且自惜其名之湮灭而无传也、力疾撰年史三万余言、公故博学疆记、洞察时务、年史所载、皆东北一时之掌故之要、而不稽诸书、不询诸人、结思冥想、事之月日、物之情理、言之悉当、撰讫、托省吾代钞、又以墓志铭见属、省吾尝为公所知者、故为之铭、铭曰：

胡古今、胡彼己、无得失、与终始、其既生、必有死、所叹惋、与愤慨、爝火炽、星日晦、阘茸兴、材俊退、谓咸濩、如厖吠、培塿耳、高泰岱、彼造物、可异哉、情则非、理亦乖、永万祺、莫可推、懿惟公、玮姿度、幼攻苦、有异数、橐笔游、晋与沪、度辽左、膺簪组、施教泽、润膏雨、士百万、皆鼓舞、僬遗世、天宇游、绵千载、思悠悠、百一施、志莫雠、驾骏马、骋涂修、历块蹶、折其辀、陟高冈、伐石鑱、系以辞、写我忧、蹉哉嘻、理莫求、问苍穹、与九幽（按：原文照录）

这些起自清明日的发现令我欣喜而迷惑。逝者真的会显灵？

通常认为偶然之事，或许是必然？

这些年寻找遇到很多的机遇、意外、得助只是巧合？

人们说的“天意”好像存在啊。

也许真有神灵，遥远而近在咫尺？

21 世纪的今天，暗物质、暗能量和量子纠缠这些新的科学发现搅乱了哲学世界，使物理世界坍塌，内心世界崩溃。

我们所看到的物质仅仅是宇宙的百分之几。

那么，为什么不可以有神、有天意、有显灵？

把清明期间的发现和疑惑告诉老伴。她微笑不语，给我写了几行字：

风，起于青萍之末，荡于胸襟，息于幽兰之谷。

春，发于山桃之蕊，漫于杨花，梦回夜雨情思。

风无影，春有形，人在无影有形中。

第九章

美术与人生之关系

第九章　美术与人生之关系

近世物质文明进步极速，而精神文明不能与之相随，致人类诱于物质，而为其所役。举凡天性中温厚和平之良质，渐就泯没，而贪鄙凶狡诸恶德，日益增进。于是生存竞为之惨剧，愈演愈烈，而盗贼娼妓竟至充斥于都市也。此讵非人类史上一大污点乎。

——孙佩苍

1924 年 5 月《东北》杂志刊登《法兰西现代教育状况　孙沛苍报告》。这是目前找到最早的祖父关于以美术发扬精神、改良社会的文献。

孙佩苍提出：

> 可以绘画与音乐代表耳与目之美术。是二者均为教育之所重，中小学内皆有之，深求之而至于专科，则其价值与科学并重。盖科学属于理，可用以改良物质，美术属于情，可用以发扬精神。
>
> 科学与美术并重，互相补助，以进人类于较良，庶乎近之。
>
> 盖非人类改良，社会无从进化，欲求社会进化者，以社会之良美为的，以教育之进行为用，可也。

1927 年 6 月，在法国留学的孙佩苍回国后，受东北大学理工科主任孙国封邀请，做了关于美术的演讲。《东北大学周刊》有如下报道。

> 理工科孙学长（按：孙国封）于月之二十五日（星期六）午后一时，特请美术专家孙雨三先生，在工一甲教室，讲演美术与人生。证以欧西文明各国，美术如何之进步。条分缕析，娓娓动听。而于晚近国人之恶德日彰，尤愿以美术就药之。卓识高论，听者极表欢迎云。

1927 年 12 月 9 日，他在致奉天省长公署的《孙沛苍等为请组织美术研究社 由》中叙述成立美术研究社理由时如是说：

> 查自近世崇尚物质以来，人类受其驱役常存贪进之心，得寸进尺有增无减，驯至思想日鄙，感情日漓，举凡性天中温和纯洁之良质，

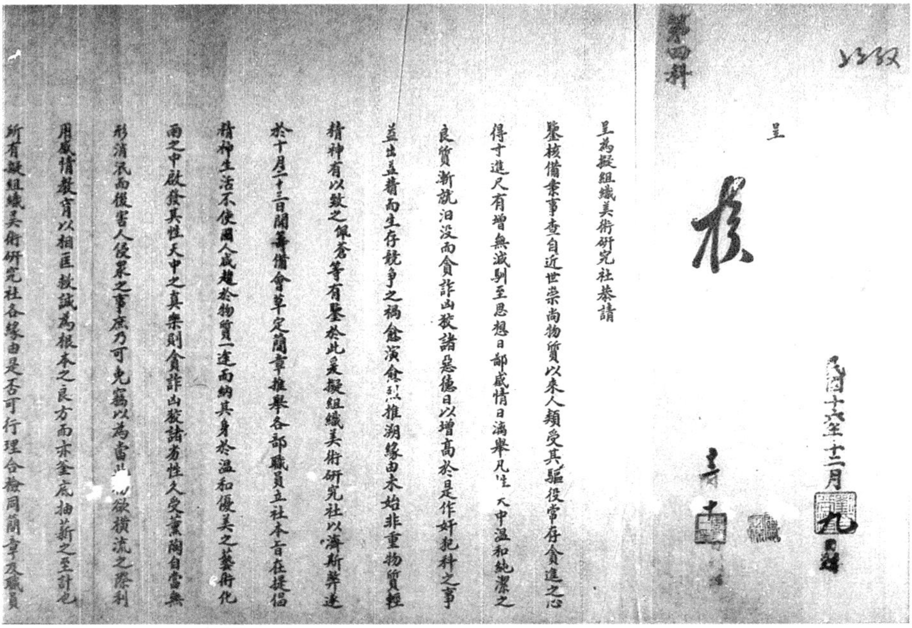
第四科

呈

核

民國十六年十二月九日

呈為擬組織美術研究社恭請
鑒核備案事查自近世崇尚物質以來人類受其驅役常存貪進之心
得寸進尺有增無減馴至思想日鄙感情日漓舉凡性天中溫和純潔之
良質漸就汨沒而貪詐凶狡諸惡德日以增高於是作奸犯科之事
益出益精而生存競爭之禍愈演愈烈推溯緣由未始非重物質輕
精神有以致之佩蒼等有鑒於此爰擬組織美術研究社以濟斯弊遂
於十月二十三日開籌備會草定簡章推舉各部職員立社本旨在提倡
精神生活不使國人咸趨於物質一途而納其身於溫和優美之藝術化
雨之中啟發其性天中之真樂則貪詐凶狡諸劣性久受薰陶自當無
形消泯而侵害人侵眾之事庶乃可免竊以為當[illegible]欲橫流之際利
用感情教育以相匡救誠為根本之良方而亦釜底抽薪之至計也
所有擬組織美術研究社各緣由是否可行理合檢同簡章及職員

《孙沛苍等为请组织美术研究社 由》

渐就汩没，而贪诈凶狡诸恶德日以增高，于是作奸犯科之事益出益精，而生存竞争之祸愈演愈烈，推溯缘由，未始非重物质轻精神有以致之。佩苍等有鉴于此，爰拟组织美术研究社以济斯弊。

1927 年 10 月 23 日，奉天美术研究社成立，孙佩苍任社长，在成立大会上他再次强调美术改造社会之必须：

物质昌明，生计转交不安。男盗女娼，为一切罪恶源泉。欲使人类屏除痛苦，首宜设法调节安慰美术者，即调节安慰之方法也，缘此各国皆注意而提倡之。鄙人留法多年，久有归国提倡美术之心，今幸少得各方援助，殊觉快乐。深望众志成城，坚持到底。

奉天美术研究社的成立使孙佩苍得以身体力行实现“以美术就药”社会的理想。他以极大的热忱投入其中，在四洮铁路工作时，每周末从四平街乘火车到沈阳，周日全用于美术社活动与教学。

在书写《寻找孙佩苍》时，祖父的美学美育思想逐渐引起我的关注。2014 年 6 月从沈宁给我的《辽宁省文化志资料汇编第六辑》中得知祖父曾发表过一长篇论著《美术与人生之关系》，应为了解孙佩苍的重要文献，自那时起便多方打探搜寻，始终挂于心。直到十个月后终于在许光明馆长给我的1928年10月1日和8日《盛京时报》上看到。此重要发现令我激动不已，立即电告友人分享喜悦。

在国家图书馆复制更清晰的版面后，便一字一字辨认录入电脑。再经沈宁先生细细校审这六千多字，给予更正多处。

《美术与人生之关系》全文详见本书附录8。

从天津北洋优级师范博物科以优异成绩毕业（考试第一）走出校门后，孙佩苍从事了整整十年的中学和师范教育，历任教师、训导主任、视学。留法七年，在巴黎美术学院吕西安·西蒙画室研习美术，巴黎索邦大学研究文学，旅欧期间“于休假时，赴各美术著名之地，阅览其所藏之图画。计除法国之外，曾列意、英、德、奥、比、俄、瑞士、荷兰、西班牙等国，共历名城约四十处，阅图书馆在百数以上”。回国后即热忱开展家乡的美术活动。《美术与人生之关系》是三十九岁、已近不惑之年祖父的厚积薄发之作。从中我领悟出他对美术于社会于人生意义的杰出理念，更得知了他的价值观、世界观。

沈阳故宫西院的美术研究社教室旧址

紫陌第一一五號

藝術專號

奉天美術研究社來稿

美術與人生之關係

牧馬圖

個人的得天獨厚

《美术与人生之关系》（孙禹珊）

孙佩苍后来的十三年就是依照他在文中所阐述的人生度过的。

祖父以问答方式阐述了“美术为人生一种不能免之需要”和“美术是由社会之一种医药”两个主题。

对“何以美术为人生之所需要”之问，孙佩苍如此作答：

> 人生不能无所需要。斯需要又分为肉体的与精神的两种。衣食住之属于肉体的需要，尽人知之矣。而所谓精神的需要，美术即居其一……是则美术者，为增加人生趣味调剂，人生不安而自然发出之一种需要也。人类愈进化，此种需要亦愈强……盖爱美之性，与生俱来，虽欲抑之而不能。是故吾谓美术，为人生一种不能免之需要也。

而针对美术与物质对于人生之关系何者最为重要的问题，孙佩苍这样说：

> 二者殆未可偏立。盖物质之需要，属于肉体。而美术之需要，则属于精神。合肉体与精神，始名为人。二者既未可分离，则物质与美术即不能有所轻重也。美术与物质平衡发展，互相调剂，则人

之生活，始可谓之圆满。

我很喜欢他这一段针对反对美术者的论辩：

彼等之衣食住，果为单纯之物质乎，殆不能也。设由彼等之衣食住内尽去其美术方面之供给，当呈如何简陋景象。虽彼等排斥美术之人，恐亦不能忍受。由此言之，彼等方身受美术之惠而不知，犹且为此反对之论，是直以五十步笑百步耳，不其惑欤。

对于为何以国人反对美术者乃居多数，孙佩苍指出：

此其故由于教育不良缺乏感情之所致。盖爱美之性，虽人皆具有，要须受相当之培养，始可发展昭著。若根本上缺乏此种培养，或加之以阻碍，则除少数赋性强者，或可得一种自然之滋长，而其余多数之赋性弱者，则萎缩或濒于槁死矣。此我国人对于美术所以提倡者少而反对者众也。

孙佩苍倡议普及美术教育：

夫美术之性质，原为平民的，而非贵族的；广远的，而非偏狭的。故抱提倡美术之宏愿者，法当培养一般人之感情。使之对于美术俱有相当之领解，而普遍的增加其生活上之趣味。未可认此种趣味为应永久归少数人所专享也。

他痛恨奢侈者，认为这些人：

逞利己之私心，挟特殊之势力，以享用其所不当享用，大都为侵夺人群之幸福者也。世亦有因缺乏远虑徒逞一时之欲，而流于奢侈者。此为愚人自杀之道。

……斯为奢侈，斯为大恶耳。吾人生今之世，虽不能过求人类生活之平等，要亦当铲除其极甚者。故凡挟政治经济或其他势力，取人之所不足，以提高其个人之生活者，皆吾人所当深恶痛恨而切勿自蹈之者也。

这番说辞亦可用于当今。

下面话语令我进一步了解祖父的生活品相：

凡从事于纯粹美术之人，彼绝不注重物质，绝无一般人奢侈之念。即耽玩美术之人，亦必不以世俗之纷华为贵，此可历历证之于实际者也。观夫美术家之居室及其服饰器物，大都朴静高雅，具有美的最高质点，必不至如入富商巨宦之室，金碧辉煌，徒骇俗子之目也。

孙佩苍去世时，除了为建立美术陈列馆搜购的藏品，身后既没房产，也无钱财，殡葬费用均系家属借款为之。他长期患有胃疾，与多年，尤其在法国的十年中节衣缩食搜集美术品有关。

当今美术家收藏家的生活水准与民国时代相比不可同日而语。虽然社会发展，物质越发丰富，但“以世俗之纷华为贵”者不在少数。

孙佩苍之所以极力强调以美术救药社会，是因为他在中国的三十二年生活体验以及留学七年对欧洲社会的了解和比较，深知社会种种弊端。

> 近世物质文明进步极速，而精神文明不能与之相随，致人类诱于物质，而为其所役。举凡天性中温厚和平之良质，渐就泯没，而贪鄙凶狡诸恶德，日益增进。于是生存竞为之惨剧，愈演愈烈，而盗贼娼妓竟至充斥于都市也。此讵非人类史上一大污点乎。

国人如今道德屡破底线，亦是同由。他还呼吁：

> 欲救此弊，惟有竭力提倡精神生活以调剂之。彼利欲竞逐之人，一旦登名山，临胜境，与方外闲话，无不觉爽然作出世之想。虽极龌龊之辈，至此名利之心，亦当为之一淡。

他认为：

> 人类之最大劣性，即为残忍。残忍之动机，恒起于愤怒妒忌及贪欲念之发作。而卒感其恶果者，则由于感情缺乏。

故他提倡美感教育：

> 若吾人能常受艺术熏陶，则感情自必日厚，同情心亦必日增。视世间万事万物，皆含一种融融泄泄之乐意；视己身与万物，同为组成此庄严灿烂之自然界之一体；视人类相残，与自伐肢体无异。虽一屠宰，一渔猎，皆于心有所不安。此必不能更为操刀杀人之事。非祇不为操刀杀人之事，且能进而为爱护人类及增加人类幸福之活动。
>
> ……矫正残忍之所以必恃夫美感教育者，理与此同，即所谓根本解决，进一步之办法也。世人慨人心险恶，每思以智理救正之，此非澈底之计也。不观乎我国学校之身教本，说理何尝不委曲详尽，

但其功效，每不敌一二小说剧本，此其故可以思矣。

他指出：

虚伪亦人类劣性之一，其为害虽不若残忍之烈而显，而其潜在人心，实更大而且普。吾人若以清澈之眼光观察社会，则觉人众相与之际，无在而不充满虚伪之空气。家人相处，匿其真情，徒以缛礼相縻系，虚言相欺绐。友朋僚侣相往还，则市义沽恩心口乖背，惟攀附倚助之是谋。普通社会之交接，则更机巧百出，假公利以快私图，尔诈我虞，默契无怍，□心日运，不知其非。其甚者，或直为欺诒之行矣。

联想当今社会的林林总总，祖父的话尚不过时。

他建议：

由感情入手，如此虽不敢谓能悉化浇薄为谆厚，然亦可为人类保存元气不少也。

在孙佩苍看来：

知足与忍耐，同为我国人民之良善性质。然极知足之弊，则近于痹。极忍耐之弊，则近于懦。此我国人所以处污秽蒙不洁而不知苦，受暴力之敲诈与凌践而不知抗也。二者之病，皆由于感情迟钝。

他的救助之策是：

则惟有藉力于美术。夫感情如锋刃，而美术则砺石也。感情久受美术磨砺，则必日渐锐利，应事感物，自能格外精敏。小而一身，大而国家而世界，倘逢不合意之事，则必深感不快。惟其不快，斯有改革，惟其改革，斯有进步。

美术何以挽救人的厌世之想？孙佩苍论道：

欲图挽救，则惟有藉美术以滋溉其精神，使常一种欢欣活泼之状态。对于万事，自抱乐观，必不至有灰心惓怠放弃职责之事。纵令事与愿违，无论如何失望，终觉人生尚有可以系恋之处，亦不至出于自杀之一途也。

……美术固与之同也，盖美术能养成人类一种超世的精神，使其心有专注，乐有专归，不系念于世俗之荣辱毁誉，故能拔其身于苦恼之外，而登诸快乐之途。睹明丽之山川，庄严之城市，与夫秀美之人物，则觉自然之伟大，与人生之可贵。爰思如何增益此伟大，与保持此可贵。如是，则消极念头，自无由生。

他还认为美术“可替代人类之不正当娱乐”。

曾游历欧洲诸国的孙佩苍介绍自己的见闻感受：

> 在欧美各国，虽较小之城市，殆无不有美术馆。此非仅为专家研究地也，亦在使一般人于职事之暇，得享美术欣赏之乐，使其心有所寄。无暇他及，则邪僻之念，自无由发生，而不正当之诱惑，亦无由侵入，诚良图也。吾人试于星期休息日，往观各美术馆。当见其游人成千累百，至极众盛，而此辈不尽为美术家，自不待言也。使无此馆，则此千百游人中，当必有一部分消磨其光阴于酒店咖啡馆跳舞场等种种不正当娱乐之中。此等娱乐实为丧品堕行之媒介，社会上有许多罪恶，悉导源于此。今兹区区一馆，竟能安顿尔许人之精神，使不他骛无形之中，为社会消除隐患不少。

历史有很多相似的东西不因时代变迁而继续“传承”。孙佩苍所厌恶并抨击的奢侈、残忍、虚伪、知足与忍耐，今日不仅尚存，似有愈演愈烈之势。

诚然社会的改良进步需要全面的启蒙教育、健全法制，建设公民社会等。热衷改造社会的孙佩苍提倡的美育思想不失为良方之一。由此可知旅欧十年孙佩苍的自由民主博爱信仰之根深蒂固。

但我发现祖父从里昂中法大学回国后，各种美术协会、机构、团体鲜见他的名字。他的人生道路出现变化，由美术趋向从政。尤其是 20 世纪 30 年代后期，连续两届当选国民参政会参政员。身高大约一米六二，身体孱弱的文人孙佩苍被任命为东北党务办事处主任，竟只身潜伏到沦陷的天津，几乎丢掉性命。

对这种变身百思不解的我似在《美术与人生之关系》中找到答案。

他说，“天下感情发达之人，其感触为特别敏锐。故有许多事物情境及心灵隐微奥秘之处，惟文人诗家美术家为足以知之，常人则茫然也”。这“感情发达之人”包括他自己，甚至就是在说自己。

读到“盖人之行为虽系于意志，而意志则每受感情之影响……米西盎兹罗之参与布罗郎斯战事，卢骚、福禄特尔之鼓吹法国革命，非皆由于感情有所不能忍而然欤”后，我明白了。

军国主义日本的侵略中断了民国社会的正常发展，抗战救亡成为国家重中之重。九一八事变后，曾为推动东北易帜不遗余力的孙佩苍对白山黑水故乡的沦陷痛心疾首，如他所悉知的米开朗琪罗、卢梭等人一样，“由于感情而有所不能忍”，置美术于后位，投入政局旋涡，以抗日救国为己任。

试观世之真正艺术家，大都感情热烈，心地坦直，彼绝不知城府机诈为何物。所谓能不失其赤子之心者也。

这是他自己秉性与为人的告白。

孙佩苍最后一两年的郁闷与愤懑和最终导致死亡的仍缘于政治。他西方式的价值观与当时政治生态的冲突不可避免，“倘逢不合意之事，则必深感不快。惟其不快，斯有改革，惟其改革，斯有进步”。以艺术家型的感情和坦直追求其理想从而坠入专制体制之深潭。

孙佩苍五十二年的生涯以悲剧告终，令人感慨唏嘘。在我看来这是生于晚清奔走于民国的祖父之天命，惋惜之余亦觉值得，甚至自豪。

掺混在历史中的悲剧、鲜血、生命不仅是不可或缺的部分，亦是推社会前行之动因。

我铭记他在 1928 年 10 月写给世人的话：

在美术家意中，以为人之幸福，咸出自然凡为之赐。人类者皆自然之走卒，而助之增饰此美丽可爱之世界者也。故人类之活动，即自然之间接活动。人生自然中，拜自然之赐，总以能尽其辅佐之责，始为无负于自然。如是，则匪祇残杀毁灭之为得罪自然，即不受自然之支配，放弃职责。与夫妄想自杀者，亦同为自然之罪人也。

第十章

1924—1931奉天现代美术之一瞥

第十章　1924—1931奉天现代美术之一瞥

夫美术之性质，原为平民的，而非贵族的；广远的，而非偏狭的。故抱提倡美术之宏愿者，法当培养一般人之感情，使之对于美术俱有相当之领解，而普遍的增加其生活上之趣味，未可认此种趣味为应永久归少数人所专享也。

——孙佩苍

沈阳故宫博物院学者沈广杰先生潜心19年创作的《民国辽沈金石书画史（1911—1949）》在大量史料和研究的基础上，对民国时期辽沈地区的金石书画发展史进行了客观的记述。翔实阐述了书法绘画、金石篆刻、美术教育、美术展览、美术报刊和其他行业的美术状况，是一部民国时期辽沈美术发展史，填补了辽沈美术发展历史的空白。囿于史料的不全，有关20世纪二三十年代的辽沈现代美术，尤其是奉天美术研究社以及孙佩苍在辽宁美术界的活动尚不详尽，笔者根据所获资料尝试梳理1924年到1931年现代美术教育与活动于下，供史学界参考。

奉天现代美术活动大体可分为“草创”（1924年8月至1925年7月）、“维系与发展”（1925年8月至1927年10月）、“繁荣”（1927年10月至1931年春）和“尾声”（1931年春至“九一八”爆发）四个阶段。这种划分可能不尽准确，但有助于了解这七年奉天美术历史发展的脉络。

“草创”（1924年8月至1925年7月）

如果把西洋油画进入奉天作为“现代美术”（姑且用此词）开端的话，奉天的现代美术始于1924年，创始者为韩乐然。

韩乐然（1898—1947），原名韩光宇，吉林省延边市市郊龙井村朝鲜族人。1920年在上海的电车公司、印刷厂等处做工时考入刘海粟创办的上海美术专门学校夜班，专攻素描、水彩画和油画。1923年加入中国共产党，1924年初受委派回沈阳从事党建。在上海基督教青年会介绍下，以创办美术学校为名义，落脚于奉天基督教青年会。美术学校只是他在沈阳发展党组织的掩护和借口，但无心插柳柳成荫，当他看到偌大的沈阳竟然没有一所从事油画教学的美术学校时，倒真动了创建美术专门学校的念头，于是先在青年会举办个人画展，宣传油画这种美术形式，然后，在阎宝航密友王化一帮助下，在大南门里创办了奉天美术专门学校，韩乐然自任校长，并聘请上海美术界同学、好友来沈阳任教。他是第一个将西方油画知识传入奉天的人（摘引自沈阳市文史研究馆：《沈阳历史人物传略》，第751—753页，2005年3月）。

1924年7月6日，在奉天安顿下来的韩乐然即在南门里第四小学举行画展，7月5日和8日的《盛京时报》对此有详细报道[(1)]。

目前找到最早有关奉天美术教育的报道，是1924年8月18日《申报》第十一版题为《东北体育美术专门校成立》的介绍。

奉天体育学校校长尚大勇，鉴于东省学校之需要，体育教员须兼教艺术科目，深觉该校对于美术一门，有添设之必要，且为造成中等学校体育美术教员起见，该校亟须升格为专门学校，提高程度，改善组织，以期广造优良之教材。日前该校开校董会议时，尚校长即将此议提出，经校董会议多时，全体赞成，表决通过，决定自本年下学期始，实行改组，定名为东北体育美术专门学校，聘请省内名家李桂丹为教务主任兼教授，李僧甫为体育科主任兼教授，黎幼卿女士为音乐舞蹈教授，韩乐然为美术科主任兼教授，闻祁教育厅长颇为赞许，予备案外，并借给校舍若干间，该校现已开始招生矣。

韩乐然

1924年9月5日《盛京时报》第四版则报道：

韩乐然君所创办之奉天美术研究院进行以来，颇为顺利。教育当局及各方面人士赞同者甚多，并将名称改为奉天美术学校，以为将来美术专门学校之预备。其校舍地点在省议会北街。定于本月五日开校。昨晤韩君云，本校创办之初，虽不能十分完全，但教员一项已由上海聘妥，惜受时局影响，一时不能北上。幸有旅居奉天之外国画家，如英国人、俄国人对于余之创办斯校均予以积极之援助。除补助美术品外，并愿担任教授。现在报名者虽不及五十名，开校以后必能超过预期以外云。有志研究西法绘画者不可不注意也。

韩乐然将“东北体育美术专门学校”的美术科分离出成立“美术专门学校”。于是尚大勇的学校不得不改为“东北体育专门学校”，该校于1929年初停办。（陈守伟：《沈阳解放前的私立高等学校》第280页）

奉天美术专门学校1924年9月5日开校，10中旬便组织学生到千山写生约三周，并于11月15日到17日在市政公所图书馆举办“旅行写生成绩展”(2)。该展览更详尽的介绍请参见1924年11月15日《盛京时报》第四版“美术展览会续闻”。

展会之前，从上海聘请的沈在镕、陆一勺两位老师到校(3)。

1925年2月20日开学，并续招生和联系师资(4)。美术专门学校的正式教学从这时开始。

1925年3月11日，奉天美术专门学校补行开学典礼(5)。从上海聘请了李孟书(6)、王平陵(7)、鲁少飞(8)三位老师。

开学典礼上，王平陵的一段关于东北文化的演说别有见地，值得体味：

东省在中国历史上，武功素著，倘益能从事文艺之倡导，则希望宁有涯涘？现韩校长惨淡经营，为东省社会提倡爱好艺术之精神，可谓会适其时，东省气候亢爽，轮廓幽昧，与南方之天朗气清鸟语花香者迥异，人民淡于外界之爱慕，深于内心之沉虑，是以在思想上完全是属于智慧的哲学的发展，而对于情诸（按：绪）的文艺的培养，每感缺如，因之生活上难免有单调枯干之弊。

奉天美术专门学校短平快式的上马较仓促，尽管利用报刊做了大量宣传（这方面很出色），但在师资、教学计划、经费各方面都缺少运筹预判，正规教学只有一学期。加之韩乐然负有在沈阳发展党组织的任务，难以专注于教学。因此奉天美术专门学校的经营不满一年，便“因经济问题影响瓦解”。（1925年8月21日《盛京时报》第四版）

韩乐然奉组织命令离开沈阳去了哈尔滨。1927年10月25日《盛京时报》

这样回顾：

> 奉天美术学校，创自前岁，尔时，系由延吉韩乐然君个人所经营。为时未久，韩君乃以经济困难，无人援助，舍校而去。

我以为韩乐然“舍校而去”的主因是借以掩盖身份发展党组织的美术专门学校经营困难，进退两难，唯一的选择是一走了之。骨子里与美术结缘的他对于亲手创立的美术专科学校虽有难舍之情，也只得无奈而坚决地离去。

韩乐然后来成为红色美术家[9]，遗憾的是他在奉天美术史上来去匆匆。

无论他有心还是无心插柳，毕竟栽下树苗留给接续者呵护。

“维系与发展”（1925年8月至1927年10月）

留下美专这个摊子和在校的一群学生只得由奉天各界学者士绅来收拾。奉天教育厅据接办美术学校的李香斋[10]等的呈请在1925年8月2日发布训令，以在各县招收插班生，费用由各县“酌量补助”之策维系学校的生存[11]。但未能如愿，只得勉强维系。1925年8月21日《盛京时报》第四版有如下报道：

> 经洮昌道尹李香斋省教育会长冯子安等出面维持，在省教育会组织成立更名美术学校，由王化一主任，该主任以现届开学之期特通知学生于二十日上午九时举行开学式，并即日授课。闻该校尚续招洋画、国画、师范三科，新生定于廿五日考试云。

> 嗣经学生奔走呼号，遂得士绅李香斋、冯子安[12]、金哲忱[13]诸先生之热心援助，始由教育会承办，继续进行。纯无省政府之资金，宛然一私立美术学校耳。李冯诸公，虽关心美术，顾数人能力，终为有限。时教育厅办理固有学校，尚难裕如，则欲请拨大宗款项，未免极难如愿。不得已，亦惟对该校尚未毕业学生，解囊供给。以俟事竣，再谋发展而已。[14]

李香斋

李香斋等士绅克服困难，成功地维

系了奉天美术学校。1925 年 8 月 27 日《盛京时报》第四版有如下报道：

奉天美术学校自改归省教育会亲办后基本已完全巩固，课室即设在省教育会内，故甚宽敞，已于本月二十日开学，旧生已陆续报到，新生报名者颇为踊跃，惟国画科、洋画科、初级师范科尚有余额，可以随到随考，该校教授除陆一勺、许霞白、鲁少飞仍继续任职外，新教授已添聘邢汝薰君、马惠吾君、赵捷三君、张知受君、李显廷君、韩静生君、赵希文君，皆一时著名之教育家，故该校嗣后终当大有一番新气象，不禁为东省艺术前途额手称庆。又闻鲁君归自北京，许君归自上海，皆于当地各艺术界有所联络，预备将来于东省艺术有所灌翰云。

1927 年 1 月 15 日到 16 日，在大南门里男青年会楼上大讲堂，举办了“丁卯作画展览会”，展出该校师生创作的国画三十六幅，西洋画四十六幅。除钱慧照、陆一勺、许绍衡三位老师的中西画作品外，许多学生也展现出才华。其后媒体尤为关注 1926 年底毕业的王家人[15]，报道该生为“关外赴东洋研究美术之第一人”[16]。后来成为奉天美术研究社干事、继任社长、又成立奉天美术专科学校的徐延年也是该校学生。

奉天美术专门学校——奉天美术学校从 1924 年到 1927 年培育了一批人才，打下奉天现代美术的根基。

鉴于此，1927 年 3 月初，奉天教育会副会长李梦兴建议在年内大加整理及扩充附设于教育会的美术学校，获与会全员通过。[17]

“繁荣”（1927 年 10 月至 1931 年春）

此时，留法七年的孙佩苍于 1927 年 1 月乘西伯利亚列车返回沈阳。

6 月 25 日，受东北大学理工科主任孙国封邀请，孙佩苍做了关于美术的演讲。《东北大学周刊》有如下报道：

“理工科孙学长（按：孙国封）于月之二十五日（星期六）午后一时，特请美术专家孙雨三（按：孙佩苍）先生，在工一甲教室，讲演美术与人生。证以欧西文明各国，美术如何之进步。条分缕析，娓娓动听。而于晚近国人之恶德日彰，尤愿以美术就药之。卓识高论，

孙佩苍在东北大学时的照片

听者极表欢迎云。”一表振兴美术、发扬精神改造社会的决心。

奉天教育会议决 “大加整理及扩充”的重要结果便是成立奉天美术研究社。

到 1927 年，“该校学生，悉数学成。各董事以办理美术学校，固为提倡美术必要之团（按：图），然奉人士喜研美术者，大有人在。未必喜美术者，即能入校研究美术。且学生出校，亦未必仍回学校研究，则除极力谋画继续办理美术学校外，应时势需要所最不可少者，即为美术研究社也”。

孙佩苍成为美术研究社的主要发起人之一，并担负起制定宗旨、章程、机构和向奉天省长公署申报备案的职责。（见本书附录 7《孙沛苍等为请组织美术研究社 由》）

除办学培育人才，美术研究社应时势需要对社会开放，除汇集奉天美术家群体、容纳美术爱好者外，还将省教育会、实业厅、储蓄会等政府机构以及商界、大学、媒体的要员纳入组织机构，使美术研究社得到经济、舆论和政府支持的保障。（见本书附录 7 内“美术研究社职员履历表”）

金小天先生在 1927 年 10 月 3 日《盛京时报》附录“图画周刊”发表的《美术研究社》一文中对美术研究社的成立表达了久旱逢甘露的喜悦。认为研究社的成立将使“是故有艺术天才者，奖励而激发之。有艺术极品者，保存而研究之。以一而推十，以十而推百，使已制就者，不废不失，而未制就者，徐为创造建设，积年增置，社会遂凛然而有新生气”。(18)

1927 年 10 月 22 日，在《盛京时报》上宣布《美术社将成立矣》(19)。

美术为事，关系一国文野。民众精神，夫既如此。则凡以爱国爱文化为职志者，亦惟尽心竭力以提倡之耳。奉天士绅及美术家，如李香斋、张仙舫(20)、孙玉山（按：孙佩苍）等数十人，有鉴及此，慨然与同志发起组织奉天美术研究社。盖欲营一理想艺苑，犹如东西各国之有美术院耳。

效仿欧洲的美术院，教学研究交流兼备，不仅在奉天，在当时的中国也可谓创新。

1927年10月23日，奉天美术研究社正式成立，同日召开成立大会并发表《美术研究社发起宣言暨简章》（见本书附录6）。

美术研究社成立大会合影，前排中间着西服者为孙佩苍

该社暂假皇宫教育会余室，组织一月之久，得告成立。是奉垣新设之一阐扬文化机关。不惟东省从前无之，即求之国内，实亦甚少，不可谓非近年中国破天荒之伟举也。

成立大会由主席、教育会长李梦兴主持，报告发起及组织经过。

在这次奉天省美术界空前盛会上，领军人物大会发言很是精彩，录之于下。

穆六田[21]：鄙人游日有年，对于该国之提倡美术，实为欣羡。中国美术，原极精妙。顾中国积习，研究美术，泰半皆系文人。风雅之事，文人自好之而自善之而已，初与社会无若何关系，所以虽有巨制，驯致淹没无传。以视今日东西各国，设院印传之风靡国内，不可同日而语。中国战乱，原难令人安然研究美术。目下奉天，有若桃源，则成立斯社，或可救国家美术于未坠，输入外洋美术以补短，前途真无量焉。

王希哲[22]：提倡美术，设立研究社，利有二端：一可利用研究美术时间及兴趣，减却不良消遣，如赌博冶游之类。一可保存国粹，发扬文化，促学术之进步，百事之文明。惟美术范围，非仅止于图画，如雕刻金石，亦未始不可酌增一科。夫凡艺皆进，乃能互用。吾之意见，亦惟如斯云尔。

孙玉泉[23]：画有中西，原为一系。国人之重绘画，切宜从正当入手。例如今之画家，咸欲漫为，不宗格律，彼自称艺术叛徒者，殆失志艺术革命之谓也。顾若辈所画之图，三点为人，一手一足为幅，巨笔大线为形。夫既若此，何须研究。是与由专制而共和，由共和而共产，几乎陷于无政府状态矣。由吾所观，已失意义，今后诚当反对之也。

周天放[24]：美术为一切思想进步之源，英人韩登尝言之矣，惟提倡美术，旨在继长增高。则创作一事，首当重视。盖过去虽可保持，然与未来圆满较好之发现，无不在创作之中。西洋美术，贵于创作，并非临摹。是研究美术，必先以自作为依规也。虽然，非谓创作未来派立体派之创作而言，乃不拘于旧作专在袭取之谓也。

白耀堂[25]：图画院为观摩之机关，深望首先从事设立。

孙玉山（按：孙佩苍）：物质昌明，生计转交不安。男盗女娼，为一切罪恶源泉。欲使人类屏除痛苦，首宜设法调节安慰美术者，即调节安慰之方法也，缘此各国皆注意而提倡之。鄙人留法多年，久有归国提倡美术之心。今幸少得各方援助，殊觉快乐。深望众志成城，坚持到底。

金小天[26]：鄙人性喜美术，乃思有所研究，顾苦无研究机会，前此异常忧虑。前年奉天有美术学校之设，殊为快慰。然终至停办，则大失望。今幸美术研究社成立，是亦予吾人一大好机会耳。中国美术，本极精巧。顾历代巨制，皆入外人手中，抑何可惜。然此亦由外人深喜研究中国美术所使然。吾人仅舍本求末，徒尚洋画，岂非自甘国粹灭亡。须知中国古诗，外人译诵每以为美。吾曹国人，反厌弃之，得非奇耻。于画亦然，不问中西，胥以正当方法研究，南宗北宗，古典浪漫，皆具意义，万不可心存成见，格于门户，互相攻击，致蹈提倡之反又破坏之之故辙，如此方能见提倡之效也。今奉垣士绅前辈，厚吾后生，竭力提倡援助。吾曹小子，抑何荣幸，真当虚心为之矣。

美术研究社的组织机构和场地得到落实。孙佩苍被选为社长。

经众议决，请教育会拨与社址一处，当由该会指定皇宫七间配房，作为社员研究美术场所。旋即推选职员，众以发起人孙禹珊君，孙君留法八年，潜心研究美术，殊为称职，遂选为该社社长。其时孙君虽供职于四洮路局，而其热心提倡美术，实能不辞劳苦。以故该社进取精神，迄未少减。此外如李香斋、张惠霖、金哲忱、董襄忱、王枢垣诸公，则相率解囊援助，众志成城。而奉天美术研究社之未来运命，乃得激昂。

大会还推举“张仙舫为评议长，李香斋、金哲忱、李梦兴、周天放等为评议员，教育会会计某君为庶务，徐柏春（按：即徐延年）为干事，穆六田等为宣传部干事”。定于“每周星期日开会研究，并请名人讲演及印刷书报之类”。

以上引文均见本书附录 9《美术研究社成立记》。

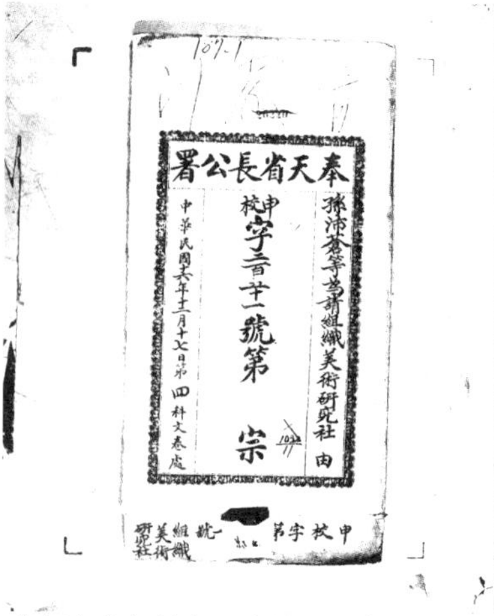
奉天省長公署

孫沛蒼等為請組織美術研究社 由

中華民國十六年十二月十七日第 四 科文卷處

《申请成立美术研究社　由》

12 月 8 日，孙佩苍向奉天省公署提交成立申请做备案（详见本书附录 7《孙沛苍等为请组织美术研究社　由》）。

他在申请中明确成立美术研究社的宗旨：

本旨在提倡精神生活，不使国人咸趋于物质一途，而纳其身于温和优美之艺术化雨之中，启发其性天中之真乐，则贪诈凶狡诸劣性，久受熏陶自当无形消泯，而后，害人侵众之事庶乃可免。窃以为当此物欲横流之际，利用感情教育，以相匡救，诚为根本之良方，而亦釜底抽薪之至计也。

并对研究社的成员、组织、研究范围、研究方法、作品陈列、展览会、审查会、宣传计划、建设美术馆计划、经费、社址等做一一详陈。

我写《寻找孙佩苍》一书时，仅知祖父此上书，未得结果如何，心想可能只是孙佩苍的一番愿望苦心而已。

然奉天美术研究社不仅成立，而且以前所未有的现代美术教育理念成功运作到 1931 年。这四年中，文商政各界达人辛勤耕耘，克服严寒[27]、宵禁[28]场所[29]、个人生计诸多困难，开拓进取，带来奉天美术的空前繁荣，续写出奉天美术史一光辉篇章。

奉天美术研究社：

每礼拜日，自上午十时起，至下午三时止，实行研究绘画。国画方面，由邱（烟）云[30]、孙玉泉诸人，临时分别指导。洋画方面由孙禹珊、张知受诸人，临时分别指导。当时社员入社，为数虽不甚多，然欣然而来者即至隆冬，无不如期到会研究。

（见本书附录10《奉天美术研究社之一瞥》）

当该社成立，全体会员已有三四十名之多。然除评议员及指导员外，真正从事学习绘画者，每周来者，不过廿余名。社中原拟会员暂以六十名为限，因社址较小，经费不充，故不得不谨慎办理，以期精不在多。成立两月之后，更有女学生数名，请求入会研究美术。社中开会讨论，以奉天风气，尚未十分开通，未便容其加入。故该社会员中，一时不能有女会员。此点虽属遗憾，然亦莫可如何。

（见本书附录11《艺苑壮举美术社渐次起色》）

秋節皇宮展覽成績中
奉天美術研究社之一瞥（上）
東省藝苑一頁新紀錄
社長 孫禹珊
評議 李香齋

《盛京时报》刊发《奉天美术研究社之一瞥（上）》

孙佩苍的所有星期日都在美术研究社度过，无论在四洮铁路任秘书还是成为东北大学教授后。“其间社长孙禹珊先生，本在四平街四洮铁路局中供职。惟以关心东省艺术，不容令多年未有之研究美术机关，徒具形式，故于每礼拜六，势必由四平街乘车来奉，到社与诸同

志互相策励，以期日进无疆。”（1928年8月30日《盛京日报》第四版）

美术研究社脚踏实地运作半年后，金小天先生不禁再发感慨：

> 昨年深秋潇洒之日，正沈水缙绅学子，一堂高会之时，省垣金碧皇宫中，有一空前壮举，犹如伦敦之拉斐尔前期结社者，乃奉天美术研究社成立也……春日迟迟，鸟鸣嘤嘤，金碧皇宫，每值礼拜日，则有缙衿耆宿，出入青松白石之间，互相研究中西绘画。然则，皇宫一地，其为将来奉天之一塞那古尔俱乐部乎。或当如斯，吾望之矣。[31]

1928年8月26日，鉴于美术研究社的活动卓有成效，美术社决定9月27日在沈阳故宫举行“美术成绩展览会”。

> 订于中秋节前后四日，自阳历九月廿七日起，至三十日止，假皇宫教育会大议事堂，开第一次美术展览大会。不收票费，绝对公开。现正从事征求作品推举审查专员中。想中秋潇洒之日，当有一番惊人之景，或者黑水白山之间出一法国砂隆大展览会，使外人对我中国文化建设，另抱好感，亦未可知也。
>
> 又讯：该社于会员作品之外，更拟向一般美术家征求作品。因该社使命在提倡奉天美术，并非自成团体，而与社会人士，即漠不相关。闻社外人士，现均拟将作品，早日送入该社，以期届时展览个人自修之成绩云。

（见本书附录11《艺苑壮举 美术社渐次起色》）

奉天省空前规模的美术展览开幕了。媒体做了详尽报道：

> 金碧辉煌，朱门洞辟，奉垣皇

藝苑壯舉

美術社漸次起色
秋節中開展覽會
前日皇宮會場討論已有結果
各方籌備出品正在積極進行

奉天美術研究社。自昨年成立以還。內部進行。實有相當成績。當時省垣士紳若張仙舫李香齋張惠霖金哲忱馮子安李夢興馮雨慶周天放王希哲穆六田金小天諸人。罔不極力援助。非贈以金錢。即提倡鼓吹。此外美術家如邱煙雲崇仲山孫玉泉白耀堂徐延年張知受等人。十餘旬於星期日開會研究美術之期。無不則至皇宮會場之中。與青年會員。講授討論。雖值隆冬大雪。因未嘗斷。其間社長孫禹珊先生。本在四平街四洮鐵路局中供職。惟以關心東省藝術。不容令多年未有之研究美術機關。徒具形式。故於每禮拜六。勢必由四平街乘車來奉。到社與諸同志互相策勵。以期日進無疆。嘗該社成立。全體會員已有三四十名之多。然除評議員及指導員外。真正從事學習繪畫者。每週來者。不過廿餘名。社中原擬會員暫以六十名爲限。因社址較小。經費不充。故不得不謹慎辦理。只期精不在多。成立兩月之後。更有女學生數名。請求入會研究美術。社中開會討論以奉天風氣。尚未十分開通。未便容其加入。故該社會員中。一時不能有女會員。此點雖屬遺憾。然亦莫可如何。迨至寒假。始行閉會。今春燈節以後。仍舊開會研究。迄未間斷。即自戒嚴期中。會員到場。雖少行寥落。而會內幹部精神。迄未少減。迨假後時局平靜。又值新秋涼爽之期。乃於前日(二十六)在皇宮美術社開會討論。以會員年來實有相當成績。爲提倡美術。引起社會群衆對於欣賞藝術之興味計。勢必開一大規模之美術展覽會。給後乃能推而擴充。方不負苦心經營之至意。遂訂於中秋節前後四日。自陽曆九月廿七日起。至三十日止。假皇宮教育會大議事堂。開第一次美術展覽大會。不收票費。絕對公開。現在正從事徵求作品推舉審查專員中。想中秋瀟灑之日。當有一番驚人之景。或者黑水白山之間出一法國砂隆大展覽會。使外人對我中國文化建設。另抱好感。亦未可知也。

又訊。該社於會員作品之外。更擬向一般美術家徵求作品。因該社使命在提倡奉天美術。並非自成團體。而與社會人士。即漠不相關。聞社外人士。現均擬將作品。早日送入該社。以期屆時展覽個人自修之成績云。

（圖中自上至下。爲李香齋，孫禹珊，邱煙雲，孫玉泉，徐延年諸人近影。）

1928年8月20日《盛京时报》

宫中秋潇洒之日，正沈水士女群来观画之时。盖美术研究社一年以来诸社员之挥毫成绩，已于此三日内（十四，十五，十六）（按：农历）而与市民相见矣。

……该社第一次成绩展览会，业于皇宫中，分为三室陈列。第一室国画部，陈列社友作品，为数甚多。若大连之张伯川，及省垣之蔡晓坡等作品，均有极深造诣。此外社员作品，亦有一百余幅。第二室，陈列社员收藏名画，三十余幅，悉为不可多得之作。第三室洋画部，除社员一百余幅作品之外，更有李香斋收藏泰西名画数十幅，精贵一时。可（按：疑为“均”字误排）奉垣人士所不常见。

（见本书附录 10 《奉天美术研究社之一瞥》）

第二展室的收藏名画，肯定有孙佩苍从欧洲搜藏的若干西洋美术作品，可惜不知详细，但至少有那幅迪亚兹的《风景》及欧洲名家若干风景画，因为在美术研究社成立会场内“壁中悬有省垣国画家孙玉泉、白耀堂山水人物，及洋画家孙玉山（按：孙禹珊，孙佩苍）留法作品，与法国某大画家精绘风景数幅”（见本书附录 9《美术研究社成立记》），肯定会有这幅迪亚兹的风景。

迪亚兹油画《风景》

款识："壬戌初秋悲鸿临伦勃朗"

载于1928年9月30日《盛京时报》第四版

孙佩苍展出了哪些留法作品，不得而知，甚为遗憾，但令我意外和惊喜的是，展会中有一幅孙佩苍为长女所画《孙慧筠画像》。此作至今尚被误认是徐悲鸿人物肖像的上乘之作（详见本书《〈孙慧筠画像〉考》一章）。

徐悲鸿1922年在柏林临摹伦勃朗的《第二夫人像》，后赠给"天狗会"会友孙佩苍。这幅画很可能也展出。

"吾居德，作画日几十小时，寒暑无间，于描尤笃，所守不一，而不得其和，心窃忧之。时最爱伦勃朗画，乃往（按：柏林）弗烈德里博物馆临摹其作。于其《第二夫人像》，尤致力焉，略有所得，顾不能应用之于己作，愈用功，而毫无进步，心滋感。"

（见《徐悲鸿文集》第35页）

中西作品与名画收藏总计三百余幅，其中西洋美术品约占一半。在今天也是大规模的美术展览。"第一次成绩展览会"当属奉天乃至东北美术史上的重大事件。可惜我无能力进一步查到这次美展更为详细的记录，有待于辽宁美术界的发掘考证。如李香斋先生那些"精贵一时""收藏泰西名画数十幅"多半是他1923年考察俄罗斯农业后于9月14日至18日在巴黎与留学的孙佩苍相逢时所购。有可能也是美术史上的一笔重要收藏，有哪些，尚在否？值得去搜寻挖掘。

同样重要的是"该社社员，此展览会前，均撰有艺术论文及美术杂感。殆为此一年以来，人人研究心得"。

这些研究美术的心得发表在1928年10月1日和8日的《盛京时报·紫

陌》第一一五、一一六号 艺术专号 奉天美术研究社来稿上，计有孙禹珊《美术与人生之关系》（见本书附录8）、是我《个人的得天独厚》、徐延年《我之艺术观》、白耀堂《说画家六法》、孙玉泉《绘事小言》。这些论文对研究辽宁美术史会有裨益，恕不一一详录。

同月，美术研究社干事徐延年继续呼吁："我们荒凉的东北，白山峨峨，黑水渺渺，进化程度，较诸内地，相差实多。近年来，文化方面，虽略进步，但对于美术一道，究属少人提倡，殊不知欲文化发达，则必用美术来催促，所以同人等，很愿来做一番摇旗呐喊的工作。愿注意社会事业的人们，和我们一同联合起来，为民众作先驱，为人类作指导，要改造了自己的环境，再代人类改造，要制成一颗新阳，来温暖这世界的鸿芒。"(32)

1928年11月11日，美术研究社成立一年后改选，孙佩苍继任社长，徐延年、金小天为干事。添设图画研究班，一改建社初期囿于世风暂不收女学员之窘状，不分男女一律欢迎。研究班的教学为每周日上午十时到下午四时上课。(33)

11月25日，图画研究班开学，有国画科二十人，洋画科四十人，除图画实习外，还有透视学、美学、美术史、中国文学等课程。(34)

[两年后，即1930年12月28日，美术研究班结出硕果，各界名流出席，教育厅长吴仲贤致训词，各来宾发表演说。该班58名学生在隆重典礼上接受了毕业证书。(35)]

美术研究社的活动逐渐活跃。

1928年12月23日，奉天美术研究社组织了与内地美术家的盛会，12月28日的《大亚画报》做了如下报道：

美术家之盛会（采）

奉天美术研究社，于月之廿三日午后二钟，假省教育会会客厅，特开欢迎于啸轩(36)、钱铸九(37)、林彦博(38)、罗韫之(39)、杨令茀(40)、韩子贞、洪女士（按：洪兰生）诸美术家之大会。是日与会者，为研究社社员，及学生，约六十余人。首由孙慰三（按：即孙禹珊）会长致开会词，次为会员王希哲致欢迎词。于啸轩、钱铸九、杨令茀、罗韫之诸人，均有答辞及极详尽之演说，末由孙会长致谢辞，遂在庭前合影，并参观社中展览社员之成绩。巡视一周，已届四钟半矣。相继赴同泽俱乐部大食堂聚餐，并邀省垣诸名流作陪。是会也，聚男女美术家于一堂，洵属盛举。邀柬为孙慰三（按：孙佩苍）、金哲忱之名义，柬为特制，印有短语数行。于其首云：“花飞白雪，酒艳葡萄，际此塞外轻寒，正海内画家挥毫得意时也。艺苑泰斗，景仰无极。二宗娴于今古，久美名高，六法精乎西东，每咨笔妙，幸得相逢沈水，尤冀畅叙陪都，谨备洁樽，恭候光临。

庭前合影 前排左二为孙禹珊（孙佩苍）

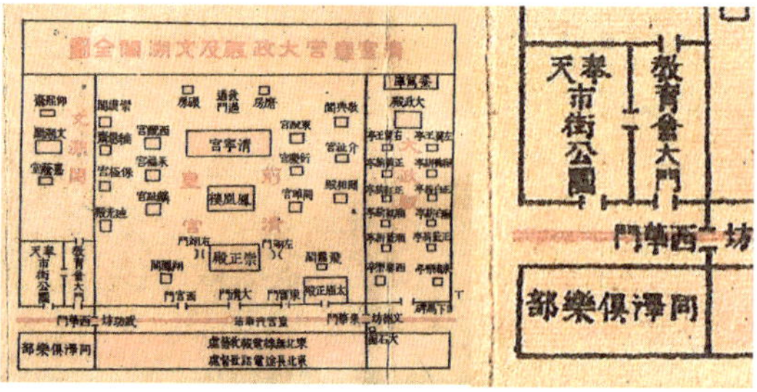

1927年《奉天省市街全图》之沈阳故宫

美术研究社卓有成效的活动引起关内艺术家的关注和参与。

“东省艺术界之发皇蓬勃，从未有如今日之盛者，画家、雕刻家、明星、名伶，或已来奉，或将来奉，似均以东三省为舞台。兹将艺术界最近各消息，介绍于读者。”(41)

钱铸九先生在其《东北旅游日记》中记载：1928 年 12 月 9 日“下午同孙君（按：孙佩苍）到道德研究所看国画展览会。画家有林彦君（按：应为林彦博）、罗蕴之女士。林君善指画，罗女士善工笔。余决定于十五日亦在此办一画展”，“15 日，上午九时画展在教育会开幕”。

沈阳民众对美术的兴趣日渐高涨。《盛京时报》报道 1928 年底罗韫之女士画展的观众“皆不避寒风砭骨，前往参观”，尤其强调“可见奉天文化，较之杨令茀女士初次展览书画时，进步多多矣”。(42)

1928 年底，孙佩苍离开洮南铁路，到东北大学任教，有更多时间用于美术研究社。

1929 年 1 月下旬，孙佩苍去北平，见到分别多年的留法老友徐悲鸿。徐先生为他写有一幅《戊辰冬尽写雨珊老友　悲鸿》的素描。此次赴北平，除了与徐悲鸿言欢叙旧，当有发展国家美术事业话题，还可能回访月前来沈诸美术家，但尚未寻到有关记载。

孙佩苍将他在法国学到的西方美术技艺倾心教授给学生们。

1929 年 1 月 28 日《盛京时报》有一篇《孙禹珊艺术生涯记》的报道：

本城函云，沈垣皇宫美术研究社社长孙禹珊，留学法国八年，半生精力，皆耗之于探讨美术之中。前年回辽，除任东北大学教授外，即行组织美术研究社与十数同志，指导后进。现在该社已有三年历史。男女社员研究，日渐进步。孙氏为澈底提倡艺术计，乃与邱烟云、徐延年等，于每礼拜日，躬自指导。就中孙氏对于研究生新习描写石膏模型者，均一一持其木炭笔，且讲且画，用示标榜。间或兀坐熊熊炉火之侧，遥遥观各人成绩，其乐无穷，大有此中妙趣，虽以帝王吾不与易之概。其右手本已沾满极多木炭粉末，惟其乐在艺术，虽黑末污及口内烟卷，似犹无所关也。孙氏衣履朴素，言语和蔼，一般艺术青年，咸爱敬之。且其日曜日之生涯，完全消磨于此金碧辉煌之研究室中，亦一当代之高士也。

东北出生、台湾著名画家马白水[43]曾受教于孙佩苍，他回忆道：

艺专时期的孙雨珊老师，虽仅仅教我们素描一年，就赴法国里昂大学执教去了，可是使我们获益良多。那时我才十九岁吧，所以对于孙老师的样子，已不像小学老师那样印象清晰了，好像是瘦瘦的纯粹文人型。他人的样子虽记不清楚，然而教学素描、写画白瓷壶和石膏花纹（那时很少石膏人像），以及给我们欣赏与讲授的明信画片，则给我内心印痕深极了。大概是印象派的作品吧，那时分不出甚么画派也听不明白他所讲的，究竟是些甚么，然而，画面上所留给我的光影与变幻、印象与感觉，生命与活力，一直引导着我继续前进。

（马白水自述，“马白水官方网站”）

王秀雄在《马白水教授的彩墨画意涵与价值——评介马白水的九十回顾展》中写道：

马老毕业于沈阳辽宁省立师专美术科，在此求学中有三位老师对他启示很大……美术史和素描老师孙雨珊，前法国里昂大学教授。虽仅教半年，然而其展示的印象派复制品，令同学心眼一亮，耳目一新。他教素描，以石膏模型入手，常教同学以“面”来把握对象之形与明暗。马老画面的鲜丽色彩以及大块色面的处理方法，实受此位老师的影响很大。

1929 年初，张学良将奉天省改为辽宁省，意为“辽河两岸永远安宁”，唯民间仍习称奉天省。4 月 2 日省会奉天改称沈阳，美术研究社的奉天二字也易为沈阳，后又改称“辽宁美术研究社”。

1929年5月7日《盛京时报》第四版“皇宫美术研究社将举行春季联欢大会”介绍：

皇宫美术研究社成立至今业经两载，社员研究绘画每礼拜日毫无间断，其已具有相当成绩者□除由该社向国内艺术学院及欧洲研究美术机关介绍□□升学不□□□□□计外，其余省垣及外□□□县社员，亦能时□莅该社藉以探讨，兹闻该社社长孙禹珊为提倡美术扩充社务计，定于本礼拜日（十二）假省教育会会场举行春季联欢大会，并邀名人讲演以作本年上期之美术运动而言联络同志之感情云。

5 月 12 日，美术研究社邀集林徽音、梁思成等著名学者举办精彩演讲。这是现代美学教育的又一次成功实践。

美术社举行讲演　皇宫美术研究社订于十二日举行联欢大会，并邀名人讲演美术理论一节已志本报。兹闻是日该社雨中举行，到者甚多。并由东北大学教授林徽音女士讲演《现代西洋戏剧之趋向》，东北大学教授梁思成讲演《建筑》，盛京时报编辑金小天讲演《魏晋以后中国绘画概观》，盛京时报编辑穆儒丐讲演《大画家石涛》及该社社长孙禹珊讲演《欧洲十七世纪之三大画家》。无不考据有素，动人听闻云。

（1929 年 5 月 14 日《盛京时报》第四版）

1929 年 10 月，图画研究班再招生，西洋画科二十名，中国画科十名。[44]

1930 年 6 月，因里昂中法大学的中方校长已有八年空缺，经北京中法大学校长李麟玉向法方推荐，国民政府任命，孙佩苍将赴法接任校长职。

国民政府所以选择孙佩苍，与他在辽宁开展成功的美术教育也有关。

9 月下旬，美术研究社宣布“李香斋、金哲忱、张惠霖等捐款创办之美术研究社，为提倡东北文化陶冶艺术人材起见，特由该社主干孙禹珊、金小天、徐延年等，组织辽宁美术传习所”，并发布宣言和招生简章[45]。这是孙佩苍辞去研究社社长前与同僚共同做出的最后一次实践。

与图画研究班相比，传习所的教学又提高一步：授课时间为每星期一至星期五晚六时至八时，课程扩展到中国画、西洋画、美学、艺术概论、美术史略、心理学、透视学、工艺研究、书学、现代文学、诗词、金石学、音乐等。

1930 年 9 月 25 日，孙佩苍乘南满列车离沈去法国任职，告别家乡和他钟爱的美术研究社。至 1942 年初去世，再未返回。

在奉天省教育厅从事十年教育后旅欧七年，在巴黎高等美术学院研习美术，在索邦大学学习文学，深入调研法兰西现代教育的孙佩苍，怀抱美术美育改造社会的抱负，将现代美术教育理念付诸家乡。其美术观是世界性和社会性的。他笃信“美术之性质，原为平民的，而非贵族的；广远的，而非偏狭的”[46]。为了与家乡志士仁人实现“使奉天有一大规模之美术院而夸耀乎中国”“多建几许美术院，能为其国民多增几许理想和平之新幸福”。[47]

1930 年 10 月 25 日，美术研究社召开评议会，袁洁珊、李香斋“等二十余人，一堂欢聚，讨论该社进行办法。当经各评议议定，对该社扩充予以援助。除各评议每人每半年固定捐款十元外，均可任意拨款补助。并将该社扩充预算，呈交教育厅，及教育会，核拨款项补助。各人并畅谈关于提倡美术问题”。

因社长孙佩苍赴法，改选徐延年任社长，金小天、贾英哲为干事。会后在皇宫文溯阁后方合影[48]。

将这张为奉天美术做出重要奉献的士绅名流群体亮相之照载于本书，以志缅怀和敬意。

（前排）自右而左为姬金声、李香斋、王希哲、崇仲山、袁洁珊、三六桥、杨大光、金小天、张秉甲；（后排）自右而左为徐延年、贾英哲、金哲忱、吴仲贤、穆儒丐、邱烟云、童雋；（最后排）自右而左为赵晋如、王敏生、孙幼泉

1931 年 1 月，教育厅厅长吴家象对徐延年为开设辽宁美术传习所向省教育厅呈请备案做出批示。(49)

同年 3 月，美术传习所续招新生。(50)

“尾声”（1931 年春至“九一八”爆发）

大约在 1931 年春末，辽宁美术专门学校成立，应当是美术传习所的演变。徐延年任校长(51)。此后再没看到关于美术研究社的报道，奉天省的美术教育又恢复到学校方式。原因不详，或许与社长孙佩苍离任有关。

1931 年 7 月 15 日《大亚画报》刊登了辽宁美术专门学校成立校董会合影。

辽宁美术专门学校成立校董会摄影（右至左）坐者：邢隅三、袁洁珊、鲍育才。立者：李香斋、陈紫扬、徐延年、吴仲贤、王鼎芳

辽宁美术研究社社长徐延年

辽宁美术专门学校成立几个月后，发生了令人痛心的九一八事变。

《东北人物大辞典》对徐延年有如此介绍："1931 年春，于小河沿创办辽宁艺术专科学校，任校长。九一八事变后，改称奉天美术专科学校。1936 年暑假后，学校被日军强行解散后，受到监视，后潜逃到南京，参加抗日宣传活动，辗转于昆明、重庆等地，曾随同沈钧儒、老舍等工作。1945 年日本投降后，回到沈阳，创办辽东文法学院，后由于严重经济恐慌，学校停办。"

徐延年在四川大后方或许和孙佩苍有交往，《蒋碧薇回忆录》所说孙佩苍的"一批东北同乡和学生"中可能包括徐延年。

九一八事变的国难扭曲了东北社会发展进程，辽沈美术精英们的理想未能实现，但留下了火种。遗憾之余更令我们怀恋。

1924 年到 1931 年，奉天各界有志之士为发展现代美术的积极奉献，是东北文化的骄傲，更是现代中国美术史不能遗忘、不可或缺之部分。

当年有关奉天美术研究社的报道放入本书附录中，除作为史料可供参考外，还因里面有百余为奉天美术做出贡献的各界士绅、名流、美术家以及研究社的社员姓名。虽然地位资历不等，但都是这段历史的创造者，值得铭记。

我本打算将这百余人简历一一列入本章，无奈学员们的资讯欠缺，未能录入。不能为这些东北先辈们写出更多的翔实文字，遗憾之余只能用一位名作家的话表达我的心情。

献给没有生存下来的诸君，要叙述此事他们已无能为力。但愿他们原谅我，没有看到一切，没有想起一切，没有猜到一切。

（本章由蒋向宇先生与笔者合作完成。本章及相关附录中万余字史料得力于辽宁省图书馆薛明女士检索，谨致衷心谢意！）

注释

（1）绘画展览会

……此际忽有韩君乐然者，为上海美术学校之高才生，吉林省之一高尚青年，以奉天向无所谓美术展览会，特于本星期日（六日）假定第四小学，开一绘画展览会，出品皆韩君之自作，藉以引起奉天人士对于美术之注意，而为将来之提倡，其票资所入，尽以补助贫民学校之学款，可谓一举两得矣。此事若在京沪，原不足奇，惟在奉天，实不能不特笔而大书之，尤望省当局及地方绅士，对于此等事业，加以积极之提倡，则不仅文化所关，而人生之观念，或因此精神方面之陶冶，而渐收和平庄严之效也。（1924 年 7 月 5 日《盛京时报》第一版）

绘画会明日开幕

美术家韩君乐然由沪来奉，多人睹其作品后即向韩君要求开一绘画展览会，旋经奉垣名流提议将其作品公开，以满足一般爱美者之欲望，并可藉此为贫儿学校图书馆筹款若干，所谓一举两得。业蒙韩君慨允，共印有入场券两种，其成人用者售洋两角，学生用者售洋一角，各文化机关及学校均有代售处。日来该会筹备完善，会址在大南关第四小学，会期原订本月六日（即星期日）早七点起至晚九点止，济济省会转瞬至矣，想届时定呈一种壮观也。（1924 年 7 月 5 日《盛京时报》第五版）

绘画如生

美术家所开之绘画展览会昨在南门里第四小学举行，所列之水彩油彩炭画铅笔画数百种，以韩君作者居多数，山水楼阁草木花卉栩栩如生，曾子敬市长前往浏览，亦购水彩一幅云。（1924 年 7 月 8 日《盛京时报》第五版）

（2）美术校发展近闻

艺术家韩乐然君春间由沪返奉，曾公开作品，为单调枯燥之东省社会引起美术兴味者不尠。继为栽培艺术人材计，独创美术学校于大西关，开学以来成绩卓著。现又聘得青年会会员许绍衡君担任教授，氏曾留学东瀛，造诣湛深，学生咸乐就之。该校原定每年春秋各举行写生旅行一次，其第一次之秋季写生旅行业由韩君率全班生徒赴辽阳千山去，约滞留该处三星期即返校，并定归来时将学员暨学生之新

作品开一大规模之习作展览会，以贡献于东省艺术界云。（1924 年 10 月 21 日《盛京时报》第四版）

美术校写生遄返

奉天美术学校校长韩乐然君前携学生旅行千山写生已志本报。兹闻写生已竣于月之五日归来，各生所得成绩非常良好，不日将开一展览会，以资美术界之观摩云。（1924 年 11 月 9 日《盛京时报》第四版）

（3）美术新教授抵奉

奉天美术专门学校前在上海延聘沈在镕、陆一勺二君来奉担任教授，嗣因战事关系未能成行，现在大局平定，交通恢复，两君于前日联袂抵奉，入堂授课。该校学程前途自此定能更进一层矣。（1924 年 11 月 16 日《盛京时报》第四版）

（4）美专校扩充计画

奉天美术专门学校创办已一学期，施行实习开会展览其成绩大有可观。兹闻该校定于明春实行扩充，添设初级师范科、中国画科，及雕塑科等，业向教育厅呈请立案，日内开始招生云。（1924 年 12 月 10 日《盛京时报》第四版）

美专校录取新生

奉天大西关省议会北街美术专门学校自校长韩乐然创办后颇得各界人士之称誉与援助，此次所招各科新生，洋画一年甲级插班生为袍崇山等十余人，乙级新生为蒋德毅等二十余人，国画科为祝□等十余人，初级师范科为王庆禄等二十余人云。（1925 年 1 月 14 日《盛京时报》第四版）

美术专门校近闻“奉天大西关美术专门学校自校长韩乐然背着艺术之使命辛苦经营独立创设以来，闻前途进行对于我东省文化有著实未可以限量云云。现该校已拟在阳历二十日即阴历正月二十八日开学。所有校舍设备一切已大加扩充装潢竣事。理论课教员亦当在不日可以由沪来校矣。又闻该校因第一次所招之生额未满，现当续招之际，学生来索章报名者颇为踊跃云”。（1925 年 2 月 14 日《盛京时报》第四版）

（5）奉天美术专门学校近况

新聘教授 补行开学典礼

奉天通信　奉天美术专门学校，新聘教授李孟书王平陵鲁少飞三君，现已由沪来奉，特于昨日（星期三）补行开学典礼，并举行新教授就职演说，先由韩校长一一介绍毕，随由王君演说，大意谓文化进展之状况，当由两方面去观察，一为历史的，一为地理的，东省在中国历史上，武功素著，倘益能从事文艺之倡导，则希望宁有涯涘？现韩校长惨淡经营，为东省社会提倡爱好艺术之精神，可谓会适其时，东省气候亢爽，轮廓幽昧，与南方之天朗气清鸟语花香者迥异，人民淡于外界之爱慕，深于内心之沉虑，是以在思想上完全是属于智慧的哲学的发展，而对于情诸（按：绪）的文艺的培养，每感缺如，因之生活上难免有单调枯干之弊。今韩校长不辞劳苦，在此荒芜之圃囿中，遍播艺术之种子，诚属当务之急，吾侪不得不荷锄相随，稍效微劳，故诸同学责任甚重，不可不勉力也云云。继由李君演说，大旨分为两层，一为个人北上之感想，次此由繁华优秀的上海，渡庄严空润之洋海，而达历史地理上有名之奉天省会，实与吾人研究艺术一大好机会，更证实吾人求学必须由动的方面得之，二为今后对于本校之希望，此层意义，已由王君发挥不少，特犹有进者，即以上所谓欲在动的方面求得学问，不可不有静的态度，兹当新□□□□之□，□□□□□可不加以审慎，是则在吾人认定目的，不为□□□□终有彼岸之一日云云，后由训育主任申沈学校□□□之当遵，散会时已亭午矣。

（1925 年 3 月 15 日《天津益世报》第七版）

（6）李孟书（生卒年不详），其作品《小学生》曾参加 1928 年 1 月 1 日 –7 日由第四中山大学通俗教育馆艺术研究会发起组织的首都（南京）第一届美术展览会。

（7）王仰嵩，字平陵，1898 年出生于江苏溧阳樊川村。初等国民小学肄业，县立第一高等小学毕业。后因家境清寒无力升学，其父至友、乡贤姜丹书嘱其到杭州省立第一师范应考，名列前茅，并得官费资助。毕业后曾任教奉天美术专门学校、本县同济中学。1924 年赴上海主编时事新报《学灯》，并为《东方杂志》等刊物撰稿。曾公余就读震旦大学南京分校法文系。不久被中央日报社长严慎予聘为《大道与清白》副刊主编。叶楚伧、张道藩创立中国文艺社，被聘为文艺月刊主编。七七事变后任《扫荡报》编辑，与张道藩等分任文艺界抗敌后援会理事。日本投降后，仍留在重庆，执教巴蜀中学并主持重庆文化工作。1949 年冬去台湾，先后在曼谷《世界日报》、马尼拉华侨师专、台湾政工干校任职和执教。1964 年 1 月 12 日因中风在台北去世。

（8）鲁少飞，1903 年生于上海，1917 年春考入上海商务印书馆印刷所当绘图生，

1918 年考入上海美专国画系，一年后因无力交费辍学，1920 年在上海晨光美术会学画，同时任上海艺术研究所素描教员，后到上海大中华影片公司当美术员。1923 年开始为上海生生美术公司出版的《生生画报》周刊画广告性的钢笔画。1924 年在奉天美术专门学校任国画教员一年，1926—1927 年在上海民新影片公司任美术主任，后去南京任国民革命军总司令部总政治部宣传处书画股股员，后又回到上海发起上海漫画会，参与创办《上海漫画》周刊，并创立中国漫画史上第一个漫画函授班。1934 年创办《时代漫画》月刊，1935 年兼为《立报》创作政治讽刺画。1936 年 11 月在上海举办了第一届全国漫画展览，1937 年发起成立了中国漫画救亡协会，主办《救亡漫画》。1938 年在广州《国家总动员画报》任主编，1939 年广州沦陷后应萨空了邀请到新疆任《新疆日报》美术编辑和迪化女子中学美术教员。后在兰州市社会服务处管理兰园投建堂剧场。曾任人民美术出版社美术编辑组组长，1993 年被中国美协漫画艺委会授予中国漫画金猴奖“荣誉奖”，1995 年去世。

（9）韩乐然后来出于对欧洲革命的向往和西方艺术的渴望，提出赴法留学请求。1929 年秋赴欧，先后在里昂、尼斯等地学习绘画。学习之余参加法国工人运动并在第二国际工作。1931 年考入巴黎美术学院，先后到英国、瑞士、荷兰等国旅行写生，并在巴黎举办“韩乐然写生作品展”。1937 年，韩乐然到《巴黎晚报》担任摄影记者，同年回国。1939 年 4 月在李济深领导的战地党政委员会任少将指导员。1940 年在宝鸡被国民党逮捕，1943 年在李济深保释下。出狱后携学生黄胄等人去华山写生。1945 年 10 月前往甘肃敦煌，从事考古挖掘，1947 年到新疆克孜尔千佛洞写生，7 月在迪化（今新疆乌鲁木齐市）举办他一生中的第 20 次也是最后一次画展。7 月 30 日，在返回兰州途中飞机失事遇难身亡。新中国成立后国家民政厅追认韩乐然为革命烈士。现有作品百余幅，多存于中国美术馆。

（10）李香斋先生对奉天美术的发展居功至伟。寻得金毓黻先生《静晤室日记》中的两段记载，抄录于下以志纪念。

1950 年 8 月 26 日　星期六

午前有人来告李君香斋于昨晚七时许遽卒，午后往吊，为之陨涕。君名友兰。字香斋，晚号悔庵。以奉天两级师范优级班理化科毕业，膺选奉天省议会议员，俄任议长；改鸭绿江采木公司理事长；转任洮昌道尹；本溪湖煤铁公司总办。遭九一八事变去职，移居北京近二十年，中间一度任安徽省船业管理局事，七七事变后即不复出。近年患血压高涨病，时感头晕，以善调摄，闭户静养，得无恙。卒之日尚外出访旧，晤石剑晦等三四人。归后又连来二客，谈话长至二时许，即觉头晕。送客出门返卧，闭目不清醒，亦无一语，时许气绝。年六十有七。医者谓系患脑充血，为不治症。定于二十八日葬于东北义园。君卒绝无痛苦，可谓善终。

28 日星期一

香斋预知今岁必死，乃于密书遗嘱一通，中有托金静庵题墓碑之语，可谓处分了了者矣。余为题其墓曰“法库李香斋先生之墓”，并与碑阴系以铭云：“师庠秀发，议坛卓然，缚政优游，秉节贞坚。意志弥纶一世，而俯视时贤。胡为弗竟其用，遽卒于六十有七年。”造语虽简，足以盖其生平。

（11）奉天公报民国十四年八月二日

奉天教育厅训令 第六百三十号

令各县知事

案据奉天美术学校董事李友兰等呈称案查董事等接办美术学校，业经呈请钧厅立案。兹拟于暑假期间添招插班生六十四名，分插各级。为推广全省艺术起见，拟请由钧厅通令各县各选送学生一名，该生费用即由各该县酌量补助，以资提倡。其不足之额，再由本校另行招考，除奉天美术学校学则，另拟呈阅外，理合检同招考插班生简章一纸备文，呈请钧厅通令各县届期资送，实为公便等情，并附招考简章到厅，除批示外，合行钞同简章登报，通令各该县查照酌办。该校暂附设于省教育会内，仰併知照此令。

附钞简章

中华民国十四年八月二日

署奉天教育厅长祁彦树

奉天美术学校添招插班生简章

一、名称 定名为奉天美术学校

二、组织 本校接收前美术专门学校，另行改组，学生由各县选送，暨由本校招考。

三、宗旨 本校以养成艺术人才、造就艺术师资为宗旨。

四、科别 国画科、西洋画科、师范科。

五、额数 国画科续招二十四名，西洋画科续招二十名，师范科续招二十名。

六、修业年限 二年

七、资格

1. 师范科限曾毕业于初级中学校或程度相当者。

2. 国画科限旧制中学毕业或程度相当者，西洋画科同。

3. 年龄在十六岁以上二十五岁以下者。

4. 心身健全，品行端正，素无嗜好者。

八、报名日期 外县考选学生报名日期由该县自行酌订

在本校报考者自阳历七月二十日起至八月十三日止。

九、报名地点 外县考选学生报名地点由该县自行酌订

在本校投考者报名处在奉天省教育会。

十、报名手续

1. 呈验毕业证书或证明书（无者免交）。

2. 缴最近四寸半身像片一张。

3. 缴报名费奉小洋一元

十一、试验科目 国文，数学。

十二、试验地点 外县考选学生由该县自行酌订

由本校招考者在奉天省教育会本校内考试。

十三、试验日期

1. 初试 外县考送学生其初试日期由该县自行酌订

本校考试订于阳历八月十五日上午八时至十二时。

2. 复试 阳历八月十七日上午八时至十二时，于八月十七日以前各县须将考选之学生偕同试卷像片齐送本校，与招考各生同时复试。

十四、入校手续

1. 报到 取录各生应于开学（八月二十日）前一二日来本校报到，并填具志愿书及保证书。如逾开学十日仍未报到者即以备取生按次递补。

2. 缴费 入校应缴之本学期各项费用，如：

学费三十元、缮费三十五元、房费五元、杂费五元、清洁费三元、制服费十元、书籍费十元。

以上各费总计九十八元（按奉小洋计算），均须于入校时一次缴清方准入校。

除学费外，其余各费均于学期末按实核算，有余发还，不足补缴。

十五、人数支配 取录各生入校后由本校酌量分插各级。

（12）冯广民（1881—1954），字子安，铁岭县催阵堡村人，出身于富户家庭，从小受良好的教育，青年时毕业于奉天两级师范学校理化科，清末曾获举人功名，民国初又到北京深造，1914 年毕业于北京国立高等师范学堂理化部，毕业后在奉天两级师范学校、女子师范学校教书，曾任教务主任。之后，冯广民又任过奉天第三中学校长、奉天省教育会长等职。冯广民素有爱国思想，1920 年任奉天省教育会长期间，曾参与了奉天省教育界人士倡议收回日本在南满的教育权等反日活动，并组成收回教育权促进会，他亲自兼任会长。东北大学成立后，冯广民任东北大学总务长，1927 年前后任盘山县长，1929 年起任西丰县长。后任伪锦州省民政厅厅长任、伪北安省长。冯广民在任伪官吏期间，身在曹营心在汉，暗中做了不少支持抗日义勇军的工作。

（13）金恩祺（1894—1948），字哲忱，辽宁抚顺人，五中毕业生，民国商界领袖，奉天工商会会长，商会主席。1922 年与著名爱国民族实业家张志良一道创建了著名的八王寺汽水厂，后任八王寺啤酒汽水公司董事长。曾参加奉天反抗日本临江设领外交后援会，发动沈阳数万市民举行示威游行，并发起成立辽宁国民外交协会，参与组建东北民众抗日救国团，积极开展抗日救国活动。1931 年九一八事变发生后，当时沈阳的商会主席金恩祺、工会联合会主席卢广绩代表工商界到日本驻沈阳总领事馆抗议日本侵略行径，因形势紧张不得不潜行入关，会同东北抗日志士共同组织“东北民众抗日救国会”。金恩祺与车向忱、金毓黻、阎述诗、马二琴、童伯潜等一批杰出的教育家、学者共同为沈阳五中的优秀毕业生。1946 年 9 月 29 日。国统区辽宁省商会联合会在沈阳成立，金恩祺为理事长。

（14）见本书附录 9。

（15）参观奉天美专作画展览会记

奉天美术专门学校师生人等，以寒假在即，应举行一作品展览，俾资结束，藉作鼓励，于是特于日前租好大南门里男青年会楼上大讲堂，开“丁卯作画展览会”，任人参观，并请批评。

计此展览，共有两日（即星期六星期日两日），陈列作品，分中国画、西洋画两部，中国画共有三十六幅，内中教员许绍衡占十五幅、学生齐语华五幅、马龙田四幅、孟昭仁五幅、刘文郁四幅、李文信一幅、徐鸿绩一幅、李同智一幅，西洋画共有四十六幅，教员钱慧照十幅、陆一勺三幅、学生王家人八幅、吴慵三幅、赵方儒六幅、崔斗南三、贾英哲三、田明伦四、李文信四，吴人文、徐百春各一。

据雅好美术者云，此次展览，以“量”而言，虽不算多，以“质”而言，确为精华，且作品意外整齐，在东省艺术界尚属萌芽草创之今日，该校师生竟有如是之成绩以公布于社会，是诚难能而可贵也云云。

记者于展览之头一日，曾前往参观，虽时间仓卒，未能作澈底之欣赏，然即此刹那之光景，其印象于吾脑海者，已非浅鲜，兹将记忆所及，撮述如下，外并略加评语，持以质诸同好。

（一）钱慧照之作品

钱系美专新聘来之教员，其人温文雅静，有作画之天才，此次陈列作品十件，有油画、有水彩画，油画以《北海写真》最好，山清水态，描写入神，令人望之，如置身三海，亲履瀛台，悠然起怀旧吊古之念，水彩画以《晨光》最好，画中有一美人，当“朝暾”方上之际，脉脉含情，端坐遐思，颇有无限之美意。

（二）陆一勺之作品

陆作三幅，均满人意，《医巫闾山》系野外写真，该山为奉省境内名胜之一，吾人虽平昔未曾瞻仰，但得观陆君绘画，见其峰峦之耸叠，岩壑之巉幽，已不啻身临其境，此外，如《秋色之云》、如《流》均满含诗意，动骚人墨客之思。

（三）许绍衡之作品

许氏之国画，处处均可看出其天才之高迈，有非寻常艺人所能及者，如此次之《马》，之《暮色》，之《雀群》，之《流》均系富于天才之俨品，而尤以《夜窗听暗雨》为奇杰，盖是种图画，作如几首好诗，其神韵皆在若有若无、可讲不可讲之间，非自个中人，不易领略其精髓也。

以上三位，均系教员，至学生方面，如王家人之《灌溉》《千山之乡》《雪》，吴慵之《黄叶》《秋郊》《树阴》，赵方儒之《红树》《暮色》《闾山远瞩》，崔斗南之《静物》《花》，贾英哲之《红叶》《速写》，田明伦之《野原》《寒溪》，李文信之《秋籁》《故乡》，吴人文之《清凉山之春》，徐百春之《福陵秋色》等等，皆是很好的作品，又如国画部，齐语华之《白头鸟》，马龙田之《荷锄归来秋色晚》，刘文郁之《山村》，孟昭仁之《芦雁》，李文信之《雪》，徐鸿绩之《梅》等等，亦均各有各的精采，各有各的个性，这些处女的作家，与以上三教师比较，虽不敢说青出于蓝而胜于蓝，要之，内中若王家人、若吴慵辈，其天才、其艺术，比诸教师，实无甚轩轾也，这些处女的作家，都是关外“艺术之花”，在此沙漠般的奉天，这些少年艺术家，实在至可宝贵也。（一月十五日发）[1927年1月18日《大公报》（天津版）第六版]

（16）奉天美术界消息

东渡求学第一人

奉天美术专门学校西洋画科高材生王家人，于上年腊底卒业后，旋即回里度岁，兹者王生以进取心切，自费赴日本留学，拟入“日本美术研究院”研究洋画，以求深造，特于日前来省向教育机关取具证书，用备赴日投考，记者以王生为奉天美专第一班毕业生，又为关外赴东洋研究美术之第一人，闻其行期在即，特约晤谈，藉瞻其志趣之所在，据王生云，彼系奉天开原人，现年二十岁，曾毕业于开原中学校，民国十三年春，入奉天美术专门学校西洋画科，十五年冬卒业，现决定本年春赴“日本美术研究院”学习洋画，以求深造，将来更拟往中国南部，由此往印度、法兰西、意大利等国游历，期于学业上有所成就云云。

按王生态度活泼，天才逸迈，在美专肄业，进步甚速，该校年来屡开学生成绩展览会，王生作品，辄冠其曹，且王生家境极好，富有资财，苟能持之以恒，则如彼所云者，自不难一一实现，其前途之成就，当不可限量也。（三月三日发）[1927年3月6日《大公报》（天津版）第六版]

（17）奉天省教育会之事业

全体干事会议决本年应办之各要案

奉天省教育会自上年腊月搬往旧皇宫新会所，该处房屋宽阔，办公方便，切事业正待进行之际，该会冯子安会长突然官兴勃发，蒙省长委任盘山县县知事，于是走马上任，碍难兼顾，该会干部无法挽留，只得共推副会长李梦星代理会务，李氏当即就职，日前并召集全体干事大会，议决本年应行举办各要案，兹觅登如下，俾供关心奉天教育事业者之参考。

……

（二）该会附设之奉天美术专门学校，议决在本年内，应大加整理及扩充。

……系李副会长之建议，当经全体通过实行。[1927年3月5日《大公报》（天

津版）第六版]

（18）美术研究社（小天）

经年看画读诗，观赏雕刻建筑，吾之生涯，遂全部销磨于卷轴古籍都市山野之中矣。盖既叹吾无所深获，且更哀吾之有奇癖也。天下不幸者为贫书生，贫书生若有奇癖，以所嗜求诸天下，无力以集之，无人以助之。辗转蹉跎，不得如愿，癖易为狂，将有不胜痛苦而浩叹者。个人之力，终不足以有为也。窃尝作特殊理想，愿吾所居之地，成为文明美丽之邦，而其邦居民，无人不受艺术陶冶，是即东西人士所主张生活美化之奇想也。不问生活美化为精神的抑科学的与否，凡足以安慰人生，表现人生，促进人生向上的各种艺术，皆为吾侪进取上必要之图，所以穷其道理，发明方法。而更期其具体我心。而令奇癖之贫书生，欣幸讴歌而又不置之实现耳。是故有艺术天才者，奖励而激发之。有艺术极品者，保存而研究之。以一而推十，以十而推百，使已制就者，不废不失，而未制就者，徐为创造建设，积年增置，社会遂凛然而有新生气。路有良衢，市有广厦，碑桥台阁，悉足资人欣赏称赞，即一草一木栽植，亦无不井然有法，使人群物类，整暇可观，凡此皆导源于美术，贫书生不惟无集赏研究之力，即求多数人士之谅解，此等志趣，亦不易得。此吾之所以每灰心而短气，以为如此生涯未免太狂妄也。最近省城缙绅先生，亦颇与吾有同其意向者，组织美术研究一社，宣言期以艺术调节人生而愿社会文明整暇（见日刊卅日七面）诚先得者也，爰书所感，以告读者。（1927 年 10 月 3 日《盛京时报》附录“图画周刊”）

（19）美术社将成立矣

美术可以表现人类精神，亦可以安慰人类精神。所以东西各文明国鲜不注意及之，以为足以促进文化之向上也。中国美术原在西洋之上，今日所以不如西洋者，自弃之而不提倡之耳。奉垣士绅李香斋、张仙舫等有鉴及此，乃与同志发起组织美术研究社。社址暂在教育会中。迄今一月，遂得告成，是东省空前未有之一阐扬文化之机关也。顷据消息，该社筹备各事业已就绪，拟于本月廿三日上午开成立大会，藉以招集社员而使进行社务。除发表宣言外，并致函发起人士届时务须到社，用赞成立典礼云。（1927 年 10 月 22 日《盛京时报》）

（20）张之汉（1886—1931），字仙舫，号石琴庐主。别署辽海画禅，沈阳十里河人。民国时历任东三省银行督办、奉天省实业厅长、东三省盐运使等职。

工书画篆刻，可双管齐下，以诗书画堪称三绝。结“浩然诗社”。1927年创“金石书画研究会”并任社长。

（21）穆六田（1884—1961），原名穆都哩，笔名儒丐等，字六田，别署辰公，后来改名为宁裕之。满族，北京人。日本早稻田大学政治经济系毕业。曾任北京《国华报》文艺编辑、沈阳法政专门学校讲师、北京市政府秘书、沈阳《盛京时报》文艺编辑等。擅长写作，精通日文。著、译有《福昭创业记》《哀史》《春琴抄》等。1953年被聘为北京市文史研究馆馆员。1961年2月15日在北京逝世。

（22）王光烈（1880—1953），字希哲，沈阳人。近代东北书法篆刻第一大家，为“关东三才子”（指游国臣、荣孟枚、王光烈）之一。其生平著述甚丰，著有《篆刻百举》《篆刻漫谈》《印学今义》《古泉文集联》《希哲庐藏印》《希哲庐印谱》《夫椒山民印存》等。他和吴昌硕、齐白石等书画大师都有唱酬，互换字画。王光烈不但以诗文见长，且精于篆刻（金石），擅长各种书体，如大篆、小篆、钟鼎、彝器、古泉，碑版，无不精通，对各种印石也颇有研究。民国年间，曾任沈阳“金石书画研究会”副会长、会长，沈阳大、小公报主笔。 九一八事变后，迁居长春，曾任伪满洲图书株式会社及《新满洲》的编辑，在伪满美术“国展”中，多次担任第四部（书法篆刻部分）审查委员，其作品在历届伪满美术“国展”中均入选或获奖。此外，他还将平生收藏的名人书画付梓印行，书名《时贤书画集》，共3册。王光烈的书法、篆刻艺术对后世影响很大，其著作远销至北京、上海等地，受到欢迎，还吸引了京、沪书画名家前来东北办作品展，交流书法、绘画技法。他对促进东北书画艺术的发展做出了应有的贡献。早年毕业于北京大学堂师范馆，例授举人衔。卒业后，复归沈阳担任教职；后主《东北三省公报》（日刊）文艺版笔政，曾刻“十五年讲师十年记者”一印以自况，恒用“石隐”笔名，著文谈论金石篆刻，提倡印学。精诗文。工四体书法，正书在苏东坡、翁松禅之间，与刘石庵风格相近；篆书稍拟吴缶翁，而平正不为奇肆之姿。日寇既占沈阳，原《东北三省公报》被归并于伪《大同报》，仍任编务，及后始获机缘隐退于家，专事艺术。1948年全国解放前夕，尽携所藏玺印等文物移居北京，生计无依，藏品遂多以易米。平素患深度近视，以读书治印耗目力过度，晚年眼水干枯，疗治罔效，卒致双目失明，镇日坐于收音机旁，聆听广播以消永日，后病逝。

（23）孙万清（1889—1960）名玉泉，又字清梅谿，祖籍唐山孙家沙陀，河北铨阳县人。民国期间来东北，最后定居奉天，以开画店为生。1935 年办“辽海金石书画社”。善画山水，融合南北，工人物、仕女，宗仇英、费丹旭及钱慧安，有“孙美人”之誉。子幼泉，女齐贤、效贤皆善丹青。

（24）周守一，别号天放，1897 年生，辽宁盖平人。奉天外国语专门学校英语科毕业，日本东京明治大学政治经济科肄业，美国欧力根大学教育学士，美国伊里诺大学研究院群学系肄业，美国密苏里大学研究院群学系肄业。1925 年 8 月到东北大学任教，讲授理工科英文，后任文学院院长，兼代哲学心理学系主任。1931 年 5 月后，离开东北大学，任哈尔滨特区教育厅厅长。

（25）白耀堂（？—1944）字启先，山西省榆次市西南涂水县人，人称白老西。1927 年加入“奉天美术研究社”，伪满时曾执教于奉天美专。善画山水、人物及花卉。

（26）金小天，生卒年不详。原名金光耀，笔名小天。东北文学研究会成员。九一八事变前即从事新文学批评，1923 年 3 月 17 日在《盛京时报》发表评论文章《艺术上的民族精神》，1930 年 6 月 22 日在《盛京时报》发表评论《文学展望》。创作有小说、散文等。长篇小说《柳枝》（连载《盛京时报》1928.2.11—1928.11.28），《屈原》（连载《盛京时报》1930.12.2—1931.6.12）、《鸾凤离魂录》（未完），另有短篇小说《陶渊明》（连载《盛京时报·神皋杂俎》1930.11.4—1930.11.10）等。1926 年 4 月任《盛京时报》增刊《紫陌》主编。在新文学写作方面受到穆儒丐的提携。

（27）美术研究社订本日开始研究

奉天美术研究社昨冬因天气严寒，社员多半旋里，是以放假休息停止研究工作。今春天气温暖，一般士子均已归来，当由孙禹珊社长通知全体社员：自本日（廿四）开会研究，以期美术日进于无疆云。（1929 年 3 月 24 日《盛京时报》第四版）

（28）见本书附录 11：“今春灯节以后，仍旧开会研究，毫未间断。顾自戒严期中，会员到场，虽少行寥落，而会内干部精神，迄未少减。暑假后时局平静。”

（29）美术研究社仍照旧进行

皇宫内美术研究社所估房舍，边署拟在该处设立军委会。苦无相当地点可迁，遂将洋画科暂改野外写生，图画科暂行自修工作。兹因军委会，已展期成立，原有房舍，仍准该社估用。因之该社已定下星期（十八日）完全恢复原状。已通知该社社员及研究生等，仍照常到社云。（1930 年 5 月 18 日《盛京时报》第七版）

（30）邱烟云（1870—1932）名鏊，号子佩，四川人。自幼得观峨眉秀峰，三峡奇胜，故其所画山川雄伟而清秀，又善绘花卉，多是由其目睹得来，而能传出其自然之神韵。1905 年载笔来奉（奉天，今沈阳），设帐授徒，时奉天将军张锡銮得闻其名，邀入幕中，则以诗画相交，主管庶务之职，继有数年之久。嗣后应道尹何子彰之邀，游长春二年。1919 年与其学画之弟子张师黄（张锡銮之子）到江南漫游一年。回奉天后，住在大东关，以诗画自娱。其山水画宗明代沈周，惯用披麻皴，笔力苍劲朴厚、生动多姿；花卉画宗恽寿平，不勾线，赋色清浅，秀丽雅趣。与崇仲山并称当时沈城画苑两大名宿，白文韶、齐瑞麟、邢焕文等均出自其门下。1927 年参与成立奉天美术研究社。其后寓居关东，不问世事，以鬻画为生，1932 年病故。

（31）皇宫美术社　西历一千八百四十八年三月，英国大画家罗塞谛（Dante Gabriel Rossetti）既出皇家美术院，乃与同志郝曼亨特（William Holman Hunt）、约翰米勒公爵（John Everett Millais）、汤姆斯吴尔诺（Thomas Woolner）诸人，发起组织拉斐尔前期结社 [Pre-Raphaelite Brotherhood（Pre-Raphaelites）]。越一载，而拉斐尔以前之文艺美术派，遂为伦敦新□之运动，迨塞那古俱乐部成立，社员益众。于是斐基斯提芬（Frederic George Stephens）、瓦特第威尔（Walter Deverell）、加里凯良（Charles Allston Collins）、波哈德斯密斯、阿泽□哥斯（Arthur Hughes）、拜路克斯特与彭裘恩（Edward Coley Burne-Jones）等，乃为该派之柱石。流风余韵，远播今日。盖一人为之兴，名正言顺，事善理真。天下贤者，无不翕然风从，予以扶助。诚以理有所必趋势有所必至耳。昨年深秋潇洒之日，正沈水缙绅学子，一堂高会之时，省垣金碧皇宫中，有一空前壮举，犹如伦敦之拉斐尔前期结社者，乃奉天美术研究社成立也。社长孙君禹珊，负笈法国，潜心研究美术者，凡八年之久。及其归也，则立志提倡美术发扬国华，因敬邀省垣名士画家张仙舫、李香斋、张惠霖、冯子安、金哲忱、王希哲、穆六田、李梦兴、周天放、邱烟云、崇仲山、孙玉泉、徐延年诸公。协力进行。或解囊资助，或设教社中。迨至岁暮，斐然可观。方之英京轮敦拉斐尔前期之文艺美术运动，未始不足媲美于一时，是皆诸公关怀文化用振邦家之举，何其盛哉。春日迟迟，鸟鸣嘤嘤，金碧皇宫，每值礼拜日，则有缙衿耆宿，出入青松白石之间，互相研究中西绘画。然则，皇宫一地，其为将来奉天之一塞那古尔俱乐部乎。或当如斯，吾望之矣。

（1928 年 4 月 2 日《盛京时报》附录“图画周刊”。按：外文为笔者所加）

（32）美术研究社之使命　徐柏春（按：徐延年）

我们处在这种黑暗污浊的社会里和虚伪奸诈的人群中，处处满布着刺人的荆棘，害人的恶魔。加上惨酷的物质主义，压迫了我们的思想。黑暗的政治和法律桎梏了我们的行为，他那专横势力，把我们的血泪排压成红海一样的赤泛。

我们在于这样惨酷之下的生活，实在觉得愁肠而脑闷，痛苦而寂寥极了。可是我们就此而息绝了吗？不，不，不。我们要凿开烟障，喘求生命的醴泉，铲除黑暗，发出神圣的光辉。夫寻求性天中的真乐，而踏进光华灿烂的天国。

我们荒凉的东北，白山峨峨，黑水渺渺，进化程度，较诸内地，相差实多。近年来，文化方面，虽略进步，但对于美术一道，究属少人提倡，殊不知欲文化发达，则必用美术来催促，所以同人等，很愿来做一番摇旗呐喊的工作。愿注意社会事业的人们，和我们一同联合起来，为民众作先驱，为人类作指导，要改造了自己的环境，再代人类改造，要制成一颗新阳，来温暖这世界的鸿芒。

但我们学识浅薄，力量微小，只得竭力为美术而宣传，而提倡，使这荒凉大地上，要散播上一点美的种子。

朋友们，云层薄了，和风也来了，应当打掉沉闷的心理和踌躇的习惯，赶快携手前去，踏进艺术园里。

（1928 年 10 月 1 日《盛京时报》附录“图画周刊”）

（33）美术研究社改选职员

奉天美术研究社创自昨年十月下旬，截至上月杪止已一年，此一年间该社社员协力作美术运动，实有相当成绩，社会人士对于该社多抱乐观，因之该社社员及发起人等亦欲努力进取，以期充实内部，求达本来目的，前日（十一）该会干部招集全体会员周年大会，讨论该会今后应兴应革事宜，并以社中职员已届改选之期，乃行改选社长干事，选举结果：孙禹珊被选为该社社长，徐延年、金小天均被选为该社干事，当于选举事毕，讨论进行细目，经众议决，自本月下旬起，添加美术研究班一班于旧有社员之外专为有志研究美术而无相当成绩者，聘请指导员每礼拜日于社中特别研究指导，不分男女，一律欢迎，藉期有志研究美术者得有相当研究机会云。（1928 年 11 月 14 日《盛京时报》第四版）

（34）美术研究社附设图画研究班招生简章

一、名称 定名为图画研究班。

二、宗旨 以造就纯粹美术人才为宗旨。

三、分科 暂分国画洋画两科。

四、修业限期 二年毕业。

五、授课时间 礼拜日由上午十时起至午后四时止。

六、入学资格 初中以上学生不分男女均可入学，暂免入学试验。

七、报名地址 教育会传达室。

八、开学日期 自本年十一月二十五日（星期日）开始授课。

九、学额 国画科暂定为二十人，洋画科暂定为四十人。

十、费用 学费为每学期奉大洋二十元（本期因开班较晚减收一半）。

十一、课程 图画实习、透视学、美学、美术史、中国文学等。

十二、待遇 毕业后由社内介绍于相当学校充当教员，或各大公司为艺术员。

十三、校址 西华门外美术研究社内。

（1928 年 11 月 22 日《盛京时报》第七版）

（35）美术研究社毕业礼志盛

城内皇宫辽宁美术研究社，于昨二十八日午前十一时，举行第一期图画研究班毕业典礼。是日参与典礼者，有李香斋、金哲忱、吴仲贤、李梦兴、邱烟云、崇仲山、孙玉泉、王一叶、霍维周及各报记者二十余人。当由李香斋以评议长资格致开会词，继由社长徐延年报告该班五十八人研究美术二年经过之情形。次由吴仲贤教育厅长致极长之训词，表示对该社之组织及奋斗颇多同情之点。次由各来宾演说，由干事金小天、贾英哲等颁发证书，乃行摄影闭幕。该社并陈列女男各生成绩，以便观览。士绅青年，商会一堂，颇极一时之盛云。（1930 年 12 月 30 日《盛京时报》第四版）

（36）于啸轩（1873—1957），江苏江都（今扬州）人，名宗庆（一作于硕、于逸），字啸仙（啸先、啸轩）。1910 年任安徽蒙城知县，后定居北京。于雕镌金石外，亦工书画，尤精微雕，于方寸之间，能刻万字。扇骨指阔，可刻三十行。其最小之字，以二十余倍放大镜照之，才能见之。其象牙扇骨、象牙平刻插屏《赤壁夜游》（现藏于扬州博物馆）两件作品分别参加 1914 年日本东京大正博览会和 1915 年美国的巴拿马太平洋国际展览会，均获得了金质奖章。其象牙浅刻作品在全国很多博物馆都有收藏。

（37）钱鼎（1896—1989），字铸九，号淡人，上海青浦人，油画名家，擅写油画肖像风景及国画山水等，无不精开神妙。1920 年毕业于上海美术专门学校西洋画科并留任西洋画教员，后任上海女子美术学校教务主任。1922 年创办北平艺术研究会。1923 年秋移居北京，任国立女师大美术班指导教员，并参加阿博洛学会。1924 年任北平中华美术学院西画系讲师，1925 年任辽宁美术专科学校西画系讲师。1926 年应闻一多之请执教于北平国立艺术学院，与齐白石共主国画部与西画部，成为西画系教授。1927 年兼任奉天美术专门学校教授、西画系主任。1934 年任上海私立新华艺术专科学校西画系教授。1936 年加入美术团体“默社”，后参与组织“九人画会”。1945 年抗战胜利后受聘北平临时大学艺术学院西画系教授。1954 年参加上海美术家协会，任中央戏曲学院华东分院舞台美术系教授。1962 年受聘为上海市文史馆馆员。1984 年旅居香港。1989 年 12 月 16 日在香港逝世。一生潜心研究国画与西画之画技，将两者之笔法与画风互相渗透，使西画之色彩性与国画之水墨性融为一炉，常以饱蘸纯色大手笔于画面上糅杂皴擦，既有国画大写意之韵味，又兼有优美微妙之光色效果，从而逐步形成独特风格。早期作品，国画水墨淋漓，气势磅礴，西画则饱蘸纯色，明快调和。晚年尤潜心于新国画之创造研究，追求意境之深邃，情境之高雅，运笔之刚柔，构图之纯朴，每每突破传统约束，立意于线条刚柔交合、蜷曲回旋，出没于幻觉之中，隐现于云雾之间，超脱拔俗，凝聚为巨大之精神力量。擅长风景，雅爱画花卉，尤善绘松，老干苍劲挺拔，枝桠虬结优美，落笔如行草疾书，自然高古。

（38）林彦博（1883—1944），本名嵩堃，字公博，别号博道人。北京人，满族正蓝旗，西林觉罗氏。师从刘锡龄学画，并常替其代笔；追摹高其佩，工山水、花鸟，兼擅指画（初仿铁岭高且园），书法学黄庭坚。著有《指画著》《续指头画说》。亦工诗，曾参加京师著名湝吟社。其《獭祭集》专集义山，几全为题画，自具特点。

（39）罗韫（蕴）之，名葆琛，北京美专第一班毕业，中西画法均所擅长。1924 年与林彦博等人发起北平艺社金石书画会，任会长。

（40）杨令茀（1887—1978），字清如，无锡人，1911 年随长兄入京，从樊樊山、陈弢厂、吴观岱、孙寒厓、张季直诸先生，诗书画有三绝之称。1923 年作为艺术界代表赴日慰问关东地震灾民，1926 年 10 月赴美参加费城万国博览会，1927 年春回国后，为东三省博物馆绘历代帝后画像九十六巨帧，帧皆寻丈，与原绘不爽累黍，魄力雄伟，外人愿以美金十万易之，未允。被聘为东三省博物馆画师兼东北特区美术专科学校校长。后任中东铁路秘书，得资即移做慈善事业，与康同璧诸女士组织老人院等。1935 年赴德国柏林，后到加拿大，1937 年到达美国，初在加州大学教授绘画，后转入丹佛大学教授绘画及中文。太平洋战争爆发后，美国当局鉴于战争需要，请她到蒙德莱国立军官学校教授中文。后又在太平洋大学、华盛顿大学执教，1965 年退休。一生未嫁，1978 年秋在美国加州卡麦尔城去世。1982 年，其收藏的文物一百三十余件按照其遗愿捐献给故宫博物院。其早年在故宫临摹的十五幅历代帝、后像，以及她的诗文书画，捐赠给故乡无锡市博物馆。著有《我慕室吟草》《武英殿吟草》《塞外吟草》《美洲吟草》等，后汇编为《山远水长诗集》二册；小说《瓦解银行》，回忆录《翠薇嶂》。

（41）艺术界鸿爪（节选）

东省艺术界之发皇蓬勃，从未有如今日之盛者，画家、雕刻家、明星、名伶，或已来奉，或将来奉，似均以东三省为舞台。兹将艺术界最近各消息，介绍于读者。名画家钱铸九君，曾抱旅行写生之宏愿。来东省已一年又四阅月。本社时将其行踪报告于读者，此次过奉，曾将作品在省教育会展览，各界浼画肖像者甚多，闻不日即返北平度岁云。

杨令茀女士，东游归来，仍寓六经路邮政学校之东。大和旅馆客室，悬女士油画一方，为美人系马图，神采奕奕。旅客咸驻足赞赏。画之左上角，粘红纸一枚，上书女士住址，迨有广告意味也。

于啸轩，精工铁笔，方寸牙板，刻山水人物，并题数百字或数千字，虽细如毫发，而能宗法名家。前于美术社欢迎席上，曾出示所刻精品，举座为之赞叹。现寓棉业公司。定有润格，牙板每方寸刻六千字者，润金一千九百二十元之巨，其刻品之名贵可知。（1928 年 12 月 28 日《大亚画报》）

（42）北平林君彦博、罗女士韫之，前在大连中日文化协会，开临时书画展览会，极为中外人士所欢迎，现由连赴奉，携带得意作品多种。林君夙日提倡美术，创立北平艺社及艺社研习部，一时从游甚众，于书画无所不工，尤擅长指头画，此次出品，□指画为最多。罗女士工□写意人物山水、花鸟草虫，各极其妙，昨于十二月一日起至三日星期六星期一日在商埠游艺园美术陈列所内，开会展览。赏鉴书画者，皆不避寒风砭骨，前往参观，可见奉天文化，较之杨令茀女士初次展览书画时，进步多多矣。（1928 年 12 月 4 日《盛京时报》第七版）

（43）马白水，辽宁人。1929 年毕业于辽宁省立师范专修科，先后任教于辽宁、吉林、北平等地师校及中学。曾任台湾师范大学美术系专任教授、台湾艺专及文化大学兼任教授、国立编译馆中小学美术教科书编辑委员及主任委员、中国画学会理事、中国美术协会常务理事、中国水彩画会顾问、历届全国美展、台湾省美展及中山文艺奖评审委员等。1979 年荣获华府美国协会金牌奖。1990 年省立美术馆为其举办“马白水绘画艺术之研究”，对其艺术成就推崇备至，并在世界各地举办展览；1999 年“台北历史博物馆”举办“彩墨千山：马白水九十回顾展”并出版 200 多幅作品图录。其成就与风范为国人所敬仰，对台湾水彩画教学、研究和推广，贡献卓著。2003 年卒于纽约。

（44）美术研究社附设图画研究班招插班生简章

一、宗旨 以造就纯粹美术人才为宗旨。

二、额数 西洋画科廿名，中国画科十名。

三、资格 不分男女在初中以上学校毕业或对于图画有相当之根基者。

四、报名日期 由阳历十月□日起至十月六日午前十时止（不收报名费）。

五、考试科目 图画及洋画。

六、考试日期 阳历十月六日（星期日）午前十时。

七、授课时间 每星期日午前十时起至午后三时止。

八、费用 每学期收现洋一元。

九、地点 西华门外美术研究社内。

十、详细章程报名时即可索阅。（1929 年 10 月 4 日《盛京时报》第九版）

（45）辽宁美术传习所成立宣言（见本书附录 12）。

（46）见本书附录 8《美术与人生之关系》。

（47）见本书附录 10《奉天美术研究社之一瞥》。

（48）美术研究社开会志盛

袁洁老吴厅长等均出席 一堂欢聚共谋提倡美术

本城皇宫内辽宁美术研究社成立已逾三载，月前该社干部徐延年、金小天等，因前任社长孙禹珊已赴法国就任里昂大学校长，乃推举徐延年为该社社长，金小天、贾英哲等，为该社干事，并举李香斋为评议部长，袁洁珊、王维宙、吴仲贤、张仙舫、彭相亭、姬金声、金哲忱等，为该社评议。于昨廿五日开评议大会等情，已志前报。兹闻是日开会到会者，有袁洁珊、李香斋、吴仲贤、三六桥、姬金声、金哲忱、杨大光、王希哲、穆儒丐、童隽、邱烟云、崇仲山、李五湖等二十余人，一堂欢聚，讨论该社进行办法。当经各评议议定，对该社扩充予以援助。除各评议每人每半年固定捐款十元外，均可任意拨款补助。并将该社扩充预算，呈交教育厅，及教育会，核拨款项补助。各人并畅谈关于提倡美术问题。至午后二时，共同摄影，乃行闭会云。（1930 年 10 月 26 日《盛京时报》第四版）

（49）美术传习所呈请备案

教育厅现据徐柏春呈为开设辽宁美术传习所请备案等情，吴家象厅长，当于廿六日，批示仰候四月开学后，报由该厅派员视查后，再行查核立案云。（1931 年 1 月 28 日《盛京时报》第四版）

（50）美术社续招新生

皇宫美术研究社主办之美术传习所，其授课时间，为每晚六时至八时，专为各机关职员公余及各学校生课毕有志研究美术者而设，兹尚缺额二十名，定于三月十五日十二时再行考试云。（1931 年 3 月 14 日《盛京时报》第四版）

（51）艺坛佳话

青年艺术家徐延年君，富有艺术天才，曾着《艺术漫谈》书，颇为东省人士所欢迎。徐君为人，沉毅有为，擅长交际。现充辽宁美术研究社社长，及东北学生队教官，并任同泽男女中学艺术教官。徐君因感东北艺术之颓靡，曾极力提倡，深具苦心。拟创一美术专门学校，奈孤掌难鸣，终未如愿。但徐君不因此稍挫其志，努力奔走呼号。积时七年，有志者事竟成。兹闻已得李香斋、鲍育才、袁洁珊、吴家象，诸公之赞助，允予津贴，以酬其志。现正从事进行，已具规模，绝于年内成立。想将来东北艺术蔚起，文化兴沛，徐君之力为多焉。考年来之东北艺术界，因无大规模之美术学校，乃感非常岑寂。而有一般投机分子，假画像招生等名义，网骗青年，毫无裨益，徒耗金钱。今得徐君之美术专门学校成立，岂仅发挥艺术之真谛，即于青年前途上，亦多一条出路也。（1931 年 6 月 30 日《大亚画报》）

第十一章 《孙慧筠画像》考

第十一章 《孙慧筠画像》考

徐悲鸿的画再贵也有价，这个发现无价。

——沈宁

1969年11月，中央美术学院到奶奶和三叔的居所中关村北大宿舍取孙佩苍藏品，吴作人先生将大部作品一一审定，由古元先生记录整理并做成清单，其中一幅油画《女像》作者标为徐悲鸿。

1985年6月12日中央美术学院归还藏品清单中总帐号2504，架号地—8，

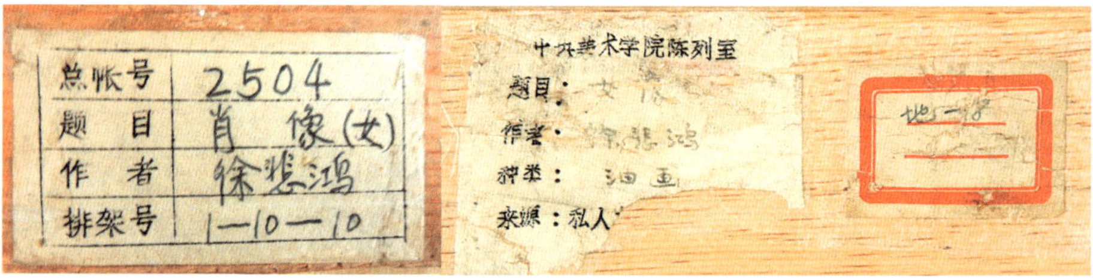

《孙慧筠画像》背后标签

《孙慧筠画像》83.5cmX64cm

顺序号35的《肖像（女）》，作者：徐悲鸿，种类：油画。

接到此画我才知道画中人是姑姑孙慧筠，为徐悲鸿先生所作。

时隔十五年，即2010年12月，中国油画院举办“回到写生”“面对原典”画展，由徐庆平先生介绍并同杨飞云到我家将几件藏品看过，选出包括这幅《肖像（女）》在内的三幅徐悲鸿油画。对另一幅中央美术学院清单标注作者为徐悲鸿的素描，徐庆平先生认为可能不是而未取去参展。

2011年元月,《肖像(女)》在中国美术馆的“面对原典”展览中第一次面世,更名为《孙慧君像》并载入展册(后因姓名有误,将孙慧君更正为孙慧筠)。

祖父1930年9月末携夫人和长女孙慧筠离沈赴法就任里昂中法大学校长,徐悲鸿先生1932年旅欧,并受孙佩苍之托到法兰克福博物馆临摹伦勃朗名作《参孙和大莉拉》。诸方认为两人在法国有所交集,故推定《孙慧筠画像》为徐悲鸿此期间所作。

这之后,《孙慧筠画像》在2010年艺术北京、2011年翰海春拍、2014年“青青子佩 民国美术史的再发现 孙佩苍及其收藏”画展中多次亮相,数十家媒体刊物均作报道。

美术界对《孙慧筠画像》有很高的评价。举出两例如下:

> 在《孙慧筠画像》中,我们得以体味徐悲鸿所完整传达的艺术理念,甚至可视这幅作品为他本人所提出的“新七法”的一次图像阐释——“位置得宜、比例准确、黑白分明、动作或姿态天然、轻重和谐、性格毕现、传神阿睹”。若以“惟妙惟肖”论之,这件作品无疑完美地呈现了徐悲鸿的艺术理念。

(彭筠:《历史的烟云——从徐悲鸿三件作品谈孙佩苍的艺术收藏》)

> 作品《孙慧筠像》因为是他(按:徐悲鸿)为孙佩苍女儿所画肖像而更具意义。先君赠予友人之画作以中国画为多,油画颇少,因而弥足珍贵,更由此令人感慨于徐孙二人之情深义重。悲鸿公作此画时已结束游学生涯,进入其艺术创作之顶峰阶段。悲鸿公始终抱持“古法之佳者守之,垂绝者继之,不佳者改之,未足者增之,西方绘画可采入者融之”的主张,其油画创作兼具古典主义的扎实造型、自然主义的观察和浪漫主义的飘逸感,真可谓“尽精微、致广大”。这件肖像既体现了写实油画的造型、空间和结构,又有中国画式的灵动和逸气,同时对友人之女的亲切之情也跃然而出。在油画正式进入中国艺术体系后,至此,可谓已融中西绘画于一炉,代表着此种西方技艺与民族气派的完美结合,是中国近现代油画人物创作中的重要之作。

(徐庆平:《惊天地,泣鬼神——徐悲鸿三幅油画赏析》)

这幅作品也成为孙佩苍与徐悲鸿两位老友深厚至交的证明之一。

和所有人一样，我对《孙慧筠画像》的定位笃信不疑。

可是2015年春，我从民国时期在东北发行的《盛京时报》中却得到大相径庭的信息：

《孙慧筠画像》系孙佩苍所作。

1928年9月27日《盛京时报》第七版刊载了一张具有颠覆性的图片。

孙慧筠画像（油画本日美术成绩展览会出品之一）孙禹珊笔
1928年9月27日《盛京时报》第七版

何为“本日美术成绩展览会”？

请看该报当日第四版“秋节皇宫展览成绩中 奉天美术研究社之一瞥 东省艺苑一页新纪录”的报道。

金碧辉煌，朱门洞辟，奉垣皇宫中秋潇洒之日，正沈水士女群来观画之时。盖美术研究社一年以来诸社员之挥毫成绩，已于此三日内（十四，十五，十六）而与市民相见矣。

秋節皇宮展覽成績中

奉天美術研究社之一瞥（上）

東省藝苑一頁新紀錄

社長 孫禹珊

評議 李香齋

1928年9月27日《盛京时报》第四版

这次画展是奉天美术研究社成立后举办的美术成绩展，其规模之大、参展作品之多在辽宁美术史上是空前的。

本日(廿七)该社第一次成绩展览会,业于皇宫中,分为三室陈列。第一室国画部，陈列社友作品，为数甚多。若大连之张伯川，及省垣之蔡晓坡等作品，均有极深造诣。此外社员作品，亦有一百余幅。第二室，陈列社员收藏名画，三十余幅，悉为不可多得之作。第三室洋画部，除社员一百余幅作品之外，更有李香斋收藏泰西名画数十幅，精贵一时。可（按：疑为“均”字误排）奉垣人士所不常见。

（1928 年 9 月 27 日《盛京时报》第四版）

《孙慧筠画像》是奉天美术研究社社长孙佩苍参展的作品。展会期间《盛京时报》刊登了三幅参展作品，《孙慧筠画像》是其中之一。

我十分惊讶，这消息完全推翻了我们几十年来的认知，也有些疑惑：为什么，为什么会是这样?

为什么吴作人先生 1969 年认定这是徐悲鸿的作品?

为什么人们对此油画出自大师徐悲鸿之手深信不疑?

孙佩苍何以能够画出如此水准的肖像?

为解此问，须从祖父留学法国的经历说起。

我在《寻找孙佩苍》一书中讲爷爷开始学习绘画，因学费高昂加之年纪大，改为专攻美术史。而在沈阳找到的新资料推翻了这个说法。

祖父“自幼即嗜文学及美术（绘画）”，“到法后，住巴黎近郊哥仑布专习法文。半年后，言语稍通，遂移居巴黎。上午在郭伯郎学校习画，下午习法文，夜间更在巴黎市立职工补习学校习画二小时。如是二年。乃于民国十二年春，考入巴黎国立美术专门学校绘画选科。在吕西羊·西蒙（按：Lucien Simon，现称吕西安·西蒙）画室用功（美校绘画教员，共有三人，听学生自择其师）。计在此校肄业凡四年，始将应习功课学习完后，绘画之根基，亦稍稍打定。”（见本书第八章《清明显灵》）

孙佩苍在巴黎国立美术学院吕西安·西蒙大师画室学习四年，功底扎实，且周游各国观摩美术珍品。据菲利普先生统计，孙佩苍是 1914 年以后进入巴黎国立美术学院的第 21 位中国学生，也是自西蒙领导画室之后的第一个中国学生，这个画室已经包括了其他所有注册在弗拉孟画室并继续在西蒙画室学习的中国学生。包括徐悲鸿，还有毛宾（1897—1958）和陈宏（1898—1937）。孙佩苍与徐悲鸿在同一画室师从法国画家，二者画风应有所相近（见本书第十三章《法兰西的拥抱》）。

孙佩苍在法国期间有习作和创作，《美术研究社成立记》（1927 年 10 月 25 日《盛京时报》）中曾报道，在美术研究社成立会场中挂有“洋画家孙玉山（按：孙禹珊）留法作品，与法国某大画家精绘风景数幅”。

孙佩苍的留法作品尚待考查。

从年代上考证，也可排除徐悲鸿在 20 世纪 30 年代创作的可能。

画像中孙慧筠的年龄。

1932 年孙慧筠的照片和与画像一致的照片在相貌上有明显差别。

祖父在法国买了一台大型照相机（见《蒋碧薇回忆录》，江苏文艺出版社 1995 年 3 月，第 66 页），下图右侧天真女孩儿的照片应是祖父回国后拍摄的。时间当在 1927 年。1914 年出生的孙慧筠那时十三岁。

1930 年底孙慧筠随父母去法国，已年十六岁。

1932 年孙慧筠已经十八岁，即便徐悲鸿这年见到她，已不是画中人的少女模样。

孙佩苍留学七年，1927 年初乘火车从欧洲经西伯利亚直接回到沈阳，与

1932年在法国的孙慧筠

画中人的孙慧筠

徐悲鸿不曾谋面，自然也谈不上提供其长女照片等信息。

1928年11月14日，徐悲鸿到北京，翌日正式接任北平大学艺术学院院长之职务。1929年1月，孙佩苍到北平看望徐悲鸿，这是他们归国后的初次相见。徐悲鸿为孙佩苍画了一幅素描。此时《孙慧筠画像》已经问世。

徐悲鸿1933年3月到法国，5月参加"巴黎中国美术展"，孙佩苍虽在法国里昂中法大学，由于鲜为人知的原因，他们没有见面（孙佩苍被蹊跷地排除于该画展之外。见本书第十五章《孙佩苍的愤怒》）。

可以认定，1928年9月27日孙佩苍的《孙慧筠画像》在报纸上刊登之前，徐悲鸿没见过孙慧筠。孙佩苍将女儿照片寄给徐悲鸿请其画像的可能也应排除，因为在逻辑和情理上都站不住脚。

与亲人分离七年多的孙佩苍回归故里，为家人拍摄了许多照片（遗憾的是后来有他的合影均被销毁）。

视爱女为掌上明珠的孙佩苍看着身边活泼顽皮的女儿，对着孙慧筠的照片，将满腔父爱汇入手中画笔，完成了这幅杰作。

《孙慧筠画像》应是孙佩苍的作品。

我将此发现告知陈丹青，他回复道："我不是考据鉴定专家，但我一开始就不很确定那幅画是徐画的。徐的画，不是这样的。当时有好几位画家学徐悲鸿画法，最高明的是蒋兆和。但以我的画眼，仍能识别徐的真迹。但我同样不能确定此画是令祖父画的，不是我怀疑他画不出（完全可能，你有百分之百的理由确定祖父的才能），而是，除了这一幅，为什么没有你祖父其他的画作？不论如何，这是重要的发现。"

孙慧筠照片

另几位朋友也提出和陈丹青同样的疑问，还提出为何孙佩苍没举办过个人展等问题。

《孙慧筠画像》系孙佩苍所笔，以及1933年巴黎画展的故事令我不得不重新审视原有的概念，包括祖父与徐悲鸿的关系、孙佩苍的收藏以及他是不是个画家。

请允许既非史学界亦非美术界人士的我发表如下观点，有待专业人士指点。

1. 孙佩苍留法七年，“更于休假时，赴各美术著名之地，阅览其所藏之图画。计除法国之外，曾列意、英、德、奥、比、俄、瑞士、荷兰、西班牙等国，共历名城约四十处，阅图书馆在百数以上。对于古今美术之情形，颇能知其梗概”（见本书第八章《清明显灵》）。在他看来，国人的现代美术水准，包括他自己在内的留学者们与欧洲大师们相比只是学生等级，相差甚远（恕我妄言，国人固可学到西方美术大师的技法，然而西方美术精髓之一的宗教哲学基因却难得浸入）。他的美术观着眼于世界。因此他在20世纪20年代的收藏不会着眼于国人油画作品。孙佩苍所得徐悲鸿临摹伦勃朗的《第二夫人像》与《参孙和大莉拉》，如同他收集了千余幅与原作等大印刷品一样，系于对世界美术的研究。

2. 以美术美育改良社会为理想的孙佩苍着力在东北推动文化事业，创办美术研究社，教授美术，举办美术社成绩画展，作为主要发起人成立东北文学研究会。他的美术观也是社会性的（参见本书第十章《1924—1931奉天现代美术之一瞥》）。在其著作《美术与人生之关系》中更可清晰地了解他的世界观价值观。与许多美术留学生回国即举办个人画展不同，他在意的是理想和事业，不计较个人名声。

3. 由于各种原因，他在法国留学及以后的个人作品有所流失。

（1）1927年初孙佩苍离法归国时，带回数量不菲的美术品，包括若干西方美术家作品和大量印刷品（那些在20世纪50年代转手给中央美术学院的千余印刷品基本是在留学期间所购）以及大型相机等，有可能对自己在法国的习作有所筛选。

（2）1930年10月孙佩苍赴法就任里昂中法大学校长时，所有美术品均留在沈阳家中。九一八事变后，这些收藏只能听之任之，尽管他忧心忡忡[1]，却鞭长莫及，可能有所遗失。

（3）从1934年从法国卸任回来到1942年去世，这八年期间孙佩苍很可能有习作。但死亡后身边藏品尽数丢失。

（4）徐悲鸿纪念馆有一幅素描，款识为：甲子岁始悲鸿作于巴黎。中央美术学院“历史的温度”展览中则有一幅标注为徐悲鸿作品的人体油画。

徐悲鸿素描

《历史的温度》展出油画

《历史的温度》画册中写道：“此作品为徐悲鸿赴法留学期间所作，是从正，侧两个不同角度对同一个模特儿进行的油画写生习作。男人体造型严谨，结构精准，用色考究。暖黄色人体与冷蓝色背景色彩对比响亮悦目，用笔肯定有力，有一气呵成之感，显示出作者深厚的写实功力。此作品属于徐悲鸿早期油画精品。徐悲鸿创作于 1924 年的素描精品（男人体）广为人知，可以看得出画中的裸体男青年与‘男人体正侧面速写’中的裸体男青年为同一名模特儿，尤其与其中的侧面男人体联系更为紧密。考虑到徐悲鸿在法国所受的古典主义油画教育以及徐悲鸿本人所推崇和力行的以‘素描为基础的西洋画教育’教学主张，油画‘男人体正侧面速写’的创作年代应该在素描（男人体）之后，因此中央美术学院美术馆对‘男人体正侧面速写’的创作年代标明为：约 1924 年。”[2]

我向徐悲鸿后人徐骥先生请教，他认为：“我们不能确定是徐悲鸿之作，美院认为是徐悲鸿作品，因为我们馆有这个模特儿的素描画稿，可能是推断的。”

我同意徐骥意见，而且对中央美术学院美术馆上述的说明有所质疑。一个模特儿在相隔若干时间后以完全相同姿态出现在画室的机会（或曰惯例）不仅罕见，且徐悲鸿为一名普通模特儿先画素描，日后又请来作同一姿态的油画实在有悖常理。最可能是素描与油画是同一时间（甚至可以说是同一日）

由不同人完成。徐先生既然在素描稿上签名加印，理当在油画上签有其名，这是徐悲鸿 1924 年作品的通例。以此可排除油画系徐悲鸿所作，而是在同一画室的“其他人”。

1924 年初在巴黎国立美术学院学习美术的所有中外学生都在“其他人”之列，也包括孙佩苍。菲利普先生在他的研究中已经确认 1923 年 5 月后孙佩苍与徐悲鸿同在吕西安·西蒙画室，也找到孙佩苍 1924 年在巴黎国立美术学院学习的若干记录。

《孙佩苍夫人与女儿画像》

接着的问题是，这幅油画如何从法国到中国并出现在中央美术学院。必是上述曾经与中央美术学院有某种交集的“其他人”。

在中央美术学院 1969 年取走，1985 年尚未归还的孙佩苍二十余件美术品中，半数以上无名录（相关笔记等被一并取走，迄今无下落），不排除这幅“男人体正侧面速写”在其中。

一幅油画，尤其是名家之作，总会有它的“户口”，持有者当清楚其来龙去脉，相信中央美术学院美术馆的研究者有能力和条件对该油画做出

孙佩苍回国后给家属拍照

奶奶和姑姑的合影

周全的解读。

这幅诞生于 1924 年的人体油画在 2015 年登堂入室，其间九十一年的辗转，或简单或周折，或明晰或含糊，也许不能一一辨清。然而中央美术学院完全可以清楚明了告知我们：贵院于何时，在何处，从何人手中接过这最后的一棒？

4. 现存藏品中表明徐悲鸿的七幅作品（油画四幅、素描三幅）中，除了《第二夫人像》有徐先生签名，《参孙和大莉拉》在《蒋碧薇回忆录》和《徐悲鸿年谱长编》的明晰记录外，其余作品均无签字，也无史料记载。不妨这样认为：不仅上述《孙慧筠画像》，余下的两幅油画和三幅素描均有可能为孙佩苍所笔。

（1）《孙佩苍夫人与女儿画像》

上面三张照片是孙佩苍在沈阳家中用从欧洲带回的大型相机所拍摄。背景（精装书籍）相同，从人物面相看年龄相同，可以推定该作品与《孙慧筠画像》为同时期创作，是否也可以排除徐悲鸿创作的可能？

《孙慧筠画像》截图

《孙佩苍夫人与女儿画像》截图

再看这两幅油画的笔触，是否可认定系同一人所画？

（2）《坐裸女》

把这幅未署名的油画给陈丹青看，他的意见是："那幅油画人体'很像'徐悲鸿，但是细看，我也不确定。人体部分，像，背景部分，不像。如果大胆猜测，也可能是你爷爷画的？"我注意到陈丹青说的背景，似乎与《孙佩苍夫人与女儿画像》以及《男人体正侧面速写》的背景风格相似。

（3）两幅素描

再请陈丹青看这两幅素描（见下页无署名的素描），他回答说："我不认为这两幅素描是徐悲鸿画的。笔性不对。很可能是你爷爷画的。"

除了陈丹青所说的"笔性不对"，徐悲鸿在 1924 年的若干幅素描（恕不多举）均有签字和印章。下页左中两幅若是徐氏手笔，理应有签名印章。故

《坐裸女》

可排除徐悲鸿之笔。

下中图的模特儿与右边徐悲鸿素描模特儿体貌发型极为相似，可以认为均在同一时间（或时期）所画。1924 年徐、孙二人均在吕西安·西蒙画室，

素描稿33cmX21.5cm

素描稿24cmX21cm

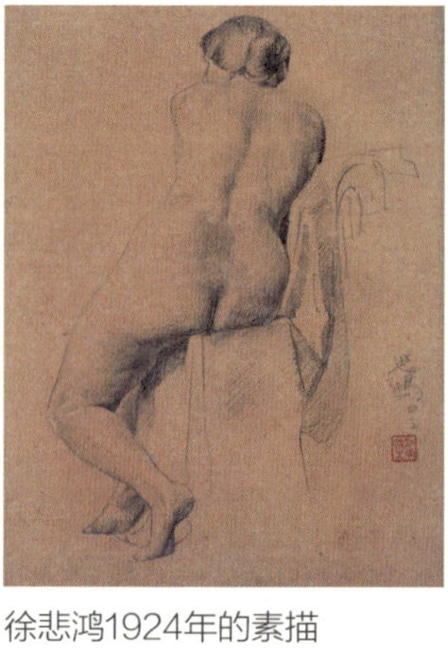

徐悲鸿1924年的素描

或可推测左右两幅为孙佩苍所画。

（4）其他三幅素描

中央美术学院 1985 年 6 月 12 日归还孙佩苍家属美术品清单第 76 号，有五幅素描：

总号	架号	序号	名称	作者	尺寸	件数	画种	质地
清单76号	地28	24	人体习作（单人）	徐悲鸿	21.5×33	1	素描	纸
	地28	25	人体习作（双人）	徐悲鸿	21×24	1	素描	纸
	地28	26	素描稿（人体人物）	徐悲鸿	41×49	1	素描	纸
	地27	27	素描稿（人体人物）	徐悲鸿	30×44	1	素描	纸
	地27	28	素描稿（人体人物）	徐悲鸿	27×33	1	素描	纸

余三幅如下：

素描稿41cmx49cm

素描稿30cmX44cm

素描稿27cmX33cm

这三幅素描没有签名，也不应当是徐悲鸿的。它们是否为孙佩苍所画，至少不能排除。

有朋友觉得孙佩苍没有画出这般水准素描的能力，认为可能是他收藏西方画家的。对此说法我有异议。孙佩苍的收藏中并无此类小尺寸的习作。此外，如果认定《孙慧筠画像》是孙佩苍所作，那么他必有作为油画基础的素描功力。

自幼酷爱文学美术的孙佩苍认为学习美术需要天赋，1927 年回国后曾让三个儿子每人画一幅画，看后说没一个有美术天分，便不再教授他们。

孙佩苍留学回国后在奉天美术研究社教授素描的情景在本书《1924—

1931 奉天现代美术之一瞥》一章中有翔实记载。

为什么吴作人先生在 1969 年认定这些是徐悲鸿作品呢？在当年，能够鉴定孙佩苍收藏者非吴先生莫属，只有他对那八十余件（套）的来历大致清楚。他将上述作品认定是徐悲鸿的，可能有两个原因，一是当时吴先生尚未享有免除恐怖的自由，不具备鉴定的主客观条件。此外吴先生 1930 年到法国巴黎，秋天考入巴黎国立美术学院，不久即转赴布鲁塞尔，考入比利时皇家美术学院，对于孙佩苍 1920 年起在郭伯郎学校习画，夜间在巴黎市立职工补习学校学画以及 1923 年起在巴黎国立美术学院学习的情况了解有限，加之孙佩苍和徐悲鸿均在吕西安·西蒙画室，风格近似。故认为是徐悲鸿作品合乎逻辑。

我的所谓考证和分析仅是个人之见，并未全部形成完整的“证据链”，引起争论在所难免，我乐于面对。

好心的朋友警告我：社会已经认同了这些徐悲鸿作品，并无十足把握的你却主动质疑，纯属搬起石头砸自己的脚。有多少人挖空心思把自己的东西包装成珍品，你竟反其道行之。一旦你提出质疑，即使客观上真是徐悲鸿作品也“翻不过来”了。情之真切，言之有理，但我不会接受。

另有朋友则认为，徐悲鸿的画再贵也有价，这个发现无价。

生活中，真相难能可贵，研究历史，真相更是不可或缺。

真相即道德。

祖父能画出如此水准的画是家族的骄傲。

是否重新审视 20 世纪 20 年代部分美术史，则是美术、史学界的事，我不能妄议。

注释

（1）“经过九一八之变，已令他（按：孙佩苍）的身体和精神，都备受打击。七七抗战以后，更使他着急于收藏品的安全，二十八年（按：1939 年）春，他还从成都冒险回到东北区看他的收藏。”郭有守：《第一次美展出品人介绍》，1942 年 1 月 2 日《中央日报》（成都版）。

（2）中央美术学院美术馆：《历史的温度》画册，第 53 页。

第十二章

孙佩苍收藏补遗

第十二章　孙佩苍收藏补遗

他对于艺术批评（尤其是西洋方面）的造诣可以说是中国的罗斯金（J. Ruskin 英国著名艺术批评家），他从事收藏的努力与成就，又颇似方密勒（Von Miller 德国明兴[1]博物馆创办人，若走完全馆，积长可达数十里）。

——郭有守

陈丹青在《寻找孙佩苍》序中说祖父：

游走于二战前法兰西画市与行情，孙先生如何起搜购的一念？他如何选择画作、又如何度量财力？凡收藏，得手失手，巧遇或错过，必有故事，这些故事，我们都无从得知了——孙元先生苦心追觅，迄今惟获祖父生平大概，其中最是传奇的一笔，即如上，而他不知，他父亲也不知。

由于孙佩苍笔记信札全部丢失，无法得知他收藏的故事。笔者在新发现的史料中寻得凤毛麟角，权作补遗。

经济能力

有人问，为何你祖父有这么多西洋美术品收藏而同在一起的徐悲鸿却很少？我想除了研习美术视角的区别外，经济能力是重要原因。

孙佩苍 1920 年 11 月 7 日从上海乘法国邮船博尔多斯号赴法勤工俭学，身份是“俭学”，但还有另一种身份：考察欧洲教育的奉天省教育厅视学。

窃查欧战以后，各国研究革新，教育日新月异，凡关于教授、训练、养护之法以及教育行政上之设施，均与欧战前大异，其趣各省时有特派专员分驻欧美考察。奉省虽僻处东陲亦何能自安锢蔽，前呈准派视学孙沛苍，前往法国。[2]

奉天工商界绅士、孙佩苍好友李友兰[3]赴莫斯科参观农业博览会期间利用闲暇之时游览了巴黎、柏林和华沙。他在《新俄罗斯游记》一书中谈及与孙佩苍和徐悲鸿见面。

> 1923年9月14日，复有留学美术大学生徐悲鸿来谒，询悉彼系寒士，家有老母弱弟，竟携其夫人蒋女士毅然来此留学。夫人习音乐，虽有官费每月只八百法郎，恒苦不足。故其夫人每日尚工作一二小时，所得工资以补膏火。洵有志之士，可为钦佩者也。友人孙禹珊（按：孙佩苍）亦来访，他乡遇故异常亲切。旋余等同孙徐二君同登凯旋门。
>
> 9月18日午后七时起程，同行者又增一王仲甫，彼系由美回国。送行者有孙禹珊及徐悲鸿夫妇。一一与之握别，七时余开车，二十日抵柏林。

著名实业家李友兰是孙佩苍在沈阳时的好友，后来（1927年）他们共同创办了“奉天美术研究社”。李造访巴黎，他乡遇故知。徐悲鸿应该是随孙佩苍来看李友兰的。徐悲鸿的“恒苦不足”可能是其本人表述，也不排除孙佩苍代言。

这段文字除了表明同在巴黎国立美术学院吕西安·西蒙画室学习的徐、孙二人交往之亲近，也间接说明在巴黎的孙佩苍不存在徐悲鸿那样的经济问题。

20世纪20年代的收藏

黄警顽[4]在1930年1月21日第549期《上海画报》《介绍一位青年画家徐悲鸿（上）》写道：

> 君（按：徐悲鸿）性酷嗜美术，罗致甚力，有时宁忍饥终日，决不肯放弃购置鉴赏名画之机会。尝自谓与奉天孙佩苍君为中国收藏西方美术品最富之人，其在柏林写真会社、巴黎百隆公司购世界名画，印制极精，每片甚有费一千五百金马克者。

终于知道孙佩苍搜集的“一大批西洋名画原大”“仅下真迹一等”（常任侠语）的印刷品基本来自20世纪20年代，购自柏林写真会社、巴黎百隆公司等处。但黄警顽先生却未说那“每片甚有费一千五百金马克”的印刷品便宜到几乎白送的地步。

> 1921年6月，战争赔款已经耗光德国的全部黄金储备，无奈之下的德国开动了印钞机，货币开始疯狂地贬值。仅仅半年时间，到

1923年德国发行的五十万马克纸币

1922年1月，美德两国货币的比价，已从1美元兑493金马克，变成了1美元兑18000金马克……到了1922年11月15日，鲁尔被法国占领不到一年的时间里，德国金马克的比价达到了1美元兑42000金马克。

（丁一凡、钮文新著：《美元霸权》，四川人民出版社，2014年2月）

徐悲鸿和孙佩苍1923年春离德回法。如果他俩在1922年末购买100幅“一千五百金马克者”只需要3.57美元。就是在1922年1月马克较高位时也只需8.33美元，价格之低廉令人咋舌。

蒋碧薇也有记录：

由于马克贬值，使我们能够在柏林撑过了二十个月，这期间朋友帮了很多的忙，黑市的差额也增进了我们的“收入”。徐先生利用机会，还买了不少的原画和典籍，买原画在以前是我们不敢向往的事，但在这段时期，徐先生却在每笔交易上都占了很大的便宜，通常是他看中了一幅画或者一件艺术品，问明价格，他便先付一点定金，隔几天借价去取；到那时候，马克可能已经贬值好多倍了。与此同时，孙佩苍先生也搜购了不少好东西。

（《蒋碧薇回忆录》第76页，江苏文艺出版社，1995年3月）

1921年秋，“时德物价日随外币之价增高，美术印刷，尤为德人绝技，种类綦丰，亦尽量购之。及美术典籍，居室上下皆塞满，坐卧于其上，实吾生平最得意之秋也”。

（《悲鸿自述》发表于《良友》1930年第46期）

在徐悲鸿的收藏中鲜见西洋名画印刷品，可能是转手给孙佩苍以汇为系列，故常任侠先生说：“徐悲鸿先生常盛赞孙氏的辛勤和精鉴，在他身后由本院（按：中央美术学院）保藏这些珍品，也出于故院长（按：徐悲鸿）的教导。”

在法留学期间，孙佩苍搜集了若干欧洲名家作品，是更重要的收藏。1928年元旦《盛京时报》第四版《瑞雪红梅 春城紫气中 奉天画家访问记》记载：

“孙君游欧归来，搜罗甚富，将来贡献画苑，自当匪浅。”

奉天美术研究社成立大会的报道（见本书附录9《美术研究社成立记》）：“洋画家孙玉山（按：孙佩苍）留法作品，与法国某大画家精绘风景数幅”，指的是迪亚兹的《风景》等，是其收藏一部分。

孙佩苍绝不会在拍卖场举牌购买，虽然那时美术品的价格与今天有云泥之别。凭他周游欧洲列国对欧洲美术家和美术品的熟知与眼力，有时间、空间更有能力在各种市场、画廊、画摊不断“捡漏”。许多收藏家的起步都与捡漏分不开。

但是仅凭祖父享有教育厅视察员的待遇，尽管节衣缩食，仍不足以购买那么多的美术品。上述报端对孙佩苍介绍的一句话引起我的注意：“始获竟其初志而归。返国之后，仍以债务累及家人。”孙佩苍不愿放弃那些踮起脚可以触摸到的机会，因此凭着他在东北教育界十年的人脉和信用，借债购买，回国偿还。

“负债收藏”既是不得已，也是睿智的选择。

“乌龙”背后的发现

在1943年《永安月刊》中查到一篇署名“江南黄大”写的《闲话集藏 今画禅室杂记之一》，其中提到孙佩苍的收藏。

> 国人之收藏西洋名画者，要不多见，有之或以孙佩苍先生为最著。孙氏一度曾掌教巴黎中法大学，平时所得积蓄，咸用之蒐购西洋名画。因之其数之多，为时下好西洋艺术者所不能及。事变之后，孙氏由欧返国，抵海上（按：即上海）时，适不佞将举行个展于大新画厅，且将同时陈列所藏欧洲名大师纳凡氏之原作，报纸已略记其事。孙氏满拟到会一观其盛，旋以事匆促赴内地，临行犹驰书寄言以不及赴会为憾事也。闻孙氏返国时，携箱笼物件甚多，太半均为艺术品，抵海上，悉存储某库房中。及今孙氏闻已物化内地，在仓库中之数箱珍物，今尚能不散佚，而仍完好无缺与否，不得知也。凡与孙氏有旧者，莫不思其人而兼祐其珍物之得仍完璧也。

经沈宁辨析，作者“江南黄大”为黄觉寺先生[5]。

我以为祖父有“所藏欧洲名大师纳凡氏之原作”。于是打听名大师“纳凡”

是谁，问及周边所能咨询诸君，均无解。无望之余把这问题甩给一位和我一样在探寻曾祖父人生轨迹及家族脉络的天津寻根之友，国军少将蒋希斌的曾孙蒋向宇。

不到一天，他给我一个惊喜：纳凡找到了。

“法郎沙阿·纳凡（Francois Navez），比国名大师，1787 年生，就学于法国拿破仑时代的宫廷画家而又是英雄画家大卫（David）门下，他最著名的杰作《Hemptinne 的家庭》，现藏比京美术馆。《画室中》，为其精绝之杰作也。1869 年卒”。（《永安月刊》1940 年第 18 期，19 页）

“弗朗苏阿·若塞夫·纳委兹（1789—1869），比利时油画家。1813 年至 1816 年随大卫学画。以古典派的精神画圣经的与神话的题材的画。但是他早期的现实主义肖像画，具有更大的意义，给 19 世纪比利时民族艺术的发展打下了基础。纳委兹仔细研究描绘对象，创作出惟妙惟肖的、神采奕奕的肖像画，这些肖像素描准确，造型结实（爱姆普丁合家欢，1816 年作；大卫，1817 年作；自画像，1826 年作；等等）。纳委兹在 19 世纪 30-50 年代间在布鲁塞尔领导美术学院，他是许多著名的比利时画家的老师”（平野等译：《苏联大百科全书选译——世界美术家简介 7》，人民美术出版社，1962 年 6 月）。纳凡·Navez 后翻译为“纳委兹”，其全名为 Frangois Joseph Navez。

正当为此发现欣喜之余，蒋向宇又告知：您的理解有误。纳凡的作品不是孙佩苍的，系黄觉寺所藏。

我的错误是没有看懂黄文中“不佞”二字，小蒋引经据典告诉我此为黄觉寺自谦之笔，即黄先生将在大新画厅举办个展，其中有纳凡作品，孙佩苍打算去看展，因“事匆赴内地”未能出席并致函示憾。

在我惊异之余，蒋向宇又借余勇发来数篇文稿，给我新的明示。

他查到 1940 年 8 月 11 日《申报》第 23864 号第七版黄觉寺在大新画厅个展的报道：

黄觉寺个展 同时陈列比荷名画杰作

黄觉寺君，曾留欧习艺，欧洲名画，描摹迨遍。归国后，历任苏州美专教务主任，平时著述甚多，最近携其一部作品，并珍藏比利时名大师司梯芬滋及荷兰风景画家之杰作，假大新公司画厅，公开陈列黄氏出品，有中西画百数十幅，名作参考中，以司梯芬滋之“二少女”，即欧洲各美术馆，亦甚难得如此精细之杰作也。会期自八月二十六日起七天，爱好艺术者，定以先睹为快也。

民国时期，收藏西洋美术品的，不仅有祖父，黄觉寺先生也是一位呢。

黄先生著有《欧洲名画采访录》（1939 年 艺浪出版社）、《欧游之什》（1944 年 苏州印务局），是他赴欧考察随笔，介绍欧洲各国所藏名画之作，足见其涉足西洋美术之深。

黄氏收藏不可小觑，不知美术史研究学者是否已经得知并予以研究追寻。

紧接着是蒋向宇的推断：黄氏讲令祖父“由欧返国，抵海上（即上海）”，只因“事匆”与大新画厅展览失之交臂，可认定孙佩苍回国抵达上海的时间是 1940 年 8 月。黄先生又言“孙氏返国时，携箱笼物件甚多，太半均为艺术品”，应与前述为同一时，即孙佩苍先生在 1940 年夏从欧洲回到上海时又带回不少西洋艺术品。

这很可能是小蒋的新发现，也许其他研究者对此有不同解释。尚缺史料辨析，见仁见智吧。

文中说“悉存储”的“某库房”应是其妻妹、中共地下党员姚淑文安排的上海海关仓库（《寻找孙佩苍》第 198 页）。

蒋向宇又追问我，1940 年七八月份您祖父去欧洲做什么？我只能给他一个“可能”的答复，家人有传他去法国，凭借自己的老关系征集抗战物资，并因此同政府在分配方式生出积怨，但口说无凭。

险出谬误贻笑大方，然“乌龙”之后却有发现，亦快哉。

黄觉寺写此文于孙佩苍去世后的 1943 年，“今孙氏闻已物化内地”有悼念之意。

苏里科夫《枪兵临刑的早晨画稿》

列宾和苏里科夫的作品

1985 年中央美术学院归还的美术品中有一幅苏里科夫《枪兵临刑的早晨画稿》，据吴作人先生对我家人讲，这是徐悲鸿私下从苏联画商处所得带回的。

许幸之给我三叔的笔录中写道："你手里拿的清单是否有一张画，画名写成'贵妇人'的？那是列宾的画，实际上画的不是什么贵妇人，可能是高尔基夫人，美院给标成贵妇人，我给他们提过意见。这张列宾的女像是孙先生的画。"（见《寻找孙佩苍》第146页）这幅画尚在中央美术学院应是不争的事实。

是谁，通过什么渠道将此画带回中国呢？

孙佩苍1920年到1927年留学期间曾去过苏联。"更于休假时，赴各美术著名之地，阅览其所藏之图画。计除法国之外，曾列意、英、德、奥、比、俄、瑞士、荷兰、西班牙等国，共历名城约四十处。"（1928年元旦《盛京时报》）

但我认为孙佩苍在休假时去苏联的时间不会长，作为短期访客不可能搞到列宾作品。而徐悲鸿在苏联举办画展，走访多地，结识画界人士，相对具有天时地利人和优势，很可能这幅列宾的《高尔基夫人》同苏里科夫《枪兵临刑的早晨画稿》一样是设法在苏联得到并带回国的。转手给孙佩苍的时间可能是1934年徐悲鸿从苏联回来后。

王震《徐悲鸿年谱长编》记载说1935年1月16日"中苏两国美术品交换典礼在莫斯科举行"，这个信息已被否定。但有意思的是，2012年出版的《20世纪中国情节性绘画研究》说徐悲鸿"带回了不少巡回派画家如列宾、苏里科夫的作品"。除了上述苏里科夫《枪兵临刑的早晨画稿》外，孙佩苍还有一幅列宾的《高尔基夫人》，与上述报道是否有某种"吻合"？

有研究者认为孙佩苍的收藏"有不少为公成分"，理由是他曾为北平研究院收集油画（见本书附录14《孙佩苍为北平研究院收集油画考略》，质疑者绝非作者沈宁先生，切误），有假公济私嫌疑。这是没有根据的推断。

为此我想引用下面两段话：

> 奢侈云者，逞利己之私心，挟特殊之势力，以享用其所不当享用，大都为侵夺人群之幸福者也。世亦有因缺乏远虑徒逞一时之欲，而流于奢侈者，此为愚人自杀之道。

（孙佩苍：《美术与人生之关系》，见本书附录8）

> 中国五四前后的一批文人学者，他们对祖国、对中华民族文化的热衷与责任感，在今天的一些"知识分子"看来，是很难理解的，

因此他们以自己之心度他人的质疑、怀疑就难免了。

（杨先让：《也谈徐悲鸿 1938 年至 1941 年间的经历》）

《天风海水图》

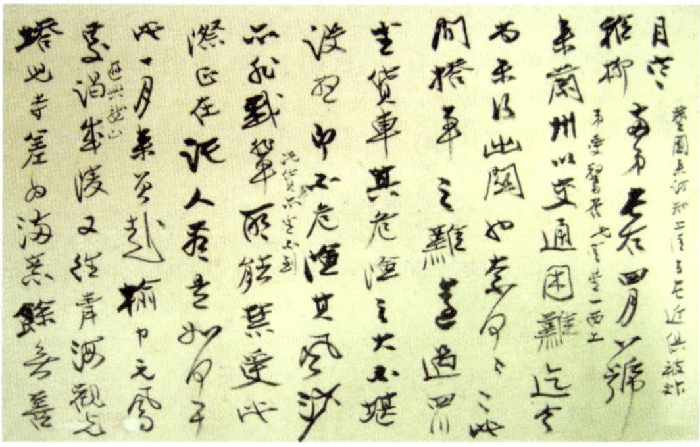

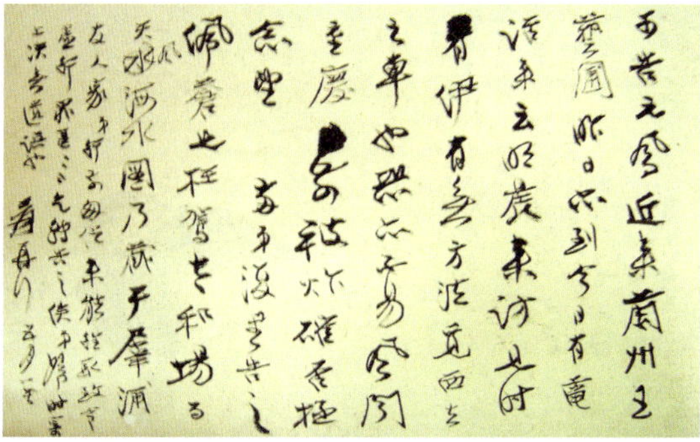

张大千写给张目寒、谢稚柳的信

2012 年在成都，四川省文物局刘振宇先生给我一些有关祖父孙佩苍信息文件，其中有两张张大千信函的照片，除了佩苍二字可认，其余的龙飞凤舞让我眼花缭乱，又因是写给别人的，便觉无甚价值丢在一旁。

两年后筹备孙佩苍一百二十五周年诞辰美术展，请中国美术馆邓锋先生作总策划，准备文件时看见这信函，便请他阅。

邓峰看后告诉我，信的

孙佩苍

张大千

后部分有故事，涉及孙佩苍一个重要收藏，信中写道：

> 佩苍兄枉驾青和场，而天风海水图乃藏于群浦友人家。弟行前匆促，未能往取，致令虚行，罪甚罪甚，乞转告之，俟弟归时寄上，绝无迨误也。

邓锋说：令祖父去青和场取这幅《天风海水图》，应是孙佩苍借给张大千的，而张大千将其放在了“群浦友人家”，让孙佩苍“枉驾青和场”。他深表歉意，承诺等从（敦煌）回来后一定还回，绝不贻误。

20 世纪 30 年代，孙佩苍与张大千、谢稚柳等在西南大后方多有交往。

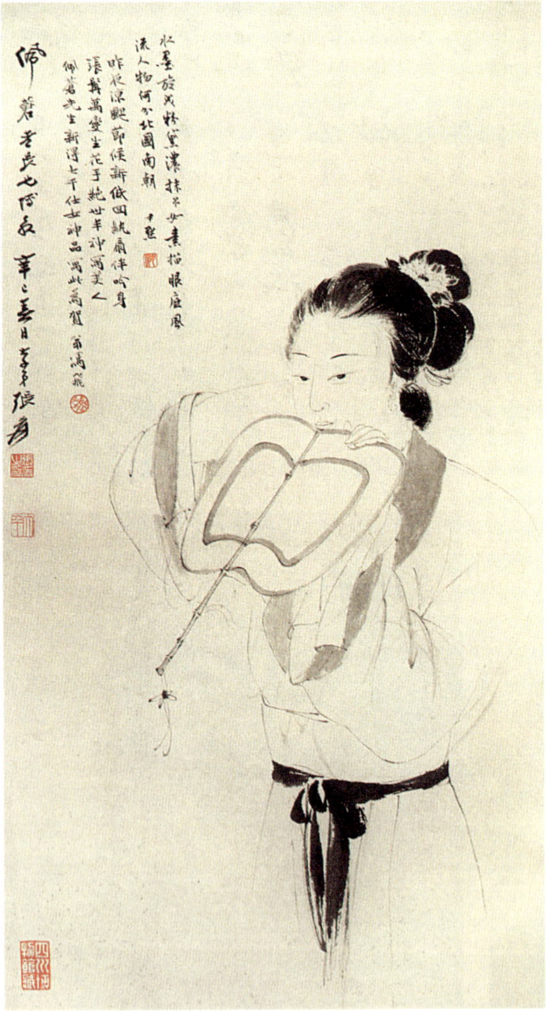

张大千《赠佩苍仕女图》

1938 年 10 月，孙佩苍与李济深、张大千送徐悲鸿下南洋至广西桂林。

1941 年春张大千赠孙佩苍仕女图，题有“佩苍老长也博叙 辛巳春日学弟大千”。此画在 1942 年初孙佩苍去世后随其藏品一并丢失，现存四川博物院。

同年秋，谢稚柳也赠送孙佩苍《老莲遗韵册》八开，题有“辛巳秋尽，佩苍道兄有江南之行，写为此刻，不免有故国之思”。

这八开册页与《赠佩苍仕女图》同命运，后流入成都一收藏家手里。

张大千此函写于 1941 年 5 月 8 日，不久携夫人杨婉君、儿子张心智、侄子张彼得及学生和裱工从成都乘

谢稚柳《老莲遗韵册》之一

飞机赴兰州转乘车去敦煌（上信函前部系张大千在联系从兰州去敦煌的汽车），孙佩苍 1942 年 1 月 3 日去世，与正在莫高窟临摹壁画的张大千阴阳两隔。这幅《天风海水图》没有“归时寄上，绝无迨误”。

我的解读是：

借来《天风海水图》，张大千爱不释手，很想留在身边。孙佩苍催其还回，便含糊其辞，可能提及青和场，急切索回的孙佩苍便赶到此地，白跑一趟，很是不满。张大千得知很尴尬，不好面对，只得写信给张目寒、谢稚柳代转告。

孙佩苍在成都突然去世，所携藏品尽数遗失，张大千还在敦煌，故此画不在其内。

画主虽死，家属尚在。我父亲就在四川三台东北大学，且为偿还祖父丧葬费与四川省教育厅等方面长时间联系，他不知道《天风海水图》，但张大千不会不知孙佩苍后人存在。1949 年他飞离成都之前，有足够的时间和便利的空间兑现承诺。若有归还之心，仅举手之劳。

同徐庆平谈及此事，他说张大千借我父亲（按：徐悲鸿）的画也有没还的。

大风堂画派主要创始人张大千有过若干天风海水题材作品，但信中所指不应是张大千自己的作品，而是孙佩苍持有之他人作品。邓峰认为很可能是元代钱选（6）之作。

借走未还的《天风海水图》是不是钱选原作?

看看张大千这幅《天风海水》。

张大千《天风海水》 立轴 设色纸本

款识：仿云溪翁笔。写于袖海堂中。蜀郡张爰大千父。钤印：张爰（朱文）、张大千（白文）。

钱选号称“云溪翁”，张大千款识中写“仿云溪翁笔”，即可说明他在作此画时手边应有钱选的《天风海水图》。

美术界人士认为：“此幅无年款，从绘画风格上看应为20世纪30年代后期的作品。这个阶段大千的山水仍旧以仿古为主，尤其致力于宋元山水，如钱选、赵孟頫、王蒙，此作便是仿‘云溪翁’钱选的笔法。”

“30年代后期”这个时间与张大千信件的1941年5月8日也基本吻合。

邓峰先生的推断合情合理。

张大千先生如何处置这《天风海水图》呢，是深藏不露，还是与他的收藏共置于某厅堂高阁？

还有两幅油画

这两画尚未面世，现存堂妹家。我是外行，诸位见仁见智。

Tanoux《老妇人像》59.5cmX73.5cm

William Laparra《坐女像》60cmX46cm

Henri Adrien Tanoux，法国画家，1865年10月10日生于马赛，在巴黎的Ecole des Beaux-Arts师从L é on Bonnat（马奈的老师），曾在巴黎的法国艺术家沙龙展出他的作品，并获得很多奖项：1889年世博会荣誉奖，1894年和1895年分别获得三等奖和二等奖，并获旅行奖学金。1923年在巴黎去世。（蒋向宇所查）

威廉·拉帕拉（William Laparra）（1873—1920），法国风景和肖像画家，作品被几十个国家的博物馆收藏。1873年出生于波尔多，曾在波尔多的多个学校学习绘画，1892年进入巴黎的朱利安美术学院，师从布格罗（Bouguereau），托尼·罗伯特·弗勒里（Tony Robert-Fleury）和朱尔斯·莱菲博瑞（Jules Lefebvre），1898年凭借《伯赛大人》（La piscine de Bethsaïda）获得第22届罗马奖（Prix de Rome）。受西班牙风格影响，1908—1909年到西班牙的布尔戈斯、马德里、托莱多等地旅行，后来到了法国波洛格内－比兰科，常与朗多夫斯基（Landowski）和苏洛阿加（Zuloaga）联系，作品《祝福》（*Le Benedicite*）（现存于奥赛博物馆）参展1914年的法国艺术家沙龙。任朱利安美术学院教授。1920年在西班牙阿拉贡去世。作曲家拉乌尔·拉帕拉（Raoul Laparra）是他的弟弟。（蒋向宇所查）

最后把蒋向宇先生提供给我的一份孙佩苍在第一届国民参政会第二次大会上关于美术品的提案作为补遗的结尾。抗战期间这个提案对保护美术品起到的作用由美术史学家评价吧。

孙参政员佩苍等二十二人提：沦陷区域人民迁居内地其所运来之中西美术品应免征入口税案（提案第四十六号）

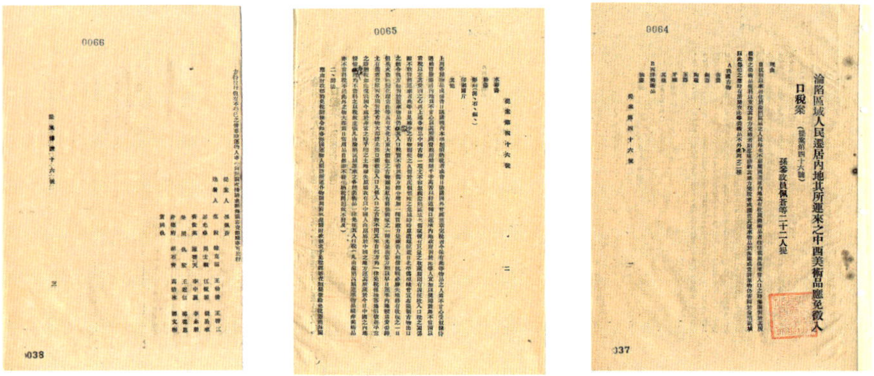
0066 0065 0064
淪陷區域人民遷居內地其所運來之中西美術品應免徵入口稅案（提案第四十六號）
孫參政員佩蒼等二十二人提

免征入口税案

理由：

自抗战以来，居住于沦陷区域之人民，每多不忘祖国，迁居内地，其有收藏美术品者，往往载与俱至。当入口之时，海关对于其所携带之美术品，恒课以重税。其财力充裕者，则忍痛缴纳，其无力完税者，或搁置其运来物品于海关，或竟将原物仍寄回于沦陷区域。以此怨愤之声，时有所闻。查此等美术品不外下列之二种：

1. 我国古物　书画，铜器，陶磁，玉器，牙雕，其他。

2. 西洋美术品　油画，水彩画，粉画，雕刻（泥、石、铜），印刷图片，其他。

上列各种物品，或系昔日购诸国内，本来无须纳税者，或昔日购诸国外，曾经照章完税者。今保有此等物品之人，为不甘心受奴隶待遇，始冒险迁居内地，为不甘心以其所藏资敌用，始历千辛万苦，以纡道转口运来内地。政府对于此等人，宜加以奖励鼓舞，不当困以重税，以寒其爱国之心。再上述各物品，中国古物一项，尤不容忽视。沦陷区域多旧家，恒有巨量之收藏，颇闻有因征收入口税之关系，而不敢冒然运来者。此等日见稀少之古物，而使之久留于虎狼盘踞之危城，时时虑遭劫掠。近日北平伪组织曾宣布限制古物出口之禁令，我方如对于运来物品，仍征其入口税，实不啻为伪方禁令，增加一种贯澈力量。虽吾人相信抗战必胜，失地终有收复之一日，但兵火盗贼，变化靡常，此等具有文化上重大价值之古物，虽属私有，终系国家之一种光荣与富力，总以早日运来内地，较为安妥。抑尤有进者，查欧西各国，对于古物，大都禁止出口，而欢迎入口。凡系入口之古物，不问其来自何方，均一律免税，仅抽落地捐。彼在平常之时，犹复如此，况我国今处于非常之时乎。总之，土地虽失，原属我有，以中国人由原属于中国之地方，运其所藏于今日中国之内地，揆情度理，均不当课之以税。故主张凡由沦陷区域运来之各种美术品，一律免征其入口税。（凡由沦陷区域运来物品，纵非美术品，亦不当课税，不过此外之物，大都为日常用品，自然即不发生纳税问题，故不赘及。）

办法：

应由财政部将免税办法，令知各海关运物人，须将所运各物，开列清单，呈请财政部求予免税。经审查无疑，发给免税凭照，海关方得放行。但有不得已之情形时，运物人亦得向海关直接请求，经海关审查无疑，亦可放行。

提案人　孙佩苍

连署人　范　锐　韩克温　王幼侨　王启江　彭允彝　周士观　江恒源

钱公来 齐世英 陈启天 李中襄 李永新 荣 照 仇 鳌

王近信 邵从恩 许德珩 胡石青 高惜冰 谭文彬 黄同仇(7)

在第十次会议（1938年11月6日下午）上决议：

原案通过，但“理由”末段之“凡由沦陷区域运来物品，纵非美术品，亦不当课税，不过此外之物，大都为日常用品，自然即不发生纳税问题，故不赘及。”等四十七字取消。(8)

后续实施情形：

经国防最高会议决议，交财政部斟酌办理。嗣经交据财政部复称：查原建议案所称之中西美术品，计为我国古物及西洋美术品，此类物品在国内运输，本可享受转口待遇，只以现时战区人民，移居内地，因交通关系，多经由香港安南等外国口岸，按照海关向例，凡由本国经香港安南再行来至国内，其携带物件，应行纳税者，历来均按进口税则办理。古物及美术作品，均系照此征税。财政部现为兼顾起见，参酌原建议各点，订定办法七条，公布施行，以便利古物及美术作品之内运。办法如下：

非常时期古物及美术作品由战区经香港安南运入国内暂行办法

一、凡收藏家美术家将古物及美术作品由战区经香港安南运入内地，得适用本办法之规定。

二、本办法所指之古物与美术作品，其类目如下：

甲、我国古物

1. 书画 2. 铜器 3. 陶器 4. 玉器 5. 牙雕

乙、美术作品

1. 油画 2. 水彩画 3. 粉画 4. 雕刻（泥、石、铜）5. 印刷图片

三、古物及美术作品照本办法规定手续报运者，海关应视作国内转运，照转口税则办理。

四、收藏家及艺术家报运古物及美术作品，应先将报运人姓名籍贯及物品名称数量起运暨到达地点与中途经过之外国口岸地名等项，详开清单，呈请内政部核发执照，再行持照向海关报运。前项执照，由内政部制印颁发，并由财政部会印。

五、海关对于古物及美术作品附有部颁执照者，应即照本办法规定按转口税则，分别征免放行，并将执照收回呈缴财政部。

六、收藏家及艺术家携带古物及美术作品，运经海关，在未请准部颁执照以前，海关据报运人之声请，得令照进口税则先缴押税放行，俟呈验执照，再按转口税则办理退还押税。

七、本办法自中华民国二十八年四月一日起施行。(9)

相信，有关孙佩苍的生涯，包括他收藏的故事一定会陆续出现。

注释

（1）Oskar von Miller（1855—1934）Deutsches Museum，德意志博物馆，位于慕尼黑（过去译作明兴）。

（2）《奉天教育厅呈省长公署为派员驻美调查新教育酌给津贴　由》，民国九年九月六日，辽宁省档案馆藏奉天省长公署全宗 2887 案卷。

（3）李友兰，又称李香斋。见本书第十章注释（10）。

（4）黄警顽（1894—1979），上海人，著名出版人。十四岁参加商务印书馆第一届学徒考试，由张元济主考并面试。和黄一起应试的人员中，还有廖陈云（陈云）。黄被录用，后来调到发行所专做服务工作，有“交际博士”之称。自诩“变成一张会说话的活动柜堂，一本没有字的人名大字典，一具商务印书馆的活广告”。刺杀伊藤博文的朝鲜志士安重根之子潜逃上海被黄警顽收留并培养其读书。与徐悲鸿交往 35 年，对徐有知遇之恩。早年徐悲鸿到上海谋职，素不相识的黄警顽热情相助。徐没有地方住，曾住在黄家。1947 年应徐悲鸿之邀去北平工作。徐去世后，黄留在了中央美术学院工会。1957 年被错划成“右派”，1959 年又被迫退职。上海家中仅有 12 平方米一间房住着妻儿和外孙女三人，黄警顽只得住在公用过道。1978 年，中央美术学院纠正了他的“右派”错案，并由全国政协恢复了他的经济补贴，分得一套住房。1979 年 8 月 14 日去世。

（5）黄觉寺（1901—1988），字菊迟，别署今画禅室主，上海青浦人。1924 年毕业于苏州美术专科学校，后留校任教，同年协助颜文樑等筹备苏州画赛会工作。1934 年赴法国留学，入巴黎高等美术学校。毕业后回国，历任苏州美术专科学校教务主任兼教授、苏州美术专科学校沪校教务主任，并主编校刊《艺浪》。

中华人民共和国成立后，任无锡苏南文教学院美术系教授、中央美术学院华东分院教授。出版有《欧洲名画采访录》《民俗美之发掘》《论宗教艺术》《欧游之什》《素描画述要》《艺用人体解剖学》《黄觉寺画集》等。

（6）钱选（1239—1299），南宋景定间乡贡进士，宋末元初著名画家。字舜举，号玉潭，又号巽峰，霅川翁，别号清癯老人、霅川翁、习懒翁等，湖州（今浙江吴兴）人。与赵孟頫、王子中、牟应龙、肖子中、陈天逸、陈仲信、姚式并称“吴兴八俊”。以孟頫被芦登朝，诸化皆相附取宦达，独选龃龉不合，流连诗画以终其身。山水师赵令穰，人物师李公麟，花鸟师赵昌，青绿山水师赵伯驹，尤善作折枝，其得意者赋诗其上。性嗜酒，酒不醉不能画，然绝醉亦不可画。惟将醉醺醺然心手调和时，是其画趣，画成亦不暇计较，往往为好事者持去。今人有图记精明，又旁附谬诗猥札者，盖赝本，非亲作，设亲人亦非和意笔也。工临仿，尝借人白鹰图，夜临摹装池，翌日以临本归之，主人弗觉。湖之人经选指授，类皆以能画称。赵孟頫早岁尝从之问画法。选多写人物、花鸟，故所图山水当世罕传。

（7）现藏于台湾“国史馆”档案。

（8）《国民参政会第二次大会纪录》国民参政会秘书处编印 1938 年 12 月。

（9）《国民参政会第三次大会纪录》国民参政会秘书处编印 1939 年 4 月。

第十三章　法兰西的拥抱

第十三章 法兰西的拥抱

就高深教育言之，泰西各国，固各有专长，而精深玄密之思想，与夫发明新理之毅力，终让法人出一头地。科学最重计量，今科学界皆通用法国计量，非以其适乎。戴楷尔 René Descartes 既为哲学大家，复多算学之发明，天文学之宇宙机理，乃出于百劳宿，Pierre de Laplace 物理学类电母，乃发见于居易安，达尔文之进化说，乃根源于陆谟克 Jean Lamarck 之动物哲学，孔德 Auguste Comte 之实验哲学，与斯宾塞之统系哲学相伯仲，他如汽炉无线电汽船飞艇皆首先创始于法国。至人道主义，盛倡于孟德斯鸠 Charles de Montesquieu，服尔德 Francois de Voltaire，卢骚 Jean-Jacques Rousseau 诸子，诗文美术，尤为法人之特色。凡是种种，皆各国人之所公认，非一人之私言，有所偏誉也。

——孙佩苍

法兰西是在法国留学和任职十年孙佩苍的第二故乡，以后又多次去过。他尤为钟爱这个先进自由的国家。

沈阳之行获得的史料让我走进祖父在东北期间的生活。接着的寻找就是去法国了。我早有此念却迟迟未行，语言是首要问题，且只知应去巴黎和里昂，到那儿找谁怎么找都不清楚。

但日渐衰老的我不能再等，需尽快成行。

夏天是欧洲假期，赴法或 7 月前或 9 月后。为争朝夕，决定 6 月启程。

一边在旅行社办签证，一边和朋友商谈请法语翻译以及确定访问处所。

翻译事情一波三折，访问地点尚未明确时，签证办妥了，逗留法国的最后期限为 2015 年 6 月 15 日。我只好订了 5 月 30 日的机票。

5 月中旬，打电话给法国驻广州领事馆文化参赞刘佩华女士，与刘是在她任职武汉时认识的，可电话始终未接通。不得已只好毛遂自荐联系法国驻华使馆文化教育合作处。一位叫倪一丹的女士听了我的诉求很是理解，两天后收到邮件，给了我一个里昂市立图书馆中文部 Marc Gilbert 先生的邮箱。我赶忙用英文发去邮件，尽可能详尽提供祖父和姑姑在里昂中法大学的信息和照片。翌日即得到 Marc Gilbert 先生一封地道的中文回函，说图书馆里有孙佩苍在里昂中法大学的文件，也有姑姑孙慧筠的。并告诉我他的中文名字：马日新[1]。

当然我很欣喜，去图书馆，找会中文的马日新，里昂的问题解决了。

巴黎怎么办？谁可帮助人生地不熟不会法语的我？

上海原曲画廊的好友彭小苓女士为我介绍了一位定居巴黎的徐平女士，邮件联系后徐平表示可在巴黎帮助我，并可以住在她家。

我与“大师与大师”展览的法国主办方吴敏僖女士有过一点联系，未曾谋面。得知我的想法后，她将我写的背景资料打算译成法文发给正在巴黎国立高等美术学院做研究的丈夫菲利普先生[2]。让我到巴黎后同他联系。

马日新先生又介绍了一位里昂中法学院秘书长林建生。林先生接到我邮件后回复道：“令祖父一生传奇，故事情节扑朔迷离，深具历史和人文价值，甚值发掘和研究。您寻找先辈踪迹之精神也难能可贵，文笔尤其真实感人。欢迎参观中法大学旧址，请告知日期，以协助安排。如时间许可，还可安排与现中法大学校长见面。”

法国之行算是有了眉目。

20 世纪 90 年代我曾两次去法国，四进卢浮宫，并有幸游览了莫奈与凡·高的故居。那时曾设想七十多年前祖父在巴黎的情景，模糊淡薄。

如今，孙佩苍已深入情怀，我已步入他的世界。此行将追寻他在法国的足迹，期望更深入地走进。

但是心里没有以往出征那种跃跃欲试的勇气与轻松，面对陌生的法国之旅，只觉任重道远，亦不安自己日渐衰弱的身体。

如同去台湾、沈阳那样，以日记形式记载这十四天的法国之旅。我在乎寻找过程。希望读者与我分享法兰西给我的难以忘怀的温暖拥抱。

2015 年 5 月 30 日 星期六 北京 巴黎

凌晨两点半醒来，有点儿低血糖，下床热个馒头吃掉，饥饿感消失却睡不着了。这几天北京燥热，每晚都睡不好。只得等到五点半预约的车子到来。箱子很重，光书就带了 8 公斤。

首都机场二号航站楼，东航（实际承运公司为法航）的 MU8667 飞到巴黎需要十个小时，起飞时已近十点。

临行在朋友圈发一微信：“今飞法国。祖父曾留学工作十年的法兰西啊，你会拥抱我吗？”不一会儿点赞鼓励纷纷飘来。

登机后调到巴黎时间：凌晨两点多。为快些倒过时差，服了安眠药。于是以后的五个多小时均在昏睡中度过，当然没忘了“早餐”。

飞机大半时间穿行西伯利亚，法国时间 8:30，飞临斯维尔德洛夫斯克上空，大约走了半程。我“起床”了。

巴黎时间 13:30 落地，因时差还是 30 日。机场的路标和导视牌不清，上下转了一阵才找到入境口。打车去徐平家，黑人司机不认路，只得不断用电话问徐平，走了一个多小时才到。从北京家门口到这里整整用了 18 小时。

徐平家位于巴黎意大利门外的一座带半地下室的二层别墅，庭院葱绿，海棠已熟，花木修剪齐整。这里高层建筑鲜见，空气洁净，交通便利。

她个子不高，五十多岁，亲切随和，有点儿像北京街道的大妈。

被安排在楼上的客房后，我请她联系与菲利普先生的会晤。

她电话约定和菲利普在十三区唐人街潮州城大酒楼见面。

我同菲利普用邮件联系过几次，他始终没告诉巴黎国立高等美术学院联系人的电话，令我有些疑惑。在路上对徐平讲了，她说我不懂法国人的习惯。

“大师与大师”法方策展人菲利普·杰奎琳，高高的个子，比我想象的年轻，眼光真挚而活跃，有点大学生气质。他正在做一个很大的课题研究：留学法国的中国艺术家。

借助徐平的翻译，我们轻松地交谈，自然主要内容是孙佩苍。菲利普让我用邮件与美术学院的埃玛努埃尔·施瓦茨（Emanuel Schwartz）教授(3)约定见面时间，我和徐平直接去找他。

我开始知晓这联络的“程序”。

回来后徐平到我房间，问有什么需求和困难。我说住在这里有所打搅，打算住到附近的旅馆。她说随我选择，在这里无须客气拘谨，她的同学朋友不时来这里吃住，已是家常便饭。

我们交谈起来，各自讲述自己的一些经历感悟。

从中央工艺美术学院毕业的徐平 1987 年来法国，经过一番打拼，已经成功立业，和男友阿豪—— 一位原柬埔寨华侨同住。谈话中给我印象最深的是刚到法国十分拮据的她在尼斯火车站，遇到一对转车的温州老夫妻，得知她从中国来此不久，便掏出口袋里的几百法郎给她，又写下在巴黎开餐馆儿子的电话。后来徐平到巴黎，与其子有了一段互助的佳话。我也讲了自己一些经历，我们对人生的某些机遇缘于偶然还是必然讨论良久。谈话投机，直至凌晨一点。

我决定住在她家。

2015 年 5 月 31 日 星期日 巴黎

巴黎春寒料峭，阿豪拿给我一件新毛衣“御寒”。上午到家乐福买件衣服。午前给施瓦茨先生拟邮件，徐平看过认为太啰唆，说与我们先讲原因再说结果的习惯不同，法国人是先果后因。经她修改，只有两句：“与您确认一个会面的时间地点，关于孙佩苍先生在巴黎国立高等美术学院事宜。”我将信将疑发出，几分钟后得到施瓦茨先生回复：“请于明日下午三时后到学院图书馆，这之前我在图书馆解答访客问题。”邮件附有两个巴黎国立高等美术学院的网页。

午饭后徐平打开这两个网页细细检索，她希望找到有关孙佩苍和徐悲鸿的记录，为明天的会面做些功课。一个多小时过去，没有查到。

我们又聊了许久。

晚上，躺在被里浑身发抖盗汗，疑似感冒，很是不安，千万别耽误了明天的拜访。

徐平的工作室兼餐厅

2015 年 6 月 1 日 星期一 巴黎

阿豪得知我是电气工程师出身，便兴致勃勃地领我看他的工具房。在三十多平方米的房内，一一介绍各样各色手动电动工具。住宅的园艺、粉刷、电气修理、照顾宠物、安全巡视及所有维护都由他包办，在餐厅做过大厨的他更烧得一手好菜。我只能大概明白他的广东话。见到我会意的反应，他高兴得像个孩子。阿豪每天看中国电视节目，交谈起来，对国内的环境污染、豆腐渣工程、腐败都知道，可要是谁说中国不好，他瞪圆眼睛发怒。我对徐平说他是具体否定而抽象肯定。大多海外华人像阿豪一样，虽无中国国籍，仍视之为祖国，谁言不好，让他们丢份子没面子。

下午一点和徐平出发，先乘电车再换地铁，不料一位地铁乘客发病，暂时停运。我们乘上地铁发来的巴士，因在各站收拢乘客走得很慢，徐平有些着急，带我下车再上已恢复运行的地铁到卢浮宫站，匆匆走过塞纳河，几经打听，终于找到巴黎国立高等美术学院。

终于站在这响誉世界的美术学府前

施瓦茨教授

在古朴典雅的图书馆见到施瓦茨教授，送上小书《寻找孙佩苍》和《青青子佩》画册。由于有了菲利普的介绍，施瓦茨先生对孙佩苍已有所知。

他让秘书打开电脑，看到一页有关祖父的记录。

在第四行写有：Shen Pe Tsan（孙佩苍）Monkden（奉天，满语）9/3/1899（出生日期）Chine（中国）9 R（Rue）Mn（Monsieur）le prince（住址）31/5/1923（登记日期）

菲利普讲此处在圣日耳曼德佩区一条古老的街道，可能是旅馆或寄宿公寓。比徐悲鸿所在的拉丁区距巴黎国立高等美术学院更近（马日新说从这住所走到巴黎国立高等美术学院只需十分钟）。孙佩苍的居住条件好于徐悲鸿。

孙佩苍1923年在巴黎的住址（Google地图）

祖父1889年出生，这里写作1899年，将年龄隐瞒了十岁。我和施瓦茨会意一笑，他说当年来这里学习的中国人改岁数的不鲜见，因为巴黎国立高等美术学院有入校和出校年龄的限制。菲利普告诉我，学生年龄被严格限制在三十岁以下，而且原则上来说二十五岁以下才能参加名次竞试。所以祖父虽然以二十四岁的假年龄入学，但过一年后也无资格参加名次竞试。

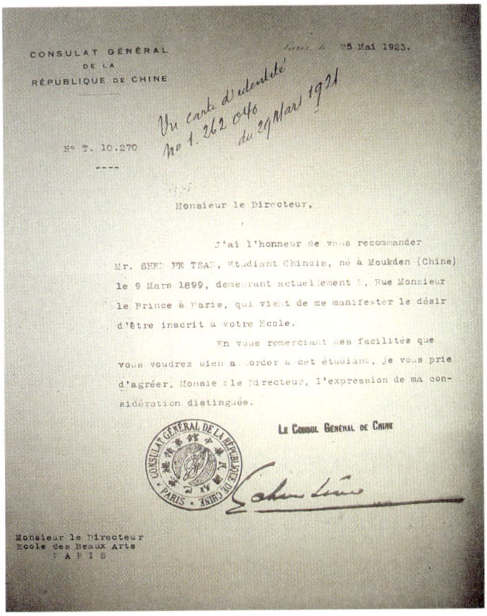

CONSULAT GÉNÉRAL
DE LA
RÉPUBLIQUE DE CHINE

Paris, le 25 Mai 1923.

Vu carte d'identité
No 1.262 040
du 29 Mars 1921

N° T. 10.270

Monsieur le Directeur,

J'ai l'honneur de vous recommander Mr. SHEN PE TSAN, Etudiant Chinois, né à Moukden (Chine) le 9 Mars 1899, demeurant actuellement 9, Rue Monsieur le Prince à Paris, qui vient de me manifester le désir d'être inscrit à votre Ecole.

En vous remerciant des facilités que vous voudrez bien accorder à cet étudiant, je vous prie d'agréer, Monsieur le Directeur, l'expression de ma considération distinguée.

LE CONSUL GÉNÉRAL DE CHINE

CONSULAT GÉNÉRAL DE LA RÉPUBLIQUE DE CHINE · PARIS ·

Monsieur le Directeur
Ecole des Beaux Arts
PARIS

1923年3月25日驻中国巴黎总领事馆信函

在对民国时期留学法国，尤其是留学巴黎国立高等美术学院中国艺术家的研究方面，菲利普不仅握有大量档案文献，而且治学细致严谨。他给了我一些珍贵的文献并加以指导。

“中华民国驻巴黎总领事馆”出具证明中国留学生孙佩苍出生于1899年3月9日及其住址的信函。

对年龄更改者，为便于记忆，往往不变出生月日，以此可推定祖父生于1889年的3月9日。

菲利普提供的1923年3月19日和31日两封费尔南德·柯罗蒙（Fernand Cormon）[4]向吕西安·西蒙（Lucien Simon）[5]推荐孙佩苍的信函。这些文件对进入巴黎国立高等美术学院至关重要。

菲利普在《历史与记忆之间：巴黎国立高等美术学院档案照亮徐悲鸿留法历程（1919—1927）》中说：

> 对于外国人而言，使馆出具的信件不仅是身份的证明，也是给学院领导的推荐函。事实上，自第一次世界大战后，外国人就更加受到“监视”，外国学生需要证明他们“身家清白”；不仅要被法国警方承认，还要经过他本国使馆的核实。在这部分的“个人情况”中，还需有画室导师向学院领导提出的申请函，以便行政处能将该学生登记为其画室名下的学生。这一点非常重要，它涉及学生对于画室的选择问题。

菲利普告诉我，孙佩苍的注册恰好在弗朗索瓦·弗拉孟（Francois Flameng）[6]画室向吕西安·西蒙画室的过渡期。弗拉孟于1923年2月过世，很可能是柯罗蒙接替了弗拉孟，之后由吕西安·西蒙接过画室。因而有柯罗蒙将孙佩苍介绍给吕西安·西蒙的文件。据他的统计，孙佩苍是1914年以后进入巴黎国立美术学院的第21位中国学生。

徐悲鸿入巴黎国立高等美术学院是在弗拉孟画室，1923年春从德国回来后重回此画室（不久成为吕西安·西蒙画室）。菲利普认为孙佩苍拜托徐悲鸿介绍，希望进入徐所在画室，从而有柯罗蒙的上述推荐函。孙佩苍选择吕西安·西蒙画室应该视为向徐悲

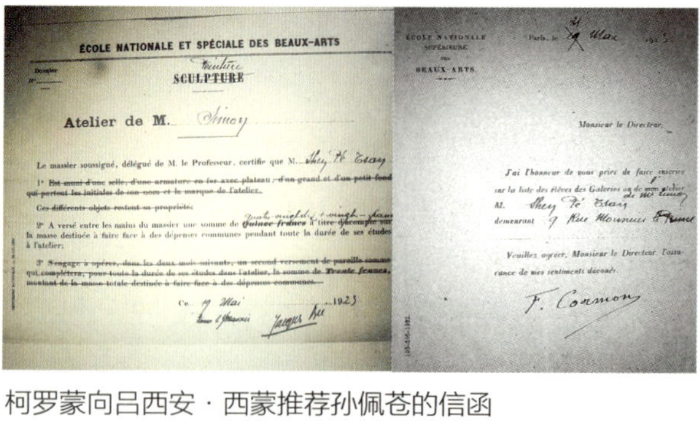
ÉCOLE NATIONALE ET SPÉCIALE DES BEAUX-ARTS

Peinture

~~SCULPTURE~~

Atelier de M. Simon

Le massier soussigné, délégué de M. le Professeur, certifie que M. Shey Pé Tsang

1° ~~Est muni d'une selle, d'une armature en fer avec plateau, d'un grand et d'un petit fond qui portent les initiales de son nom et la marque de l'atelier.~~

~~Ces différents objets restent sa propriété;~~

2° A versé entre les mains du massier une somme de ~~Quinze francs~~ à titre ~~d'acompte~~ sur la masse destinée à faire face à des dépenses communes pendant toute la durée de ses études à l'atelier;

3° ~~S'engage à opérer, dans les deux mois suivants, un second versement de pareille somme qui complètera, pour toute la durée de ses études dans l'atelier, la somme de Trente francs, montant de la masse totale destinée à faire face à des dépenses communes.~~

Ce 19 Mai 1923

Jacques Bic

ÉCOLE NATIONALE SUPÉRIEURE DES BEAUX-ARTS

Paris, le 31 Mai 1923

Monsieur le Directeur,

J'ai l'honneur de vous prier de faire inscrire sur la liste des élèves des Galeries ou de mon atelier M. Shey Pé Tsang demeurant 9 Rue Monsieur le Prince

Veuillez agréer, Monsieur le Directeur, l'assurance de mes sentiments dévoués.

F. Cormon

柯罗蒙向吕西安·西蒙推荐孙佩苍的信函

鸿“靠拢”，因为这个时期的其他学生已经开始选择其他的画室，特别是厄内斯特·劳伦特（Ernest Laurent）[7]画室，内有刘既漂（1901—1992）[8]和邱代明（1901—1939）[9]。

孙佩苍是自西蒙领导画室之后的第一个中国学生，但是这个画室已经包括了其他所有注册在弗拉孟画室并继续在西蒙画室学习的中国学生。包括徐悲鸿，还有毛宾（1897—1958）[10]和陈宏（1898—1937）[11]。

毛宾也是1920年11月7日与孙佩苍同船赴法勤工俭学的。他的名字在浙江的“俭学”内。他们二人相见，自会谈及当年那漂泊的36天吧。

菲利普的上述分析，不仅明确了孙佩苍进入巴黎国立高等美术学院的情况，也帮助我厘清了他与徐悲鸿在法国期间的交往，即在巴黎国立美术学院，他们同处吕西安·西蒙画室。

根据《蒋碧薇回忆录》记载，她与徐悲鸿1919年5月到巴黎，冬天去瑞士半年后，1920年春回法国，1921年春进入巴黎国立美术学院弗拉孟画室。当年暑假二人去柏林，在德国逗留二十个月。孙佩苍1920年12月13日由上海登陆马赛，他在法国不可能结识徐悲鸿。“天狗会”于1921年8月9日在巴黎成立，翌日信告在德国的徐悲鸿、蒋碧薇。8月中旬，“天狗会的成员，常玉、孙佩苍，后来也到了柏林”（《蒋碧薇回忆录》第63页）。这应是徐悲鸿和孙佩苍的初次见面。在德国期间，他们合伙做饭、到市场购买艺术品、集体旅行莱比锡和德累斯顿。徐孙二人已经了解各自志向，结为朋友。1921年9月徐悲鸿在弗烈德里赫博物馆临摹伦勃朗《第二夫人像》并赠与孙佩苍，足见其交往之深。因此徐悲鸿为孙佩苍入巴黎国立高等美术学院托请柯罗蒙系顺理成章之事，最终实现两人同在吕西安·西蒙画室学习。

读王震《徐悲鸿年谱长编》、荣宏君《徐悲鸿与刘海粟》等书，均记有徐悲鸿1920年5月入巴黎国立高等美术学院弗拉孟画室，1921年夏因学费等问题赴德国，在柏林等地逗留二十个月，1923年春回到巴黎，但弗拉孟该年3月去世，徐悲鸿师从弗拉孟只有一年多。以后徐悲鸿在哪个画室，迄今没有见过任何记录。菲利普的资讯第一次明确：1923年后，徐悲鸿在巴黎国立美术学院的吕西安·西蒙画室。

但是菲利普在上述文章中讲:“在1923年春，徐悲鸿最终回到巴黎时，又重新进入弗拉孟画室，导师离世后，徐悲鸿在接替弗拉孟的吕西安·西蒙画室里学习，但是徐悲鸿很少谈及吕西安·西蒙，特别是他没有提到过吕西安·西蒙是他在学院的导师。在徐悲鸿自述里提到的导师，学院内部是弗拉孟和柯罗蒙，学院外部是达仰－布弗莱和贝纳尔。”

翻阅登记册的吕西安·西蒙画室部分

但是在登记册的吕西安·西蒙画室1923年部分却没找到孙佩苍的名字。

吕西安·西蒙和画室的中外学生

施瓦茨教授给我一张吕西安·西蒙在画室与各国学生的照片，菲利普说后排右一女士为杨化光[12]，沈宁用一张1946年10月北平艺专合影比较后进一步确认，并告诉我，她是又一位留法学习美术的“东北老乡”。右四可能是陈宏或毛宾，有待确认。拍摄时间在1927年前后，那时徐悲鸿和孙佩苍已经离开巴黎国立高等美术学院。

《盛京时报》记载的孙佩苍自述中这样写道：

佩苍乃于民国九年秋，买舟西渡。是时，年已卅有一矣。虽炳烛之明，难比日中之光，顾视昧行，犹有闻耳。到法后，住巴黎近郊哥仑布专习法文。半年后，言语稍通，遂移居巴黎。上午在郭伯郎学校习画，下午习法文，夜间更在巴黎市立职工补习学校习画二小时。如是二年。乃于民国十二年春，考入巴黎国立美术专门学校绘画科选(按:疑为“选科”之误排)，在吕西羊·西蒙画室用功。(美校绘画教员，共有三人，听学生自择其师)。计在此校肄业凡四年，始将应习功课学习完后。绘画之根基。亦稍稍打定。更于休假时，赴各美术著名之地，阅览其所藏之图画。计除法国之外，曾列意、英、德、奥、比、俄、瑞士、荷兰、西班牙等国，共历名城约四十处，阅图书馆在百数以上。对于古今美术之情形，颇能知其梗概。于是欧游之心愿，至此完毕。

找到祖父在巴黎留学期间的记录有限，他在巴黎国立高等美术学院学习情况有待用进一步的资讯来完善。

菲利普告诉我，他有孙佩苍 1924 年在巴黎国立美术学院学习的记录，但只有在其研究发表时才可公布。

我想更能证实他在那里是否习得真才实学是看他的美术作品。

后面章节将会介绍。

在施瓦茨教授办公室

施瓦茨教授看过《青青子佩》画册，对其中一幅 Gibert 的油画《人体》很注意。便领我们到办公室，对照此画在电脑上查找，打印出一幅同一个模特儿角度略有不同的《人体》。

他说，这两幅画是在同一时间地点画的，你祖父收藏的这幅油画确实是罗马奖获得者 A · Gibert 在 1896

Marchetti《人体》

孙佩苍收藏A · Gibert《人体》

年的作品。

罗马奖颁奖厅（局部）

1666年由法兰西美术学院设立的罗马奖，是以美术专业学生为对象的最有权威性的历史画竞赛。这种竞赛在每年春季举行，选拔分三个阶段进行：首先赛者按宗教、神话或历史故事的规定命题进行油画习作，然后是男裸体习作。最后剩下的前十名学生再按规定命题在限定尺寸的画布上进行创作。获奖者可得到留学罗马五年的奖励，从而为将来成名奠定基础。罗马奖只授予本国学生。

施瓦茨教授很重视中法文化交流，是北京、上海和郑州举办的“大师与大师”展览的法方策展人之一。

他领我和徐平到走廊，打开一扇密封的窗子，让我们俯瞰环形的罗马奖颁奖厅。

同施瓦茨教授握手道别，互说再见。我相信会的，至少“大师与大师”在巴黎展时，我一定去。

2015年6月2日 星期二 巴黎

虽然感冒未发，昨日的奔波还是疲惫，上午休息。

巴黎的寻找告一段落，虽所获有限，也算不虚此行。决定明天去里昂。

电话通知马日新明天中午到，他让我下午三点以后到图书馆，并说在《中法大学季刊》（法文）里找到数条孙佩苍的报道。

阿豪中午做海鲜餐，我在厨房观赏了这位大厨的手艺。

打算预购明日火车票，徐平想了一下说，为减少以后交通住宿的不便，干脆把你余下的法国之旅一并解决吧。

她驾车带我到环亚旅行社，那里的职员都是华人，可以讲中文。按照我写好的行程单子，徐平帮我订了巴黎—里昂—尼斯的火车票，里昂、尼斯和巴黎机场酒店以及尼斯—巴黎机票。没想到这一项项的检索确认用了整整三个小时。我的电脑故障，手机未办（不会办）数据漫游又不会法语，如果没有徐平这一揽子预定，不知该吃多少苦呢。

2015 年 6 月 3 日 星期三 巴黎 里昂

徐平特意做了汤面，让我配着面包火腿吃饱。上午十点驾车送我到巴黎火车站，在那儿与她惜别。

里昂市立图书馆

火车 12:00 出发，不到两点便抵里昂。有关中法大学的文献中记载，当年从巴黎到里昂乘火车需六小时。

从里昂车站（Part Dieu）乘出租走了半个小时才到酒店（其实坐地铁只有两站路，地铁口离酒店只有五十米）。

告诉马日新酒店的位置，他说我们在 Part Dieu 车站旁，你可步行来。问需走多长时间，回答“Ten minutes”（十分钟）。

拿着地图，朝着 Part Dieu 车站方向走，过了十分钟，对照地图看街名，还离得很远。四十分钟后到达指定地点时已汗流浃背（以后听过数次“Ten minutes”，都理解成“不太远”或“不算近”）。

马日新早已备好文献

马日新出来一下便认出我（附近没亚洲人），一起到图书馆四层的中文部。除主任马日新，中文部还有一位在台湾进修过的雷橄榄先生，交谈自无障碍。我送过《寻找孙佩苍》两册、《青青子佩》画册和《潘玉良年谱》。他赠给《法国里昂市立图书馆馆藏里昂中法大学 1921 年至 1946 年中文书目》《里昂中法学院今与夕》《1921 里昂中法大学回顾展 1946》。

中法大学所有的档案文件都保存在市立图书馆，所有权归里昂第三大学。

一九二九年四月樊校长辞职临别纪念合影

无限制对外开放。复制者需签署协议，用作出版时需征得里昂第三大学认可。

签过协议，马先生推来小车，上面是预先为我准备好的文献。有祖父和姑姑在中法大学的档案、《中法大学季刊》和数张照片。

我兴奋不已，先看照片。七张原版照片有两幅祖父与程砚秋合影的已有，另有三幅内有祖父祖母和姑姑与李石曾先生合影是第一次见。上面这幅虽然没有他们，却可以按名对照认出 52 位历史人物，甚为珍贵。

我要求高清复制，即得允许。

孙佩苍档案编号 532，共 52 页。孙慧筠档案编号 360，共 23 页。用 Ipad 一一拍照。

沈宁告诉我祖父的东北同乡王静远留学法国，是中国第一位女雕塑家，还几次提到孙福熙[13]，也想复制这二人的档案。因已近下班，约定明天十点再来。

2015 年 6 月 4 日 星期四 里昂

十点到图书馆，王静远和孙福熙档案已备好，还有八幅王静远在里昂学习期间的雕塑作品照片，我要求也高清扫描。趁马先生有空闲，请他口述孙佩苍和孙慧筠档案内容。他逐页边阅边讲出中文，可惜手机不能录音，只能快记在本子上。直到午休。

在旁边的家乐福买了法棍三明治，坐在图书馆对面台阶上就着茶水吃下。

下午一点接着听记档案。马先生有事出去，便拍摄王静远档案（编号138，共24页）。马先生回来后继续口译档案。

姑姑档案里有在里昂的住址，马日新用Google地图立刻查到该楼房的照片。遗憾的是没找到祖父祖母在里昂的地址。

他将17张高清扫描的照片复制给我，按照规定每幅费用9欧元，经请示，总共象征性地收取4.6欧元。

中文部五点下班，但图书馆开到晚八点。他们走后我借来50本《教育部公报》，找到三条信息：

教育部公函 第三四号 二十年一月十七日

为拟派孙佩苍谢东发参加青年教育专家分委员会　由（后略）

教育部令 第四四一三号 二十一年六月十八日

兹派程其保杨廉郭有守李熙谋杭立武赴欧洲考察教育。此令。

行政院指令 第一五七二号 二十一年六月二十日

……聘任教育部长、中央研究院院长、北平研究院院长、驻德公使、暨陈树人、叶恭绰、刘海粟、高奇峰、徐悲鸿为柏林国术展览会筹备委员矣……

晚联系林建生，约明天中午见。

临别留影，左为雷橄榄先生

2015年6月5日 星期五 里昂

一早去图书馆，先将我存有的孙慧筠照片、北京中法大学资料和正在书写第二本书的三章草稿复制给马日新。接着请他口译王静远档案。

中午林建生开车来接我。午餐后到他的研究室，联系参观里大。他在电话里用法语絮絮讲了半个小时，是与中法大学历史展馆的管理员商议参观事。因明天的休息日在展馆的保险时间外，而且对方加班按法律必须得到准许才行。林说明天上午到酒店接我，进馆看展一事再商量。

我立即返回图书馆，拍照孙福熙档案（编号 136 共 28 页）和小说《大西洋之滨》封面与插图。

同马日新谈起中法大学展馆的事，他说不进去看也罢，展馆内所有的文献照片都是从我们这里复制的，你想看什么这儿应有尽有。

看完余下的《教育部公报》后，再借阅中文的《中法大学月刊》，找出并复制如下文件：

《巴黎大学专攻学院概况》刘厚　民国二十二年九月十五日

《民国二十一年度里昂中法大学学生考试成绩一览表》

《民国二十二年里昂中法大学学生分校表》

小说《从巴黎经过西伯利亚》孙福熙　民国二十年十一月一日

在市立图书馆三天的工作到此结束，收获之丰超出预想。感动之余，更有种冲动，绝不枉费他们的给予，将以有限之才，尽最大努力将这些历史片段梳理成文，公之于世。

离开图书馆到车站买了 7 日去日内瓦的车票。此行程是到里昂后添加的。祖父曾在日内瓦参加国联（联合国前身）的会议，我想追寻他的足迹。

到家乐福买了法棍、西红柿、方便面、鸡蛋、火腿和生菜。酒店房间里有冰箱灶台，可以自己烧水做饭。酒店大门和前台五点就关闭。洗衣只能用水冲。

天气很热，双肩背包里的胰岛素已经失效，好在每天走路消耗不少卡路里。血糖有时低，甜品随时携带。

里昂中法大学正门

2015 年 6 月 6 日 星期六 里昂

上午九点半林建生来酒店接我，再去接中法学院院长，八十二岁的流行病毒专家 Aymard 女士，按计划先参观中法大学旧址，再寻姑姑孙慧筠念书时的住处。

车子进入富尔维耶尔山丘的道路，行驶不久，停在一面黄褐色岩石高垒的围墙下，中法大学到了。林建生领我转到校门口，门上方刻有“中法大学 Institut Franco-Chinois”。

2014 年 3 月 26 日习近平主席到此访问前，校名被涂成金色。欢迎的标语还挂在里昂中法大学博物馆墙上。

中法大学校史展馆

教学楼

校园里的男女生宿舍、教学楼、办公楼与我看过的老照片相同，只有黑白彩色之别。它们是那样坚实挺拔，以不变的历史原貌骄傲地面对 21 世纪的阳光。

最想去的是祖父祖母和姑姑在高大陈旧墙下与程砚秋、李石曾等合影的地方。走到该地，方知道那斑驳陆离挂满沧桑的背景竟是古罗马时代引水渠的支架。

无法走进老照片的位置，那里被栅栏圈起。

里昂中法大学旧址归属于里昂大学。校园深处可见几座现代的教学办公楼。对于旧址被保存得如此完好，

1932年8月的合影

先辈们合影的地方

笔者姑姑孙慧筠在里昂的住宅

我并不惊奇。欧洲诸国每城每地莫不如此，珍惜传承以历史沉积为自豪者才有自尊与骄傲。

我在校园各处漫步，用脚底触及他们以往的足迹，不断地想象长辈们在此地的举止、相貌、表情。九十五年前爷爷单身赴法勤工俭学，奋斗七年载誉回乡，时隔整整十年，再携妻女来到此地，前后法国十年，这里已成为他的第二故乡。祖父与法兰西，绝不止于学习文学、美术与收藏，绝不限于国际教育，他一定还有许多鲜为人知的事迹。抬起头，与八十五年前的孙佩苍同享校园上空的蓝天，希冀他在天之灵给我启示。爷爷奶奶姑姑啊，知道我来了吗，不同的时空的我们能够彼此相望吗？……

走出校门，林建生和 Aymard 院长按照孙慧筠在学校注册上的地址，在起伏的山路盘旋寻找。向几位中年妇女打听后，终于找到 3 Rue du Manteau Jiune St-Just。这里距中法大学不远。姑姑没住在学校的女生宿舍。

看着那扇不太宽的门，想象出十九岁的姑姑进出的模样，那一页页发黄的档案浮现。

1930 年底祖父携祖母和姑姑来到这里，1934 年初回国前，将念完高中的姑姑送入中法大学。看过孙慧筠档案的马日新说她的法文很好。她一直来往于里昂—巴黎之间念书，我不知 1942 年初祖父的去世给她怎样的打击，这年年底，驻梵蒂冈公使托人给姑姑带了一笔钱，此君是谢寿康先生。（台湾“国家图书馆”《国史馆现藏民国人物传记史料汇编》第二十五集《谢寿康先生事略》

1927年的谢寿康先生（《良友》第22期）

介绍谢寿康于民国："三十一年夏，奉命开设驻教廷公使馆并受命为驻教廷特命全权公使"。）1942 年 1 月 3 日孙佩苍殁于成都后，身边的朋友、同事、学生一并散去并从此缄默不语，唯有此君不忘旧情。

谢先生有三子：正刚、诚刚、大刚，其后人必在，请接受我由衷的感激之情。

1945 年 7 月，姑姑和一位中法大学工学科留学生在巴黎中国大使馆举行婚礼，生有一男孩儿。1949 年 10 月 30 日，一家三口乘 La Marseillise 邮轮离开马赛回到成立不久的中华人民共和国。和我父母一样，对新政权充满向往。

听姐姐说姑姑常来家看我们，每次都带很多好吃的，可我未留任何记忆。唯有父亲档案里的一段文字道出她的结局："胞妹孙 XX（按：为慧筠），留法学生，去年春随夫返国，任职新闻总署外语学校。其父（按：疑为夫）任教于革大。为离婚于春服安眠药片自杀，曾起诉于法院。"

辛崇胜主编《北京外国语大学保卫志 1941—2001》"八、非正常死亡事故"有更具体的介绍："孙慧筠，女，33 岁（按：原文如此），东北沈阳人，我校法文组教员，于 1952 年 2 月 12 日夜服毒自杀。第二天早晨单位有人找她研究工作，推了半天门终于把门打开，发现孙衣服穿得很整齐，盖着毯子躺在床上，已不省人事，被送到校医院。经查服用了大量的安眠药，又将孙送到协和医院救治无效。"

死于 1952 年春的姑姑只活了三十七岁。

我对姑姑人生的悲叹伤感甚至超过对祖父的，因为《孙慧筠画像》中那天真浪漫的少女、同李石曾等人合影中那文静秀丽的女子和她最后结局之悲

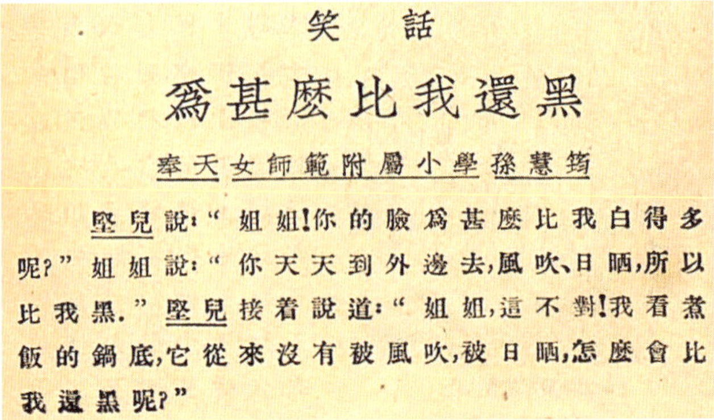

笑話

爲甚麼比我還黑

奉天女師範附屬小學孫慧筠

堅兒說:"姐姐!你的臉爲甚麼比我白得多呢?"姐姐說:"你天天到外邊去,風吹、日晒,所以比我黑."堅兒接着說道:"姐姐,這不對!我看煮飯的鍋底,它從來沒有被風吹,被日晒,怎麼會比我還黑呢?"

十三岁孙慧筠在1928年《小朋友》上发表的笑话

前排左起第三人是孙慧筠，长须持帽者为李石曾

中华民国二十六年十月十号国庆日里昂华侨救国会成立纪念摄影（在中法大学礼堂前）二排左起第三人为孙慧筠

惨反差太大了！

令我慰藉的是这几张具有历史文献价值的合影已经陈列于中法大学校史馆内，刊登于介绍中法大学的书籍、画册上。当人们看到这照片，或许会稍加留意到娴静文雅的她。

历史已将她记载，会比我们更远久地存在。

Aymard院长家里还有一位相依为命年过百岁的老母需照料，先送她回家，我们拥抱告别。同林建生在我所住酒店附近用餐，两人谈了近三个小时。讲到中法学院，林先生道出心中的纠结：他和中法学院教职员都是志愿者身份。1980年原里昂中法大学结束的三十年后，以同样的法文名字“Institut Franco-Chinois”（为区别，中文写作“中法学院”）成立，同样运作三十年后暂停，两代人让中法大学实现重生的壮举再度濒于破灭。为此他曾到国内奔走呼吁，期望得到支持却无结果。

听此语颇叹息，在我所见所闻中，对历史文化抱有真诚理想者虽有却鲜见，林建生和他中法学院的同事是这样的人，令我尊敬，也很同情。沉思良久对他说：回去后把中法大学—中法学院的事情写进我书里，虽影响有限，也算尽一份心。林建生很赞同，表示会提供所需资讯。（回来后完成，见本书第十七章《百年物语》）

下午两点回到酒店休息片刻，带上茶水和煮鸡蛋出门。在里昂只剩这半天闲时，该旅游一把了。毕竟这是法国第二大城市，还是世界人文遗产城市。

按照林建生建议，手持地图，径直西行，没多远就到步行购物大街，沿途商店摊贩挤挤插插，留出的通道只能并行两人。高声叫卖者面孔多为北非人模样，摆的都是小商品，其中不乏“中国制造”，尤以小电器为多。花五欧元买一手机充电器（回去用一次就坏了）。

穿离闹市，走过罗纳河的长桥即达贝勒库尔广场，在建于19世纪初的路易十四骑马雕像前驻足，拍照后再西进，即跨越索恩河，来到富维埃尔山前。这座山在里昂被称为“祷告山”。1998年被列为世界遗产的一部分。

地图上标着有爬山车，转了一会儿没找到，周边无人，也不好意思问路，便沿着阶梯走上。久疏锻炼的我紧把扶手强拉硬拽，越走越没劲儿，到半程的平台已上气不接下气，瘫靠着木栅栏大喘，看见谈笑风生的来往青年男女，

步行购物街

贝勒库尔广场

羞于被他们见到这副惨象，便直起腰身，佯装诺然，暗中讽笑自己之不量力。无奈已行半途，只得缓步登级，不时歇息。

途中见一耶稣像，被午后太阳的七彩光缭绕，不禁驻足，注视一番，似乎来些精气神。

终到山顶，俯瞰里昂，索恩罗纳两河被绿树遮盖，远望去，连绵的红屋顶布满全城，领略到15世纪到17世纪里昂的风貌。再远处便是Part Dieu火车站旁那座对我有路标意义的“铅笔楼”。

五色光下的耶稣像

取出茶水鸡蛋，坐在椅上点心一番，方才的低血糖征兆消失，疲惫亦消除大半。

到里昂后几次远眺山顶那座犹如童话里城堡的白色建筑是圣母大教堂，现在已在我跟前。

圣母大教堂正门朝西，沐浴着下午阳光。缓步走入后小心立在一边，生怕我这游客带来搅扰。往里走，并无人注视我，只在慢步交错时礼貌互让。没人像国内寺庙喋喋不休推销香火那样问我要不要蜡烛。有小贩，没有噪杂，可以静心地观看高大穹顶的壁画和五颜六色的窗玻璃。

古老而有朝气的里昂

去过科隆大教堂、巴黎圣母院等，都是进去环顾一番便出，今天却走到中部在长椅落座，不知怎的，觉得在这儿心绪宁静，想多待会儿。

在里昂任职三年的祖父一定来过这里，他一定细细观看过两侧和穹顶的壁画、立柱上的雕塑。没有资讯表明他是否信基督教或天主教，但他到此肯定会抱虔诚之心。从事教育多年的孙佩苍深知宗教与哲学的重要。

一位身着白袍的中年神父走到台前，开始吟唱圣歌，悦耳的男中音似从

里昂圣母大教堂

教堂内

穹顶传来，几曲后，坐在前二十排的人们站立起唱。这是我听到的最优美动人的男女混声无伴奏合唱，音质纯净，沉稳有控，透着发自内心的虔诚。

我站着，聆听一曲又一曲的天籁之音，一遍又一遍被感动。直至曲终，依然停留良久。

不知怎的，我很不合时宜地想起国内一些寺院的怪谬恶俗。

2015年6月7日 星期日 里昂—日内瓦—里昂

介绍中法大学的文献提到，当年里昂到日内瓦的车程是里昂到巴黎的三分之一，当日可以走个来回。

今天去日内瓦，一是没到过瑞士，二是因孙佩苍 1932 年 7 月 12 日在那里参加了“教育青年专家分委员会”。祖父与我这一先一后隔了八十三年。

洪岚在《九一八事变前后中国与国联的技术合作》中对孙佩苍在国联的任职有如下介绍：

> 1931 年 3 月 6 日，中国教育部次长陈布雷向国联秘书长建议中国与国联进行合作教育，请求国联援助中国重要大学与外国大学建立联系，包括医学、法学、政治学和自然科学方面交换专家教授……4 月 25 日宋子文邀请国联派顾问来华，援助改良中国教育制度。7 月国联为智育互助问题多次召集会议，包括国际智育互助委员会常年会议、国际宗旨教育青年分委员会会议、科学家专家委员会会议、国际智育学院执行委员会会议等。其中国联宗旨教育青年分委员会的中国委员是里昂中法大学校长、中国人孙佩苍，智育互助委员会的中国委员是吴稚晖。教育青年专家委员会的东方委员是日本人尼透（Nitobe），日籍委员回国后，我国力争由中国人填补空缺，经过多方努力，国联第 62 届行政院会议决定由孙佩苍接任。

孙佩苍所以能够成为这个委员，而且是中国人继日本人后作为东方委员，除了国民政府“力争”之外，他的教育、留学经历和外语能力，而且身处里昂中法大学的“时空优势”亦是重要因素。

列车在铺满农作物的丘陵间行驶三十分钟，进入绿色山谷。五十分钟后陆续穿入几个隧道，不知道是否进入瑞士。没有海关，也看不到植被有何区别，感觉像从北京的怀柔到密云。欧洲真是一体化了。

按照时刻表应 11:27 到日内瓦，可 11:35 了车还在开。坏了，是不是我上一站没下车？要是坐过站再返回日内瓦，连返回里昂的车没准都耽误了。只得忧心忡忡硬着头皮等车停。11:45 停靠一站，赶忙下车，看着地界较大，见人就问：这里是日内瓦？有个大湖吧？得到肯定才放下心。火车上曾不断有广播，都是法语，语言不通真难。

返程票是 18:00，方才车上的这一惊吓让我做出简化行程提前回车站的决定。

两次问过路人，确认日内瓦湖的方向，快步行进。街道两边商店的橱窗内挂满琳琅陆离的手表和军刀，有点儿瑞士之感。

十分钟后见到日内瓦湖，湖水湛蓝，应是洁净本色与蓝天倒影合成所致。湖中有一注高达几十米的喷泉。

日内瓦湖

湖边小亭售游船票，看好时刻表，买了 14:00 出发的。在树荫下等待，吃些零食。人生地不熟，不再打算寻找国联大会旧址，坐船转一圈亦不枉到此吧。便自我安慰地想，当年到这儿参加国联会议的委员们，也包括孙佩苍，一定先于我游过此湖，待会儿上船，便可追寻遗踪，怀古思幽了。

可游湖的两小时内我一点儿都没去“穿越”回 20 世纪 30 年代。就着啤酒，津津有味地吃掉海鲜套餐，与邻桌一位非洲裔女士相互拍照后走到甲板，观赏沿岸鳞次栉比大多雷同的楼宇、挤满人群的栈桥、探到水面的廊亭、划船戏水日光浴的游客。

17:00 前返回车站，老老实实等着回里昂的火车。

2015 年 6 月 8 日 星期一 里昂 尼斯

尼斯是普罗旺斯—阿尔卑斯—蓝色海岸大区阿尔卑斯滨海省首府、法国第五大城市，被誉为全欧洲最具魅力的滨海度假圣地。在书报上看见“尼斯”二字，脑中即现海滩、阳光、自由开放之景。我一直向往此地，因此安排了三天。

去尼斯的另一个理由也和祖父有关：1932 年他以里昂中法大学校长身份在这里参加了第六届世界新教育大会，我带着一张孙佩苍站在第一排与参会人士的合影（见本书第七章《沈阳纪行》），想寻找该场所。

这次会议由一个二十八人的国际委员会以及在法国的筹备委员会四十余人筹备。出席会议的共有一千八百人，代表五十二国。

> 虽在基本论点上会议中的领袖分为两派，但对于某些重要的问题亦有一致的意见。
>
> 第一，他们同意以为我们西方曾产出一个错误的教育，这种教育只是一种文字上书本上字句上的片断的教育。只注重而不注重全身的教育；一个从他时他人的文化中受继模仿而得的教育。有两种危险已由教育的不实际产生出来——白领（即长衫）阶级的过剩与社会各阶级的强分。
>
> 在教育改造上有一个必要的步骤，已有一具体着重之点，即社会一切机关之利用。这次会议中以为一个真正的教育，包含整个社会之真正的生活。故政府，农工商业，报纸，讲台，电影，播音机，

各种社会机关等等一切的社会生活，构成“教育”。人生各年——婴孩，幼年，青年，壮年，老年——都包含在内。如是，教育再不是个五小时一日，五日一星期，五十星期一年，由八岁至十二岁的“学校”教育了。这一点是很重要的。

第二，教育之最高目的是整个人格之发展，勇气，效能，快乐的个人的关系之产生，而防止或除却忧愁，犯罪的反应，斗争等。

第三，教育须训练学生具科学的思考，由自己作判断，避免偏见，批评事实，及低折宣传等等。

第四，教育须创立一当着重自己民族的文明的价值之时对别的观点与文明仍具有意识的及不断的同情与了解。

第五，教育须依儿童有目的的活动而行，须创造的而勿只是接受的，且须由学习的需要与生活情景搜集材料与活动。

第六，教育须能有效地建立下列各式的态度：

（A）有负担起一个互相倚赖的世界社会的责任。

（B）加速的变迁是意料中事，勿持成见时存虚心。

（C）愿意依目前的情形的需要而作根本的适应，而不与世浮沉或妥协。

（D）承认一切民族及国家皆是人类的一部分，无劣等的民族亦无优等的民族。(14)

孙佩苍在大会上可能发言，也许会有相关记录，遗憾的是尚未找到这次大会的档案。

由于第二次世界大战及后来的冷战，这些观点在很多地方未得以延续，八十七年前新教育思想在今天依然闪耀着光辉。

10:56 从里昂出发，途经马赛时一个劲儿看着港口。1920 年 12 月 13 日，祖父等 197 人在此登陆，踏上勤工俭学之路。

驶过马赛不久，列车沿着地中海沿岸向东北奔驰，经过土伦、戛纳。沿途陆续见到海滩，都不太宽，也没看见正规的浴场。

15:37 到尼斯，从车站出来，向一位军人打听旅馆位置，他用英语加手势清楚指明道路，这回是真正的“Ten minutes”，十分钟内走到。

Lausanne旅馆挺老的，房间很小，有个开放的阳台；木头电梯可能是19世纪的，按钮完全可进博物馆，外面是铁栅栏门。我学了几次才正确操作。

从前台要来一张市区地图，我问尼斯有无天体浴场，给我的回答是个坚定的“No”。照着服务生指的方向，沿着下坡的路走，十几分钟走到头，渡过海滨公路就是棕榈树荫遍布的英格兰海滨大道（Promenade des Anglais）。看见了被地中海一浪浪拍打的天使湾（Baie des Anges）。

说心里话，尼斯海滩令我有些失望，它很窄，像大连那样是卵石的。让我喜欢的是面对大海林立的欧陆式建筑风格的酒店，古典而高贵，觉得这才应该是尼斯的品位。

小心翼翼下水，地中海波浪的冲击使人很难站稳。不敢去深处，平行着海滩游上几个来回，躺在硬硬的卵石上日光浴。游人们大都做日光浴，下海游泳的人只是我等“一小撮”。

2015年6月9日 星期二 尼斯—摩纳哥—戛纳—尼斯

沿地中海岸，尼斯东北二十公里是摩纳哥，西北方向三十公里是戛纳。可以当日游览这两个地方。既然万里迢迢来到这儿，没有不去的道理。

上午先去摩纳哥。下火车后跟着人流顺着下坡走，不一会儿前面没人了，只好停住。见一家饭馆里走出一位抱着食品箱带着白帽的北非籍年轻人，便去问海边怎么走。此君听罢，走到一辆汽车前，放下箱子打开车门，取出一张地图，用笔画着“现在地”，再用几个箭头表明路线。接过地图连声道谢，他回了句祝旅游愉快。看来我是他的第N个问路者。

最先到的是蒙特卡洛赌场（Casino Monte-Carlo），没有进。我对赌场总有一种恐惧心理，尤其一个人时，走到门口观看都紧张。赌场外的三角广场右侧是有名的巴黎咖啡馆（Cafe de Paris），点了一杯啤酒，见旁边桌坐着一位亚洲中年妇女，得到允许后坐下。这是位日本游客，总算可以语言交流了。

她一个人来法国，不会外语。我问怎么行路买票住宿旅游，她拿出一本厚厚的法国旅游向导书，还有一个小本子，说按照向导书写在本上出示即可。我们聊了一阵，她介绍附近有旅游巴士可环游摩纳哥。

于是我们同乘巴士从东北到西南把1.95平方公里的城邦国转了个遍。

她也是走单骑来法国

依山傍海摩纳哥

袖珍精致依山傍海的山城，这是我的摩纳哥印象。

在摩纳哥车站买完到尼斯的票就后悔了，我本应经尼斯直接到戛纳嘛。

站台上向一位穿铁路制服的人说想补票到戛纳，那位连比画带说，意思是先上车。火车一启动，我便串着车厢询问补票处，竟找不到人。这好像是站站停的短途通勤火车，有趣的是推着自行车也能坐火车。

到戛纳了，我惴惴不安边往外走，边查看有无补票的地方。没有，真的没瞅见，就这样“溜”出了车站。逃票三十公里，法国人民，对不起了。

法国铁路大车站有检票机，进出小车站无人检查，凭自觉吧，但铁路方会抽查。我在尼斯附近的一个小站就看见出站口有十来号人围堵住两个无票者。

走到海滩第一眼看到的白色建筑就是著名的电影宫，地上印有诸多大腕明星的手印，让人想起这里的电影节和金棕榈大奖。电影宫后侧就是环城观光小火车始发处，花 10 欧元坐上，沿着海滨大道、棕榈滩、马丁内斯和卡尔顿等酒店一路观览各色海滩和布满豪华游艇的冈朵湾。戛纳的海滩是金黄色细沙，虽然规模比尼斯小，却尽显温柔怡人。小火车爬上老城顶端的全景瞭望台，在那里俯瞰山城和海滨的戛纳。整整一个小时的走马观花，戛纳给我一种理不清的印象，因为与想象的不一样，梦和现实总会不同吧。

明星手印

环城小火车

2015年6月10日 星期三 尼斯

我给旅馆前台小姐看那张世界新教育大会的老照片，背景像酒店，她认为与海边的皇家饭店（Hotel Royals）相似。

再次来到海滨，到这家饭店询问，对方讲不是，建议我到游客服务中心查询。

游客服务中心

沿海滨大道走五六百米找到服务中心，在一窗口递过照片说明来意，工作人员打开电脑一幅幅对照，排在我后面的游客很耐心，查询电脑的先生也不急不忙。在法国都是这样，在尼斯车站买票时，有一对年轻姑娘来回变更，我排半小时买完票，这俩丫头还在那儿，卖的、买的和等叫号的都心安理得。

二十分钟过去，这眼镜先生朝我一耸肩说声对不起，把照片还给我。给我一份地图，画上尼斯图书馆的位置和乘坐电车路线，建议我去那儿找。

十几分钟找到电车站，确认行驶方向。约十分钟电车来，上去第一件事是找卖票的，好像无人售票，却没看见投币箱。问身边一位男士如何解决ticket（票），又指着地图说要在那里下车。男士点头说OK，我便等着。走了两站，问他下一站到了吧，他点点头不说话，停车时拿出张卡一刷，是为我的。

道谢下车后，不住琢磨着没交通卡的游客该怎么乘车，到现在也没明白。

边走边打听，十五分钟到图书馆，玻璃门紧闭，细看，午休，14:00开。还得等一个多钟头。

买个三明治，找到附近一个三角形街头公园，在长椅上休息，拍拍街景，看看Ipad里的照片，打个盹儿。

图书馆里，我拿着老照片，用半拉子英文向一位女士说了一会儿，似乎她不懂英语，又找来另一位像是负责人的中年女士，终于明白了我的意图。她们找来所有20和30年代尼斯建筑的画册，我一张一张比对，一个钟头过去，翻看完了，没有。尼斯图书馆也没有第六次世界新教育大会的记录。

我没敢再坐电车，拿着地图径直朝南走，到了海滨就是熟路了。

走了一半多，见路边一橱窗内贴满楼宇图片，

尼斯图书馆

是家房屋中介，瞧里面没人，便离开。走出十来米，又不甘心，再返回，推门进去轻喊声 Excuse me，里面走出一位络腮胡子有点儿像欧美影片角色的中年人。得知我的诉求，二话不说，坐下用电脑查询。过了有十分钟，没结果，我先坐不住了。人家是卖楼的，没这个服务。见我欲起身，他劝我等等，再接着查。我预料不会有结果，却不失望，只觉歉疚和感激。

送我出来时他指着街道转弯处，说那边是警察局，不妨再问问。

房屋中介

警察

法国警察挺热情，他们相互研究了半天，甚至还有些争议。我借机拍照，身后一位女警大喝一声令我删除。尴尬之余，那位长着喜剧面孔的胖警官咕噜咕噜向我说了一大通，像法语又似英语，基本不懂。话音刚落，吹声口哨伸手朝前一指，意思大概是往那儿找。我乐了，法国警察好幽默，那儿我刚刚经过。

道谢之后，出于礼貌，我还是依他所指走过去。

回到旅馆打开 Ipad，意外发现有“被删除照片”项目，我将法国警察那张恢复，贴在本章。警察叔叔对不住了，原谅我善意的违约，必须要让读者看到好心的你们。

尼斯的寻找以无结果而终。几年的寻找中，落空失望是家常便饭，早已习惯。

可今天不觉得空手而归，这个，我和诸位都懂得。

2015 年 6 月 11 日 星期四 尼斯—巴黎

到巴黎只是转机，我的 2015 法国之旅到此结束。

飞机起飞时拍摄了尼斯。再见，自由美丽热情永不褪色的地中海明珠。

接过法国航姐送来的咖啡及红蓝白三色的伴侣套件，美美喝上一口，如释重负。六十九岁的我“万里走单骑”，终于走完寻找旅程。

由衷感谢一切在法国热忱助我的人，无论相识与否，无论在巴黎、里昂、尼斯还是日内瓦、戛纳、摩纳哥，无论在大学、图书馆、街道、旅馆，还是机场、

在机上鸟瞰尼斯

车站，总是得到一次次温暖的拥抱。

法兰西的拥抱！

2015年6月12日 星期五 巴黎—北京

旅法两周，不虚此行！

注释：

（1）马日新1998年毕业于北京大学中文系，获学士学位，2000年毕业于法国巴黎东方语言文化学院 / Institut national des langues et civilisations orientales（National Institute of Oriental Languages and Civilizations）。曾任台北利氏学社图书馆主任 / Taipei Ricci Institute。今任里昂市立图书馆中文部主任 / Biblioth è que municipale de Lyon, Fonds chinois （Lyon municipal library, Chinese collections）。

（2）菲利普·杰奎琳（Philippe Cinquini）（1969—　），杰奎琳文化艺术中心艺术总监。法国夏尔·戴高乐大学 – 里尔三大（Universite Charles de Gaulle–Lille 3–France）艺术史科目在读博士，艺术史学家。研究课题为民国时期（1912—1949）在法国留学的中国美术家。自1999年起居住在中国，从事文化教育领域相关工作。2013年至2014年担任上海中华艺术宫“上海与巴黎之间——中国现当代艺术展”学术支持；2014年至2015年相继担任在北京、郑州、上海举行“大师与大师——徐悲鸿与法国学院大家作品联展”的总策展人。数年来，陆续发表了一些引起媒体和中国研究学者广泛关注的文章。现正专注于策划以中法“远东”“留法”及中国留法学生活动为主题的文化遗产方面的展览项目。

（3）埃玛努埃尔·施瓦茨（Emanuel Schwartz），巴黎国立高等美术学院的文化遗产保藏人。该院曾见证了法国古迹纪念馆的诞生、发展和毁灭。 施瓦茨先生研究这座历经四个世纪的古老机构的历史，它是社会变革的催化剂、是美学和政治的论战中心、是诗意和浪漫情感的交汇点。施瓦茨先生曾参与或主持的重要展览：“从学院到舞会”（2001）、“神与凡人——有关荷马主题的收藏”（2004—2015，巴黎—普林斯顿）、从玛戈皇后到查鲁斯男爵的马拉给堤道（2007）。通过2014—2015年在美国和中国举办的展览，他也告诉观众们法国艺术如何向世界提供了一个共和教育的典范。

（4）费尔南德·柯罗蒙（Fernand Cormon）（1845—1924），出生在一个基督教家庭，其祖辈曾在里昂从事医职。1863 年在布鲁塞尔学习了一段时间绘画之后，进入巴黎国立高等美术学院，师从亚历山大·卡巴内尔。1868 年他的第一幅画在沙龙展出。在位于蒙玛特高地的克里希大街 104 号设立了柯罗蒙工作室。1897 年起，先后被任命为巴黎高等美术学指导教师以及油画教师，1898 年入选法兰西艺术院院士。1924 年 4 月 20 日，他在返回位于罗马街的寓所时因交通事故逝世。柯罗蒙的学生包括：图卢兹·劳特累克、文森特·凡·高、亨利·马蒂斯、徐悲鸿、林风眠等国内外大师。作品被收藏于法国奥赛博物馆、法国奥古斯丁博物馆、法国库唐斯博物馆、法国圣日耳曼博物馆、法国卢恩博物馆、法国维索尔市政厅、法国艾福勒博物馆、法国布列塔尼博物馆、法国那博纳艺术历史博物馆。

（5）吕西安·西蒙（Lucien Simon）（1866—1945），旧译吕西羊·西蒙。18 岁进入获罗马大奖艺术家朱尔·迪迪埃画室。服兵役后进入朱利安学院。弗朗兹·哈勒、提香、委拉斯贵支等是其导师，同代的德拉克罗瓦、马奈亦对其有强烈影响。1884 年《母亲的肖像画》获得沙龙荣誉奖。1890 年其作品在巴黎世界博览会获金奖，1893 年国家首次收购他的作品，自此名声外扬。曾参加“黑色群派”画家群体。1891 年与女画家雅妮·杜谢结婚，生有四子，均成为艺术家。1904 年创作《画室的夜晚》获第十届年度展览会一等奖。一战期间被公认为第一流画家。西蒙乐于画宗教或世俗的露天庆祝场面，色彩明亮丰富，功底扎实，技艺精湛。著名作品有《士兵归来》《赛神会》《舞蹈课》《泉水边的瑙西卡》《沐浴中的布列塔尼女人们》等和多幅大型板壁画、油画。1927 年成为法兰西研究院院士。1923 年接替弗拉孟在巴黎国立高等美术学院任教授和绘画主任，直至 1937 年，其间获得极佳声誉。因工作劳累疾病缠身，于 1945 年 10 月 13 日辞世，葬于布列塔尼孔布里墓地，享年七十九岁。

（6）弗朗索瓦·弗拉孟（Francois Flameng）（1856—1923），出生在巴黎，父亲是著名的版画雕刻艺术家，在巴黎国立高等美术学院师从卡巴内尔。1875 年，弗拉孟首次参加巴黎法国艺术家沙龙展出，并成为“美好年代”期间赫赫有名的艺术家之一。1879 年，他以作品《吉伦特派的征召》荣获沙龙大奖，为 1900 年万国博览会作装饰画《机械展示馆的大宴会厅》而名声赫赫。1881 年又以《巴士底狱的获胜者》获法国艺术家沙龙奖。1905 年，入选法兰西研究院院士并任巴黎国立高等美术学院画室主任。弗拉孟是徐悲鸿的第一任导师。作为杰出的历史题材绘画大师，同时又是受宫廷追捧的肖像画家，他在 1914 年至 1918 年间创作的作品以其对战争场面的细致入微的描绘和人性化表达吸引了徐悲鸿的关注。代表作《泰晤士河上》，曾受到法国作家莫泊桑赞扬。主要作品还有《加斯东・梅尼耶夫人》《贝塞奇的塞姆，追忆阿斯科》《战场上的穆拉》《泽纳伊代・尤苏波夫公主和她的两个儿子》《奥古斯特・罗丹肖像》《维多利亚女皇在位六十周年庆典》《比佐将军肖像》、组画《拿破仑一生中的几个阶段》等。

（7）厄内斯特・劳伦特（Ernest Laurent）（1859—1929），是法国著名印象派画家。他在巴黎国立高等美术学院学习绘画，师从亨利・莱曼（Henri Lehmann）。1889 年，凭借作品《耶稣和瘫子》（*Le Christ et le Paralytique*）获得罗马大奖。从 1896 年开始，他侧重于女性肖像绘画。1919 年，入选法兰西美术学院，并从这一年起至 1929 年，担任巴黎国立高等美术学院教授。他的印象派绘画技法娴熟，尤其注重女性形象的展现，将花朵的脆弱与女性内心的秘密相结合。此外，强烈的宗教信仰亦体现在他大部分作品中。

（8）刘既漂（1901—1992），原名元俊，广东兴宁人。1914 年考上县立中学，成绩俱优，偏爱美术。1917 年至 1920 年在上海就读中华艺术大学。1921 年报考官费留学法国，1922 年在巴黎学习法语，1923 年考入里昂大学美术系，攻读西洋美术，选修建筑学。1926 年学成回国。1927 年任国立杭州艺术专科学校教务长兼建筑设计系主任。1929 年在上海与李石曾之子宗侃合办大方建筑公司。1935 年至 1938 年设计兴建广东军事重地，被授予中将军衔。解放战争爆发前出售京沪房产携眷去美国，经营农场失败。在杰克逊某企业任建筑设计工程师。1978 年退休移居英国曼彻斯特，1992 年病逝，终年九十一岁。

（9）邱代明（1902—1939），四川达县人，上海青年会中学毕业。1920 年入上海美专西洋画科学习，1921 年 4 月退学，赴法留学六年，毕业于巴黎高等美术学校。回国后历任上海美专、暨南大学、广州市立美术学校教授，《美术界》创刊号刊载：时值任教于国立艺专的校友邱代明 1939 年 3 月 9 日于重庆寓所为匪徒所害，不幸英年早逝。

（10）毛宾（1897—1958），字叔鸿，浙江丽水市城关镇人，家住上真殿弄。自幼聪颖爱好绘画。1920 年从上海美术专科学校毕业，同年 11 月乘法国邮船博尔多斯号赴法勤工俭学，入巴黎国立高等美术学院，攻读西洋美术。1928 年受刘海粟之聘，任上海美术专门学院教授。后任国立北平大学艺术学院教授，讲授西洋美术。在北京期间住西单白庙胡同，家中自设画室，授课之余常聘请模特儿与学院同事切磋技艺。所绘作品以写实为主。1932 年偕同丽水同乡再度赴法，从事绘画并以卖画为生。长期侨居法国，1958 年去世。

（11）陈宏（1898—1937），原名肇宏，广东省海丰人，著名画家、美术教育家。青年时代留学国立巴黎高等美术学院。毕业后历任上海美专、新华艺专、广州美专教师。在国内外举办过多次画展。1933 年到广西，任南宁一中教师。1934 年任广西教育厅艺术专科视察员，同年 4 月在南宁发起并创立广西美术会并任会长。1935 年 11 月主办徐悲鸿画展，1936 年 7 月与徐悲鸿、马万里、沈樾等筹备广西首届美术展览。1937 年 2 月在桂林举办个人写生画展。1937 年 5 月 1 日，随省视察团到广西雷平考察学校艺术教育时，不慎溺水身亡。

（12）杨化光（1905—1993），女，辽宁省建平县人，1929 年入法国巴黎国立高等美术学院吕西安·西蒙画室。1933 年回国，在北京中山公园举办“杨化光旅法归国个人画展”。在北平国立美术专科学校、京华美术专科学校任油画教授。1937 年去四川，常有作品参展。1942 年其油画《庭园》参加全国美展并为教育部购藏。1946 年加入徐悲鸿任会长的北平美术家协会。1953 年在天津大学建筑系任教，1956 年加入“九三学社”。1962 年起任建筑系美术教研室主任。20 世纪 60—80 年代均有作品参加京津沪和全国美展。系中国美协会员，天津市文联历届委员，天津市美术家协会理事。

（13）孙福熙（1898—1962），字春苔，曾用笔名丁一、春苔、寿明斋。浙江绍兴人，现代散文家、美术家。1912 年小学毕业，1915 年从浙江省立第五师范学校毕业后在县立敬敷学校初小任教。1917 年任师范附小主任。1919 年到北京大学图书馆，在李大钊领导下工作，并在北大文史哲各系选课旁听。1920 年由蔡元培介绍赴法工读，1921 年入里昂中法大学，在里昂国立美术学院学习。1928 年任杭州艺专教授。1930 年至 1931 年再赴法在巴黎大学选听艺术理论。回国后继任杭州艺专教授。1937 年到武汉参加中华全国文艺界抗敌协会，1938 年返乡在稽山中学代理校长，再到昆明任友仁难童学校任校长，兼任国立东方语言专科学校过问、法文教员，教务主任。1946 年到上海以卖画为生。1948 年任浙江大学文学院教授。

1949 年后任上海中学校长。1952 年加入作家协会。1951 年至 1957 年在北京人民教育出版社任编辑。

（14）《教育研究（广州）》1932 年第四十期《第六次世界新教育会议要点》，廖鸾扬译自 Harold Rugg 原著 *The New Era in Home and School Seht 32*（沈宁先生提供）。

第十四章

孙佩苍在里大

第十四章　孙佩苍在里大

里昂大学为法政府以庚子赔款所办。所聘校长，尽为中国名流。吴稚晖李石曾等均曾充任该校校长。现因吴李等不能兼顾，国府乃派孙氏前往接冲。考孙氏毕业于法国巴黎美术专门学校，前后居法国八年之久，为常时留法学生中之翘楚，对法国教育极为接近。

——1930 年 9 月 30 日《盛京时报》

在我的《寻找孙佩苍》《中法大学》一章中，由于资讯极为缺乏，只找到 1932 年程砚秋访问中法大学的报道及合影，对孙佩苍任职校长的信息仅缘于网友的询问，对中法大学更是知之甚少。

2015 年，在沈阳，尤其是去法国的寻找，使我比较全面地了解了祖父从赴任、工作到离任的全过程，并且了解了中法大学的前世今生。

1921 年 7 月 8 日，中法签署《里昂大学与中国大学联合会协定》（简称《中法协定》）、《中法大学协会章程》和《里昂中法大学组织条例》三个文件。根据这些文件的规定，里昂中法大学（简称“里大”）由同日成立的中法大学协会管理，协会总部设在里昂大学，由发起会员、创办会员、普通会员、名誉会员组成。协会的最高权力机关为董事会。由它负责里大的财务和行政管理。为体现中法平等的原则，除常务董事会由四名法方人士和三名中方人士组成外，其余组织的会员和会长都是中法各半。

此外文件还规定里昂中法大学校长一职由中方担任。

> 里昂中法大学的校长虽然权利有一定限制，但因校长关系到左右上下，他的缺席，势必影响学校的正常运转。对此，里大的学生和法方都表示过不满。当 1922 年吴稚晖离开里大后，里大的学生就曾多次致函蔡元培等，呼吁迅速设法解决校长问题，指出：“若长此不谋补救之方，意外事故之发生，势将不免。”中法大学协会和法国外交部则曾酝酿修改合同，将校长更换成法国人。

（葛夫平[1]《关于中法大学的几个问题》）

这个问题迟迟未决，在孙佩苍就职前，正式任命的里昂中法大学中方校长竟有近八年的“空缺”，这期间分别由他人代理，或让法国方面担任校长职务。甚至在 1930 年 2 月到 12 月，校长一职完全空位。

对于孙佩苍的任职，各方比较重视。

1930 年 6 月 30 日，里昂中法大学秘书长刘厚[2]致函法方校长，Shu Tinghou 和孙佩苍有资格任职中方校长，由于前者不能离开现职，故介绍后者。孙佩苍 1908 年以考试第一的优异成绩毕业于天津北洋优级师范学校[3]；1908—1919 年在数个学校任教师、教务长和视学。1920—1925 年在巴黎索邦（SORBONNE）大学和巴黎国立高等美术学院学习文学、艺术和艺术批评。1926 年回国，任东北大学教授。李麟玉[4]讲与孙佩苍相识已久，该人积极率直聪明，做事掌握分寸，非常喜欢法国文化，值得推荐。若法方同意即可到任。

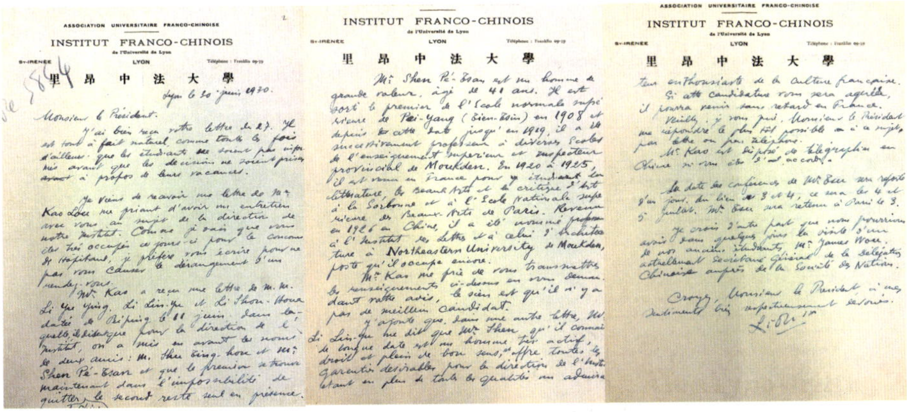
ASSOCIATION UNIVERSITAIRE FRANCO-CHINOISE
INSTITUT FRANCO-CHINOIS
de l'Université de Lyon
St-IRÉNÉE LYON Téléphone : Franklin 09-19
里 昂 中 法 大 學

Lyon le 30 juin 1930.

Monsieur le Président.

J'ai bien reçu votre lettre du 27. Il est tout à fait naturel, comme toutes les fois d'ailleurs, que les étudiants ne soient pas informés avant que les décisions ne soient prises à propos de leurs vacances.

Je viens de recevoir une lettre de Mr Kao Lou me priant d'avoir un entretien avec vous au sujet de la direction de notre Institut. Comme je sais que vous êtes très occupé ces jours-ci pour le concours des Hôpitaux, je préfère vous écrire pour ne pas vous causer le dérangement d'un rendez-vous.

Mr Kao a reçu une lettre de MM. Li Yu-ying, Li Lin-yu et Li Shou-houa datée de Peiping le 11 juin dans laquelle il distingue pour la direction de l'Institut, on a mis en avant les noms de deux amis : M. Shu Ting-hou et Mr Shen Pé-tsan et que le premier se trouve maintenant dans l'impossibilité de quitter, le second reste seul en présence.

Mr Shen Pé-tsan est un homme de grande valeur, âgé de 41 ans. Il est sorti le premier de l'École normale supérieure de Pei-yang (Tien-tsin) en 1908 et depuis cette date jusqu'en 1919, il a été successivement professeur à diverses Écoles de l'enseignement supérieur et inspecteur provincial de Moukden. En 1920 à 1925, il est venu en France pour y étudier la littérature, les Beaux Arts et la critique d'art à la Sorbonne et à l'École Nationale supérieure des Beaux-Arts de Paris. Revenu en 1926 en Chine, il a été nommé professeur à l'Institut des Lettres et à celui d'Architecture à Northeastern University de Moukden, poste qu'il occupe encore.

Mr Kao me prie de vous transmettre les renseignements ci-dessus en vous demandant votre avis, le sien est qu'il n'y a pas de meilleur candidat.

J'ajoute que, dans une autre lettre, Mr Li Lin-yu me dit que Mr Shen qu'il connaît de longue date est un homme très actif, droit et plein de bon sens, et offre toutes les garanties désirables pour la direction de l'Institut étant en plus de toutes les qualités un admirateur enthousiaste de la culture française.

Si cette candidature vous sera agréée, il pourra venir sans retard en France.

Veuillez, je vous prie, Monsieur le Président me répondre le plus tôt possible à ce sujet, par lettre ou par téléphone.

Mr Kao est disposé de télégraphier en Chine si vous êtes d'un accord.

La date des conférences de Mr Tsai sera reportée d'un jour, au lieu du 3 et 4, ce sera les 4 et 5 juillet. Mr Tsai sera retenu à Paris le 3.

Je crois d'autre part que nous pourrions avoir dans quelques jours la visite d'un de nos anciens étudiants, Mr James Wou, actuellement Secrétaire Général de la délégation Chinoise auprès de la Société des Nations.

Croyez, Monsieur le Président, à mes sentiments bien respectueusement dévoués.

Li Ou

刘厚函件（里昂市立图书馆档案532-2）

7 月 11 日，法方负责人致函驻法大使高鲁[5]，称虽不认识孙佩苍，但接受推荐，望其尽快到任。

9 月 5 日，中国驻法使馆致里大管理协会，祝贺孙佩苍任职。

9 月 25 日，孙佩苍从沈阳乘“南满”铁路列车赴北平会见友人并到南京晋谒政府部门（详见本书第七章《沈阳纪行》）。

11 月 4 日，李石曾[6]在北平发函通知法方，孙佩苍已于 10 月 25 日乘博尔多斯号（Porthos）启程。

十年前，即 1920 年 11 月 7 日孙佩苍从上海赴法勤工俭学，乘的也是这

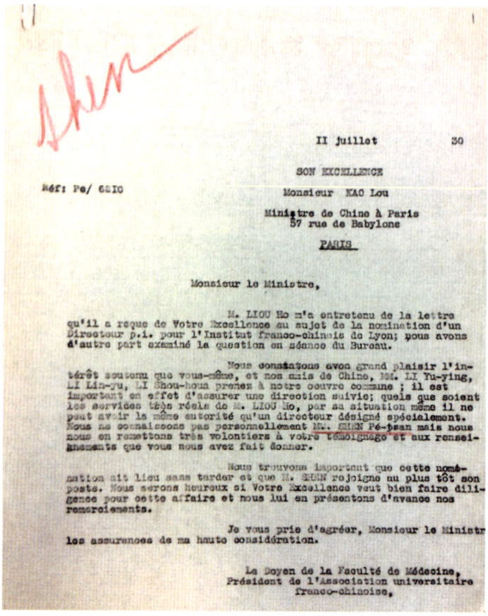

Réf: Pe/ 6210

II juillet 30

SON EXCELLENCE

Monsieur KAO Lou

Ministre de Chine à Paris
57 rue de Babylone

PARIS

Monsieur le Ministre,

M. LIOU Ho m'a entretenu de la lettre qu'il a reçue de Votre Excellence au sujet de la nomination d'un Directeur p.i. pour l'Institut franco-chinois de Lyon; nous avons d'autre part examiné la question en séance du Bureau.

Nous constatons avec grand plaisir l'intérêt soutenu que vous-même, et nos amis de Chine, MM. LI Yu-ying, LI Lin-yu, LI Shou-houa prenez à notre oeuvre commune ; il est important en effet d'assurer une direction suivie; quels que soient les services très réels de M. LIOU Ho, par sa situation même il ne peut avoir la même autorité qu'un directeur désigné spécialement. Nous ne connaissons pas personnellement M. SHEN Pé-tsan mais nous nous en remettons très volontiers à votre témoignage et aux renseignements que vous nous avez fait donner.

Nous trouvons important que cette nomination ait lieu sans tarder et que M. SHEN rejoigne au plus tôt son poste. Nous serons heureux si Votre Excellence veut bien faire diligence pour cette affaire et nous lui en présentons d'avance nos remerciements.

Je vous prie d'agréer, Monsieur le Ministr les assurances de ma haute considération.

La Doyen de la Faculté de Médecine,
Président de l'Association universitaire franco-chinoise,

致高鲁函（里昂市立图书馆档案532-1）

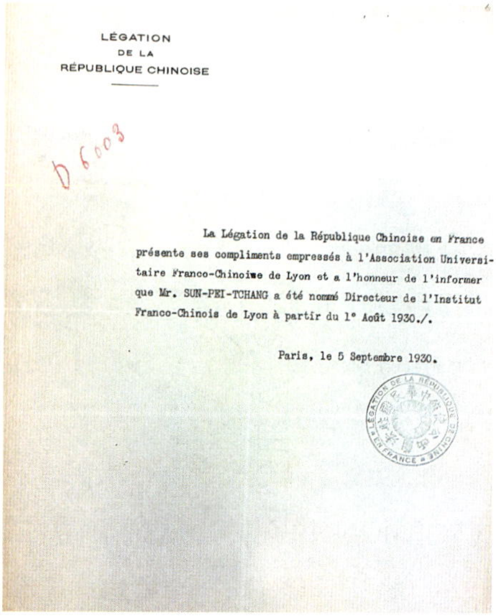

LÉGATION
DE LA
RÉPUBLIQUE CHINOISE

La Légation de la République Chinoise en France présente ses compliments empressés à l'Association Universitaire Franco-Chinoise de Lyon et a l'honneur de l'informer que Mr. SUN-PEI-TCHANG a été nommé Directeur de l'Institut Franco-Chinois de Lyon à partir du 1° Août 1930./.

Paris, le 5 Septembre 1930.

驻法使馆函件（里昂市立图书馆档案532-6）

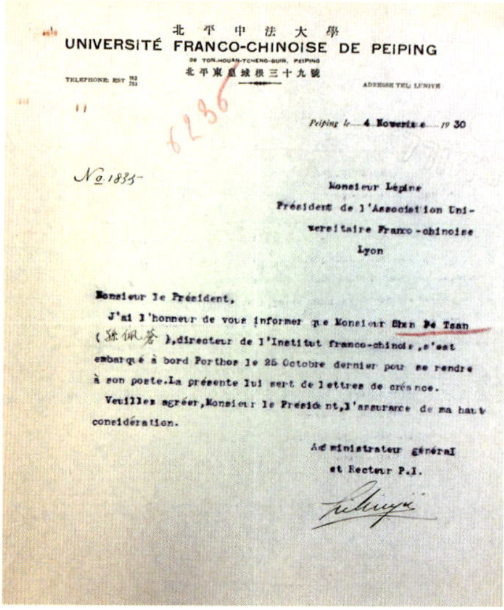

北平中法大學
UNIVERSITÉ FRANCO-CHINOISE DE PEIPING
39 TON-HOUAN-TCHENG-GUIN, PEIPING
北平東皇城根三十九號

TELEPHONE: EST 783

ADRESSE TEL: LUNIVE

Peiping le 4 Novembre 1930

No.1835

Monsieur Lépine
Président de l'Association Universitaire Franco-chinoise
Lyon

Monsieur le Président,

J'ai l'honneur de vous informer que Monsieur Shen Pé Tsan (孙佩苍), directeur de l'Institut franco-chinois, s'est embarqué à bord Porthos le 25 Octobre dernier pour se rendre à son poste. La présente lui sert de lettres de créance.

Veuillez agréer, Monsieur le Président, l'assurance de ma haute considération.

Administrateur général
et Recteur P.I.

李石曾函（里昂市立图书馆档案532-8）

舰博尔多斯号，他和另外196人挤在四等舱在海上漂泊37天。此次携夫人和长女风光赴任，可谓十年河东十年河西。

12月1日，孙佩苍就任里昂中法大学校长。

12月6日，法方对孙佩苍对于是否有权批款与之发生争执，法方认为原有规定不得改变，怀疑中方夺权。（里昂市立图书馆档案532-10）

12月25日，学校的学生送给新的校长（孙佩苍）茶叶以庆祝他的到来。主席Lépine先生对未能出席表示了歉意。Tchao Yen-lai先生委托学生们以同事们的名义欢迎校长。接着校长先生发表讲话，感谢学生们并且给予他们一些建议。他对学生们讲“法语的提高，是你们所掌握的学习方法中所有基础的第一要素。有关健康问题，有两种不良倾向发生在学生中：因学习而忽略健康，以及因过度用功导致危害健康。对学生以不同专业分组，可使大家彼此相处更亲密，这比以往任何时候更有必要，因为各位回国后散在各地，惟有精神的交流能实现完美的聚集”。（《里昂中法大学季刊》1931 年第 1 期第 37 页和第 38 页）

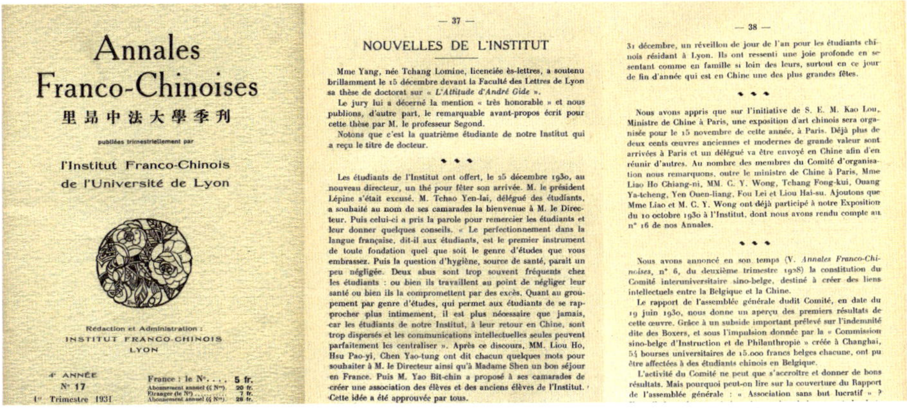

Annales
Franco-Chinoises
里昂中法大學季刊
publiées trimestriellement par
l'Institut Franco-Chinois
de l'Université de Lyon

Rédaction et Administration :
INSTITUT FRANCO-CHINOIS
LYON

4e ANNÉE
No 17
1er Trimestre 1931

France : le No.... 5 fr.
Abonnement annuel (4 Nos). 20 fr.
Etranger (le No) .... 7 fr.
Abonnement annuel (4 Nos). 28 fr.

— 37 —

NOUVELLES DE L'INSTITUT

Mme Yang, née Tchang Lomine, licenciée ès-lettres, a soutenu brillamment le 15 décembre devant la Faculté des Lettres de Lyon sa thèse de doctorat sur « *L'Attitude d'André Gide* ».

Le jury lui a décerné la mention « très honorable » et nous publions, d'autre part, le remarquable avant-propos écrit pour cette thèse par M. le professeur Segond.

Notons que c'est la quatrième étudiante de notre Institut qui a reçu le titre de docteur.

* * *

Les étudiants de l'Institut ont offert, le 25 décembre 1930, au nouveau directeur, un thé pour fêter son arrivée. M. le président Lépine s'était excusé. M. Tchao Yen-lai, délégué des étudiants, a souhaité au nom de ses camarades la bienvenue à M. le Directeur. Puis celui-ci a pris la parole pour remercier les étudiants et leur donner quelques conseils. « Le perfectionnement dans la langue française, dit-il aux étudiants, est le premier instrument de toute fondation quel que soit le genre d'études que vous embrassez. Puis la question d'hygiène, source de santé, parait un peu négligée. Deux abus sont trop souvent fréquents chez les étudiants : ou bien ils travaillent au point de négliger leur santé ou bien ils la compromettent par des excès. Quant au groupement par genre d'études, qui permet aux étudiants de se rapprocher plus intimement, il est plus nécessaire que jamais, car les étudiants de notre Institut, à leur retour en Chine, sont trop dispersés et les communications intellectuelles seules peuvent parfaitement les centraliser ». Après ce discours, MM. Liou Ho, Hsu Pao-yi, Chen Yao-tung ont dit chacun quelques mots pour souhaiter à M. le Directeur ainsi qu'à Madame Shen un bon séjour en France. Puis M. Yao Bit-chin a proposé à ses camarades de créer une association des élèves et des anciens élèves de l'Institut. Cette idée a été approuvée par tous.

— 38 —

31 décembre, un réveillon de jour de l'an pour les étudiants chinois résidant à Lyon. Ils ont ressenti une joie profonde en se sentant comme en famille si loin des leurs, surtout en ce jour de fin d'année qui est en Chine une des plus grandes fêtes.

* * *

Nous avons appris que sur l'initiative de S. E. M. Kao Lou, Ministre de Chine à Paris, une exposition d'art chinois sera organisée pour le 15 novembre de cette année, à Paris. Déjà plus de deux cents œuvres anciennes et modernes de grande valeur sont arrivées à Paris et un délégué va être envoyé en Chine afin d'en réunir d'autres. Au nombre des membres du Comité d'organisation nous remarquons, outre le ministre de Chine à Paris, Mme Liao Ho Chiang-ni, MM. C. Y. Wong, Tchang Fong-kui, Ouang Ya-tcheng, Yen Ouen-liang, Fou Lei et Liou Hai-su. Ajoutons que Mme Liao et M. C. Y. Wong ont déjà participé à notre Exposition du 10 octobre 1930 à l'Institut, dont nous avons rendu compte au no 16 de nos Annales.

* * *

Nous avons annoncé en son temps (V. *Annales Franco-Chinoises*, no 6, du deuxième trimestre 1928) la constitution du Comité interuniversitaire sino-belge, destiné à créer des liens intellectuels entre la Belgique et la Chine.

Le rapport de l'assemblée générale dudit Comité, en date du 19 juin 1930, nous donne un aperçu des premiers résultats de cette œuvre. Grâce à un subside important prélevé sur l'indemnité dite des Boxers, et sous l'impulsion donnée par la « Commission sino-belge d'Instruction et de Philanthropie » créée à Changhai, 54 bourses universitaires de 15.000 francs belges chacune, ont pu être affectées à des étudiants chinois en Belgique.

L'activité du Comité ne peut que s'accroître et donner de bons résultats. Mais pourquoi peut-on lire sur la couverture du Rapport de l'assemblée générale : « Association sans but lucratif » ?

《里昂中法大学季刊》1931年第1期第37页和第38页

12 月 31 日，孙佩苍夫人和刘厚秘书长为在里昂的中国学生准备了一场年夜饭。他们感受到了一种深深的快乐，感觉就像身在离他们如此遥远的家中，特别是年末的这一天，在中国是最盛大的节日之一。

1931 年

1 月 8 日，孙佩苍要求秘书尽快提供学生名单、1930 年考试成绩以及每个地区学生的情况。这是目前找到孙佩苍就任后的第一个文件。

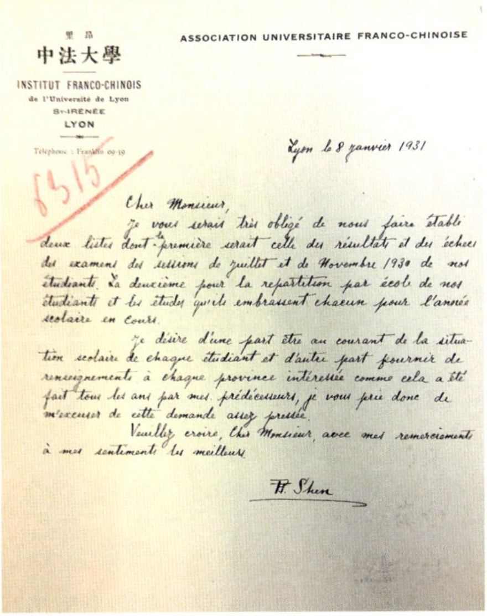

里昂
中法大學
INSTITUT FRANCO-CHINOIS
de l'Université de Lyon
St-IRÉNÉE
LYON
Téléphone : Franklin 09-39

ASSOCIATION UNIVERSITAIRE FRANCO-CHINOISE

8515

Lyon le 8 janvier 1931

Cher Monsieur,

Je vous serais très obligé de nous faire établi deux listes dont la première serait celle des résultats et des échecs des examens des sessions de Juillet et de Novembre 1930 de nos étudiants. La deuxième pour la repartition par école de nos étudiants et les études qu'ils embrassent chacun pour l'année scolaire en cours.

Je désire d'une part être au courant de la situation scolaire de chaque étudiant et d'autre part fournir de renseignements à chaque province intéressée comme cela a été fait tous les ans par mes prédécesseurs, je vous prie donc de m'excuser de cette demande assez pressée.

Veuillez croire, Cher Monsieur, avec mes remerciements à mes sentiments les meilleurs.

H. Shen

里昂市立图书馆档案532-12

1 月 17 日，教育部公函第三四号批准孙佩苍、谢东发为参加国联青年教育专家分委员会中国委员。（详见本书第二章《学者沈宁》）

10 月 9 日，《里昂进步报》报道：

由于中国惨烈的国内状况，里昂中法大学的学生举办茶话会庆祝共和宣言在中国发表二十年周年。

在礼貌的欢迎之后，孙佩苍校长讲述了萦绕于中国人内心巨大的悲伤，这一悲伤也唤起了文明人积极的同情。他动人的恳求总结在此般的话语中：“在中国洪水摧毁了几百万的生命并且把千万人置于苦难之中，这给所有中国学生心中带来了巨大的忧虑，从沈阳传来的新消息，被日本人野蛮地入侵，不止一次牵动着我们的神经。”

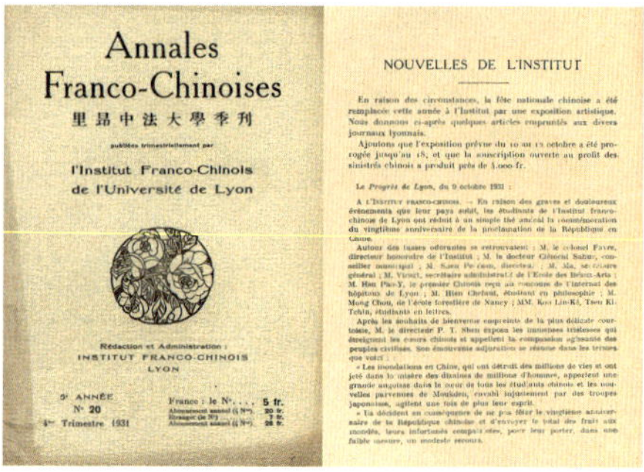
Annales
Franco-Chinoises
里昂中法大學季刊
publiées trimestriellement par
l'Institut Franco-Chinois
de l'Université de Lyon

Rédaction et Administration :
INSTITUT FRANCO-CHINOIS
LYON

5e ANNÉE
N° 20
4me Trimestre 1931

France : le N°. . . . 5 fr.

NOUVELLES DE L'INSTITUT

En raison des circonstances, la fête nationale chinoise a été remplacée cette année à l'Institut par une exposition artistique. Nous donnons ci-après quelques articles empruntés aux divers journaux lyonnais.

Ajoutons que l'exposition prévue du 10 au 12 octobre a été prorogée jusqu'au 18, et que la souscription ouverte au profit des sinistrés chinois a produit près de [illegible] fr.

Le Progrès de Lyon, du 9 octobre 1931 :

A L'INSTITUT FRANCO-CHINOIS. — En raison des graves et douloureux événements que leur pays subit, les étudiants de l'Institut franco-chinois de Lyon ont réduit à un simple thé amical la commémoration du vingtième anniversaire de la proclamation de la République en Chine.

Autour des tasses odorantes se retrouvaient : M. le colonel Favre, directeur honoraire de l'Institut ; M. le docteur [illegible] Sabur, conseiller municipal ; M. [illegible], directeur ; M. Ma, secrétaire général ; M. [illegible], secrétaire administratif de l'Ecole des Beaux-Arts ; M. Han Pao-Y, le premier Chinois reçu au concours de l'internat des hôpitaux de Lyon ; M. Hien Chefaut, étudiant en philosophie ; M. Mong Chou, de l'école forestière de Nancy ; MM. Kou Lin-Ké, Tseu Ki-Tchin, étudiants en lettres.

Après les souhaits de bienvenue empreints de la plus délicate courtoisie, M. le directeur P. T. Shen exposa les immenses tristesses qui étreignent les cœurs chinois et appellent la compassion agissante des peuples civilisés. Son émouvante adjuration se résume dans les termes que voici :

« Les inondations en Chine, qui ont détruit des millions de vies et ont jeté dans la misère des dizaines de millions d'hommes, apportent une grande angoisse dans le cœur de tous les étudiants chinois et les nouvelles parvenues de Moukden, envahi injustement par des troupes japonaises, agitent une fois de plus leur esprit.

« Ils décident en conséquence de ne pas fêter le vingtième anniversaire de la République chinoise et d'envoyer le total des frais aux inondés, leurs infortunés compatriotes, pour leur porter, dans une faible mesure, un modeste secours.

《里昂中法大学季刊》1931年第4期第1页

孙佩苍等决定不举办纪念中华民国二十周年庆典，将所有经费寄给不幸的同胞们。

10 月 10 日起，校长孙佩苍先生和学生合作组织了一个中国艺术作品和欧洲绘画的展览，以这种引起法国社会关注的方式纪念中华民国国庆。展览于 10 月 10 日到 12 日在圣伊雷内堡的学校举行，免费入场。

校长和学生们诚挚邀请里昂人民来观展，感谢所有提供捐助的人，他们的募捐减缓了压垮大量中国家庭的极度悲痛。

多年来，中国知识分子在里昂一直拥有市民权。他们的诉求向来被里昂人民聆听和理解，他们的机智和英勇深得人心，深受里昂人民同情。中华民国万岁，远东自由与和平的伟大希望！（《里昂中法大学季刊》1931 年第 4 期第 39 页）

12 月 30 日，新年贺词。

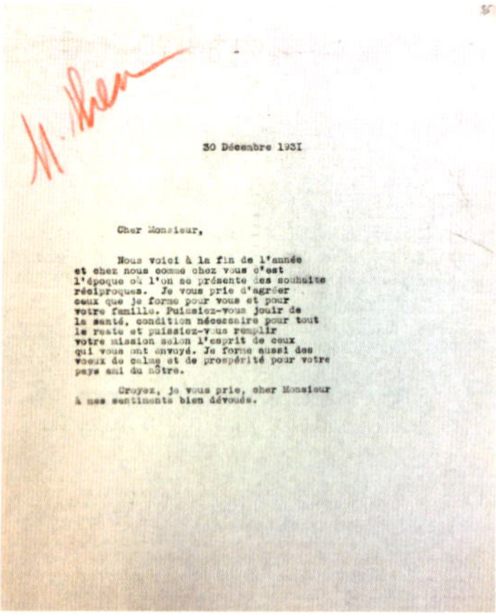
30 Décembre 1931

Cher Monsieur,

Nous voici à la fin de l'année et chez nous comme chez vous c'est l'époque où l'on se présente des souhaits réciproques. Je vous prie d'agréer ceux que je forme pour vous et pour votre famille. Puissiez-vous jouir de la santé, condition nécessaire pour tout le reste et puissiez-vous remplir votre mission selon l'esprit de ceux qui vous ont envoyé. Je forme aussi des voeux de calme et de prospérité pour votre pays ami du nôtre.

Croyez, je vous prie, cher Monsieur à mes sentiments bien dévoués.

新年贺词（里昂市立图书馆档案 532-35）

1932 年

校长和学生们一知道杜美总统谋杀事件的消息就给里昂中法大学协会主席 Lépin 教授写了封信，如下：

1932 年 5 月 7 日，里昂

主席先生，

听到关于共和国总统先生成为这一可怕谋杀案的受害者的消息，里昂中法大学的学生都感到震惊与愤怒，还得知这起谋杀案致命的后果，他们感到深深的悲伤，不仅仅是为了他们所热爱的法国失去了他的第一公民，这位杰出的让人尊敬的先生，更是秉持他们国家宝贵的道德精神，对老者要求一种绝对的尊敬，所以他们怀着更为强烈的情感。

我的同胞们让我请求你，主席先生，向杜美总统先生的家庭转达他们的感觉，连同我的一起，非常悲伤以及我们最深刻的敬意。

主席先生，请接受我最崇高的敬意。

校长，

签名：孙佩苍

7 月 12 日，日内瓦　孙佩苍作为中国委员出席国联教育青年专家分委员会会议。（详见本书第二章）

8 月上旬，尼斯　孙佩苍以里昂中法大学校长身份在尼斯出席第六届世界新教育大会。（详见本书第七章《沈阳纪行》）

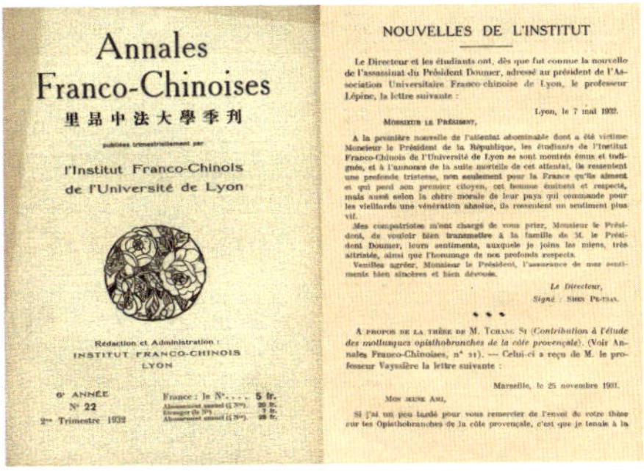

Annales
Franco-Chinoises
里昂中法大學季刊
publiées trimestriellement par
l'Institut Franco-Chinois
de l'Université de Lyon

Rédaction et Administration :
INSTITUT FRANCO-CHINOIS
LYON

6e ANNÉE
N° 22
2me Trimestre 1932

France : le N°. . . . 5 fr.

NOUVELLES DE L'INSTITUT

Le Directeur et les étudiants ont, dès que fut connue la nouvelle de l'assassinat du Président Doumer, adressé au président de l'Association Universitaire Franco-chinoise de Lyon, le professeur Lépine, la lettre suivante :

Lyon, le 7 mai 1932.

Monsieur le Président,

A la première nouvelle de l'attentat abominable dont a été victime Monsieur le Président de la République, les étudiants de l'Institut Franco-Chinois de l'Université de Lyon se sont montrés émus et indignés, et à l'annonce de la suite mortelle de cet attentat, ils ressentent une profonde tristesse, non seulement pour la France qu'ils aiment et qui perd son premier citoyen, cet homme éminent et respecté, mais aussi selon la chère morale de leur pays qui commande pour les vieillards une vénération absolue, ils ressentent un sentiment plus vif.

Mes compatriotes m'ont chargé de vous prier, Monsieur le Président, de vouloir bien transmettre à la famille de M. le Président Doumer, leurs sentiments, auxquels je joins les miens, très attristés, ainsi que l'hommage de nos profonds respects.

Veuillez agréer, Monsieur le Président, l'assurance de mes sentiments bien sincères et bien dévoués.

Le Directeur,
Signé : Sien Pe-tsan.

* * *

A propos de la thèse de M. Tchang Si (*Contribution à l'étude des mollusques opisthobranches de la côte provençale*). (Voir Annales Franco-Chinoises, n° 21). — Celui-ci a reçu de M. le professeur Vayssière la lettre suivante :

Marseille, le 25 novembre 1931.

Mon jeune Ami,

Si j'ai un peu tardé pour vous remercier de l'envoi de votre thèse sur les Opisthobranches de la côte provençale, c'est que je tenais à la

《里昂中法大学季刊》1932年6月

8 月 11 日，法国尼斯　孙佩苍约程砚秋到里昂。

8 月 12 日—17 日，陪同程砚秋到里昂，在家招待程砚秋，在中法大学开欢迎会。（引自《程砚秋日记》）

前排自左三起为孙慧筠、刘厚、姚淑容、程砚秋及夫人、孙佩苍

9 月 4 日，里昂　李石曾到里昂。

M. LI YU-YING à l'Institut de Lyon (Octobre 1932)

前排左起第五第六第九人分别为孙佩苍、李石曾、孙佩苍夫人

9 月 5 日，在里昂中法大学为程砚秋召开欢迎会。（引自《程砚秋日记》）

对吕斯百延长在朱利安学院学习给莫里斯·古恒（Maurice Courant）[7] 先生的函件（月日不详）：

“吕斯百对您给他信中所说‘课程期限’很不解。由于费用增高，认为我们限制了他在朱利安学院的课程时间而很郁闷。为了取得中国领事馆证明以便注册美院 Devembez 老师工作室，他尽其所能，并注意节约以争取较长学习时间。他恳请仁厚的您确认：是否获准能留在朱利安学院。”

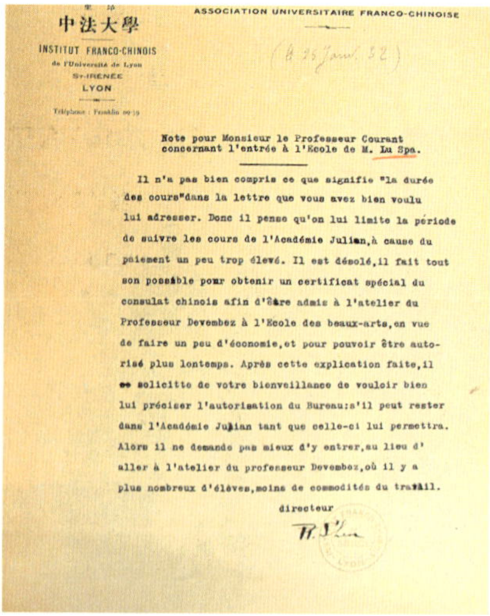

中法大學

INSTITUT FRANCO-CHINOIS
de l'Université de Lyon
St-IRÉNÉE
LYON

Téléphone : Franklin 09-39

ASSOCIATION UNIVERSITAIRE FRANCO-CHINOISE

(le 25 Janv. 32)

Note pour Monsieur le Professeur Courant
concernant l'entrée à l'Ecole de M. Lu Spa.

Il n'a pas bien compris ce que signifie "la durée des cours"dans la lettre que vous avez bien voulu lui adresser. Donc il pense qu'on lui limite la période de suivre les cours de l'Académie Julian,à cause du paiement un peu trop élevé. Il est désolé,il fait tout son possible pour obtenir un certificat spécial du consulat chinois afin d'être admis à l'atelier du Professeur Devembez à l'Ecole des beaux-arts,en vue de faire un peu d'économie,et pour pouvoir être autorisé plus lontemps. Après cette explication faite,il solicitte de votre bienveillance de vouloir bien lui préciser l'autorisation du Bureau:s'il peut rester dans l'Académie Julian tant que celle-ci lui permettra. Alors il ne demande pas mieux d'y entrer,au lieu d'aller à l'atelier du professeur Devembez,où il y a plus nombreux d'élèves,moins de commodités du travail.

directeur

档案号未摄入（关于吕斯百）

9 月 23 日，对常书鸿及夫人在法学习安排的批示。

总裁先生：

就 DZANG（按：常书鸿）夫人的问题，RAMBOUR 先生能为她在乡下期间找到 450 法郎（30 法郎 ×15 天）的工作。

DZANG 一家去巴黎是已经决定的事，请看我 7 月 15 日给 DZANG 先生

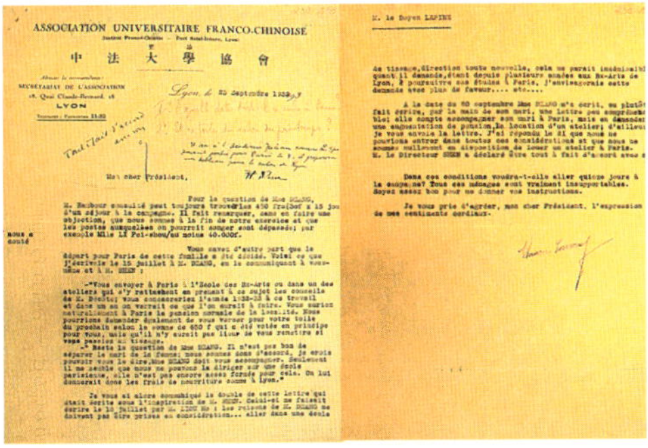
ASSOCIATION UNIVERSITAIRE FRANCO-CHINOISE

中　法　大　學　協　會

SECRÉTARIAT DE L'ASSOCIATION

18, Quai Claude-Bernard, 18

LYON

Lyon, le 23 Septembre 1932

Mon cher Président,

Je vous prie d'agréer, mon cher Président, l'expression de mes sentiments cordiaux.

里昂市立图书馆档案239-110（关于常书鸿）

的信：

——安排DZANG先生去巴黎国立美术学院或者按DECOTE先生的建议到其他工作室一年的计划（1932—1933），有住宿的地方，支付近期沙龙的布料费用650法郎，但没有安排去织造厂之类的场所。

——DZANG夫人可以同行，但鉴于其学历，我们不能推荐巴黎学校，我们就支付跟里昂相同的餐饮标准。

给您的信也代表SHEN（按：孙佩苍）先生的精神。DZANG先生期望去纺织学校的理由（从多年的里昂美院学习过渡到巴黎）不能被采纳。

DZANG夫人9月20日让他丈夫写信给我，陪伴她丈夫去巴黎，申请补助。关于工作室，我21日回复她，我们没有在巴黎租工作室的业务范畴。SHEN校长完全同意我。

她是否要去乡下15天？这些变动难以接受。请指示。

孙佩苍批示："他（按：常书鸿）可像吕斯百那样去朱利安学院学习，可于8号去巴黎。让他准备一幅画参加里昂的沙龙"。

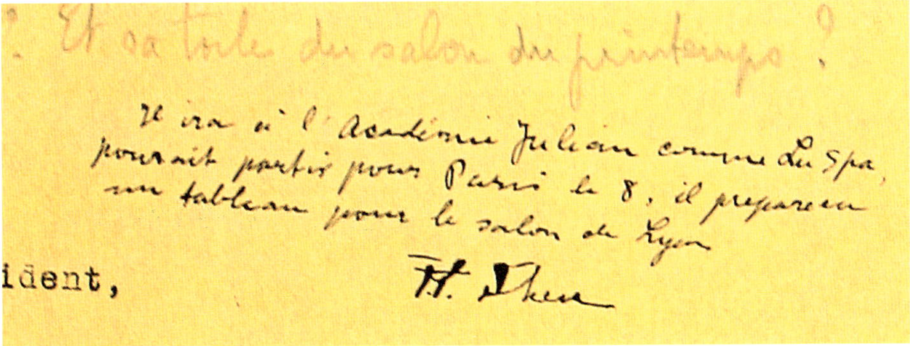
? Et sa toile du salon du printemps ?

Il ira à l'Académie Julian comme Lu Spa
pourrait partir pour Paris le 8, il preparera
un tableau pour le salon de Lyon

ident,

H. Shen

孙佩苍批示常书鸿

12月12日，致函法方校长，（1）改变自己缴税方式。（2）为马宗融[8]请款并建议提高其薪水。（3）为北平研究院购买美术品的费用已经用完，又相中一套作品，向校方借款14000法郎，保证北平方面会在三个月内还款。

12 月 13 日，校方同意借款 14000 法郎。（里昂市立图书馆档案 532-42）

12 月 17 日，感谢校方借款 14000 法郎，保证北平方面按时归还。（里昂市立图书馆档案 532-44）

1933 年

1 月 5 日，14000 法郎借款手续办妥。（里昂市立图书馆档案 532-45）

这是沈宁先生《孙佩苍为北平研究院收集油画考略》一文的佐证。

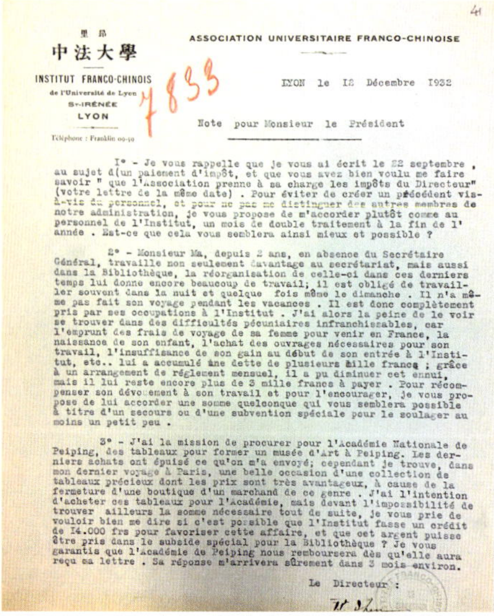

41

里昂
中法大學
INSTITUT FRANCO-CHINOIS
de l'Université de Lyon
St-IRÉNÉE
LYON
Téléphone : Franklin 00-50

ASSOCIATION UNIVERSITAIRE FRANCO-CHINOISE

7833

LYON le 12 Décembre 1932

Note pour Monsieur le Président

1° - Je vous rappelle que je vous ai écrit le 22 septembre, au sujet d(un paiement d'impôt, et que vous avez bien voulu me faire savoir " que l'Association prenne à sa charge les impôts du Directeur" (votre lettre de la même date) . Pour éviter de créer un précédent vis-à-vis du personnel, et pour ne pas me distinguer des autres membres de notre administration, je vous propose de m'accorder plutôt comme au personnel de l'Institut, un mois de double traitement à la fin de l'année . Est-ce que cela vous semblera ainsi mieux et possible ?

2° - Monsieur Ma, depuis 2 ans, en absence du Secrétaire Général, travaille non seulement davantage au secrétariat, mais aussi dans la Bibliothèque, la réorganisation de celle-ci dans ces derniers temps lui donne encore beaucoup de travail; il est obligé de travailler souvent dans la nuit et quelque fois même le dimanche . Il n'a même pas fait son voyage pendant les vacances . Il est donc complètement pris par ses occupations à l'Institut . J'ai alors la peine de le voir se trouver dans des difficultés pécuniaires infranchissables, car l'emprunt des frais de voyage de sa femme pour venir en France, la naissance de son enfant, l'achat des ouvrages nécessaires pour son travail, l'insuffisance de son gain au début de son entrée à l'Institut, etc.. lui a accumulé une dette de plusieurs mille francs ; grâce à un arrangement de réglement mensuel, il a pu diminuer cet ennui, mais il lui reste encore plus de 3 mille francs à payer . Pour récompenser son dévouement à son travail et pour l'encourager, je vous propose de lui accorder une somme quelconque qui vous semblera possible à titre d'un secours ou d'une subvention spéciale pour le soulager au moins un petit peu .

3° - J'ai la mission de procurer pour l'Académie Nationale de Peiping, des tableaux pour former un musée d'Art à Peiping. Les derniers achats ont épuisé ce qu'on m'a envoyé; cependant je trouve, dans mon dernier voyage à Paris, une belle occasion d'une collection de tableaux précieux dont les prix sont très avantageux, à cause de la fermeture d'une boutique d'un marchand de ce genre . J'ai l'intention d'acheter ces tableaux pour l'Académie, mais devant l'impossibilité de trouver ailleurs la somme nécessaire tout de suite, je vous prie de vouloir bien me dire si c'est possible que l'Institut fasse un crédit de 14.000 frs pour favoriser cette affaire, et que cet argent puisse être pris dans le subside spécial pour la Bibliothèque ? Je vous garantis que l'Académie de Peiping nous remboursera dès qu'elle aura reçu ma lettre . Sa réponse m'arrivera sûrement dans 3 mois environ.

Le Directeur :

里昂市立图书馆档案532-41

4 月 7 日，通知孙佩苍，国联卫生委员会两代表 14 日上午十点来校与医学方面学生见面。（里昂市立图书馆档案 532-48）

“校长孙佩苍向他们展示了我们的组织和所有作品；这些参观者们表示很满意看到我们如此多的理想成果。

在圣·伊雷内堡的参观之后，孙先生带他们去里昂城里转了一圈；他们参观了大学，市政府大厦，Bourse 皇宫，等等，他们在当天下午离开前往日内瓦。”（《里昂中法大学季刊》1933 年第 2 期第 33 页）

6 月 19 日，广东中山大学科学院院长 Cheng Cheong-nan 先生在游学欧洲和美国之时途径里昂，校长孙先生邀请他一起晚餐，同晚一些来自中山大学的学生们组织了一个茶话会。这些学生向他讲述了中山大学延迟学习补贴带给他们的困难，并且恳请他让大学校长了解这一情况。为了能让他们的愿望加快实现，Cheng 先生对他们表现得十分友好，也非常愿意负责向校长强调这件事。（《里昂中法大学季刊》1933 年第 2 期第 49-50 页）

10 月 31 日，孙佩苍为王临乙、吕斯百等经费事致函大学董事会主席。

王临乙和吕斯百先生籍贯江苏省，但他们的补助从属于福建。福建教育办公室声称这两个学生非属本省而不想维持。两位学生请求我为他们延长一年期限，但福建教育办公室回复我，从 4 月份开始，

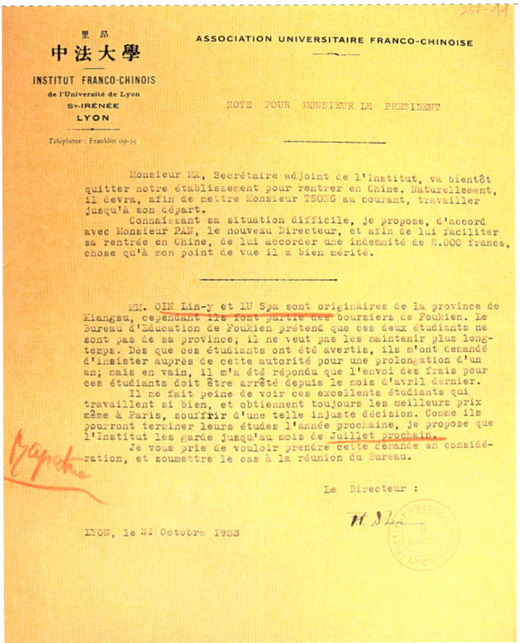

257-41

里昂
中法大學
INSTITUT FRANCO-CHINOIS
de l'Université de Lyon
St-IRÉNÉE
LYON
Téléphone : Franklin 09-59

ASSOCIATION UNIVERSITAIRE FRANCO-CHINOISE

NOTE POUR MONSIEUR LE PRESIDENT

Monsieur MA, Secrétaire adjoint de l'Institut, va bientôt quitter notre établissement pour rentrer en Chine. Naturellement, il devra, afin de mettre Monsieur TSONG au courant, travailler jusqu'à son départ.

Connaissant sa situation difficile, je propose, d'accord avec Monsieur PAN, le nouveau Directeur, et afin de lui faciliter sa rentrée en Chine, de lui accorder une indemnité de 2.000 francs, chose qu'à mon point de vue il a bien mérité.

MM. OIN Lin-y et LU Spa sont originaires de la province de Kiangsu, cependant ils font partie des boursiers de Foukien. Le Bureau d'Education de Foukien prétend que ces deux étudiants ne sont pas de sa province; il ne veut pas les maintenir plus longtemps. Dès que ces étudiants ont été avertis, ils m'ont demandé d'insister auprès de cette autorité pour une prolongation d'un an; mais en vain, il m'a été répondu que l'envoi des frais pour ces étudiants doit être arrêté depuis le mois d'avril dernier.

Il me fait peine de voir ces excellents étudiants qui travaillent si bien, et obtiennent toujours les meilleurs prix même à Paris, souffrir d'une telle injuste décision. Comme ils pourront terminer leurs études l'année prochaine, je propose que l'Institut les garde jusqu'au mois de Juillet prochain.

Je vous prie de vouloir prendre cette demande en considération, et soumettre le cas à la réunion du Bureau.

Le Directeur :

LYON, le 31 Octobre 1933

里昂市立图书馆档案257-41

将停止两人的经费。

这两个工作努力的优秀学生，在巴黎总能拿到好成绩，我对此不公正的决定深感不安。他们将于明年完成他们的学业，我建议研究院能留下他们，直到明年7月。希望您能考虑接受我的请求，并于办公会议时提交。

11月6日，孙佩苍卸任里昂中法大学校长。

1934年

1月4日，晚离开里昂前致函法方。（里昂市立图书馆档案360-2）

2月27日，乘意大利轮康特鲁梭号抵上海。（1934年2月7日《新闻报》第十六版）(9)

孙佩苍在里昂中法大学的其余事务性活动省略。他的原始档案有所缺失，例如1931年“双十节”孙佩苍和学生合作组织的中国艺术作品和欧洲绘画（应是孙佩苍收藏）的展览，是一次重要的美术活动，但里昂市立图书馆没有相关资料。孙佩苍对学生课程、经费等安排的文件编入相关人的档案中，未得细寻（本章常书鸿、吕斯百的记录系王一燕女士提供）。

孙佩苍除了校长工作、参加国际会议外，很可能负有民国政府和国民党的某些任务，尤其1931年九一八事变后，他曾回国数月。他在里大的三年以及20年代留法的七年尚有很多空白，等待着发掘揭示。

本章内容从里昂市立图书馆档案和《里昂中法大学季刊》80多页文献中选录。法文文件翻译承蒙里昂市立图书馆中文部主任马日新先生和杰奎琳文化艺术总监吴敏僖女士的全力帮助，谨致由衷谢意。

注释

（1）中方校长的情况如下：

1921 年 7 月 20 日至 1922 年 10 月 7 日 吴稚晖。虽然吴于 1922 年回国，到 1929 年名义上还是校长。

1922 年 7 月 10 日至 1922 年 10 月 20 日 褚民谊。褚民谊离职后由当时中方秘书长曾仲鸣负责校长的事务，但并非校长。

1922 年 10 月 20 日至 1925 年 6 月 1 日由法方秘书长古恒担任常务董事，担任校长的事务。

1925 年 6 月 19 日至 1929 年 3 月 1 日 代理校长樊佛爱（Colonel Favre）。

1929 年 6 月 16 日至 1930 年 2 月 28 日 何尚平成为代理校长。

1930 年 12 月 1 日至 1933 年 11 月 6 日 孙佩苍。他是褚民谊之后恢复的第一位中方校长。他任职之前校长职位空缺了十个月。

[里昂市立图书馆中文部主任 Gilbert Mac（中文名马日新）先生 2015 年 6 月 24 日电子邮件]

（2）刘厚（1894—1984），字大悲，四川省叙永县人，法国里昂大学理科硕士，巴黎大学理科博士。曾任巴黎华法教育会学生事务部总干事，教育部聘充巴黎大学中国学院中国政府代表。1924—1932 年在里昂中法大学任秘书、中方秘书长、巴黎事务处主任。1934 年 4 月 10 日试署，1935 年 5 月 23 日任实业部技正，新中国农学会执行委员，1937 年 1 月 15 日任实业部广州商品检验局局长。著有《安南樟科之分类》。

（3）孙佩苍在天津北洋师范学堂的时间是 1906 至 1910 年，其学部覆试成绩有如是记录：“直隶优级师范博物选科 最优等四名 孙沛苍年二十二岁奉天人毕业覆试平均分数八十四分九厘六毫。”（《政治官报》宣统二年七月初四日第九百九十七号）

（4）李麟玉，字圣章，1889 年 10 月 20 日出生在天津河东粮店后街“桐达李家”仕宦绅商之家。其三叔李文涛字叔同，即著名的弘一法师。1904 年入严范孙创办的学堂（南开中学前身），1908 年毕业。同年考入京师大学堂（北京大学前身）理科。1910 年由姨夫李石曾带领去法国留学，先后在南希化学院、图卢兹化学院和巴黎大学理学院学习。1917 年和 1920 年先后获得巴黎大学应用化学和高级理化研究文凭。1926 年至 1927 年再次赴法学习。1928 年代理中法大学兼理学院院长，

1931 年任中法大学校长。1950 年中法大学监制撤销。1951 年任中华人民共和国重工业部顾问，1957 年任北京工业学院（现北京理工大学）副院长。1975 年 4 月 10 日病逝。

（5）高鲁（1877—1947），初字叔钦，后改字曙青，福建长乐人。他自幼受教于家学，少年时代就读于福建马尾船政学堂。1905 年，高鲁在福建马尾船政学堂毕业后，以优异的成绩入读比利时布鲁塞尔大学，1909 年获工科博士学位。早年追随孙中山在法国参加同盟会，回国后任南京临时政府秘书、教育部长、中国驻法国公使等职。高鲁为中国近现代天文事业尤其是对天文气象科学普及工作做出了卓越的贡献。他在中国天文史上创下了八个第一：中央观象台创始人、首任台长；中国天文学会发起人，首任会长；提议建造中国紫金山天文台的第一人；中国第一台中文打字机发明人；编制以立春为岁首的《立春历书》第一人；测定北京经纬度第一人；将天象仪介绍到中国的第一人；把爱因斯坦相对论翻译成中文的第一人。

（6）李石曾（1881—1973），晚年自号扩武，高阳人。出生于晚清的一个显宦之家。1902 年，李石曾随驻法公使孙宝琦赴法国。在巴黎入蒙达顿农校学习，毕业后又入巴斯德学院及巴黎大学学生物。1906 年，他和张静江、吴稚晖等人在巴黎组织了“世界社”，宣扬无政府主义。同年，经张静江介绍，李石曾加入同盟会巴黎分会。1909 年，李石曾在巴黎西郊创办中国豆腐公司，以机器新法制豆腐，因而获得豆腐博士的雅号。1911 年李石曾回国参加辛亥革命。在天津，他和黄复生等组织了京津同盟会，出版《民意报》，在北方宣传和组织革命。1912 年李石曾和吴稚晖等人在北京创立留法俭学会。1913 年初，首批由俭学会资助的三十名学生赴法，李石曾安排他们进入巴黎南郊的蒙达学院。第一次世界大战爆发后，法国北方陷于战火之中，中国的俭学生大都避往法国西南部，生活无着，处境艰难。1914 年李石曾与蔡元培、汪精卫等组织了留法西南维持会。1915 年 6 月，李石曾援引豆腐公司的成例，和蔡元培等一起组织勤工俭学会，号召留学生勤于工作，俭以求学，用自己的劳动收入来维持生活和学业。

1917 年，李石曾应蔡元培之邀回国担任北京大学生物系教授。和蔡元培等人在北京建立了华法教育会和留法勤工俭学会。1917 年，他在高阳县布里村创办了全国第一所留法工艺学校。同时还在保定育德中学附设了留法高等预备班。1918 年，北京成立法文专修馆，李石曾任副馆长并亲自授课。1920 年，李石曾在北京创办中法大学。同年，他得到孙中山和广州政府的经济支持，在法国建立里昂中法大学。1924 年，在国民党一大被选为国民党中央监察委员。1926 年任故宫博物院院长。抗战期间，李石曾在欧美从事外交活动。1948 年他回国任总统府资政，1949 年以后去瑞士，李石曾后于 1956 年定居中国台湾，1973 年过世，终年九十二岁，葬于台北阳明山。

（7）莫里斯·古恒（Maurice Courant）（1865—1935），出身巴黎大学法学院与巴黎东方现代语专业，主修中文和日文。早年从事翻译性质的外交官工作，1888—1895 年间一直在北京、汉城和东京活动。其后离开外交部从事编辑性研究工作，之后南下里昂大学任教。1913 年获博士学位，成为里昂大学执牛耳的汉学教授。里昂中法大学开办后出任协会秘书、中法大学董事会法方董事，襄助会长雷宾处理校务达十五年之久。

（8）马宗融（1890—1949），教授、文学翻译家。回族，四川成都市人。早年留学日本，于 1919 年留学法国里昂大学，毕业后留校任教（？）。1931 年九一八事变后回国，先后在上海复旦大学、广西大学任教。抗战时任四川大学、北碚复旦大学教授，并投身于抗日救亡宣传运动，担任中华全国文艺界抗敌协会理事、文化工作委员会委员以及重庆回教救国协会副会长。抗日胜利后，1947 年到台北，受聘于台湾大学文学院任教。因对现实愤懑，饮酒过量病重，于 1949 年拖着病体返回上海，于 4 月 10 日逝世。

（9）法国里昂中法大学校长 孙佩苍君抵沪。

法国里昂中法大学创办以来，十有余年，经历任校长吴稚晖、褚民谊诸氏，努力擘划，成绩卓著。现已毕业学生，达百余人，除得法国国家博士大学博士者外，余均毕业各种高等专门学校，回国服务，颇受社会人士欢迎。现任校长孙佩苍，亦系留法前辈，详审国内需要某项人才，即令学生分别学习。刻因劳瘁，已辞去校长职务，于日前乘坐义（按：意大利）轮康特鲁梭号抵沪。略事休息，即北上向北平中法大学当局，报告一切。回来者尚有该校学生李梅君，得法国医学博士，李瑞生毕业格城高等商业专门学校，得法国理科博士，齐雅堂等一行四人，现下榻南京路大东旅社云。

第十五章

孙佩苍的愤怒

第十五章　孙佩苍的愤怒

只有当不同领域的各种人物之间发生交汇和互动时，才会有历史、社会和文化的真实。

——菲利普·杰奎琳

在里昂市立图书馆请马日新口译祖父的法文文件时，一封孙佩苍在1932年11月25日致里昂中法大学法方负责人雷宾的信令我颇感意外不解。

图书馆保留的孙佩苍档案有五十二页（包括便签），这信写了满满十页。

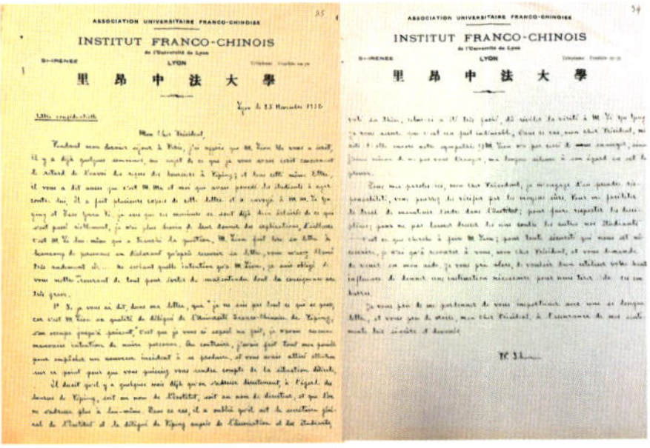
ASSOCIATION UNIVERSITAIRE FRANCO-CHINOISE
INSTITUT FRANCO-CHINOIS
de l'Université de Lyon
LYON
里 昂 中 法 大 學

ASSOCIATION UNIVERSITAIRE FRANCO-CHINOISE
INSTITUT FRANCO-CHINOIS
de l'Université de Lyon
LYON
里 昂 中 法 大 學

孙佩苍信函首页和第10页

孙佩苍在信中讲：前日到巴黎，得知刘厚写信给学校法方，说来自北平的留学生对法方领导不满而闹事系孙佩苍和马宗融挑唆所致，并将该信寄给了李石曾和蔡元培。刘厚还将此信出示给多人，讲孙佩苍已遭法方批评。故不得不写此信表述事实。

字里行间满是对刘厚的谴责，诸如奖学金收据、财务手续、办公费用、住房、私人拉拢方面的不是，指责刘污蔑马宗融及其夫人的人格，觊觎校长职位，等等。令孙佩苍极为不快的是刘厚在意大利见李石曾时说里大有共产党欲害李石曾，令李很不悦，要找孙佩苍问个究竟，而刘厚以各种借口不让李和孙联系，以至于李石曾到里昂中法大学与孙见面时很别扭。孙佩苍还说学生们给李石曾写信述说对刘的不满，中方已决定送其回国[1]。

见这密密麻麻手写的法文“小楷”，竟无一点儿更改涂抹，或是一气呵成，也许先打了草稿。我不禁想，就是写中文也得花不少时间呢，大有罄竹难书之势。如此大的气性，祖父是愤怒了。

可至于这样吗？1930年6月30日，作为中法大学秘书长的刘厚致函向法方介绍孙佩苍，称其为合适校长人选。孙佩苍就任后，刘厚还是将自己放在秘书长的地位（从中法大学的三幅合影刘厚所在位置可见），就是后来出现矛盾，就说是被刘厚告了刁状，在“天狗会”被推举为“军师”的孙佩苍也不应当如此缺少城府甚至失态。他写此信时，刘厚即将离开里昂中法大学，人既离开，为何还这样不依不饶呢。

恕我不能详述诸多，上述谴责毕竟是孙佩苍的一面之词。只是知晓当年他二人过节之深非一日之寒。如今当事人均已作古，恩怨已随风飘去。

我一直在想孙佩苍为什么如此愤怒，总该事出有因吧。

1932 年 10 月刘厚、孙佩苍、李石曾与众人拍摄这张合影时，刘孙之间矛盾已不可调和，甚至影响到李石曾。也许我多心，照片里的祖父和祖母表情都显沉重。

到底发生了什么?

前排左起第一、四、五、八分别为刘厚、孙佩苍、李石曾、孙佩苍夫人

读过中法大学（按：指在北京的中法大学，或曰中法大学本部）驻法事务处主任刘厚先生在 1933 年 9 月的报告《巴黎中国画展之经过》（刊登于 1934 年《中法大学月刊》第四卷第五期），似乎觉察出些端倪。

1932 年 11 月前长期担任里昂中法大学秘书长的刘厚先生详尽介绍了这次

中国画展：

1932 年 8 月，徐悲鸿委托刘厚与法国当局商议画展的筹备：

惟其要点（一）必须取中法大学蒐藏中国近代美术展览会之名义，以便征集作品，（二）可不公开免除纠纷，及无价值作品要求加入展览之麻烦，（三）完全由中法两方主持不用无关人物参加……

会址及会期既定，当即组织画展筹备委员会，分工进行。国内即请徐悲鸿、谢次彭（按：即谢寿康）、颜文樑(2)、汪亚尘(3)四君负责。国外由张凤举(4)及凤笃吉底（国际文化学院美术部主任）、葛塞（巴黎色吕支中国美术馆馆长）、德萨丸（堡姆美术馆馆长）、洒耳（鲁耳勿尔东方美术部主任）六君负责，筹备会外，另请中法要人为名誉委员。计华方为顾少川公使，及顾夫人、蔡孑民、张静江、吴稚晖、李石曾、朱骝先(5)、李圣章（按：李麟玉）(6)、李润章(7)诸先生，法方为教育部长蒙齐、外交部长朋谷、美育次长鲍腊艾、前国务总理赫里欧·班乐卫、国会议员穆岱、文豪梵莱理、法兰西学院教授郎之万·伯希和、国立博物馆馆长魏伦、国际文化学院院长波莱、里昂中法大学协会会长雷宾、前里昂中法大学校长樊佛爱，及美术家辈纳、沙伯、丹谟特、德尼斯（即笃斯基·墨尼）诸先生，共二十八人……

徐、刘两位先生举办画展弘扬中华文化艺术实为壮举，但我对中国画展的筹备方和名誉委员中没有孙佩苍很是不解。

一、既然“必须取中法大学蒐藏中国近代美术展览会之名义”，则中法大学在名分上是唯一出品方，那么设在展览东道国法国的中法大学“海外部”即里昂中法大学理应至少应在名义上参与，作为北平中法大学校长的李麟玉为名誉委员。那么作为里昂中法大学唯一的校长（法国方面无校长职），又是留法美术家的孙佩苍理应有其名。里昂市立图书馆所藏孙佩苍档案 532 号文件表明，在中国画展的筹备和开幕期间（1932 年 8 月至 1933 年 5 月）孙佩苍都在里昂中法大学（任期为 1931—1933 年）。

二、在法国方面的名誉委员中，令人瞩目的是有一位“前里昂中法大学校长樊佛爱”。樊佛爱（Colonel Favre）先生只是在 1925 年 6 月 19 日至 1929

年 3 月 1 日代理校长。既然“前里昂中法大学（代理）校长”都被邀请，为何现任校长的中国人孙佩苍却被排除在中国人筹办的画展之外？

此外“里昂中法大学协会会长雷宾”也是展会的名誉委员。里昂中法大学的组织结构是按照中法对等平起平坐安排的。协会中有法方四人中方三人，而校长必须由中方担任以取平衡。既有协会会长雷宾，又有前代理校长樊佛爱，没有现任校长怎么也说不过去。

三、中方在法国方面的筹委会委员有张凤举，张先生在巴黎索邦大学念文学，是语言学家和作家，非美术人士。而孙佩苍既在索邦大学读过文学，也习画于巴黎国立美术学院，比张有专业优势。

对于第（二）要点：“可不公开免除纠纷，及无价值作品要求加入展览之麻烦”，张长虹先生[(8)]认为：

> 其做法就颇为可商。毕竟这么大型的国际级美术展览，不能因为怕“麻烦”而有违公平原则……然则基本还是局限于一定的艺术“圈子”。在肯定这次展览之余，张先生也指出其他弊端：“‘近古画’系由徐悲鸿携去法国之任伯年、沈南苹、禹之鼎、钱载、张鉴、季谷、徐达章作品，共 11 幅专存一室。这些作品水平良莠不齐，并无学术脉络可循，纯粹由徐悲鸿个人兴趣和经济能力决定。而徐达章为徐悲鸿之父，只是一地方画师，未闻其造诣如何高超。

再看上述的第（三）要点：“完全由中法两方主持不用无关人物参加”，令人揣摩。中国画在法国展览，“由中法两方主持”不言而喻，显得多余，前面再冠以“完全”二字，从修辞和逻辑上都很别扭；“不用无关人物参加”明摆着是多余的“大实话”。“无关人物”的解释权基本在徐悲鸿。

很明显，因为作为徐悲鸿巴黎国立美术学院同学，留学期间交谊多年，对美术很有见地的孙佩苍是个“麻烦”，需要将他排除在巴黎美术展览会之外以“免除纠纷”。

> 本年（按：一九三三年）三月三日徐悲鸿偕其夫人蒋碧薇女士携带出品到法，筹备开幕……
>
> 五月十日下午三时，中国美术展览会在堡姆博物馆举行开幕礼，先由我国驻法顾公使及法国教育部长蒙齐君联名发出书帖，邀请法

> 国朝野上下，参与其盛，是日到会者，我国除顾公使，顾夫人，萧参事，谢秘书，李总领事，及中法工商银行，中国代表刘符诚，及画展筹备人徐悲鸿，张凤举，刘厚诸君外，尚有男女同学二百余人，法国则到教育部长，美术次长，各博物院院长，美术视察员，各界名流，各报记者，及美术家二千余人，轰轰烈烈，恐为华人在法宣传空前之盛……

刘厚先生在详尽介绍中国画展的构想、筹备、运作、开幕盛况以及参展的美术精品外，也通过介绍法国媒体《巴黎时报》的报道透露出明确信息：成就中国画展最重要的两个人是徐悲鸿与刘厚[9]。

徐悲鸿和蒋碧薇到法国，没有和“天狗会”老友、巴黎国立美术学院同学孙佩苍见面。也没有孙佩苍到展览现场的报道，被视为“无关人物”的他不可能去。里昂中法大学的两名学生王临乙和吕斯百应当在“男女同学二百余人”中。“在巴黎，（徐悲鸿）偕蒋碧薇到‘留法艺术学会’看望中国留法青年家吕斯百、王临乙……并对他们作了宝贵的指示。”[10]

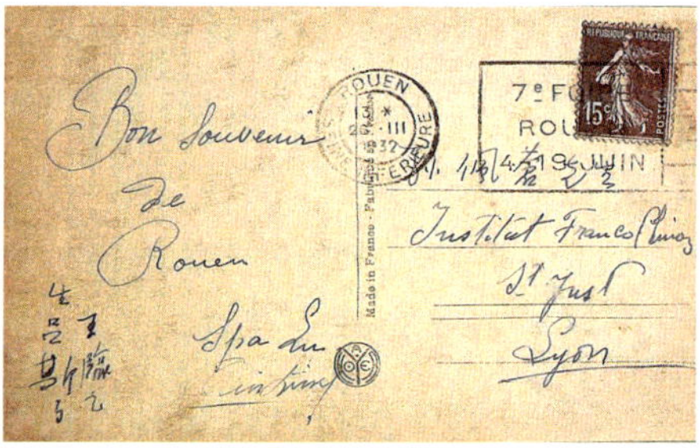

1932年6月19日从Seine Ferieure 给里昂圣鲁斯区中法大学孙佩苍先生的明信片：对胡旺（按：城市名）的美好记忆。生：吕斯百、王临乙

吕、王二位是1928—1934年里昂中法大学在校生，孙佩苍是他们的校长，非常关心他们的就学。

曾有细心研究者发现巴黎画展前徐悲鸿夫妇到法逗留很长时间，连沈宜甲那样亲近的朋友，都不惜从比利时赶来作陪，而孙佩苍与徐氏夫妇的关系大致应与沈宜甲相当，为何身处法国却不见分秒相陪，故推测孙佩苍已在国内。但此君不知里昂中法大学的文件证明孙佩苍确实在法国，亦不知个中原委。

“天下感情发达之人，其感触为特别敏锐。故有许多事物情境及心灵隐微奥秘之处，惟文人诗家美术家为足以知之，常人则茫然也”。[11]祖父如是说，也是讲自己。身处法国却被老友徐悲鸿排斥于空前规模的巴黎中国画展之外，亦被自己的“下属”、学校秘书长刘厚在“眼皮底下”架空，就是常人也难忍吧。

在“特别敏锐”的孙佩苍看来，这不仅是不尊重，简直就是羞辱。他不便针对他人，便将满腔愤怒倾泻在刘厚头上。

他这样做，自然也得罪了李石曾、李麟玉和徐悲鸿等人。

刘厚 1913 年 6 月赴法俭学，同行的有彭济群、王静远等人(12)。他在法国攻读的是农林专业，曾任在巴黎的“华法教育会总”干事。

他与徐悲鸿的结识早于孙佩苍。

《蒋碧薇回忆录》第 51 页写道：

（一九一九年）五月十日渡过英法海峡，转车赶到巴黎，当时吴稚晖、李石曾诸先生在巴黎设有“华法教育会”，会中的几位执事先生特来照顾，把我们送到一家旅馆安置，招待人员之中就有刘大悲（按：刘厚）先生，他是在欧战之前便到法国留学的。

1920 年《北京大学学生周刊》第九号载有在巴黎成立的三学社约章。刘厚与徐悲鸿等人为发起人。

三学社约章（设法京巴黎）

本社以提倡科学与艺术，研究真善美为宗旨

本社为社友共同研究学术传输文化之机关，其进行如次；

讨论部 关于世界文化及各种学术问题，随时讨论而公布之。

编辑部 编译各种书籍，并供给中国报章杂志之材料。

发行部 出版各种报章杂志小册书籍，发行部暂设上海。

本社社友，无论男女，凡不奉宗教，不入政界，经本社三人介绍为合格。

本社经费，归社友自由捐助。各种出版品，亦归社友自由担任。

本社约章，有不妥之处，可在开会时，提议修改之。

发起人，刘厚，萧旭东，陈扬杰，徐悲鸿，李石曾，华林。

三学社地址为 39 Rue de la poinet 39 LA GARENNE-COLOMBES PARIS（seine）。（沈宁提供）

从约章看，三学社崇尚无政府主义。

1930 年 10 月刘厚在里昂中法大学为徐悲鸿作品的展出有汗马功劳。

在《巴黎中国画展之经过》（《中法大学月刊》第四卷第五期 1934 年 3

月1日出版）写道：

中华民国十五年冬徐悲鸿携其作品一部，道过里昂，中法大学同人，请其公开展览，未允，仅陈列一室，任人观览，甚得中外人士之赞赏，十九年夏谢寿康君使比，代携其作品，举行一‘徐悲鸿个人展览会’于比京哄动一时，此后且亲临参观，是年十月，刘大悲君（按：即刘厚），将徐君作品，除在比已售去者外，搬运来法，益以褚民谊君所借中国参加比国独立百周纪念博览会出品之一部分，就双十节之机会，陈列于里昂中法大学，三日之间，参观者四千余人，报章热烈宣传颂声，声誉极隆惟艺术中心之巴黎人士，不无向隅之叹。

旅法二十年的刘厚是少见的“法国通”，他与在中国画界名望甚高的徐悲鸿联手举办巴黎中国画展，无疑是最佳搭配且难有相轻之虞。参展作品基本由徐悲鸿定夺，非艺术专业的刘厚周旋法国各方游刃有余。从筹备到画展成功举行并非坦途，经费的缺失、作品选择的争议、运输布展等付出极大。虽然鲁迅对此展览颇为讥讽[(13)]，但他们的努力不失为奉献并已铭记在中国美术史上。

陈三井在《勤工俭学运动》书内第484页至487页有一篇樊佛爱著吕庆龙译的《一九三二年里昂中法大学三要闻》（原载于《里昂中法大学校刊》第23号第15—21页），这三要闻是：

李石曾来法视察里昂中法大学；

里昂中法大学开会欢迎程砚秋；

秘书长刘厚在巴黎大学理学院通过他的理科博士论文，即将回国。

全文三页半，前两项只在首页，其余两页半充满对刘厚的赞誉。令我注意的是该文只字未提时任校长的孙佩苍。前两个要闻樊佛爱并未直接参与，没有提及李石曾与他的相见，里昂市立图书馆保存这年李石曾来访与孙佩苍等人合影中也没有樊佛爱；对于程砚秋到里昂中法大学系孙佩苍所邀请并主持欢迎会事[(14)]，樊佛爱亦只字不提，只是引用“里昂八月十六日《进步日报》刊载消息”以回避提及孙佩苍，樊佛爱好像也没有参加这次欢迎会，里昂市立图书馆仅有的两幅程砚秋与众人合影中均无樊先生，程砚秋在《程砚秋日记》中亦未提及此君。

文章大部篇幅介绍刘厚，显然极力“挺刘”。

身为里昂中法大学秘书长的刘厚回避或“屏蔽”了在任校长孙佩苍，代之以已经卸任的前代校长樊佛爱之原因，由此亦可见到。

我不否认刘厚先生在植物学方面具有国际水准的研究成果，并对这位早在 1913 年留学法国，在巴黎华法教育会为勤工俭学做出贡献，在旅法二十年间做出诸多业绩的先人十分尊敬。

刘厚从 1924 年到 1932 年在里昂中法大学历任秘书、秘书长，依其资历能力理应胜任校长之职。始终不得国民政府任命，可能和政治面貌有关。刘厚应是和华法教育会的创始人李石曾、吴稚晖一样的无政府主义者。自 1922 年 10 月褚民谊离任里昂中法大学校长后，时隔八年才正式任命国民党籍的孙佩苍为校长，他的继任彭济群也是老资格的国民党员。

我这番思索并非纠结于八十五年前孙佩苍与刘厚的矛盾以及该不该出席画展的是非，而是企图在资讯有限的条件下找到祖父与友人、同学、同事关系以及他后来生涯走向的一种参照性定位。

已经有研究者关注美术史上徐悲鸿与孙佩苍的关系，今后还会有。写出这些或许有助于对前前后后相关事情得出接近客观的判断。

这里还需提及孙佩苍委托徐悲鸿临摹伦勃朗《参孙与大莉拉》一事。

孙佩苍请托徐悲鸿临摹的《参孙与大莉拉》

《蒋碧薇回忆录》第134页写道："好友孙佩苍先生，在国内时便请托徐先生，到德国的法兰克福博物馆，临摹一张17世纪荷兰画家伦勃朗画的《参孙与大莉拉》的名画。"有研究者以"在国内时"认为孙佩苍人在国内，没有去法国里昂中法大学就职。孙佩苍在里大的档案完全否定了这个猜想。

孙佩苍在任期间曾经回国。据我二叔家人讲，九一八事变时，祖父的三个儿子：我父亲、二叔和三叔都在沈阳。祖父和祖母从法国回到上海，祖母去沈阳将二叔和三叔带到北平寄托在友人家，上中学的父亲随迁徙的东北中山中学在北平就读。祖父留在上海，等祖母办完事后再一同返回法国。孙佩苍在里大的记录中没有1931年12月到1932年4月的文件，他回国可能是这个时期。

"在国内时"有两种解释：指徐悲鸿、蒋碧薇赴欧长途旅程之前；或是孙佩苍在上述的回国期间请托。因为那时赴德举办柏林中国美术展览会已在酝酿筹措中。

徐悲鸿临摹《参孙与大莉拉》是在1934年1月24日，即在"孙佩苍的愤怒"之后。同年8月17日，徐悲鸿、蒋碧薇结束长达一年半的欧洲之旅回到上海，交给了孙佩苍。

由王震编，上海画报出版社2005年出版的《徐悲鸿文集》的内容提要写道："本书搜集徐悲鸿1918年4月至1953年9月去世前所能见到的全部文字，内容包括论文、讲演、谈话、画论题记选录、通信摘录、诗词题字等等，是迄今最权威最完善的徐悲鸿文字著作资料集。"

我读此书，发现除了1938年12月9日的《西江漂流日记》中记有"孙佩苍兄亦由沪至"（第98页）外，对孙佩苍无任何记载。尤其在《悲鸿自述》（第31页）中，关于他与孙佩苍在德国旅游和购买美术品和印刷品、同在巴黎国立美术学院吕西安·西蒙画室学习等均未提及，倒是蒋碧薇在回忆录中数次提及徐孙两人在欧洲的活动。

在我心里总是个问号。

怎么解释孙佩苍与徐悲鸿的交谊，只能和读者一块儿思索。

注释

（1）刘厚 1932 年 11 月离开里昂中法大学，1933 年末回国。

（2）颜文樑（1893—1988），生于江苏苏州，中国著名画家，美术教育家，1911 年入商务印书馆画图室学习西画，1922 年与胡粹中、朱士杰创办苏州美术专科学校，1928 年入法国巴黎高等美术专科学校，1932 年回国，主持苏州美术专科学校的教学，1953 年后任中央美术学院华东分院副院长，浙江美术学院顾问，中国美术家协会顾问，出版有《颜文樑画集》《油画小辑》《欧游小品》及水彩画集《苏杭风景》等，著有《美术用透视学》《色彩琐谈》等。

（3）汪亚尘（1894—1983），浙江杭州人，原籍安徽太平（今黄山）。1915 年曾与陈抱一等人组建中国第一个画会组织“东方画会”。1916 年东渡日本留学，1921 年毕业于东京美术学校西画系，同年回国，被聘为上海美专教授兼教务主任。1928 年至 1931 年赴欧洲做艺术考察，归国后曾任新艺术专科学校教务长、新华艺术师范学校校长。1947 年赴美讲学并举办画展，传播中国绘画，历时三十余年。

（4）张定璜（1895—1986），别名张凤举，江西南昌人。1910 年 15 岁时随兄长张定璠（辛亥革命敢死队军官）进入南昌陆军测绘学堂。毕业后留学日本京都帝国大学，从此投戎从笔走上儒家之路程。 他是语言奇才，早年留学日本京都帝国大学。1930 留法巴黎索邦大学（Sorbonne）。20 世纪 20 年代是北京大学，女子师范大学教授与作家，并翻译不少日英法文学作品。40 年代主要为教育部与中央图书馆做古籍、教育、报刊等工作。 1965 移居美国亚特兰大，1986 年 2 月 2 日谢世。

（5）朱骝先 即朱家骅（1893—1963），字骝先、湘麐，浙江吴兴人。1914 年赴德留学，1919 年进瑞士伯尔尼大学学地质。国民党败退前先后任教北京大学、广州中山大学。历任国民党中央执委、中央组织部部长，国民政府教育部长、中央研究院院长、行政院副院长等职。1963 年逝世于台北。

（6）李圣章 即李麟玉，见本书第十四章注释（4）。

（7）李润章 即李书华，字润章，1889 年生于河北省昌黎，1913 年留学法国，1918 年获图卢兹大学理学硕士学位，1922 年获法国国家理学博士学位，旋即回国。历任北京大学物理系教授、系主任，中法大学教授、代理校长，北平大学副校长兼代理校长，南京国民政府教育部政务次长、部长，北平研究院副院长、中央研究院总干事。1948 年被选为中央研究院院士。1949 年 7 月李书华抵达巴黎，曾任巴黎大学物理、化学和生物学研究所负责人。1951—1952 年间，为德国汉堡大学访问教授，在该校做有关中国语言文字方面的讲演。1952 年到美国，曾一度担任联合国教科文组织的中国代表，后在纽约哥伦比亚大学作访问学者，并在该校东亚图书馆从事科学史研究，度过晚年。1979 年 7 月 5 日在美国纽约逝世。

（8）引自张长虹《“发扬国光”行动 1933 年“巴黎中国美术展览会”研究》(《全球化与民族化 21 世纪徐悲鸿研究及中国美术发展》第 399—400 页）。张长虹，上海大学美术史论系教授、博士导师，美国哈佛大学费正清中国研究中心访问学者。著有《品鉴与经营：明末清初徽商艺术赞助研究》等。在《文物》《故宫博物院院刊》等学术刊物发表论文、书评等三十余篇，独立承担国家级及省部级科研项目多项。

（9）刘厚：《巴黎中国画展之经过》法国驿使杂志 六月十五日（报道）“……此会由中法大学，各机关所发起，以美术家徐悲鸿及中法大学代表刘厚二君为主干……”

（10）王震编著：《徐悲鸿年谱长编》，上海画报出版社 2006 年，第 123 页。

（11）见本书附录 8《美术与人生之关系》。

（12）沈平子：《中国近代首位女雕塑家王静远事迹考略》，载《中国美术馆》2015 年第 6 期。

（13）人民文学出版社 1982《鲁迅全集》第六卷，第 38 页《拿来主义》“中国一向是所谓‘关门主义’，自己不去别人也不许来。自从给枪炮打破大门之后，又碰了一串钉子，到现在，成了什么都是‘送去主义’了。别的且不说，但是学艺上的东西，近来就先送一批古董到巴黎去展览，但终‘不知后事如何’；还有几位‘大师’们捧着几张古画和新画，在欧洲各国一路的挂过去，叫作‘发扬国光’”。

（14）《程砚秋日记》第 215 页 “尼斯闭会之后，陈和铣先生请我到瑞士休息几天，同时孙佩苍先生又邀我到里昂去。孙先生是里昂中法大学校长，他邀我去就是为参观中法大学，这当然比到瑞士修养好，所以我于十二日便同他向里昂去了”。

第十六章

从政·爱国·抗战

第十六章　从政·爱国·抗战

试观世之真正艺术家，大都感情热烈，心地坦直，彼绝不知城府机诈为何物，所谓能不失其赤子之心者也。

——孙佩苍

友人问，令祖父生前在哪里作事，参政员并不是职业。

我也不清楚。孙佩苍从里昂中法大学离任回国后的记录甚少，尽管四处搜寻，还有许多空白。我不清楚他的公开职业是什么。虽有在大学做教授之说，但无确切资讯。

有关其他行踪只找到30年代在南京与金毓黻、高惜冰、侯镜如、哲轩、荫轩等人的叙旧、清谈和聚会；在武汉会吴湖帆，在重庆与金毓黻、齐世英、刘公午餐以及去广西与李济深、张大千一起送徐悲鸿赴南洋。这些信息实在少得可怜。除了孙佩苍的书信文札全部遗失外，他的党务活动多半是不公开的，有关记录或至今仍躲藏在某档案室冰凉的铁柜里，继续世间对它的遗忘。

孙佩苍去世前七八年的时期，大后方有若干美术活动、成立了若干美术组织团体，均不见其名。郭有守高度评价他在艺术批评上的造诣，迄今也未发现相关文章，也没见到在某部门任职任教的信息，固然资讯缺失，但公开的记录甚少必有原因。

2016年以来新的发现表明，从里昂中法大学回国后他的主要活动是以国民党东北党务为主的从政。

孙佩苍最早的从政记录见于臧启芳的《回忆》。

……这时东北工学院院长已改由孙国封担任，前面说的孙禹珊（按：孙佩苍）在四洮铁路作秘书，姬振铎在东大作教授兼附中主任，高惜冰也在东大作教授，周天放在奉天省政府作科长，加上我一共六人是最常见的。在十六年夏天……我们就在这时候发起了“一六学术研究会”，表面上因为这个学术性的组织创立于民国十六年，所以名为“一六学术研究会”，实际上含着六个人一个心的意思……孙禹珊在这以前早就加入了国民党，我们五个虽然尚未入党，大家的思想主张和孙君完全一样。

（臧启芳：《回忆》第 41 页）

东北易帜之前，东北党务的重点“主要是教育界，尤其以东北大学、吉林大学，以及各中学为核心，尽量吸收教授、教员和学生，培植党的干部，注入新的血液”。[1] 孙佩苍除了在东北大学开展工作，还“鼓励东北青年就读中央军校、政校、警校是东北党部对东北青年的服务，同时也让他们产生对中央的向心力，加强国家民族的意识”。[2]

臧启芳在 1927 年说孙佩苍“早就加入了国民党”，早在何时?

祖父 1927 年初从法国乘火车经西伯利亚直接回到沈阳，没有在国民政府控制的山海关内入党的时空。1928 年 12 月 29 日东北易帜[3] 前，国民党在东北还处于地下状态[4]，孙佩苍回国后才入党的可能性很小，很可能在法国留学期间（1920—1927）加入中国国民党旅欧支部。

据《旅欧教育运动：民初融合世界学术的理想》（陈三井著，2013 年 4 月，秀威资讯科技股份有限公司）介绍，1923 年 11 月 25 日，旅欧中国国民党支部在里昂成立。后成立中国国民党驻欧总支部，所辖有法、比、德等五支部，后因英、俄党部不在总支部总辖范围内，党驻欧总支部名称不大妥当，遂改名为中国国民党驻法总支部，仍辖德、法、比等支部及散在欧洲各地之党员。

1924 年 6 月，国民党旅欧总支部在巴黎成立。

“建立中国国民党旅欧支部的最重要领导人物是：王京岐（里昂）、周恩来（巴黎）和方棣棠（比利时）。王京岐（1894—1925）是浙江人。孙中山先生交给他组织中国国民党旅欧支部的任务。因为王京岐在里昂运动中被驱逐，他自己认为要推动革命浪潮。……他认为：‘旅欧共产主义青年团曾与多次八十多名，月来探其组织颇称完善，而其行动亦吾党相差不远。’第二个领导人是周恩来（1898—1976）。1923 年 3 月底周成为中共旅欧支部的秘书。他积极地提倡与其他在欧洲的政党合作。最大的成功是中国国民党旅欧支部的成立。他帮助组织这个党，尤其是巴黎通讯处。”

“第三个领导人是方棣棠，广东人。他到比利时 Charleroi 大学。他本来在中国国民党旅欧支部是很有影响的。后来，他反对国共合作，所以和其他的同志们被开除。他们一起组织了另外一个中国国民党旅欧支部。”

“中国国民党旅欧支部的党员增加很快，不到几年就拥有两千多人。从1924年到1925年有几个右派党员被开除。有一个支部被右派控制。……1927年4月以后，中国国民党旅欧支部再度分裂。左派被伊光彝领导，最激进的派别（大概是被中共控制）。其间（1924—1927）中国国民党旅欧支部是实被左派及中共控制。”（林如莲：《国父建党革命一百周年学术讨论集第二册》）

讲到此，需回溯到1920年11月7日从上海港发出的法国博尔多斯号邮船上。

孙佩苍与其他196人乘此邮船赴法勤工俭学。这些人分为“俭学”（清贫读书）和“勤工”（半工半读）两种。孙佩苍的身份是“奉天省俭学”，编号1490。在另外的196人中有四个人们熟知的名字：周恩来（浙江省俭学，编号1506）、李福景（直隶省俭学，编号1539）、郭隆真（女，直隶省，无编号）、张若茗（女，直隶省，无编号）。

李福景是周恩来在南开中学的挚友。“1920年1月29日，周恩来等四人来到天津各校学生数千人赴直隶省公署请愿，被当局拘捕。南开大学校方在直隶省教育厅压力下，开除包括周恩来在内的被捕学生学籍。为此严范孙特捐款7000银洋，设置‘范孙奖学金’，资助周恩来和李福景出国深造。”(5)

10月8日北京华法教育会为二人作推荐函：“逕启者 兹有学生周恩来/李福景，系浙江/直隶省绍兴/天津县人。曾在南开学校卒业，志愿赴法俭学。查该生资格与本会所定预备赴法学生新章尚称符合，特此介绍，即希代订四等舱二位，以便西渡为盼。”

197名勤工俭学生中只有三位女性，其中的郭隆真、张若茗与周恩来同为1919年9月16日成立的“觉悟社”（由天津“学联”和“女界爱国同志会”联合成立的学生组织）成员。

从上海到法国马赛，航行37天。在这一个多月漫长旅途中，擅长沟通的周恩来与孙佩苍会有所交流。1910年周恩来就读奉天东关模范小学时（1913年离开沈阳去天津南开中学），孙佩苍同年从天津北洋师范毕业进入奉天省教育界，他们共有的天津和奉天经历应是不可或缺的谈资。那时两人与其他勤工俭学生一样，都抱着求索人生改变命运的志向。

1920 年 12 月中旬抵达马赛港，周恩来和孙佩苍都立即奔赴巴黎。

孙佩苍先后在巴黎近郊哥伦布、巴黎索邦大学、巴黎国立高等美术学院学习法语、文学和绘画。很可能在周恩来或其他人影响下参加了中国国民党。

遗憾的是从台北“国史馆”委员长侍从室调出的孙佩苍档案过于简单，既没有出生年月日，也没显示入党时间。

我一直对祖父留法回来后到四洮铁路局做秘书一事不解。家在奉天（沈阳）上班却在四平，属“两地生活”者。每周末乘火车回家，而仅有的周日又都放在“美术研究社”的组织和教学上。

虽然他讲“返国之后，仍以债务累及家人。生计关系，不能本所素习以谋安生之道，乃就四洮铁路局秘书事”(6)。可奉天（沈阳）是东北的政治经济文化中心，依孙佩苍在奉天教育系统老关系以及留学法国的资历，找到一份高薪解决生计并非难事，何以承受每周四平—沈阳单程近一百九十公里乘车劳顿之苦？我以为是国民党组织委派的。

中东铁路和“南满铁路”（“满铁”）是苏俄和日本蚕食东北领土的重要机构，东北归属未卜令国民政府忧心忡忡，祖父进入“满铁”系统应为受命。九一八事变，尤其是七七事变后，在国民党东北党务活动中，封任的要职中亦不乏通讯、物流、交通最为现代化的铁路系统。例如 1938 年 1 月 18 日孙佩苍被任命为东北党务办事处主任委员，还兼任“铁路西区督导专员”（见《寻找孙佩苍》第 168 页），从中可见一斑。

天津朋友蒋向宇找到 1928 年 9 月 16 日《大公报》（天津版）刊登的《东省教育界促进统一 教职员会二次请愿电文》，在 9 月 11 日奉天省城教职员会议上，公推孙禹珊（按：孙佩苍）为主席，第二次向当局发电，决定举行大规模请愿运动，强烈要求东北政府尊重民意改旗易帜。报道及通电全文如下：

> （奉天通信）省城公私立各学校教职员，为促成统一，特于十一日下午，在省教育会开会。到男女教职员约数百人，公推孙禹珊为主席，梅佛光为记录，讨论第二次向省当局请愿通电电文。当场推梅佛光、王回波、邵晋阶暨徐士达四人为修正委员，修正后即缮发。闻该会计议，设使省当局对此通电，无确切之答复，决举行大规模之请愿运动，务促其尊重民意，改旗易制。定于明日（十二日）

由委员为代表，躬赴保安总部及保安委员会请愿。自该会举行后，奉垣各界人士，亦皆欣欣然有喜色，以为中国由此可以统一，东省由此可以安谧，民心所向，可见一斑。兹录电文如下：

为再请实行赞助统一，迅即改旗易制事。窃前陈漾电，计已早达钧览，迄今未获明教，群情忧疑，不知所措。伏思秉钧诸公，不动声色，潜移默运，自必有爱国护乡之大计。惟是同人等，公忠所结，渴望统一，兹再就管见所及，痛切陈之。传曰民为邦本，本固邦宁，又曰非我族类，其心必异。纵观古今中外，一国之存在发展，必其民族团结，政治修明，乃能立于不败之地。证诸我国往事，所以保此五千年之文物大邦者，皆我民族团结巩固之力也。近世墨西哥受制于美，乃有救国保种之成功。阿拉伯受制于英，乃有自决对抗之奋起。其余如埃及印度波斯，皆能努力合群，刷新政治脱却羁縻，发愤为雄。返观我国自民元以来，人心浮动，称兵据地，俨如敌国，违法蔑理，不顾宗邦，然屈指计之，莫不失势而去。天道助顺，人心厌乱，彰彰明矣。此十七年来，彼此相攻，生民涂炭，仁者不忍为也。一世之雄，而今安在？智者亦不肯为也。彼凭势窃国，千古遗臭，如袁世凯者，尚堪问乎。倚外借款，宰割海内，如段祺瑞者，不亦悔乎，蟠踞西南，自比王国，若唐继尧者，今尚存乎。雄狮百万，横行南北，若吴佩孚者，果何如乎。其余据一省之地，驱十万之众，兴衰倏忽，更仆难数。以言富贵，则身家不足自保，以言功名，则青史何能流芳。以拿破仑威廉二世之雄才大略，睥睨一世，卒至身败名裂。以魏武之雄奇，后人尚笑其愚，挽近数公，更何如也。东省士马强壮，驰驱中原，久为举国所惊叹。幸佳电号电，先后披诚，实心息兵之意即明，赞助统一之志亦坚，幡然觉悟，改弦更辙，举国之人，宜莫不欣然色喜。从此东省父老子弟，亦可告无罪于我全国。方趾园颅之伦，带发含齿之辈，莫不渴盼统一。而有渴盼钧座暨委员诸公实行赞助统一者，有由来矣，或谓统一合群，固为国基所在，不容异议。但今日大乱初平，危机未尽，将来趋势如何，不妨暂观推移，此不明国内情事之说也。夫辛亥之役，东省既已落后，终为大势所趋，何能独异，不过见几稍晚，为害尚小。今日之事，全国企盼者，惟我东省，强邻虎视者，亦惟我东省。况我东省连年苦战，民力疲弊，倘欲以东省一隅之力，内召全国之歧视，外抗强邻之侵凌，顺逆之道姑不论，即安危之数，亦不待智者而后明，抑考历代改革之际。统一之成，虽不无迟速先后之别，然国运民情，事前均昭然可睹。今日国府已臻巩固，中外迄无违言，艰难缔造，已具宏规，此正万众一心同新国运。识时俊杰所不必犹豫徘徊之时也，或又谓统一之计成是矣。然强邻未能见谅，横来干涉，所以犹豫不决者，实虑此耳，此乃内不自审国势，而外又不察国际情形者也。我东省为强邻所垂涎，不自今日始矣，然彼终不敢逞者，惧我人心之未死，畏我全国之未可厚侮，而又惮国际所不许耳。彼劝我诱我不必统一者，即谋我土地而以我分裂为利者也。利我人心之死，甘于受惑，又利我自绝于全国，势孤无援，易于吞并耳。使我听其说固中其计，即我畏其势而迁延不决，亦早已中其计矣。为今之计，惟有毅然改旗易制，全国团结，彼纵妄加干涉，亦何足虑。土耳其之复兴也，英国希腊曾合力破坏之矣，卒之土耳其赫然复为大国。俄国之革命也，各国曾出兵戎西伯利亚矣，卒之悄然撤退失败而返。近者日本出兵山东果何所得，徒召我国之反感，引国际之疑忌，今正陆续撤退，殊为失着。试问尚有肯恣意行动，一误再误者乎。况各地英美之海陆军，亦决撤退，东亚大局，自此已焕然改观。彼英美法意皆素抱帝国主义，对我向持侵凌政策者也，今则变其态度，竭力与我国周旋，不平等条约可改，关税自主可认。彼非有所爱于我也，知我之不可侮，故遂争得先着见好于我，求其国际商战之胜利。华府会议，大势甚明，公道虽未必有效，而限制狡焉思逞者其力则甚巨。最近巴黎非战条约，精神虽未必贯澈，而防止战争导线者其用则甚伟。今我改旗易制，纯系处理内政，外人有何容喙之余地，使彼敢取我，则直取我矣。不必有所忌惮，亦不必别寻口实，使彼不敢直取我也。则我堂堂正正全国统一，出以决心，见诸实行，彼将奈我何，使我受其威胁听其利诱，彼谋者将不特欺我之弱，而又窃窃笑我之愚矣。抑尤有进者，同人等之一再陈请，非同人等之私意也。同人等暑假期内，伏处乡僻，所与接谈者，父老子弟农工商贾见其相与私议，均以外人破坏统一，亡省可虑，早夕疾首，若有大祸之将至。咸以同人等，来自省垣，频频以消息相询，又见其忧伤之念，结于心曲，义愤之色，现于眉宇。同人等当仁见义，岂敢后人，顾议论不足以释其疑，事实不足以慰其望。长此郁塞，谁肯为当局诸公言之，是东省民意，终不能自达于当局诸公也。同人等窃不自谅，率先陈之，爱国爱乡，亦所以爱我当局诸公也。且今日事急矣，知者不肯言，言者不肯直，直者不肯尽，终必相率趋于沦亡之一途。凛匹夫有责之言，痛载胥及溺之祸，同人等虽蹈戾干怒，亦不敢以爱身之微，而不忠于国家，不诚于当局诸公也。伏乞钧座暨委员诸公，迅即旗扬青天白日，政遵三民五权，实行赞助统一，表爱国护乡之至意。临电鹄候明示，不胜盼祷之至。奉天省城教职员联合会九月十一日。

这个第二次通电的电文应是孙佩苍起草的。从“窃前陈漾电”亦可知第一次通电在 8 月 23 日，可惜尚未找到。东北易帜前他的国民党员身份还不能公开。至该年 9 月，孙佩苍已是奉天三个文化团体（美术研究社、东北文学研究会、一六艺术研究会）的负责人或主要参与者，加之在奉天教育界十年的经历和人脉，有条件组织教育界对政府施压。国家统一既是他本人的夙愿，也是国民政府赋予的使命。

恰在此时，日本方面向东北政府提出修建吉会、长大两铁路，企图进一步蚕食东北领土。路权纠纷引发了东三省民众的义愤，奉天省城教职员联合会“动议：联络各界合组国民外交后援会，作为三省人民对外之总机关。昨日（10 月 29 日）在商报社开第一次筹备会，今日（10 月 30 日）在北平公司开第二次筹备大会。现已草定章程，实行征集会员，设日方不自动停止其要求，决定举行大规模之示威运动，为政府之后援云”[1928 年 11 月 7 日《大公报》（天津版）第三版]。又于 11 月 2 日召开“委员及干事联席会议，到会者五十余人，决议通电全国，声援省政府与吉林延边各县对于吉会路权问题之交涉，并议定对待日本种种办法，设使日本强迫签字。该会决即联合东省各处之教职员联合会，扩大组织东省教职员联合总会，作为对抗日本之民众的中心机关”[1928 年 11 月 6 日《大公报》（天津版）第三版]。

11 月 9 日，哈尔滨学联示威游行，抗议当局对日方的迁就，遭到滨江警察厅残酷镇压。受伤学生数逾二百，致死三人。11 月 16 日，奉天教职员联合会召集全体会员大会，到者三百余人，对于路权问题，讨论多时，并于哈埠惨案，该会议定向当局上书，书中强烈谴责暴行，要求“将该厅长知事队长等一律枪决示众”以平民怨（1928 年 11 月 22 日《天津益世报》第六版）。并于 18 日，正式呈给东三省保安总司令张学良 [1928 年 11 月 25 日《大公报》（天津版）第八版]。

处在地下状态的东北国民党人为国家统一不遗余力，历史应当记住他们。

1928 年 12 月 29 日，张学良宣告东北易帜，归顺中央。一个月后孙佩苍从四洮铁路局离职到东北大学做了教授。可视为使命完成，身份公开，重归教育体系。

再过一年，“经南京政府与法国当局事前接洽妥协，然后由法国聘请，南京教育部委任”[7]孙佩苍出任法国里昂中法大学校长。

不到两年，从秘书到教授再到校长的“三级跳”，皆因为从事国民党党务有功而得以升任。

1934 年初他从法国回来后的踪迹陆续被发现。

1934 年 1 月 18 日《申报》“教育消息”：

> （南京十八日电）教育部特设东北青年教育救济处，办理救济东北勤苦失学青年事宜，设主任副主任各一人，主持该处一切事物。已令派周天放为主任，李锡恩为副主任。周曾任东北大学文理学院长、哈尔滨教育厅长、东北党务常委，李曾任吉林大学校长。[8]

有关东北青年教育救济处的设置以及与孙佩苍的关系，可从另外两条报道中了解一二：

1934 年 3 月 23 日《申报》“教育消息”：

> 教育部为扩充教育便利，培养救国力量起见，对于东北（籍属辽宁·吉林·黑龙江·热河·哈尔滨各省市）被迫或自愿入关求学勤苦有志之士，曾拟定东北勤苦学生救济办法十二项。呈经行政院核准施行，并依该办法第二项之规定，设立东北青年教育救济处，办理各项救济事务。业于本年一月三十日在南京成立，复于二月十二日在北平设立驻平办事处，负责办理华北各省市东北籍勤苦学生之调查事宜。[9]

1934 年 12 月 25 日上海《申报》“教育新闻”报道：

东北青年教育救济处聘赵明高等为审查委员

东北青年教育救济处对于补助国内东北学生事，曾分别聘请委员二十三人（救济处正副主任为当然委员），组织审查委员会从事审查工作。日前审查委员中之孙佩苍等三委员，因事不克兼顾，向救济处辞职。该处另聘赵明高于中和武尚权三君为继任审查委员，昨经进一步核准，由处分分别函聘云。[10]

孙佩苍 1934 年 1 月初离开里昂回国，因家乡东北已沦陷，只能乘船在 2 月 7 日抵上海，略事休息，即北上向北平中法大学当局述职。此时该救济处已经成立。在国联任“教育青年分委员会委员”和“教育青年专家委员会东方委员”的国民党员孙佩苍加入此机构顺理成章。且时任主任，已是东北党务常委的周天放是孙佩苍在东北大学的同僚、“一六同心会”成员，那时唯一的国民党员孙佩苍曾是该会的“核心”。

孙佩苍因何事“不克兼顾”而辞职？较大的可能是在国民党党务方面另有安排，参与于 1933 年 3 月成立的“东北党务办事处”事务[11]，在救济处的十来个月只是“过渡”。

2016 年 5 月，朋友郑荣城到台北参加马拉松赛，从国民党党史馆找到一份“改组东北党务办事处并以孙佩苍为主委栗直为书记长案”的文件[12]，内中有一份孙佩苍的介绍。

东北党务办事处执行委员会委员书记长简历表

姓名：孙佩苍

职别：主任委员

籍贯：辽宁

年龄：49

出身：法国留学

略历：九一八后曾在辽宁指挥秘密工作现任参政员

孙佩苍 1930 年 9 月离开家乡沈阳赴法任职，1934 年初卸任里昂中法大学校长职回国，即到东北青年教育救济处，年底辞职，因是“在辽宁指挥秘密工作”。国民党人的抗日始于九一八事变，祖父亦投入其中。

孙佩苍指导辽宁抗日秘密工作可在《革命人物志》（第十一集）中见得一斑：

先烈乐夔，北平人。历充天津市仁民制药厂及前法租界华籍董事。自七七事变，平津相继沦陷，即自矢利用本身营业，实行救国工作。北来地下工作人员，多倚为东道主，获助供应，无虑弗周。其寓址在法租界中街，爱国同志长期食宿于寓所者颇不乏人，如孙雨珊（按：孙佩苍）、阎忠远、傅增湘诸先生往来尤密。

1938 年 6 月 20 日孙佩苍当选第一届国民参政会参政员。

对于参会的孙佩苍，媒体有如下两个报道：

1938 年 6 月 29 日《武汉日报》

孙佩苍先生意见

孙佩苍先生，字雨珊，辽宁沈阳县人，现年四十九岁，北洋师范学校生物系毕业，巴黎美术学校毕业，历任东北大学美术史及绘图教授，里昂中法大学校长。孙氏略谓本人归国不久，对国内情况，尚不大熟悉，不过感觉，后方的民众，大多情绪尚欠紧张，仍旧过平时悠闲生活，实应振作精神，把人力和财力集中，以应付空前的国难，再希望本会在人事上不必多费精神，派别和背景，也不要过分重视，而要脚踏实地，替国家民族争取自由平等。

1938 年 7 月 4 日《新华日报》第二版

孙佩苍先生认为：这次参政会的本意是团结各方，共商国是。我站在国民党的立场，希望这次参政会不光是国民党请大家来谈谈，在形式上表示团结；而是希望各党各派也要抱有诚意。总之，大家要从大处着眼，不必斤斤于小节。

这次抗战，至今好像还只是政府与军队的事，动员民众的工作还不够，希望这次参政会对此能商量出个具体的办法来。

除了政治经济的以外，我还预备提一个关于东北的议案。这两天正忙着和各友好商量中。

孙先生新从法国回来，他认为抗日以来中国的国际地位是日益提高了。

国共两方报道取向有异，二者综合可能接近言者本意。

祖父说“本人归国不久，对国内情况，尚不大熟悉”，看来孙佩苍去法国颇有时日。或去治病，或有公干，抑或兼有之。

7月6日至15日，国民参政会一届一次大会在武汉举行，到会代表149人。

参政员合影中的祖父表情严肃，略现焦虑。此时日本侵略军已攻占南京，正向武汉进击，形势危急。孙佩苍即将接受新的抗战使命。

参政会闭幕日（7月15日），参政员在汉口的合影（第二排右起第四人为孙佩苍）。

孙佩苍（第二排中央者）

1938年11月，孙佩苍被任命为东北党务办事处主任委员，主持东北的抗日工作。对于此次任职，史料有几种说法。

中国国民党党部密令党部党务办事处移至天津，进驻英法租界，就近指导七七事变后的现地反日工作；并委任孙禹珊（按：孙佩苍）为主任委员，秉直为书记长。

（王秉忠、孙继英主编：《东北沦陷十四年大事编年》，辽宁人民出版社，1990年12月）

为积极推动各地敌后工作，达成全国总动员，中国国民党中央于民国二十七年十一月十八日下令改组东北党务办事处，委孙佩苍（字雨珊）为主任委员……设立办事处于天津租界，共计委东北现地工作同志三十五人。

（高纯淑：《九一八事变后中国国民党的东北党务》）

台湾的国民党党史馆“会 5.3/98.34”档案为此任命的原始依据：

中国国民党中央执行委员会秘书处译电纸

发电者 朱家骅

通信处 汉口

发电　廿七年十月十九日十九时四十分

收电　廿七年十月十九日

电报号 89

译者　黄德荣

特急委渝

甘副秘书长乃光我兄据组织部呈拟改东北党务办事处并拟派孙佩苍张骧涛李光忱于中和韩静远李仲华阎孟华赵景龙刘守光为执行委员并指定孙佩苍为主任委员另派栗直为书记长又陈公博同志保荐王育文为该处执行委员经与吴部长商定原拟刘守光改为王育文又天津特别市党部函待改组经与组织部商定拟王若僖为主任委员……

会 53/79.11《彻底调整东北党务工作办法》（民国廿七年五月十九日）对担任委员提出五条资格：

委员资格

（甲）须有相当革命历史者

（乙）须有工作经验者

（丙）须熟悉地方情形者

（丁）须实际上能负工作责任者

（戊）须忠实干练者

可见孙佩苍已有“相当革命历史”，熟悉“九一八”后曾潜伏过的天津法租界，且“忠实干练”，深得国民党信任。

但是孙佩苍再次去敌后的天津潜伏却出现问题，有如下报道：

东北党务办事处并依中央执行委员会所颁《省执行委员分期分

区轮流督导党务实施纲要》，实行分区督导各县党务……孙佩苍为铁路西区督导专员……除赵景龙[13]兼任东北协会通讯处主任职务，继以被捕。孙佩苍迟迟未到职，后被撤职；……

（高纯淑：《九一八事变后中国国民党的东北党务》）

为积极推动敌后工作，民国二十七年中央改组东北党务办事处，原有天津之工作人员一律资遣，另派孙佩苍为主任委员，李光忱[14]等九人为委员，栗直[15]为书记长，但孙以途中为共军所捕，迄未到津，栗于二十八年抵津后遂代理主任委员职务……

（《一九四九年：中国的关键年代学术讨论会论文集》“国史馆”1990年12月出版）

在我父亲孙僩档案中，有一份1957年反右前后的揭发材料：“其父孙佩苍幼年曾任沈阳师范学校校长，中年曾任中法大学校长（法国里昂），接受齐世英的津贴去德国治过病。七七事变后任渝伪参政会参政员，于1942（按：应为1938年）年春奉命到敌后天津办国民党党务，到津后不久即被日本特务机关破获国民党地下组织，只身逃往香港经昆明返回重庆，不久死于成都。”

继任孙佩苍潜伏到天津的栗直在给国民党中央执行委员会和组织部的电报中，描述了在法租界从事抗日工作的危险：

特33/10.11

请将办事处迁至上海办公致中执会电

发电者 栗直

通讯处 天津

发电　廿九年一月四日五时卅分

收电　廿九年一月四日十四时〇分

电报号 68

译者　王汝梅 抄

中央执行委员会并抄转组织部按本处委员赵景龙被敌捕去借审后写出纸条内云敌方已探得本处组织系统及工作人员并问孙佩苍及职等之面貌住址甚详赵委员置答不知竟被打昏二次复云法租界被捕诸同志已将处中工作人员大概供出并云已有平津东北籍汉奸多人向

日方告密等语故近来敌伪各方谋捕职等甚厉闻已派四十余人在津坐探此地租界甚小且已在日本势力威胁之下故英法当局态度非常软化况有许多引线职等如在鼎釜之中度情量才势不出两月本处在津机关必为敌人破坏职等一旦被捕东北工作即陷沉沦状态言念已此不得不冒渎事前恺切陈明经职等数日计议拟将本处迁移上海工作或先迁一部工作人员作为将来复线如此办法汇款更较妥善由渝直接汇沪本处即可经大阪转汇东北至于通信联络亦有妥善办法更可减少敌人注意职等有鉴于此因负党国重命固丝毫不能规避但为工作顺利及减少工作人员危险并将来不致影响整个居留东北同志工作与生命起见惟有恳请将本处迁沪办公可否恭请鉴核迅速示遵临电迫切之至职栗直率东北党务办事处全体同志同叩江（三日）

但是这个请求被组织部长朱家骅严词拒绝。[16]

无论何种说法，历经险境的孙佩苍未能成功就职并非其过。

他不仅保留国民参政会参政员，而且在1940年12月13日，仍旧荣任辽宁省籍排位第一名的参政员。

目前可查到的抗战期间东北党务文件有限，1949年初孙佩苍同事好友、时任辽宁省主席徐箴全家并携带大批国民党党务文件乘太平轮赴台，该船不幸于1月27日沉没于舟山海域。

期望还能找到更多有关孙佩苍抗日的史料。

我在整理年表时注意到从1939年1月中旬到1940年10月没有孙佩苍的记录。

根据黄觉寺先生《闲话集藏　今画禅室杂记之一》文中提及祖父的收藏外，也得知孙佩苍1940年8月从欧洲回到上海（详见本书第十二章《孙佩苍收藏补遗》）。此行应当是他所熟悉的法国，离开的时间是6月末或7月。

纳粹德国1940年5月10日开始进攻西欧，12日进攻法国色当，18日法国停止抵抗，26日巴黎和法国全境被占领，6月16日宣布投降。孙佩苍滞留在了沦陷的法国。

据家人讲，祖父此行是去征集抗战物资。1940年任伪中央政务委员会委员，伪考试院院长，伪华北政务委员会委员、委员长兼内务署督办，兼新民会会长兼新民学院院长，伪中央执行委员会委员的王揖唐得知此讯，要求德国将孙佩苍带回，欲将其任命伪华北政府文化或教育部长。孙佩苍在法国的朋友帮助下逃回国内。当然这些口述有待证实。

我在台湾的“中央研究院”翻阅有关外交档案，因文件甚少，没有找到祖父的相关记录。

我的邻居，一位抗日老战士，在解放军总参情报部门工作多年的九十高龄老人读了《寻找孙佩苍》后对我说：我党在夺取政权年代，有句口号叫“打进去，拉出来”，千方百计争取国民党人员。你祖父肯定是“拉出来”的重要对象。对于参政员这种身份的，都会建立档案且及时更新。孙佩苍的档案应当在中央组织部或国家安全部。

恐怕在我有生之年他的档案不会对我公开。

“西安事变”后国共合作。南京沦陷后周恩来作为中共代表从 1937 年 12 月 18 日到次年 10 月 25 日在武汉长江局工作。孙佩苍在南京失守前到武汉并作为辽宁省国民党籍参政员出席了第一届国民参政会第一次大会。

1938 年 12 月中旬周恩来到重庆，孙佩苍也同时期撤退到陪都，直至 1941 年 12 月去成都后去世。

周恩来很念旧情，在奉天东关模范小学，他与我爱人的姥爷黄宝成是同班生。新中国成立后周恩来曾提出为其介绍工作，黄因疾病婉谢。

在国共合作的时代，祖父与他有足够的空间时间交集，不乏旧酒重温吧。

共产党方面关注孙佩苍。

1938 年 7 月 4 日《新华日报》曾报道《孙佩苍先生意见：望参政会提出动员民众的方案 抗战来我国国际地位日益提高》。十分关注他对各党派团结合作动员民众抗战的意见。该报也及时报道了孙佩苍的去世。

1941 年 11 月 17 日到 26 日，第二届国民参政会第二次大会在重庆举行。孙佩苍就抗战和教育提交了两份提案并连署十九个提案(含两个临时动议)。(17)

东北沦陷区教育亟待推进应请行政院宽筹经费交教育部切实办理案

（提案第八十三号）

参政员孙佩苍等二十二人提

理由：

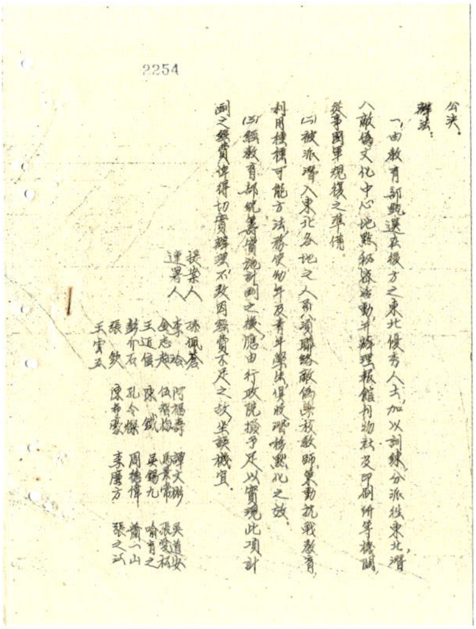

2254

公決。

辦法：

（一）由教育部甄選在後方之東北優秀人士加以訓練分派往東北潛入敵偽文化中心地點秘密活動並辦理報館刊物社及印刷所等機關從事國軍規復之準備。

（二）被派潛入東北各地之人員須聯絡敵偽學校教師策動抗戰教育利用種種可能方法務使幼年及青年學生俱收潛移默化之效。

（三）經教育部統籌實施計劃之後應由行政院撥予足以實現此項計劃之經費俾得切實辦理不致因經費不足之故坐誤機宜。

提案人 張楓蒼

連署人 李[illegible] 金志超 王述儀 彭介石 張欽 王寶五 阿福壽 伍智梅 陳鐵 孔令燦 陳希豪 譚文彬 馬業常 吳錫九 周德偉 李廣方 吳道安 張愛[illegible] 喻育之 蕭一山 張之試

2253

東北淪陷區教育亟待推進應請行政院寬籌經費交教育部切實辦理案（提案第九十三號）

張委員楓蒼等二十六人提

理由：

查東北淪陷於茲十載敵人實施奴化教育積極經營已有相當成效若不亟圖挽救行見我東北四省三千七百萬同胞受其麻醉漸至忘其祖國而今日青年又爲當時事變之兒童心如一張白紙尤易習非成是言念及此實可憂心慨自九一八以後我東北熱血青年愛國志士不堪敵人虐待壓迫而自動逃至關內者固不乏人惟自軍興以還此項內移青年實已日漸減少教育部於抗戰發生後雖成立機構積極推進戰區及淪陷區教育惟因限於經費與交通上不易克服之困難尚無顯著之效果爲求有用青年不至供敵利用亟應加撥款項交教育部統籌計劃擴大辦理是否有當敬祈

提公決

一一

037

查东北沦陷，于兹十载，敌人实施奴化教育，积极经营，已有相当成效，若不亟图挽救，行见我东北四省三千七百万同胞，受其麻醉渐至忘其祖国，而今日青年，又为当时事变之儿童，心如一张白纸，尤易习非成是，言念及此，实可忧心，慨自九一八以后，我东北热血青年，爱国志士，不堪敌人虐待压迫，而自动逃至关内者，固不乏人，惟自军兴以还，此项内移青年，实已日渐减少，教育部于抗战发生后，虽成立机构，积极推进战区及沦陷区教育，惟因限于经费与交通上不易克服之困难，尚无显著之效果，为求有用青年不至供敌利用，亟应加拨款项交教育部统筹计划，扩大办理，是否有当？敬祈

公决。

办法：

（一）由教育部甄选在后方之东北优秀人士，加以训练，分派往东北，潜入敌伪文化中心地点，秘密活动，并办理报馆刊物社及印刷所等机关，从事国军规复之准备。

（二）被派潜入东北各地之人员，须联络敌伪学校教师，策动抗战教育，利用种种可能方法，务使幼年及青年学生，俱收潜移默化之效。

（三）经教育部统筹实施计划之后，应由行政院拨予足以实现此项计划之经费俾得切实办理，不致因经费不足之故，坐误机宜。

提案人 孙佩苍

连署人 李 洽 阿福寿 谭文彬 吴道安 金志超 伍智梅 马景常
张爱松 王近信 陈 铁 吴锡九 喻育之 彭介石 孔令灿
周德伟 萧一山 张 钦 陈希豪 李廉方 张之江 王云五

在第十次会议（11 月 26 日上午）上决议：原则通过，送请政府统筹办理。国防最高委员会决议：交行政院核办。

请增筹战区教育经费扩大战区教育工作以强国本而利抗战

（提案第八十四号）

参政员孙佩苍等二十二人提

理由：

查战区临近敌伪，非厉行战区教育，不足以振民心，而树国本，此理善简，无待烦言，我政府自二十七年派遣战区教育督导人员，深入工作，法良意美，收效已多，惟兹事体大，以现有之人力物力尚感杯水车薪，难期显效，亟应增筹经费，扩大办理，期以建立抗

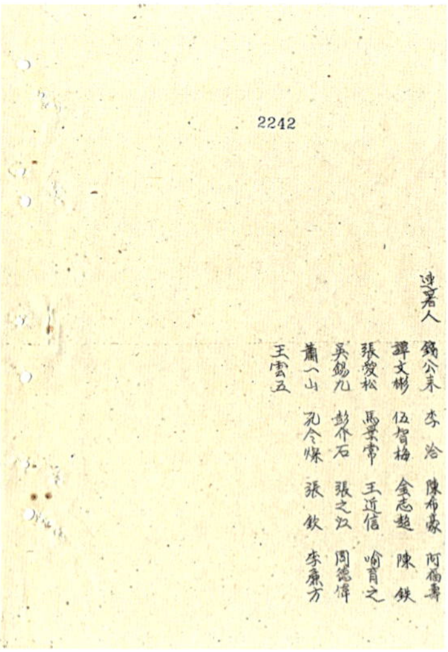
2242

連署人 錢公來 李 洽 陳希豪 阿福壽
譚文彬 伍智梅 金志超 陳 鐵
張愛松 馬景常 王近信 喻育之
吳錫九 彭介石 張之江 周德偉
蕭一山 孔令燦 張 欽 李廉方
王雲五

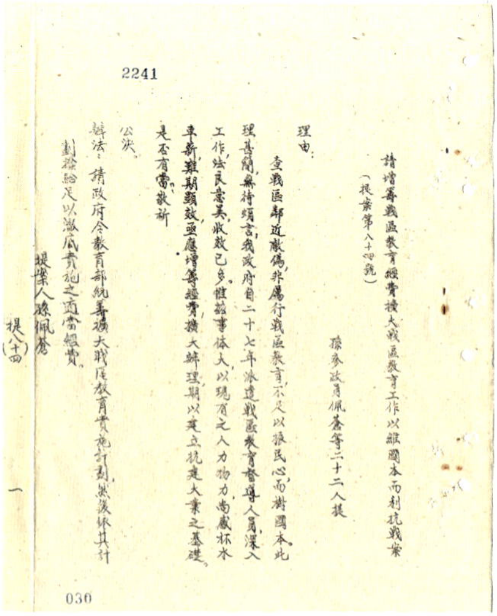
2241

請增籌戰區教育經費擴大戰區教育工作以維國本而利抗戰案
（提案第八十四號）
孫參政員佩蒼等二十二人提

理由：
查戰區鄰近敵偽，非厲行戰區教育，不足以振民心而樹國本，此理甚簡，無待煩言，我政府自二十七年派遣戰區教育督導人員，深入工作，法良意美，收效已多，惟茲事体大，以現有之人力物力尚感杯水車薪，難期顯效，亟應增籌經費，擴大辦理，期以建立抗建大業之基礎。是否有當，敬祈
公決。
辦法：請政府令教育部統籌擴大戰區教育實施計劃，然後依其計劃撥給足以澈底實施之適當經費。
提案人 孫佩蒼
提（八十四）
一
030

建大业之基础。是否有当？敬祈

公决。

办法：

请政府令教育部统筹扩大战区教育实施计划，然后依其计划拨给足以彻底实施之适当经费。

提案人 孙佩苍

连署人 钱公来 李　洽 陈希豪 阿福寿 谭文斌 伍智梅 金志超
陈　铁 张爱松 马景常 王近信 喻育之 吴锡九 彭介石
张之江 周德伟 萧一山 孔令璨 张　钦 李廉方 王云五

在第十次会议（11 月 26 日上午）上决议：通过。

国防最高委员会决议：交行政院核办。

孙佩苍在所参加的第一、二届国民参政会的四次大会上参与和连署的五十九个有关教育文化、财政经济、军事国防、内政、外交方面的提案目录如下[18]：

第一届第一次大会（1938 年 7 月 6 日至 15 日）

孙佩苍始为第四审查委员会（财政经济）审查委员，后改参加第三审查委员会（内政）。

拥护抗战建国纲领案

参政员王家桢等二十一人提

拟请从速利用各地“湘，鄂，赣”零星武力重加编训增强抗战力量以保乡救国案（提案第四十五号）

参政员许德珩等二十六人提

申明赏罚以肃军威而振士气案（提案第一〇〇号）

参政员张振鹭等二十五人提

拟请政府在失地及战区内对政治机构变通成例以策实效对被灾民众多方救济以维人心案（提案第一一一号）

参政员王幼侨等二十六人提

重建东北四省政治机构案（提案第二十八号）

参政员钱公来等三十三人提

移送难民垦荒以裕国力而增生产案（提案第廿七号）

参政员喻育之等二十一人提

利用难民垦殖西北以固边防案（提案第五十八号）

参政员潘秀仁等廿三人提

请政府举行大赦以增加兵役及工役案（提案第六十四号）

参政员王卓然等五十四人提

纺织工业与国防及民生日用有密切关系将来产量太少供不应求拟具补救办法以供军用而裕民生案（提案第十二号）

参政员高惜冰等廿二人提

推行战时土地政策以增加抗战力量案（提案第一二零号）

参政员齐世英等廿二人提

从速兴筑西北铁路建议案（提案第四十三号）

参议员李鸿文等二十九人提

如何使有钱者出钱充实抗战经费如何保障人民最低限度生活使有力者勇于出力便利民众动员工作案（提案第一零五号）

参政员沈钧儒等廿六人提

罗致专门技术人才分任抗战工作案（提案第四十六号）

参政员居励今等二十四人提

第一届第二次大会（1938 年 10 月 28 日至 11 月 6 日）

孙佩苍为第五审查委员会（教育文化）审查委员

拥护蒋委员长和国民政府加紧全民族团结坚持持久抗战争取最后胜利案

参政员陈绍禹等七十三人提

拟请从速加强西北防务建设军事根据地案（提案第四十四号）

参政员周士观等二十二人提

请火速援华南案（提案第八十四号）

参政员李仙根等四十三人提

请团结边民意志以增加抗战力量案（提案第三十八号）

参政员喜饶嘉措等三十二人提

提请合并绥境蒙政会察境蒙政会指导长官公署蒙旗宣慰使署保安公署等机关改组为蒙古地方自治政务委员会俾便集中全蒙人力财力统一事权以增强抗战力量案（提案第五十九号）

参政员李永新等三十二人提

为建议政府请速拨巨款以振济黄灾难民案（提案第四十七号）

参政员马乘风等四十八人提

赶快建筑西北大铁道案（提案第八十号）

参政员陶行知等二十四人提

调整农业金融机构案（提案第八号）

参政员王世颖等二十四人提

拟请经济部在青海省会西宁设发电厂案（提案第六十五号）

参政员李洽等二十九人提

拟建议经济部大规模探采青海金矿案（提案第六十六号）

参政员李洽等二十八人提

请政府设法招致沦陷区域内工程技术员工限期来归为国服务以免为敌利用案（提案第二十五号）

参政员张剑鸣等二十四人提

改进高中以上学校军事训练案（提案第五十七号）

参政员胡元倓等二十一人提

请从速救济鄂境战区失业教员及失学青年案（提案第四十三号）

参政员孔庚等三十六人提

推行普及教育以增加抗战力量而树立建国基础案（提案第七十九号）

参政员陶行知等二十一人提

为持久抗战当注重本国固有之文化提高民族意识案（提案第十九号）

参政员钱公来等二十一人提

（孙佩苍函国民参政会秘书处因病不克出席1939年2月12日至21日的第一届第三次大会）

（孙佩苍函国民参政会秘书处因事不能出席1939年9月9日至18日的第一届第四次大会）

（孙佩苍函国民参政会秘书处因公不能出席1940年4月1日至10日的第一届第五次大会）

第二届第一次大会（1941年3月1日至10日）

孙佩苍为第五审查委员会（教育文化）审查委员

统一军令政令以利抗战案（提案第十六号）

参政员张守约等六十四人提

切实改善士兵生活以加强抗战案（提案第七十二号）

参政员王寒生等二十二人提

请政府对于目前普通速成军事政治学校之军训员生毕业出校后应随时调查登记加以统制管理在校受训时应添生产教育以训练其生产技能机械化干部学校造就专门技术人材今后之任用与待遇尤应有特别法律规定之俾人尽其材而利抗建大业案（提案第三十二号）

参政员钱公来等二十七人提

请设华侨颐养院收养海外年老华侨案（提案第一三八号）

参政员邝炳舜等三十四人提

调整粮食案（提案第五十九号）

参政员耿毅、居励今等二十九人提

为挽救目前经济危机宜速设立物资管制机关以实行民生主义案（提案第十八号）

参政员萧一山等廿一人提

请救济盐荒以维民食案（提案第十七号）

参政员吴道安等二十人提

提议解除棉花纱布来源困难之基本办法十项拟请政府迅速施行以广来源而苏民困案（提案第二十九号）

参政员高惜冰等廿五人提

请政府从速开采甘肃陇南煤矿以广资源而裕民生案（提案第四号）

参政员骆力学等二十二人提

请政府积极提倡采用各种代汽油设备之汽车以利运输而裕国计民生案（提案第三十一号）

参政员冷遹等二十人提

请补助旅美华侨优秀子弟升学以宏造就案（提案第一三七号）

参政员邝炳舜等三十三人提

拟请教育部统筹沦陷区域之青年教育问题案（提案第六十八号）

参政员范予遂等五十人提

第二届第二次大会（1941 年 11 月 17 日至 26 日）

孙佩苍为第五审查委员会（教育文化组）审查委员

在美日谈判紧要关头，总裁所示“解决日本事件”之基本原则本会应一致拥护并电请罗斯福总统注意以表示我国国民之坚决立场案

参政员陈复光、王隐三等六十二人提

请大会决议拥护蒋委员长最近九一八宣言以重申我全民抗战最后决心案

参政员张一麐等五十三人提

对上述两个关于东北的议案，1942 年 10 月 24 日《新华日报》第三版《回顾上次参政会》文中“西南与东北”一节写道：

关于收复东北的问题，没有人更比东北籍参政员还要关心了，所有东北籍的参政员，对于“加强东北四省行政机构”，“抢救东北青年”等问题，都发出了急切的呼吁，就中如莫德惠王卓然孙佩苍王寒生马毅等参政员更是斤斤力争，而他们的呼声，也得到一致同情的反响，这就是大会闭会前，临时动议中全场举手通过的并案讨论的两个提案——“对美日谈判表示民意”与“拥护蒋委员长九一八告国民书”，由此，“解决日本事件”更增厚了精神的基础，同时也宣示了我中华民族坚持抗战到底的决心。

整饬征兵练兵办法及改善士兵生活以固国防基础案（提案第二十四号）

参政员张之江等三十八人提

请中央政府令辽吉黑热四省政府派员招致东北伪军案（提案第十八号）

参政员王寒生等二十五人提

请转咨政府向美国交涉改善美国华侨待遇以示政府德意而利侨务案（提案第十九号）

参政员谭赞等三十一人提

请加强沦陷区工作机构及敌后活动以利抗建案（提案第六十二号）

参政员王亚明等二十四人提

请明令对各级参议员尽法保障以重国家名器而尊民意案（提案第十七号）

参政员吴道安等二十人提

发展美洲华侨商务以巩固华侨根基案（提案第二十号）

参政员谭赞等三十四人提

拟请政府改进青海盐政案（提案第六十八号）

参政员李洽等三十一人提

拟请政府改进青海水利案（提案第六十九号）

参政员李洽等三十三人提

解决粮食问题以济民生而固抗建基础案（提案第二十五号）

参政员张之江等三十七人提

请切实注意改善小学教师待遇案（提案第十二号）

参政员谭文彬等卅三人提

请政府积极推行国民体育增强抗建力量树立民族万世不拔之基案（提案第二十三号）

参政员张之江等三十九人提

为建议改国立西康技艺专科学校为国立西康农工学院案（提案第二十九号）

参政员莫德惠等四十七人提

请政府为出征抗敌军人子女实施职业教育养成其生产技能以增抗建生产力量案（提案第八十二号）

参政员伍智梅等四十一人提

改进美洲华侨教育案（提案第廿一号）

参政员谭赞等三十二人提

建议于西安设立商学院并设置俄文蒙文回文（缠文）藏文各系以造就边疆商业人才案（提案第八十六号）

参政员马毅等二十一人提

请政府提倡国术体育以健身强种而固国基案（提案第二十二号）

参政员张之江等三十五人提

学校军训制度应予修正以利建国案（提案第十六号）

参政员魏元光等三十三人提

孙佩苍始终致力抗战，对收复故乡东北河山念念不忘。关心作为国家抗建基业的教育。

此次会议闭幕后 37 天，1942 年 1 月 3 日，孙佩苍在成都去世。

第二天，《新华日报》和《中央日报》同时刊登“参政员孙佩苍在蓉逝世”消息。

1 月 5 日，蒋介石在给孙佩苍家属唁电中表彰“雨珊先生，从事教育，赞襄政治，均著绩效”。

祖父主张与连署的这些提案是他生前最后的呐喊和绝唱。

为什么作为美术家、收藏家、教授、校长的孙佩苍会到沦陷区指导秘密工作？在 20 世纪二三十年代去欧洲学习美术文学的国人中，孙佩苍可谓“异类”。留学欧美诸多艺术家抗战期间，以书画音乐各种形式支援抗日并募捐，皆有贡献。然如孙佩苍置生死于外、潜伏日伪区者，恐为鲜见。

被东北丰饶乡土哺育成长的孙佩苍之人生重大转型始于九一八事变。

1913 年二十四岁的青年孙佩苍写了四个宣扬爱国激情的小说唱本《犒秦师》《崖山泪》（见本书附录 3）《沈云英》《秦良玉》。

1928 年 10 月，身为奉天美术研究社社长、全力发展辽沈现代美术的孙佩苍在《美术与人生之关系》一文中对自己的世界观和价值观作了清楚的表白：

天下感情发达之人，其感触为特别敏锐，故有许多事物情境及心灵隐微奥秘之处。惟文人诗家美术家为足以知之，常人则茫然也。

……盖人之行为虽系于意志，而意志则每受感情之影响……米西盎兹罗之参与布罗郎斯战事，卢骚、福禄特尼尔之鼓吹法国革命，非皆由于感情有所不能忍而然欤。

……试观世之真正艺术家，大都感情热烈，心地坦直，彼绝不知城府机诈为何物，所谓能不失其赤子之心者也。

……倘逢不合意之事，则必深感不快。惟其不快，斯有改革，惟其改革，斯有进步。

因此，可完全理解九一八事变后，孙佩苍从倡导美术美育清除社会弊端转为身体力行抗日救亡的行为。

抗战胜利七十周年之际，台湾方面依据现有孙佩苍参加抗日的历史记录，向他颁发了“抗战胜利纪念章”。这表彰因历史的曲折姗姗来迟，却不失公正。

孙佩苍是美术家、收藏家、教育家、国民党官员，更是为抗战做出贡献的爱国者。

注释

（1）《齐世英先生访问纪录》，台湾“中央研究院”近代史研究所，1990 年 8 月初版。

（2）同上。

（3）东北易帜是指皇姑屯事件之后，统治中国东北的奉系军阀将领张学良 1928 年 12 月 29 日通电全国，宣布：从即日起遵守三民主义，服从国民政府，改变旗帜（将北洋政府的五色旗换成国民政府的青天白日满地红旗）。此举标志着北伐的结束，国民政府完成统一，以及北洋政府的正式结束。

（4）高纯淑 ：《九一八事变后中国国民党的东北党务》 ：“东北三省在易帜之前，党务均在秘密进行之中”，“民国十七年十二月，东北易帜，全国统一。中国国民党在东北之组织与活动得以公开”。

（5）齐珏编著：《丹青碎影：严智开与天津市立美术馆》。

（6）见本书附录 8《美术与人生之关系》。

（7）《盛京时报》1930 年 9 月 30 日第四版。

（8）（9）（10）沈宁先生提供。

（11）高纯淑：《九一八事变后中国国民党的东北党务》载 “九一八事变后，

中国国民党为适应实际需要，于民国二十二年三月合并东北各省市党部成立的东北各省市党部执行委员会办事处（简称东北党务办事处）。”

（12）国民党党史馆 馆藏号：会 5.3/98.34 出版日期：1938/10/27 全集 / 系列 名称：会议记录　产生地：重庆　题名：改组东北党务办事处并以孙佩苍为主委栗直委书记长案　备注：五届中常会 98 次会议通过　附朱家骅电 简历表各一件 中密处函稿四件。

（13）赵景龙（1900—1940），字在田，黑龙江巴彦人。1919 年夏毕业于日本大阪高等工业学校。归国后创办东北造纸厂于桦甸。九一八事变后组织工厂工人武装抗日，组织东北民众救国义勇军军政委员会，参与进攻哈尔滨、长春等役。后任东北民众协会天津办事处主任。1938 年任东北党务办事处执行委员。1939 年 12 月 19 日在天津被日军逮捕，1940 年 2 月 24 日在吉林遇害。

（14）李光忱（1903—1950），辽宁凤城人。毕业于奉天基督教文会书院。1925 年派任国民党东三省青年特派员，1926 年宣威奉天临时党部常委。九一八事变后参与组织义勇军，号称“辽西大李”。1938 年夏出山海关建立地下组织，1944 年被日军逮捕判处死刑，因抗战胜利出狱幸免于难。1945 年任安东省党部主任委员，1946 年当选“制宪国民大会”代表，1948 年辽沈战役后被捕，1950 年殁。

（15）栗直（1902—？），字吉人，号天雄，吉林永吉人。吉林第一师范学校、中央政治学校毕业。九一八事变后组织天雄义勇军参加吉黑民众救国义勇军军政委员会。历任东北党务办事处驻津干事、吉林省政府秘书、国民党东北党务执委会委员兼书记长，代理主任委员、“国民大会”吉林区域代表、合江省党部主任委员、第一届“国民大会”代表等职。

（16）中国国民党中央执行委员会组织部 密函 中华民国二十九年元月十八日发

准函为天津东北党务办事处电请迁移上海办公一案嘱将本部审核意见函告等由查本案前经该处电呈到部当以“仍在原地继续照常工作不准迁移如该处人员认为在津危险不能安心工作者得准分别呈准该处或中央予以免职”等语电饬遵照在案准函前由相应复请查照为荷此致

部长 朱家骅 中国国民党中央执行委员会

（17）这些提案来自台北“国史馆”馆藏《国民参政会第二届第二次大会案（八）

（九）》。台湾地区政权更迭后，“国史馆”中止对中国大陆人员开放，对台湾居民检索民国时期文献也持戒心。台湾好友 BETTY 女士和她先生为寻找这些文件注册登记，几经问询，历时二十多日方得在屏幕上阅览拍照。

（18）蒋向宇先生对孙佩苍在国民参政会的活动整理了七万多字文献并附有档案原照。

第十七章

百年物语

第十七章　百年物语
——留法勤工俭学、里昂中法大学和中法学院

里昂中法大学见证了两国一段特殊交往史，也记载了近代以来中国两段重要对外交往史。

——习近平

如果从 1916 年华法教育会成立开展留法勤工俭学算起，到 2015 年已有百年，这一百年的中法文化教育交流可用 5（1916—1921 勤工俭学）+30（1921—1951 中法大学）+30（间断）+30（1980—2010 中法学院）+5（停滞）表示。

赴法勤工俭学以及里昂中法大学的历史，已有许多专家学者做过详尽的研究，其中葛夫平女士[1]、陈三井先生[2]的论著颇具权威，笔者从中学习很多，并在本文引用了若干资讯。

作为退休工程师的我所以对这百年关注，除近年读过一点史书外，还因祖父孙佩苍 1920 年去法国勤工俭学，1930 年再赴法就任里昂中法大学校长，

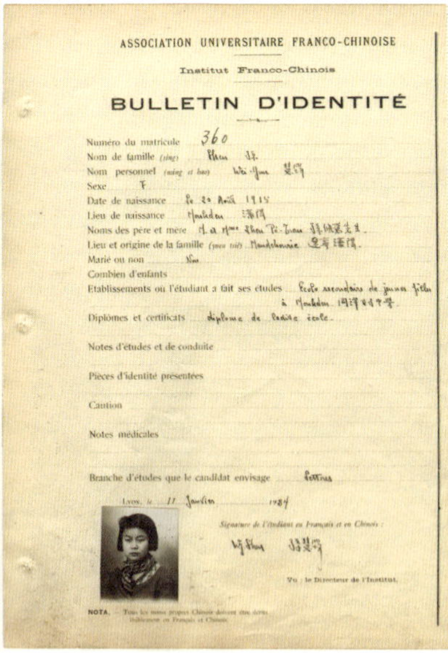

ASSOCIATION UNIVERSITAIRE FRANCO-CHINOISE

Institut Franco-Chinois

BULLETIN D'IDENTITÉ

Numéro du matricule 360
Nom de famille (sing)
Nom personnel (ming et hao)
Sexe F
Date de naissance
Lieu de naissance
Noms des père et mère
Lieu et origine de la famille
Marié ou non
Combien d'enfants
Etablissements où l'étudiant a fait ses études
Diplômes et certificats
Notes d'études et de conduite
Pièces d'identité présentées
Caution
Notes médicales
Branche d'études que le candidat envisage
Lyon, le 11 Janvier
Signature de l'étudiant en Français et en Chinois :
Vu : le Directeur de l'Institut.
NOTA.

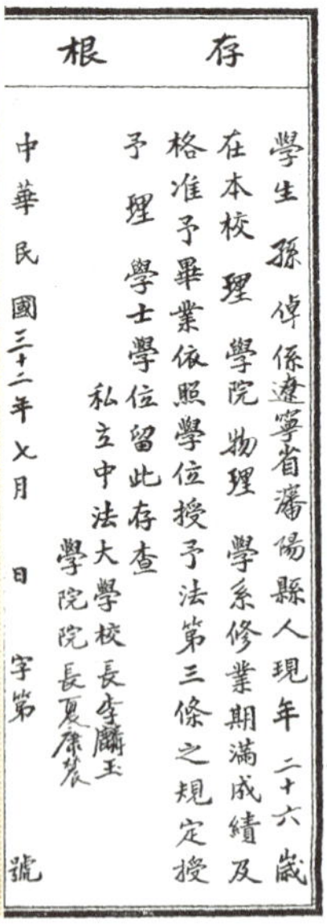

存根

學生孫倬係遼寧省瀋陽縣人現年二十六歲
在本校理學院物理學系修業期滿成績及
格准予畢業依照學位授予法第三條之規定授
予理學士學位留此存查
私立中法大學校長李麟玉
學院院長夏康農
中華民國三十二年七月　日
字第　號

（左图）孙佩苍和李石曾在中法大学合影；（中图）姑姑孙慧筠的入学注册；（右图）二叔孙倬的中法大学毕业存根

加之姑姑孙慧筠1934—1949年在里大学习，二叔孙倬1943年毕业于北京中法大学理学院物理学系这份亲情。2015年6月我到里昂，访中法大学旧址，又有幸见到中法学院Michele Aymard院长和林建生秘书长，一席长谈有所感悟，故在此班门弄斧就这三个话题抒发己见。妄说这百年些许，仅系个人见解。

民国初年，具有旅欧留法背景、带有无政府主义色彩的李石曾、吴稚晖(3)、蔡元培、汪精卫、张静江(4)、张溥泉(5)等人倡议学子到法国、比利时等国留学或勤工俭学。旨在扭转日本留学者过多以及“美雨压倒欧风”的势头。留法勤工俭学运动或可分为两个阶段，即留法俭学会和华法教育会。

1912年2月李石曾、吴稚晖、张静江、吴玉章等在北京成立留法俭学会。到1914年第一次世界大战爆发前留法俭学生已近百，另有旅法华工150人。1916年8月法国政府又招募了1700名华工。李石曾、蔡元培、吴稚晖等人动员旅法华工组织“勤工俭学会”，创办华工学校，提高他们的文化程度。为旅法教育做出卓越贡献。

1916年6月中法人士共同发起成立华法教育会，而该会的实质运作于1917年5月，蔡元培、李石曾、吴稚晖、汪精卫、吴玉章等人回国后在北京成立华法教育会，并在直隶、山东、上海、湖南、四川、福建、广东、陕西成立分会，拉开勤工俭学的正幕。

华法教育会得到中央和地方政府的大力支持，各地出资向勤工俭学生支付资费、津贴、贷款、旅费。

1919—1920年是留法勤工俭学的高峰，由下表可知有约1824名俭学和勤工学生乘20艘船抵达法国（也有1600名之说）。

历届勤工俭学生赴法一览表

从上海启程时间	船名	人数	抵法时间	备注
1919.03.17	因幡丸（日）	89	05.10抵巴黎	经英国
1919.03.31	贺茂丸（日）	26	05.20抵巴黎	经英国
1919.04.13	伊豫丸（日）	2	06.06 抵巴黎	经英国
1919.07.13	三岛丸（日）	58	09.02 抵巴黎	经英国
1919.08.14	麦浪号	70余	10.10抵马赛	
1919.08.25	盎特莱蓬号	54	10.01抵马赛	
1919.09.28	博尔多斯号	19	11.12抵马赛	
1919.10.16	渥隆号（美）	48	11.25抵马赛	
1919.10.31	宝勒茄号	162	12.07抵马赛	香港登船50余人
1919.11.22	勒苏斯号（英）	40	1920.1抵巴黎	经英国

（续表）

从上海启程时间	船名	人数	抵法时间	备注
1919.12.09	司芬克斯号	158	01.14 抵马赛	
1919.12.25	盎特莱蓬号	50余	01.28 抵马赛	香港登船40余人
1920.02.15	博尔多斯号	52	03.25抵马赛	
1920.04.01	宝勒茄号	50	05.07抵马赛	香港登船60余人
1920.05.09	阿尔芒勃西号	126	06.15抵马赛	
1920.06.25	博尔多斯号	97	08.04 抵马赛	香港登船120余人
1920.09.11	盎特莱蓬号	84	10月下旬抵马赛	
1920.11.07	博尔多斯号	197	12.13抵马赛	
1920.11.24	高尔地埃号	23	12.27抵马赛	
1920.12.15	智利号	144	1.20抵马赛	香港登船6人

[本表根据沈宁先生提供的《留法勤工俭学运动（一）》（张允侯、殷叙彝、李峻晨，上海人民出版社，1980 年 10 月）整理]

1920 年 11 月 7 日，孙佩苍得到华法教育会批准，从上海杨树浦码头乘法国邮轮包岛斯（又名博尔多斯）号去法国勤工俭学时，已是倒数第三批。同船 197 人中有浙江省籍的周恩来先生。邮轮途经香港、海防、西贡、新加坡、斯里兰卡、吉布提，穿过苏伊士运河进地中海，用时 37 天抵达马赛。

一战后法国经济萧条、通货膨胀、士兵复员，加之对勤工俭学生要求过宽，部分人自身条件的不足，许多勤工俭学生找不到工作，生计无法保证。

博尔多斯号邮轮

面临诸种困难，无可奈何的蔡元培、李石曾等放弃了领导权。1921 年 1 月 12 日，即最后一批 150 名勤工俭学生抵达马赛前一周，蔡元培代表巴黎华法教育会发表通告，解除对俭学会和勤工俭学会的领导。在勤工俭学生中造成极大混乱。部分学生认为勤工俭学已经失败。1921 年 2 月 28 日，400 名勤工俭学生到驻法使馆请愿，要求驻法公使给每人每月 400 法郎，四年为限，以完成学业。这个过分的要求不仅是当时的中国政府不可能承受的，也表明请愿者已经放弃勤工俭学。请愿被法方警察驱散。这个“二二八事件”严重影响勤工俭学的声誉。

雪上加霜的是勤工俭学生参与反对中法事业银行借款的行为得罪了原本帮助他们的法方。8 月 20 日，法方宣布从 9 月 15 日起停止向中国学生发放维持费，学习生活概由自负。

而此时里昂中法大学即将开学。9 月 25 日第一批 127 名学生来到法国犹如火上浇油，引起留法勤工俭学生的愤怒，同时也给他们带来希望和奋斗的新标的：要求里昂中法大学接受全体勤工俭学生。这个要求不是全无道理。

> 作为计划创始人之一的李石曾以及一些中方代表，希望几百名已经生活在法国但遇到巨大经济困难的中国半工半读学生能够在里昂被接纳，而法方对此完全不予理会，双方争执如此激烈，以至于中国方面发出将这所大学移往比利时的威胁！1921 年 8 月 3 日终于达成协议，中法大学协会宣告成立并由它来负责管理里昂中法大学。
>
> 闻知吴稚晖即将到里昂，另得知国内已筛选出第一批留学学生，这些均促使在法留学学生们决定总动员。一个勤工俭学代表团，由中国驻法公使馆赞助交通费，分别从巴黎、蒙塔日市（Montargis）、乐魁索（Le Creusot）以及圣夏蒙（Saint-Chamond）来到里昂，并要求住宿以便等待吴稚晖校长的到来。在圣依雷内堡（Fort Saint-Irenee，里昂中法大学校址），面对在场行政官员们的支吾、搪塞，促使 100 多名学生决定占据圣依雷内堡，这种举动即刻将他们置身于不法之地。
>
> 造反学生们关押在蒙吕克堡（Fort Montluc）监狱，这是警方不情愿让步的佐证。仅在夜间被关押，中国留学生在里昂城内掀起连日风波，聚集散发传单，向里昂人呼吁，要求他们伸张正义，同时

表达他们的强烈不满。经过一轮与抗议代表的商谈，吴稚晖校长试图寻求和解之路。校方同意招收约 20 名勤工俭学学生，但此项提议却碰了壁，法国大学将此事提交到了法国政府当局处理。

获奖学金的国内学生们到达里昂时，却对关于那 104 名被扣押在蒙吕克的勤工俭学学生被迫遣返回国的决定表示反对。10 月 13 日由警察押送将他们转送至布尔图（Brotteaux）火车站，然后在马赛登上保罗·勒卡号（Paul Lecat）客轮，将把他们遣送回中国。

示威游行队伍中有：周恩来、陈毅、李立三、赵世炎、蔡和森和李维汉。几年后，他们都成了中国共产党的骨干，在里昂他们逃过了警察的视线，只有陈毅被遣送回中国。(6)

1921 年的里昂示威游行，在中共党史上以“里大运动”著称，并以此为勤工俭学运动画上了句号。

勤工俭学运动虽然也培养出了若干科技人才，但更引人注目的是与里昂中法大学的历史性碰撞而出现的中共早期在欧洲的革命活动。

占领里大之前，1920 年李维汉、萧直藩等在蔡和森影响下成立的“工学世界社”，以信仰马克思主义实行俄国式的革命为宗旨。“二二八事件”就是该组织领导的。

赵世炎、李立三领导的“劳动学会”则坚持勤工俭学方针。

向警予、蔡畅及李自新等 12 名女生组织了“各海外大学女子请愿团”，被认为是开放里大的先声。

占领里大行动期间，周恩来、王若飞、李维汉、萧直藩、徐特立在巴黎负责联络。

在克鲁邹的聂荣臻领导勤工俭学生，发出最后通牒式的占领里昂中法大学的宣言。

当年将中法大学落址在里昂有三个原因：与中国有几个世纪的文化经济交往；丰富的教育资源；没有革命政治气候。这第三个原因尤为重要，因此里昂中法大学摈弃与学习无关的一切活动，对于占领学校和游行示威不能容忍。因此直到 1927 年，在法的中国留学生无一被录取，即使通过考试也无法在法国继续学业。

我在想，如果当年中法大学选址在巴黎会是怎样？数以千计勤工俭学生用不着筹集路费去遥远的里昂而就地掀起革命大潮，或许这所中国唯一在海外的大学将不会存在，中法文化教育交流乃至中国革命都会增添新的因素。

孙佩苍在 1920 年 12 月 13 日抵达马赛后去了巴黎，虽然两个月后华法教育会不再提供补贴，翌年 9 月法方也中断了维持费，但他不会参加请愿、反对银行借款和占领里大的行动。一是在天津北洋优级师范以优异成绩毕业的他一心想留法深造，加之奉天省教育厅长给他教育视察员的身份而无经济之忧。此外已过而立之年的他较之年轻勤工俭学生能保持理性。于是便在哥伦布市学习法语，继而到郭伯郎学校半日读法文半日习画，晚间到巴黎职工业余学校学美术。1923 年 5 月到巴黎美术学校西蒙·吕西安画室进修。据孙佩苍在里昂中法大学档案，他还在索邦大学读过文学与艺术批评。

如果说占领里大为赴法勤工俭学运动画上句号当不为过，而另一个历史性的发展变化亦与里昂中法大学不无相关：在欧洲建立了五个政党（包括支部）。

> 建立中国国民党旅欧支部最重要的人物是王京岐（里昂）、周恩来（巴黎）和方棣棠（比利时）。王京岐（1894—1925）是浙江人。孙中山交给他组织中国国民党旅欧支部的人物。因为王京岐在里昂运动中被驱逐，他自己认为要推动革命浪潮。他说，“我是为争里大被押解回国的勤工俭学生之一，在里昂兵营及海船中一个半月的监禁生涯实在是我一生中再好没有的革命教育。换言之我为何革命，我革命为何，都是里大运动明白给我的答案。”(7)

中国人的政治活动在里昂相继展开。

> 中国国民党旅欧支部就是在里大附近一个叫作 Place de Trion 的咖啡馆成立的。(8)

> 邓小平和周恩来频繁地来里昂，并非为了学业，而是从事政治活动，其形式就是在离大学仅两步之遥的中国餐馆里召集会议。同样，他们邀请在中法大学学习的学生参加他们与本地区中国工人的聚会，在圣夏蒙（Saint-Chamond）、圣艾田纳（Saint-Etienne）、乐魁索（Le Creusot）。

> 很多中国学生即使没有加入年轻的中国共产党，也与它的主张很为接近，有些人在回到中国后成了党员。(9)

20世纪20年代在欧洲的中国政党

政党	建立年	活动	领袖	刊物
工余社	1922年	征求党员及宣传；反对苏联；和中共旅欧支部在刊物上论证。党员<100	李卓、华林、毕修勺	《工余》
中国共产党旅欧支部	1922年夏和冬	包括青年团和政党。征求党员及宣传；反对工余社及青年党。开展第一次国共合作（1923—1927）；在欧洲发起大示威，尤其为了五卅运动。党员>500	赵世炎、周恩来、任卓宣、李富春、聂荣臻、邓小平、傅钟	《少年》《赤光》
中国社会民主党	1923年11月	征求党员及宣传；反对苏联；参加国际会议。党员=500	汪颂鲁、杨赓陶、高承元	《奋斗》
中国国民党旅欧支部	1923年11月	征求党员及宣传；开展第一次国共合作（1923—1927）；在欧洲发起大示威，尤其为了五卅运动。人员包括很多学生。活动范围是国际性的；党员>2,000	王京岐、周恩来、方棣棠、龙詹兴、邓小平、夏霆、尹光彝、彭襄、刘厚、宋国枢、陈书农、曾伯良、郑彦棻	《国民》《三民》
青年党	1923年12月	本来说它是一个青年党，也叫“国家主义派”。反对苏联和国共合作。党员<100	曾琦、李璜、胡国伟、陈启天	《先声》

尽管游行示威影响了中法大学的日程，1921年9月25日从马赛登陆的校长和127名学生到达里昂，10月3日黄式昆（女）成为第一个注册的中国学生，第一批学生中还有后来成为名人的潘玉良、苏雪林[10]、张若名[11]、何乃民[12]、虞炳烈[13]等。

中法大学终于开学了。

政治风潮依然影响着中法大学，尤其令首任中方校长吴稚晖处境尴尬，他1921年底去英国，翌年5月回到里昂，于1922年10月离职回国。

此时来法不到两年，尚在巴黎学习法语和绘画的孙佩苍或许知道中法大学的风波以及吴稚晖的离任，但他绝对想不到自吴校长离任，褚民谊只接任三个月后的八年间，正式任命的中方校长始终空缺，下一个中方校长的任命（1930年）竟落在他身上。

我最初接触里昂中法大学资料时，对该校二十多年中只有五百多名毕业生很意外，从《中法大学在校学生名单》看，竟有文理法医科系及化学、制革、建筑、美术、音乐、商业、农业、兽医、制丝、纺织等12个专业。故有“留法预备学校”“大学宿舍”的说法。

2015 年 6 月从里昂回来后，阅读了一些书籍文献档案，大致了解了里昂中法大学的办学模式。当时中国政府的经济实力不可能支持李石曾、吴稚晖在海外办一所多种科系、师资校舍实验室图书馆体育馆完备的大学，如果办这样的大学也没必要设在万里迢迢的海外。在亟需培养诸多领域人才，经济能力有限的条件下，以中法大学为平台，充分利用法国，尤其是里昂地区丰厚的教育资源培育急需人才，不失为因势利导、取长补短的好办法，这种形式的大学在世界上也鲜见，可谓创新。我想这个模式或许染有点儿李石曾、吴稚晖他们的无政府主义色彩。

这所学校成立的法律依据是 1901 年 7 月 1 日“协会法”，在 1928 年成立了“中法大学学会”（Association Universitaire Franco-Chinois）。由于 Universite 意为大学，故协会首次会议即宣布了“中法大学”（Institut Franco-Chinois）诞生。

可以用“放风筝”来形象说明中法大学对学生的管理，学生的操行、健康、考试成绩、专业发展都在校方监管之下。例如校长孙佩苍上任伊始便要求秘书提供上年的考试成绩单、每个地区学生状况（里昂市立图书馆档案 532-12）。

圣依雷内堡内也开设了法语、历史、数学、化学、物理的补习课，为部分学业有缺陷的学生进入大学做准备。

校内有宿舍、食堂、教室、礼堂和图书馆。学生的费用均由中法大学提供，学生“择校”有一定的自由，只要在法国境内，有足够的理由，都可获得校方批准，并得到有效的支持。

例如 1934 年入学的孙慧筠，1937 年秋申请去巴黎大学研究科学史，Laporte 教授愿作她的导师（里昂市立图书馆档案 360-6）。校方因预算问题未批准（360-8）。一年后她获准去巴黎学习（360-9）。1942 年又回到里昂（360-12）。1945 年 4 月再次申请去巴黎继续学习，并告知 7 月在中国大使馆举行婚礼，得到校方批准（360-19）。只要编制在里昂中法大学，校方就“管到底”。根据北京档案馆（档案号 J026-001-00337）《里昂中法大学在校学生名单》，包括姑姑孙慧筠及其前夫以及其余 16 人“根据 1948 年 6 月法领馆送李主席之应返国学生名单，每人每月领五千佛朗”。

中国第一位女雕塑家王静远[14]起初在波尔多学习美术，后经吴稚晖（或为汪精卫）推荐进入中法大学，在里昂美术学院学雕塑（里昂市立图书馆档案138-1、3，以下档案出处相同）。她想恢复在波尔多时的奖学金，得到校方批准。她创作需要的模特儿费，以及回国带回雕塑的运费和关税都由里昂中法大学提供（138-6、24-28）。1926 年申请去巴黎美术学校游学获准，校方提供每月 650 法郎费用（138-20、21）。但是王静远又提出去意大利学习，则被通知需办理离校手续，即使这样校方还是给了她一笔可观的资费（138-23）。

关于里昂中法大学为中国培养出的各界人才情况，许多书籍文献均有详尽介绍，在此不赘述。

左起：郭麟阁 常书鸿 林克明 姚碧澄 蔡元培 李石曾 张若名 沈炼之 郑大章 戴望舒（中法大学校园内的纪念牌）

里昂中法大学于 1946 年停止招收中国学生，最后在 10 月 1 日被录取的中国女学生名叫史贞德。里大最后的关闭是在 1951 年。

但是“里昂中法大学协会”一直未解散，人们期待有朝一日重新恢复中法大学，直等到三十年后中法学院的新生。

里昂中法大学是一座跨越时空的文化桥梁，为中法交流及里昂现代史写下了重要一页，这个历史纽带影响深远。

1978 年 11 月，武汉召开的第六届中华医学外科年会邀请了三位外籍专家，其中有来自里昂大学的马来基教授（Pierre Mallet-Guy）。在参会者中，马来基教授见到了几位他当年在里昂中法大学的学生：范秉哲教授（北京）、刘崇智教授（昆明）、石毓澍教授（天津）、曹清泰教授（合肥）。与导师重逢之际，这些教授表达了希望能够重返法国，更新学术并重建里昂中法大学的愿望。

从中国回来后，马来基教授便与里昂行政当局和法国外交部讨论重新恢复中法文化交流的意愿并得到赞同。虽然法国外交部要求新成立的中法协会将由法方单独管理，有别于当年由中法双方共同主持里昂中法大学，但是按照原中法大学的模式，充分利用里昂与法国各地的教育资源，为已经大学毕业，并具有专业特长的人员设立一学年的进修实习，以更新知识，与世界先进水平接轨，为中国培养技术骨干。这无疑是历史的接续，文化的传承，中法文化教育史的新篇。

机构的成立还是要依据那个“1901 协会法”，原来为建里昂中法大学设立的“中法大学协会”于 1980 年 2 月 6 日解散。新协会于 1980 年 2 月 28 日正式成立，取名“里昂中法交流学院”，以区别过去的“里昂中法大学”。

由于负有同样的文化使命，1981 年 9 月 29 日，重新采用具有历史意义、体现文化传承的称谓：“Insutitut Franco-Chinois”。中文称为“中法学院”。

“中法学院 Insutitut Franco-Chinois”在里昂再生。

创始人马来基教授为首任院长，领导中法学院至 1993 年。继任院长为阿妮克·毕内教授 （1993—2007）及现任院长米歇尔·埃玛尔教授。

协会章程指定该学院仍以发展中国与里昂地区文化经济交流为宗旨，继承了原里昂中法大学的文化使命，充分展示里昂与中国维持发展友好关系的愿望。

新学院面向多种领域的不同专业，包括理工、科技、医学、文学、贸易及艺术。这种多样化的深造方式遵循了原中法大学培养学生的理念。所有进修者根据其专业安排到里昂市和罗纳—阿尔卑斯山地区的院校。学院理事会的组成也具有多专业化高等院校的特色。

1980 年 10 月，中法学院接受第一批来自昆明、北京、天津等地的医学进修生。还有几位早年就读于里昂中法大学的校友来参与学院重建工作，并研讨中国大学施行新体制的可行性。

中法学院格外重视进修者的专业选择，不接受非单位的推荐。中方合作者对候选人的严格把关是学院成功的重要因素。学院格外重视进修者的回国率，进修时间定为一学年，不延长在法居留时间是重要手段。这 197 人中回国者为 166 人（部分受到 1989 年中国形势的影响）。他们绝大多数在原单位成为大学教授、实验室主任、研究院院长等，不仅在大学的日常教学或创建新型实验室工作中起主导作用，有的还获得国际科学奖和勋章。

1994 至 2010 年，里昂、广州结为姐妹城市，助学金主要授予来自广州中山大学的 36 名学者，他们分别在里昂的三所大学和法国国家医学与健康研究院进修近代史、神经生理学和工业社会学。90% 以上的进修者如期回国。

1980—2010 这第二个三十年，中法学院为中国培训了 234 名各领域高等人才。

中法学院的建立和成功，让我想起现代希伯来语之父——埃利泽·本·耶胡达。这位出生于立陶宛的俄国犹太人 1881 年移居巴勒斯坦。他认为，实现犹太文化复兴的唯一途径是唤醒古老的希伯来语。在世纪的变换前后，他在耶路撒冷走街串巷，身体力行，宣传使用希伯来语。这种行动曾遭到店主、银行家和一些犹太人的冷嘲热讽，许多人认为他是疯子。同时，他也受到巴勒斯坦正统犹太教徒的敌视和反对。他们向当时统治巴勒斯坦的土耳其政府告发，说本·耶胡达煽动犹太人造反，使耶胡达受到监禁和审判。但耶胡达一如既往，为复兴希伯来语而奔波。先以自己的孩子和家人为教学试验对象，要求他们学习和使用希伯来语。他禁止妻子讲俄语，向刚出生的孩子讲希伯来语，而且不许他与说其他语言的孩子一起玩，以免受其他语言的影响。他的教学方法及成功经验令当代语言学家和社会学家愕然。经过不懈的努力，本·耶胡达逐渐获得了成功。1884 年，他与别人创办了第一份希伯来文报纸，1889 年建立了“希伯来语言协会”。1904 年在收集和创造了数千个新词汇的基础上，他编出了第一本现代希伯来语辞典，这在现代希伯来语的发展中，可说是具有划时代意义的事。到 1910 年前后，已发展成巴勒斯坦的犹太人举行集会要求在学校正式使用希伯来语教学的形势。

希伯来语的复活，不仅是使之成为以色列的国语，还带来了希伯来文化的复兴，它成为犹太民族复兴的重要标志，也是对世界文化的重大贡献。

在此，谨向马来基、范秉哲、刘崇智、石毓澍、曹清泰这些中法文化教育的先辈们致敬。他们在晚年不忘传承文化，接续历史，终使重建里昂中法大学之梦在后人的接力下得以实现。

马来基院长

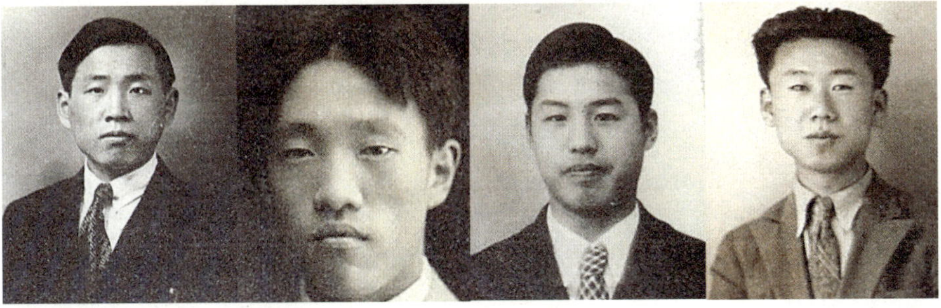
范秉哲　刘崇智　石毓澍　曹清泰

历史会记住他们，也会给我们更多的新的启示。

中法学院秘书长林建生先生告诉我，协会的法定形式是纯学术交流非商业性质的团体。中法学院是非盈利的民间组织，机构的人员都是兼职义务工作。1980—2010 年间经费来源于不同的机构：里昂市政府、地方团体、工商会、里昂市卫生局以及会员的捐赠和会费。国际局势的变化，法国经济的起伏直接影响着每年助学金金额及名额。1989 年夏天那场风波后，中法关系冷淡。法国外交部取消了自 1986 年以来对里昂中法学院的资助。直到 1994 年 8 月里昂代表团访问广州之后，外交关系才有所改善。罗纳—阿尔卑斯大区与上海结为友好市区，为此省议会特拨 150,000 法郎授予上海进修生 。1994 年广州与里昂结为友好城市，双方每三年签署一次助学金协议。1994—2010 年，共 36 份助学金授予了广州学员：其中 35 份来自于里昂市政府，1 份来自省议会。另有几份其他助学金来自于世界银行或中国政府，均由中法学院管理。

2014 年 3 月 27 日《光明日报》在习近平主席访问里昂中法大学的报道中，也肯定了中法大学的新生及其贡献：“1921 年 7 月成立的里昂中法大学培养了许多新中国建设的领军人物。20 世纪 80 年代复校后，她又为中国改革开放事业培养了各类人才，续写两国人文交流新篇章。”

遗憾的是，2010 年中法学院接受最后一次市政府及省议会的赞助后因无法获得助学金赞助来源，学院被迫停止了授予中国学生助学金的使命。

中法学院林建生秘书长和米歇尔 · 埃玛尔院长

为了让中法学院事业继续，求得资金赞助，林先生到中国欲求合作支持，应答者有之，甚至信誓旦旦要出资上亿在里昂建大学，但只是空头支票；已经签订的意向也如泥牛入海。

2014 年习近平主席访问里昂中法大学旧址后，门口的中英文校名涂上金色，但并未给中法学院带来转机。法国方面的作为似要借此东风将这旧址作为旅游业的景点。

闻此语，已叹息。

里昂中法大学运行三十年被迫关闭，留下遗憾、美好记忆和历史纽带。时隔三十年后，中法学院又一个三十年，她不应该如其前身那样只成为历史。

在我们国力衰微和改革开放初期这两个三十年出现的里昂中法大学和中法学院为中国培育了可贵的人才，为中法关系增添了美好物语。今天中国 GDP 坐二望一，有钱了，大学越来越多，那两段时期培养的八百余人才越发显得微不足道。但若是无视甚至摈弃它，会是历史和文化的失误。文化教育深厚悠长的法兰西在医学、理工、文学、艺术诸领域很需要我们学习，历史的接续，文化的传承更为重要。

如果说现代中国教育犹如一条混杂些泥沙可以灌溉土地的大河，那么里昂中法大学—中法学院不啻是一汪清澈的甘泉。体现出“跨越时空、超越国度、富有永恒魅力、具有当代价值的文化精神”。习总书记所说的话语[15]，应当得到继承弘扬。

诚挚地期盼里昂和北京中法大学的后人们，中法学院的学员们，利用你们现有或将建立的网络让更多的人知道中法学院的业绩和处境。

也希望中国和法国文化教育界的人士对传承了里昂中法大学的中法学院给予关注和支持。

莫以善小而不为。

这不应是我个人的期待。

注释

（1）葛夫平（1965—　），女，籍贯浙江宁波，中国社会科学院近代史研究所副研究员，是中法关系史、中欧关系史方面的知名学者。1980 年就读于杭州大学历史系，1987 年就读于中国社会科学院研究生院。1990 年在瑞士洛桑大学进修。1999 年法国国立科学研究中心访问学者，2015 年法国法兰西学院访问学者。

（2）陈三井（1937—　　），台湾彰化人。1960 年毕业于台湾师范大学文学院史地系，1968 年毕业于法国巴黎大学文学院，获文学博士学位。历任“中央研究院”近代史研究所所长、淡江大学历史学系主任，空中大学人文学系主任。现任“中央研究院”近代史研究所兼任研究员。发表有关孙中山、国民党、辛亥革命、中华民国、中法关系大量著作。

（3）吴稚晖（1865—1953），江苏武进人。中国近代资产阶级思想家、政治家、教育家、书法家，“中央研究院”院士。1902 年加入上海爱国学社，曾参与《苏报》工作。1905 年在法国参加中国同盟会，出版《新世纪》报，鼓吹无政府主义。1924 年起任国民党中央监察委员、国民政府委员等职。1927 年支持蒋介石反共清党活动，1953 年卒于台湾。他一生追随国民党革命却一生不入官门。吴稚晖是中国近现代史上一位颇具特色而有过较大影响的人物。他学贯中西，爱国坚定，生活淡泊，臻力教育，赢得了当时人们的崇敬并受到其深刻的影响。蒋梦麟称赞他是中国学术界一颗光芒四照的彗星；胡适誉之为中国近三百年来四大反理学的思想家之一；1963 年联合国科教文组织第 13 届大会上举荐他为“世纪伟人”。吴稚晖致力国音统一和倡导勤工俭学，在中国现代史上有重要的意义，前者有利于提高全国平民的识字能力和文化水平，后者培养了科学技术和政法人才，中国现代史上许多重要人物都接受了他的教育和影响。

（4）张静江（1877—1950），谱名增澄，字静江，号饮光，浙江湖州南浔镇人，出身江南丝商巨贾之家。1902 年随驻法公使孙宝琦出国任驻法商务参赞一职并开始在国外经商，自与中国民主革命的先行者孙中山先生结识后便开始从经济上给予支持。在蒋介石建立南京国民政府后，主持建设委员会工作。晚年逐渐淡出政治，转而信佛，故又名“卧禅”，佛名智杰。1950 年 9 月 3 日病逝于美国纽约。他的一生充满了传奇色彩，中华民国的缔造者孙中山和南京国民政府的建立者蒋介石均与他有着非同寻常的关系，孙中山称之为“革命圣人”，而蒋介石则称之为革命“导师”。

（5）张溥泉，字溥泉，河北沧县人。1899 年留学日本。1904 年参与创立华举会，1905 年参加同盟会。武昌起义后，任同盟会交际部主任、国民党参议。1913 年当选第一届国会参议院议长。自 1917 年后任护法军政府驻日外交代表、军政府顾问。1920 年任广东军政府顾问。1923 年 10 月 19 日孙中山委廖仲恺等为国民党改组委员。

（6）（7）《1921 里昂中法大学回顾展 1946》展册。

（8）《国父建党革命一百周年学术讨论集第二册》之《孙中山先生与中国国民党旅欧支部》，近代中国出版社，1995 年。

（9）《1921 里昂中法大学回顾展 1946》展册。

（10）苏雪林（1900—1999），祖籍安徽，出生于浙江瑞安。作家兼翻译家。1921 年毕业于北京女子师范大学，当年进入里昂中法大学，在里昂艺术专科学校学习西方绘画，1924 年在里昂富尔维耶尔教堂受洗，1925 年回国。20 世纪三四十年代与冰心、丁玲、冯沅君、凌叔华并称为“五大女作家”。1928—1945 年在苏州东吴大学、上海沪江大学、安徽和武汉大学任教。1949 年为香港真理学会工作。1950 年重返巴黎完成神话学研究后到台湾，任台湾师范大学、台南成功大学教授。1973 年退休后从事中国文学研究。她的文学创作丰富多样，作为天主教作家，与包括鲁迅在内的左翼作家存在冲突。1999 年 4 月 21 日逝世于台南。

（11）张若名（1902—1958），觉悟社成员，1902 年生于河北清苑，早年参加五四运动，1920 年 11 月，与周恩来、郭隆真等一起登上轮船离沪赴法。1922 年，郭隆真、张若名在法国参加了旅欧中国少年共产党。1923 年从巴黎去里昂，因参加法共里昂支部悼念列宁活动险被驱逐。加之因出身受到党内审查，退出少共，不再介入政治。1927 年考取里昂中法大学（寄宿生），在里昂大学攻读博士。1930 年与杨堃结婚；归国后先后执教北平中法大学和云南大学，“反右”运动中，横遭无端批判，投水自尽。在周恩来、邓颖超过问下终得以平反昭雪。张若名是中国妇女运动的先驱，那个时代中国少有的女博士，她一生的中法文著作近百万字，在法语教学领域培养大量人才，为中法文化交流做出了重大贡献。

（12）何乃民（1902—1968），又名何瑛、何然。出生于浙江省义乌县一个农民家庭，1915 年考入北京第二中学读书，毕业后考入交通部唐山工业专门学校。1921—1927 年里昂中法大学住宿生，1922 年考入法国里昂中央工业学院机械系学汽车，1925 年毕业取得工程师文凭，在此期间还在里昂大学学习，获得数学单科文凭。1927 年秋回国。1928 年在南京中央军校、辎重兵学校和南京汽车机务人员训练所教书。7 年后，他多方筹集资金，于 1935 年 2 月先后去法国、英国、德国、苏联、美国等五国的十余个工厂考察和工作，获得了大批第一手资料。1937 年 10

月写成了 25 万字的《现代汽车工业概况》，在汽车界影响深远，对国内进一步推广汽车技术起到很大作用。全国性抗日战争开始，他带领南京机务人员训练所百余名学生转移，由南京到屯溪到长沙沿途上课，直至毕业，其后在兰州、重庆、上海教书。1958 年起在交通科学研究院任研究员和研究室副主任，1963 年当选为中国机械工程学会汽车学会第一届常务理事，1963 年当选为交通科学研究院学术委员会第一届副主任。1966 年 8 月含冤去世。

（13）虞炳烈（1895—1945），江苏省无锡镇人。1915 年毕业于江苏省高等技术学校工业纺织专业。1921 年 10 月进入里昂中法大学，从 1926 年起获校方特授奖学金。就读于巴黎美术学院建筑科里昂分校。1930 年底成为第一个由法国政府颁发文聘的中国建筑师。虞炳烈学业出类拔萃，曾获“最优学位奖”等二十余项奖牌。历任中央大学、中山大学建筑系教授、主任，1941 年创办国际建筑师事务所。抗日战争时期在昆明、坪石、桂林、赣州等地做了大量抗战应急建筑设计。1945 年 3 月病逝。

（14）详见本书第十八章《寻找王静远》。

（15）《2013 年 12 月 30 日在中共中央政治局第十二次集体学习时的讲话》。

第十八章

寻找王静远

第十八章　寻找王静远

真的美术史是什么？是一声不响的大规模淘汰。

——陈丹青

王静远（1921年）

要不是沈宁先生提示，我并不知王静远。

《盛京时报》有关祖父孙佩苍的介绍中提及“尝闻法国有奉天研究美术留学生。一为某女士习雕刻，一即孙君治绘画也”。沈先生阅过告知，此女士系王静远，中国第一位女雕塑家，是研究东北美术不可忽略的人物。他说一直在关注王静远，可资讯很少。

孙佩苍与同乡王静远的旅法经历和艺术活动虽有时空交错却有交集。20 世纪 20 年代辽宁省留学法国研习美术者只有孙佩苍（1920—1926）和王静远（1913—1928）；王静远所在的里昂中法大学 1930—1933 年的中方校长是孙佩苍。

沈宁先生在《孙佩苍为北平研究院收集油画考略》亦谈及二人：

“1931 年 3 月 17 日北平研究院博物馆理工陈列所筹备会不久，曾向国内外机构及个人广泛征集、商借相关物品以利展示，得到积极响应，包括河北省、察哈尔省、绥远省、宁夏省、浙江省、北平市、天津市、青岛市、上海市、汉口市等省、市政府、公署、教育局、个人等都纷纷提供物品或借或赠，远在法国的里昂中法大学校长孙佩苍及毕业于里昂美术专门学校雕塑科及巴黎美术学院雕塑系、返国后任教于国立北平大学艺术学院雕塑科主任的王静远也在委托、应征之列。”

“常任侠晚年回忆这段经历时，‘犹记往科学院，见欧西原作名画四十余幅，保存不善，致有残损，吾请郭老批归美院，以车载来，价值甚巨。在中国甚不易得，此盖过去科学院派遣孙佩苍在法国坐收得之。’”

“1932 年 9 月 25 日，国立北平大学艺术学院教授王静远举行个人雕刻展览会，展出地点即在中海（按：民国时期中南海的称呼）怀仁堂国立北平研究院陈列室第四陈列场。展出作品有石膏人类模型、玩觥、悲愁、弄箫女像及孙中山先生石膏像等。这些雕塑作品曾在杭州展出，颇得好评，此次展出后，即赠该馆以作永久陈列。”

两人征集和捐赠的美术品同台展出，可能从未谋面，却以美术精品相会。

于是在我的寻找中多出一位东北同乡，前辈王静远。

网上搜寻，有关她的介绍很少。

《华夏妇女名人词典》这样介绍王静远：

雕塑家。辽宁海城人。先在北京江亢虎办的内城传习所学习[(1)]，后被著名教育家蔡元培先生送到法国勤工俭学，毕业于法国里昂艺术学院雕塑系。是我国第一个去法国学习雕塑的妇女，也是我国第一位女雕塑家。曾任杭州国立艺术学院和北平国立艺专教授。是北平国立艺专雕塑系的创始人，是第一个为孙中山先生制作铜像的雕塑家。七七事变前曾在中南海设有王静远雕塑馆。终生未婚，刻苦好学，功底扎实，作品刻画细致，栩栩如生，形成了自己的独特风格，毕生精力均贡献给中国的雕塑事业。中华人民共和国成立后，任中央美术学院教授、雕塑工厂顾问。

《中国当代文化艺术名人大辞典》则说她是：

雕塑家。女，辽宁省海城人。第一次世界大战结束后赴法国勤工俭学，先后在巴黎及里昂美术学院学习雕塑。1928 年归国，任杭州艺术专科学校及北平艺术专科学校教授。其作品注重写实，造型严健，20 年代末曾作孙中山铜像，置于南京中山陵。30 年代中期其

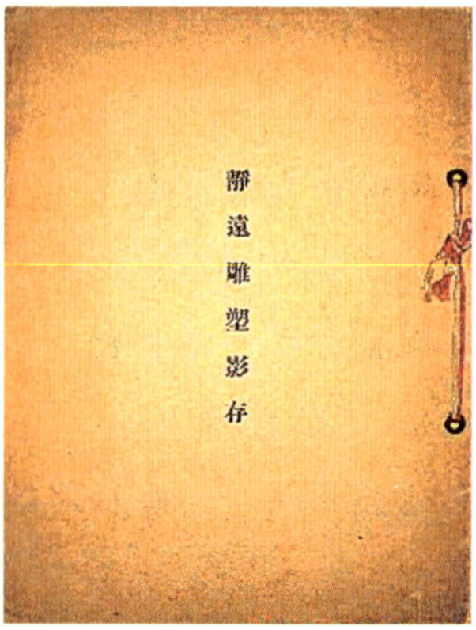

沈宁先生提供（未见原书）

在中南海设立雕塑馆，1937年七七事变爆发后雕塑馆被毁。日伪统治北平期间，其拒绝参加制作反共雕塑。1956年担任中央美术学院雕塑工厂顾问。出版有《王静远雕塑影印集》。

所说“在中南海设有王静远雕塑馆”即为沈宁上述之介绍。

李仲如在《我眼中的中国第一代女雕塑家》（《艺术》杂志 2006 年第 3 期）称“曾在法国留学的王静远（1884—1970）归国后，先后在杭州艺术专科学校及北平艺术专科学校任教。20 世纪 20 年代末，曾做了立于南京中山陵的孙中山铜像”。

王静远的生卒年有两说：1884—1970 和 1893—1972（后来认定是 1884—1971）。王静远离开北平艺术专科学校以后的行踪不明，只有在中央美术学院雕塑工厂做顾问一说，也待确认。

臧杰在《四方雕塑小组的过去和未来》中有这样的评价：

> 1925年从法国回国的雕塑家李金发是中国象征主义诗歌的鼻祖，但他的作品多以写实的人像为主体；比李金发回国早十年的“天马会”开创者江小鹣的美学选择也是如此，他在圈内闻名是因为替1923年病逝的陈师曾造了半身铜像；加上江小鹣的好友张辰伯，以及1928年执教于国立艺专的女雕塑家王静远，此四者大约是中国第一代雕塑家最为典型的面相。

阅读有关民国雕塑史文章，失于资讯不全，每提及王静远只有只言片语。可是研究中国现代雕塑史怎能绕过这位留法十五年的先驱、中国第一位女雕塑家？

曾问及美术界一些前辈，或不知晓，或只知网上的简讯。在中国近现代美术史中王静远似被遗忘。

包括美术史在内的近代历史中，诸多人物被时代灰烬湮没，即便留有些许记录，亦是片段无序，以致成为“不明飞行物”。继祖父孙佩苍等人外，王静远又是一例。这种不公于先人，文化之断层，历史的缺憾实不容继续。

既然人类可以近距离观到冥王星真貌，难道就不能走近王静远，观其黄金年华、蹉跎人生、多舛命运吗？

在继续寻找祖父的路途上，我决心“寻找”一下与他同为留法的辽宁老乡王静远，虽不知图及多少，至少可将敬慕之心表给这位先辈。

王静远最早的记录是沈宁先生提供给我的，她是留学法国的先行者。

1912 年春留法俭学会成立，参加发起者计吴稚晖（敬恒）、张溥泉（继）、张静江（人杰）、褚重行（民谊）、齐竺山（宗祐）、李石曾（煜瀛）、孟仲璞（继珙）、朱芾煌、吴永珊（玉章）、李丕文、赵铁桥、王和甫、黄复生、吴山、齐如山（宗康）等十五人。同时成立留法女子俭学会、留法居家俭学会。留法俭学会会员中有包括方君璧[2]、王静远、吴敬恒、汪申、汪精卫、李宗侗、李书华、李圣章、李煜瀛、彭济群、华林、褚民谊、蔡元培等百余人。当时担任临时政府教育总长的蔡元培（子民）曾对此给予大力支持，设北京预备学堂（校）于安定门内方家胡同旧国子监南学，法人铎尔孟担任教授。

是年 11 月，北京留法俭学会预备学校同时送走了第一、第二两班学生赴法俭学，1913 年 6 月又送走了第三班，共计学生八十余人，包括王静远、汪申、李书华、彭济群、刘厚诸人。这些学员初到法国后，即在蒙塔尔纪（Montargis）及巴黎周边城市中小学与预备学校生活学习，尤以相聚蒙城者为多，由华林等担任国文补习，每周三次；汪精卫、李石曾、蔡子民等担任中西学术演讲，每周一次。不久即分入专门学校与大学。

目前查到王静远最早的留学记录是 1918 年 2 月在巴黎。

“杰奎琳艺术中心”的法国人菲利普·杰奎琳先生提供的相关信息记录了王静远和方君璧在巴黎美术学院长廊的活动。

获批在长廊（Galerie）学习的女学生名录中：

方君璧（FAN TCHUNPI），目录编号为 1690，于 1918 年 2 月 11 日注册在帕泰（Patey）名下。她的地址：巴黎十四区 Al é sia 大街 19 号。1898 年 3 月 3 日出生于中国福建（Foukien）。

王静远（WANG TCHIN YUEN），目录编号为1691，于1918年2月11日注册在帕泰（Patey）名下。她的地址：巴黎六区Vaugirard大街12号。1893年3月18日出生于中国奉天（Foutien）。

这些注册在同一个日期和同一位导师，即帕泰的情况，并不是一个偶然：方君璧和王静远曾经是“同班同学”。她们在这里学习的时间只有两个月。

这难得的资讯系菲利普·杰奎琳先生关于巴黎国立美术学院留学的中国学生研究的一部分（该研究尚在出版中）。

菲利普说2月到巴黎高等美术学校预备班研修的王静远和方君璧为躲避轰炸逃到波尔多（当时的中国驻法使馆在波尔多）。

第一次世界大战末期德军发动索姆河第二战役，1918年3月23日晨，德军用420毫米榴弹炮（又称“贝尔塔巨炮”）轰击巴黎，击中巴黎市中心的圣热尔瓦大教堂，造成91人死亡、100多人受伤的惨剧。巴黎市民人心惶惶。

起初以为王静远和方君璧是在1913年同期去法国的。细心的菲利普在http://fondation-baur.ch/en/exhibitions/archives/2002-05-03检索到2002年方君璧画展文件，得知14岁的方君璧和16岁的曾仲鸣是1912年同去法国的。

菲利普和沈宁都认为1884年出生的王静远和方君瑛最先结识，王静远与方家关系密切。

有幸得到方君璧、曾仲鸣1922年9月4日在法国Annecy的婚礼照片，见到伴娘装束的王静远。沈宁认为此照有文献价值，除了说明王静远和方家

后排左起：王静远、曾醒、吴稚晖、方贤旭、方贤俶、曾伯良、褚民谊、方君瑛。前排左起：方蕴、方裕、曾仲鸣、方君璞（中立者）、方君璧。

交往外，还让我们想到两个“第一”：中国第一个女雕塑家王静远，第一个女画家方君璧。

在 1921 年进入里昂中法大学前，王静远没有官费生身份，学费资助紧张，但曾得到家乡奉天（辽宁）省的资助，尽管她随家迁入北平后赴法，仍属奉天省籍留学生。沈宁先生告诉我：据教育部七年一月二十五日第二百十号公牍《咨驻法公使开送各省咨复接济留法自费生情形文》中，各省所拟接济情况：“奉天留法自费生彭济群、王静远二名，每月各补助二百佛朗，欵以半年为限，已汇交留欧学生监督转发。”

2015 年 6 月我去法国寻找祖父孙佩苍的记录，在里昂市立图书馆有幸得到王静远在里昂中法大学的法文档案和她在法国创作的八张雕塑品照片。

保存在法国里昂市立图书馆的王静远档案（138 号）共 24 页，从入学注册日的 1921 年 11 月 25 日到离法回国前的 1928 年 10 月 2 日。从这些法文文件可了解到这位中国第一位女雕塑家在里昂、巴黎、意大利研习游学美术、从事雕塑创作和获奖情况。在里昂市立图书馆中文部主任马日新先生以及“杰奎琳艺术中心”菲利普先生的帮助下译成中文，简要如下：

（138–1）

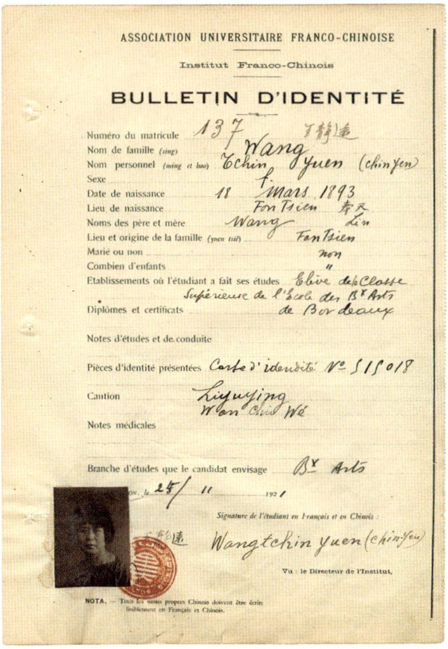

ASSOCIATION UNIVERSITAIRE FRANCO-CHINOISE

Institut Franco-Chinois

BULLETIN D'IDENTITÉ

Numéro du matricule 137 王静远
Nom de famille (sing) Wang
Nom personnel (ming et hao) Tchin Yuen (chin Yen)
Sexe f.
Date de naissance 18 mars 1893
Lieu de naissance Fon Tsien 奉天
Noms des père et mère Wang Lin
Lieu et origine de la famille (yuen tsié) Fon Tsien
Marié ou non non
Combien d'enfants "
Etablissements où l'étudiant a fait ses études Elève de la Classe Supérieure de l'École des Bx Arts de Bordeaux
Diplômes et certificats
Notes d'études et de conduite
Pièces d'identité présentées Carte d'identité No SIS018
Caution Liyuying / Wan Chin Wé
Notes médicales
Branche d'études que le candidat envisage Bx Arts
…, le 25/11 1921
Signature de l'étudiant en Français et en Chinois :
王静远 Wangtchin yuen (chin-Yen)
Vu : le Directeur de l'Institut,
NOTA. – Tous les noms propres Chinois doivent être écrits lisiblement en Français et Chinois.

里昂中法大学注册入学注册表（137 号）

王静远 Wang Tchin Yuen（Chin Yen）1893 年 3 月 18 日出生于奉天。

其父姓王，母姓林，籍贯奉天；未婚，无子女。

学历：波尔多美术学院学习美术。

身份证号码：SIS018

担保人：Li Yu Ying（按：李煜瀛，即李石曾）

Wan Chin We（里

昂市立图书馆马日新认为可能是吴稚晖，也不排除是汪精卫）

注册日期：1921年11月25日。

王静远从波尔多转到里昂，是因为中法大学可以提供全费，免除经济拮据之困。

里昂中法大学的中国女生，后排左四为王静远（《妇女杂志》1922年第8卷第7号，沈宁提供）

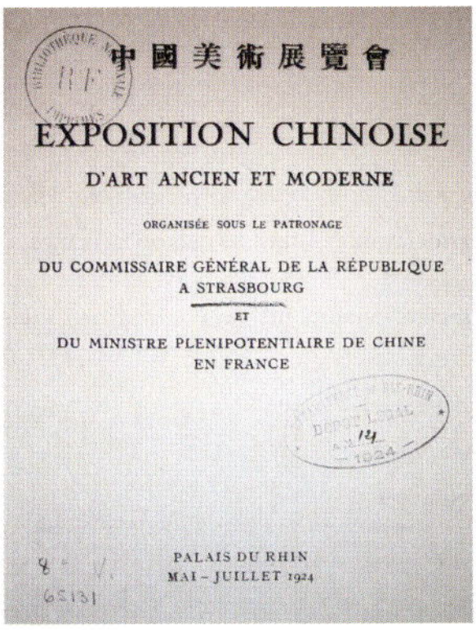
中國美術展覽會

EXPOSITION CHINOISE

D'ART ANCIEN ET MODERNE

ORGANISÉE SOUS LE PATRONAGE

DU COMMISSAIRE GÉNÉRAL DE LA RÉPUBLIQUE
A STRASBOURG

ET

DU MINISTRE PLENIPOTENTIAIRE DE CHINE
EN FRANCE

PALAIS DU RHIN
MAI - JUILLET 1924

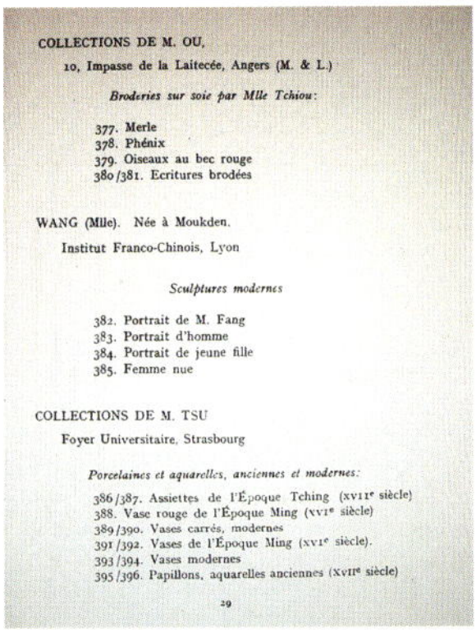
COLLECTIONS DE M. OU,

10, Impasse de la Laitecée, Angers (M. & L.)

Broderies sur soie par Mlle Tchiou:

377. Merle
378. Phénix
379. Oiseaux au bec rouge
380/381. Ecritures brodées

WANG (Mlle). Née à Moukden.

Institut Franco-Chinois, Lyon

Sculptures modernes

382. Portrait de M. Fang
383. Portrait d'homme
384. Portrait de jeune fille
385. Femme nue

COLLECTIONS DE M. TSU

Foyer Universitaire, Strasbourg

Porcelaines et aquarelles, anciennes et modernes:

386/387. Assiettes de l'Époque Tching (XVIIe siècle)
388. Vase rouge de l'Époque Ming (XVIe siècle)
389/390. Vases carrés, modernes
391/392. Vases de l'Époque Ming (XVIe siècle).
393/394. Vases modernes
395/396. Papillons, aquarelles anciennes (XVIIe siècle)

29

1924 年 5 月至 7 月在法国斯特拉斯堡举办了中国美术展览会，王静远的四幅雕塑作品参展。上右图写道：

王（女）奉天人 里昂中法大学

雕塑作品

382 方君璧肖像　383 男人肖像

384 年轻女孩儿肖像 385 女裸体

（菲利普提供）

封面上的中文印记写有的“霍普斯会第一次展览会”和“美术学社”是以在法研习美术中国留学生为主的美术团体。“1924 年 2 月刘既漂、林风眠等筹办旅欧中国美术展览会，推蔡元培为会长。5 月 22 日举行招待会，时在欧洲考察的蔡元培莅会演说，并为展览会目录作序。”蔡元培先生并介绍展品：

可别为三类：一，中国固有之美术。此次所陈列者仅为旅欧同人行箧中之所有，势不能为有系统之介绍；然管中窥豹，亦可见一斑。二，完全欧风之作品。三，参入欧化之中国美术。此两类均不外乎留欧同学之作品，虽未足以包中国新艺术之大观，然中国学者是否有吸收欧化之能力，是否有结合新旧之天才，均可于此见其端矣。

（1924 年 8 月《东方杂志》第 21 卷第 16 号，沈宁提供）

里昂国立美术学院院长致函里昂中法大学：王静远女士有一雕塑作品完全有资格参加“学习奖学金竞赛”，花费了 307 法郎（石膏费 42 法郎，模具费 265 法郎），请校方支付。

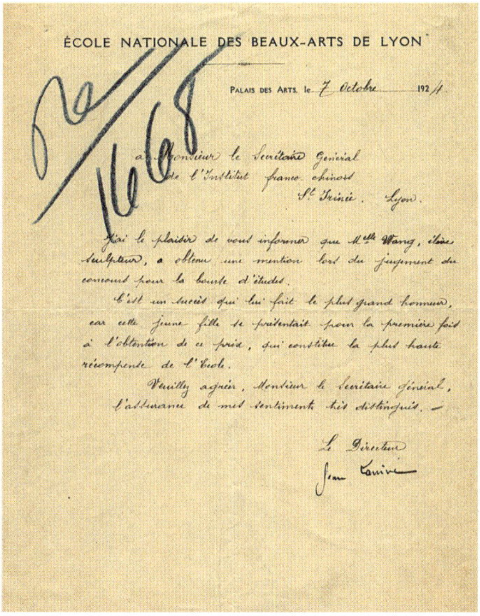

ÉCOLE NATIONALE DES BEAUX-ARTS DE LYON

1668

PALAIS DES ARTS, le 7 Octobre 1924

à Monsieur le Secrétaire Général
de l'Institut franco-chinois
St Irénée. Lyon.

J'ai le plaisir de vous informer que Mlle Wang, élève sculpteur, a obtenu une mention lors du jugement du concours pour la bourse d'études.

C'est un succès qui lui fait le plus grand honneur, car cette jeune fille se présentait pour la première fois à l'obtention de ce prix, qui constitue la plus haute récompense de l'École.

Veuillez agréer, Monsieur le Secrétaire Général, l'assurance de mes sentiments très distingués. —

Le Directeur
Jean Larrive

（138-6）1924年11月27日

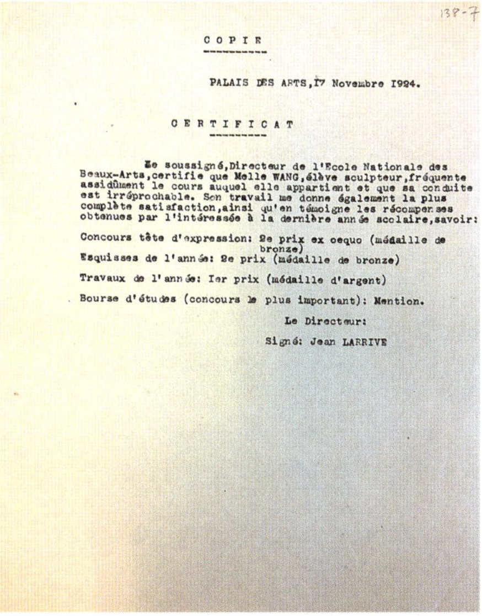

138-7

COPIE

PALAIS DES ARTS, I7 Novembre I924.

CERTIFICAT

Je soussigné, Directeur de l'Ecole Nationale des Beaux-Arts, certifie que Melle WANG, élève sculpteur, fréquente assidûment le cours auquel elle appartient et que sa conduite est irréprochable. Son travail me donne également la plus complète satisfaction, ainsi qu'en témoigne les récompenses obtenues par l'intéressée à la dernière année scolaire, savoir:

Concours tête d'expression: 2e prix ex oequo (médaille de bronze)

Esquisses de l'année: 2e prix (médaille de bronze)

Travaux de l'année: Ier prix (médaille d'argent)

Bourse d'études (concours le plus important): Mention.

Le Directeur:

Signé: Jean LARRIVE

（138-7）1924年11月17日

里昂国立美术学院院长致函里昂中法大学：雕塑系学生王静远女士在本校学习刻苦，有创作力，作品多次获奖。

“头部表情”：并列二等奖

“年度筹备稿”：二等奖

“年度作品”：一等奖

“学习奖学金”（最重要奖项）。

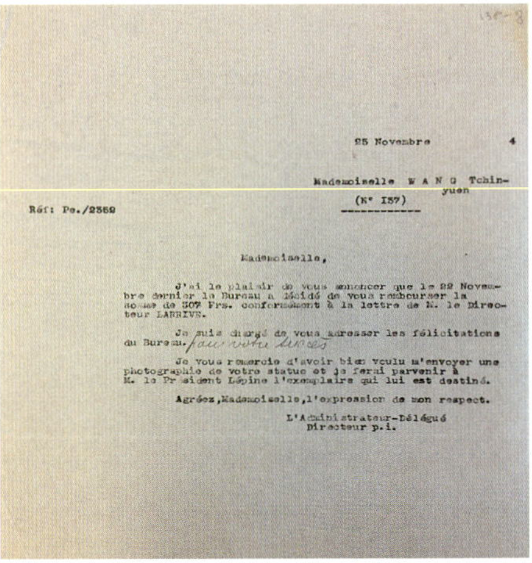

138-8

25 Novembre 4

Mademoiselle W A N G Tchin-yuen

(N° I37)

Réf: Pe./2352

Mademoiselle,

J'ai le plaisir de vous annoncer que le 22 Novembre dernier le Bureau a décidé de vous rembourser la somme de 307 Frs. conformément à la lettre de M. le Directeur LARRIVE.

Je suis chargé de vous adresser les félicitations du Bureau. pour votre succès

Je vous remercie d'avoir bien voulu m'envoyer une photographie de votre statue et je ferai parvenir à M. le Président Lépine l'exemplaire qui lui est destiné.

Agréez, Mademoiselle, l'expression de mon respect.

L'Administrateur-Délégué
Directeur p.i.

（138-8）里昂中法大学回复里昂国立美术学院：支付307法郎，祝贺王静远女士获奖。

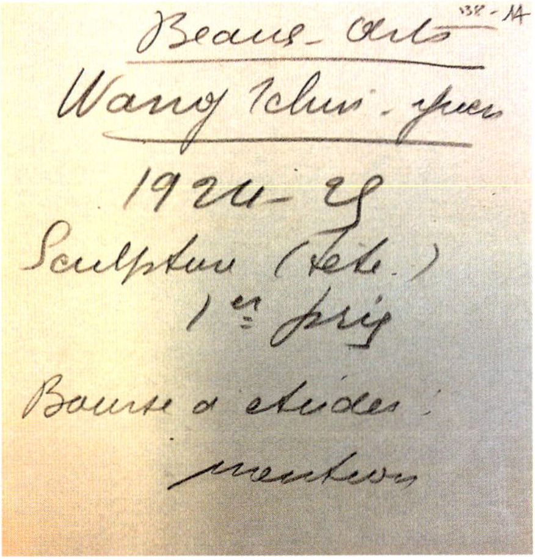

138-14

Beaux-Arts

Wang Tchin-yuen

1924-25

Sculpture (Tête.)

1er prix

Bourse d'études :

mentions

（138-14）

王静远女士的作品“头像”获一等奖。

同意王静远女士去巴黎游学三个月，王女士认为600法郎／月费用不够，要求650法郎／月。且希望一次性支付。校方均同意。

王静远从巴黎致信校方。

亲爱的先生：

到巴黎已有三个月，巴黎真是令人赞叹不已的首都城市。我在随处都能发现美，令人目不暇接，无比钦佩。从早到晚浏览各艺术博物馆，尤其是卢浮宫和卢森堡博物馆。虽很疲惫，但欣赏这些古代大师作品无疑令我兴致倍增，对我个人以及从事的艺术均颇有裨益，故疲

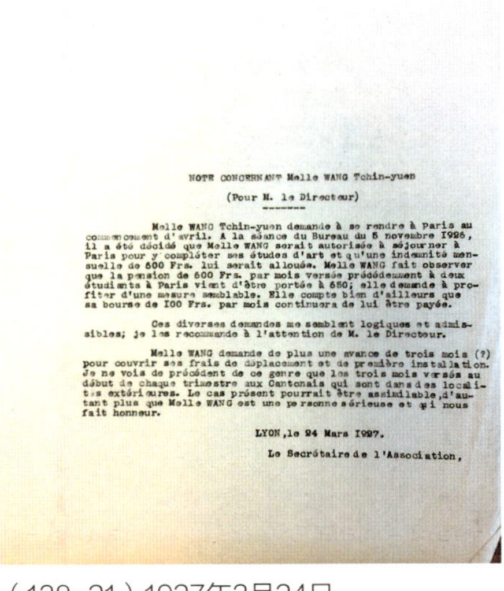

NOTE CONCERNANT Melle WANG Tchin-yuen

(Pour M. le Directeur)

Melle WANG Tchin-yuen demande à se rendre à Paris au commencement d'avril. A la séance du Bureau du 5 novembre I926, il a été décidé que Melle WANG serait autorisée à séjourner à Paris pour y compléter ses études d'art et qu'une indemnité mensuelle de 600 Frs. lui serait allouée. Melle WANG fait observer que la pension de 600 Frs. par mois versée précédemment à deux étudiants à Paris vient d'être portée à 650; elle demande à profiter d'une mesure semblable. Elle compte bien d'ailleurs que sa bourse de I00 Frs. par mois continuera de lui être payée.

Ces diverses demandes me semblent logiques et admissibles; je les recommande à l'attention de M. le Directeur.

Melle WANG demande de plus une avance de trois mois (?) pour couvrir ses frais de déplacement et de première installation. Je ne vois de précédent de ce genre que les trois mois versés au début de chaque trimestre aux Cantonais qui sont dans des localités extérieures. Le cas présent pourrait être assimilable, d'autant plus que Melle WANG est une personne sérieuse et qui nous fait honneur.

LYON, le 24 Mars I927.

Le Secrétaire de l'Association,

（138-21）1927年3月24日

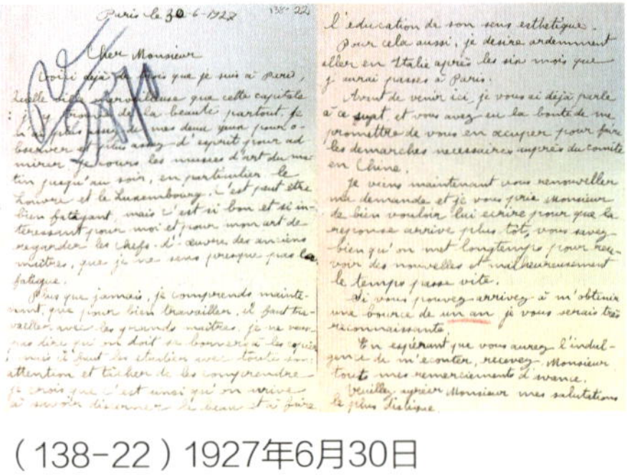

Paris le 30-6-1927 138-22

Cher Monsieur

Voici déjà [illegible] mois que je suis à Paris, [illegible] ville [illegible] merveilleuse que cette capitale : j'y trouve de la beauté partout. Je n'ai plus assez de mes deux yeux pour observer et plus assez d'esprit pour admirer. Je cours les musées d'art du matin jusqu'au soir, en particulier le Louvre et le Luxembourg. C'est peut être bien fatigant, mais c'est si bon et si intéressant pour moi et pour mon art de regarder les chefs-d'œuvre des anciens maîtres, que je ne sens presque pas la fatigue.

Plus que jamais, je comprends maintenant, que pour bien travailler, il faut travailler avec les grands maîtres. [illegible]

l'éducation de son sens esthétique.

Pour cela aussi, je désire ardemment aller en Italie après les six mois que j'aurai passés à Paris.

Avant de venir ici, je vous ai déjà parlé à ce sujet et vous avez eu la bonté de me promettre de vous en occuper pour faire les démarches nécessaires auprès du comité en Chine.

Je viens maintenant vous renouveler ma demande et je vous prie Monsieur de bien vouloir lui écrire pour que la réponse arrive plus tôt, vous savez bien qu'on met longtemps pour recevoir des nouvelles et malheureusement le temps passe vite.

Si vous pouvez arriver à m'obtenir une bourse de un an je vous serais très reconnaissante.

En espérant que vous aurez l'indulgence de m'écouter, recevez Monsieur tous mes remerciements d'avance.

Veuillez agréer Monsieur mes salutations les plus [illegible]

（138-22）1927年6月30日

累顿消。

我从未像现在这样明白，为了提高，必须去向那些大师学习。不能局限于模仿，必须专注研究尽心领悟。这样才能得以辨识美，培养美感。

因此我强烈地渴望在巴黎逗留6个月之后去意大利。

来巴黎之前，我已经向您提过此请求，您也已许诺过会为我处理此事，并为我在中国的委员会处理必要的手续。现在再次向您重申我的请求。先生，我请您给他写信以期尽早得到回复，您知道我们需要很长时间才能得到回复，可惜时间过得非常快。

若您能为我争取到一年的奖学金，将感激不尽。

先生，希望您愿意聆听我的诉求，在此先向您表示真挚的感谢。

王静远申请去意大利，应和潘玉良系同样理由：在里昂美术学院和巴黎美术学院均不提供毕业证书，只有意大利艺校颁发文凭。

（138–23）1927年9月21日 里昂中法大学回复王静远：同意支付3000法郎留学费用。根据中法大学协会规定，离开法国去其他国家将失去在里昂中法大学的学生资格。

这和里昂中法大学对潘玉良离法赴意深造的决定相同。

王静远仅在意大利短期逗留，又回到法国。

中法大学协会秘书请示校方负责人：9月6日雕塑家王静远女士于10月回国，1928年王静远致信中法大学校方，要求将雕塑作品从里昂运回中国上海。包装和海运费预估2500~3000法郎，预算作3700法郎，是否同意。（批示：同意）

保险最低货值为20000法郎，海运险300法郎，海运险与损害险合计900法郎。（批示：同意900法郎案）

这是王静远在法国最后的记录。

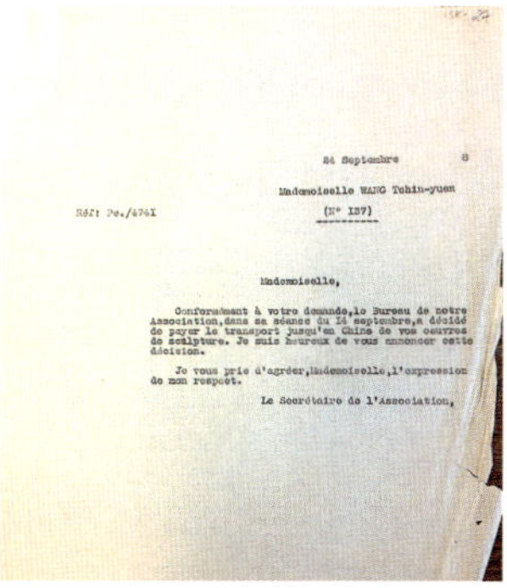

24 Septembre 8

Mademoiselle WANG Tchin-yuen

(N° 137)

Réf: Pe./4761

Mademoiselle,

Conformément à votre demande, le Bureau de notre Association, dans sa séance du 14 septembre, a décidé de payer le transport jusqu'en Chine de vos oeuvres de sculpture. Je suis heureux de vous annoncer cette décision.

Je vous prie d'agréer, Mademoiselle, l'expression de mon respect.

Le Secrétaire de l'Association,

（138–27）1928年9月24日

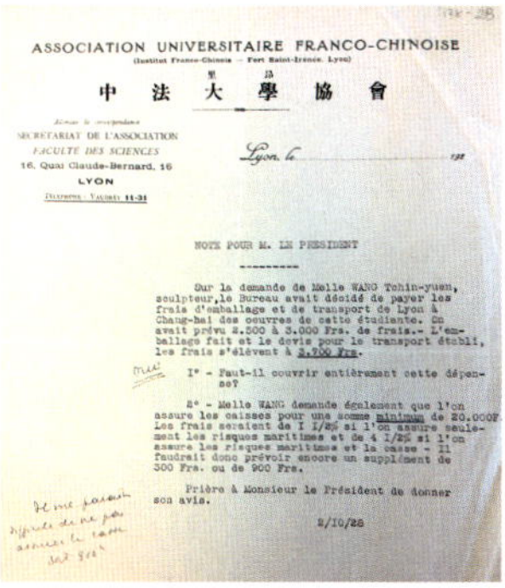

ASSOCIATION UNIVERSITAIRE FRANCO-CHINOISE

(Institut Franco-Chinois — Fort Saint-Irénée, Lyon)

中法大學協會

SECRÉTARIAT DE L'ASSOCIATION

FACULTÉ DES SCIENCES

16, Quai Claude-Bernard, 16

LYON

Lyon, le 192

NOTE POUR M. LE PRESIDENT

Sur la demande de Melle WANG Tchin-yuen, sculpteur, le Bureau avait décidé de payer les frais d'emballage et de transport de Lyon à Chang-hai des oeuvres de cette étudiante. On avait prévu 2.500 à 3.000 Frs. de frais.- L'emballage fait et le devis pour le transport établi, les frais s'élèvent à 3.700 Frs.

1° - Faut-il couvrir entièrement cette dépense?

2° - Melle WANG demande également que l'on assure les caisses pour une somme minimum de 20.000F. Les frais seraient de I I/2% si l'on assure seulement les risques maritimes et de 4 I/2% si l'on assure les risques maritimes et la casse - Il faudrait donc prévoir encore un supplément de 300 Frs. ou de 900 Frs.

Prière à Monsieur le Président de donner son avis.

2/10/28

（138–28）1928年10月2日

王静远虽然是在里昂中法大学注册的学生，但校方已称其为“雕塑家（Sculpteur）”，并欣然同意支付雕塑作品运回中国的所有费用，足见法方对王静远艺术成就的认可与尊重。

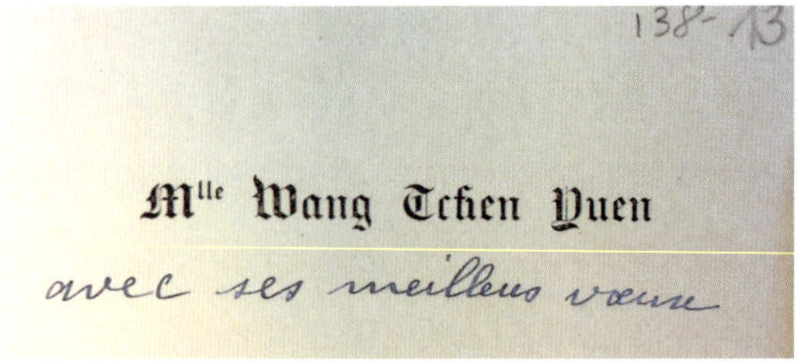

王静远的名片

1928年底，王静远归国，她的雕塑作品也运抵上海。

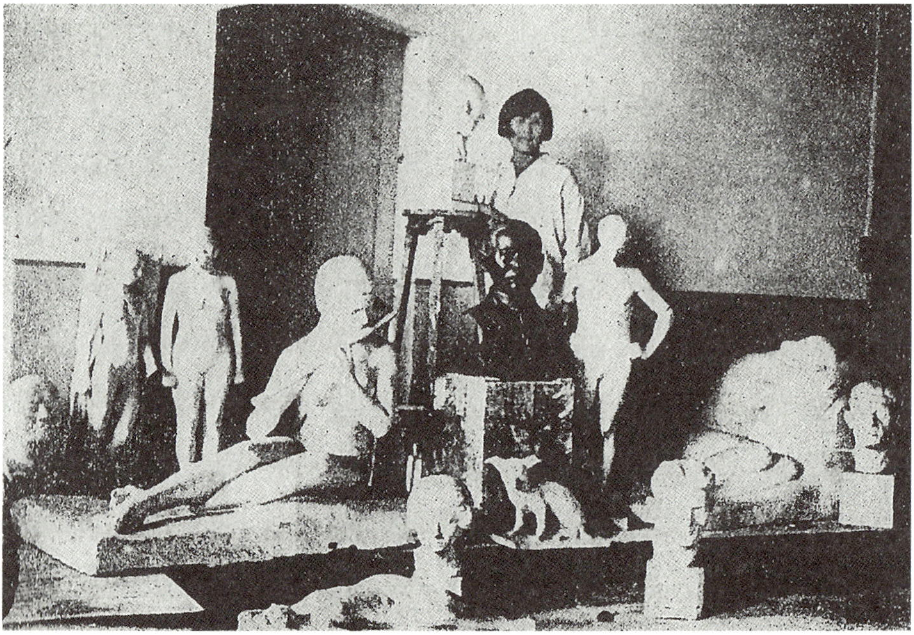
《王静远和她的雕塑作品》

《王静远和她的雕塑作品》这张照片刊登在1929年2月第35期《良友》画报第36页。此照片很可能是运抵上海后开箱所摄。中间为孙中山半身铜像，创作于1926年，经反复修改后成稿于1927年夏秋之际，寄运国内参加竞选（未入选）(3)。其中可见到包含在里昂市立图书馆找到的八件作品照片中的四件（见上图）。孙中山坐像下面可能是后文所说王静远参展的“狗石膏像”。

王静远没有作品留下，可能如前述在北平日伪时期被毁掉，原因不清。

有幸得到这八张20世纪20年代雕塑作品照片，可让我们得知其天分造诣。

王静远和她的总理像雕塑

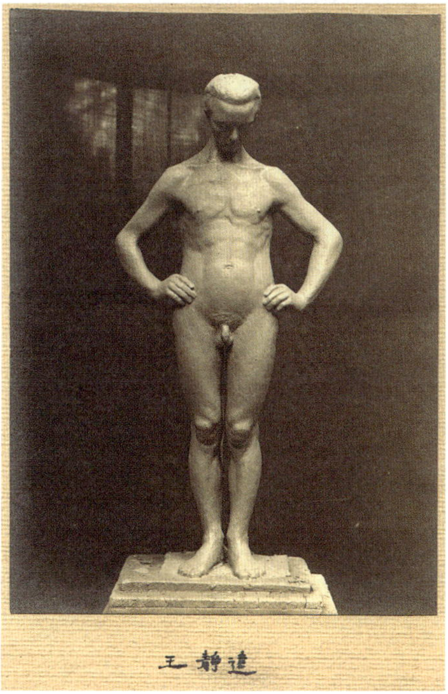

王静遠

以上为王静远在法国期间创作的八幅作品照片

1928 年底王静远回国后，就任杭州艺术专科学校雕塑系教授。李金发[4] 1928 年 3 月任该校雕塑系主任、教授，1931 年底离职去广州。

1930年杭州国立艺专教学人员合影
前排：王静远（左二）蔡威廉（左三）孙福熙（左五）林文铮（右三）杨士达（右二）
后排：林风眠（右一）吴大羽（右二）刘既漂（右四）程曼叔（右五）李树化（左二）
（里昂中法学院林建生提供）

回国不久，王静远旅欧作品博得美术界好评。

“1929 年，南京国民政府举办第一届全国美展，由教育部统筹，国家出资筹办，有来自 20 多个省区的作品参展。举办此次展览的目的是要‘引诱倡导世界性的美术，恢复振兴中国的美术并翼助促成中国的新教育’。”全国美展普通出品人 1080 人，出品 4060 件，入选者 549 人，出品 1200 件，特约者 342 人，出品 1328 件，分书画、金石、西画、雕塑、建筑、工艺美术、美术摄影 7 部。雕塑全部出品 52 件，属于“现代雕塑”作品范畴的有 15 件，李金发有《总理像》参展，王静远有 5 件作品参展，见下表：

号码	品名	价值	作者姓名
一	大理石半身总理像	二〇〇〇	王静远
二	美国人半身石像	一五〇〇	王静远
三	法国老人像		王静远
四	悲怆女人全身石膏像	二五〇〇	王静远
五	狗石膏像		王静远

将潘玉良女士参展的五幅绘画作品列于下表作为比较。

号码	品名	价值	作者姓名
299	歌罢	六〇〇	潘玉良
300	酒徒	二〇〇〇	潘玉良
301	黑女	六〇〇	潘玉良
302	顾影	一〇〇〇	潘玉良
303	灯下卧男	六〇〇	潘玉良

李寓一先生在《教育部全国美术展览会参观记》“（七）雕塑部之概况”[《妇女》（上海）1929 年第七期]中这样介绍王静远的作品：

述雕刻部之概况，亦女子光荣之一页。其全部作品五十二件，作品最佳者推王静远女士。女士出品凡五点：

（一）大理石半身总理像 此像以纯白色之意大利大理石，刻孙总理之半身浮雕。其背成□形石板，下为短形座，刻孙总理像，某某刻字样（见女子美术的一斑）。总理像在国内之习刻者不下数百具，而女士之所作，独能于总理丰润之容色，昂藏之气概，表现之惟妙惟肖。益以大理石坚实纯洁，令观者肃然起敬。

孙中山大理石像

（二）美国人半身石像 此亦以大理石制，乃纯粹之半身像，惟与前者刀法迥异。前者表面极光滑，此则如我国之凿石。凿痕成有规则之条纹状。其面部之凿痕，顺乎肤理，如工细之铅笔画线条，细丝不紊。其胸部之凿痕，顺衣褶，又得刀法之气脉，苟非功夫深厚者决无力作此。以坚硬之石，而于女子之手，琢成极柔之肤理表现，不得不谓为难能。其他轮廓凸凹之正确，犹余事也。

（三）法国老人像 此像为石膏制，而外涂以古铜色者，视之与铜像无异。扣之其声铿然，一如金石。以全部之涂色言，要以此为最结实。

（四）悲怆女人全身石膏像 （见女子美术作品的一斑）此一巨制也，作裸体女子抱头斜卧之意态；较真人略小，全体线条极准直，于微小部分之肤纹多略去，但大部分之比例轮廓，无不正确。其表白女性圆润之肌肉，于最难奏刀之手背，手指足背足趾及脊骨膝盖各部，能现其骨骼而无暴露之丑。其乳臀之特征表白，不现浮肿之弊，与日本出品之《镜》，潘玉良女士之《顾影》同为得力之圆润的表现。

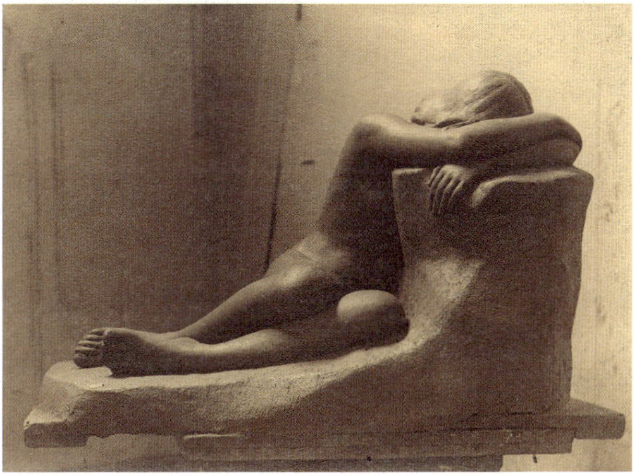
悲怆女人

（五）狗石膏像 狗石膏像者，

乃以石膏雕成之小狗坐像，极有趣味。是种作品，雕塑家每以为余情之漫作，于各部分不加细磨，而纯任刀凿之自然。其斑剥之痕，正其意趣寄托之处。去岁日本之十五回院展佐藤朝山所作之猫，与此有同一之趣味。

李寓一还介绍了江小鹣和岳仑[5]的雕塑。

除女子而外，当推江小鹣之谭组盦像，邵洵美像，（见本记附图 15）及岳仑之雕塑五件。谭祖盦像与面部之肌肉，极呈丰满，一望而知其为老练之政治家。江氏于此点表现最为充分。岳仑氏现方学于法，于雕塑之基本功夫，致力最深；复熟于各种方法，非拘于一种雕像者所可及（见本记附图 16）。吾于彼之天才，彼之际遇，觉有无限之希望。闻其入法美术院，习雕刻仅三年，即得法人之爱好，将来当能成伟大之雕刻师。

号码	品名	价值	作者姓名
二二	雕塑		岳仑
二三	雕塑		岳仑
二四	雕塑		岳仑
二五	雕塑		岳仑
二六	雕塑		岳仑

岳仑是王静远在里昂美术学院的同学。

大致可以断定王静远 1928 年 12 月抵上海，随后到杭州国立艺术院雕塑系任教，1931 年夏（9 月之前）北上任教北平大学艺术学院。

雕塑系主任王静远与学生合影（1936年2月4日）（沈宁提供）
右起王静远、王润琴、郭良夫、陈岐、郑曾祜、李熙

王静远到国立北平艺术专科学校任教后，翌年 9 月 25 日，已是该校教授的王静远在中南海怀仁堂国立北平研究院陈列室第

四陈列场举行个人雕刻展览会，并将展品赠送永久陈列。同沈宁讨论她北上原因，可能不适应南方湿热天气是其一，王静远年轻时随家从东北迁居北平，亲属在此地，到北平也算地利人和。

王静远是早期赴欧留学的中国美术家的先行者，1913 年 6 月赴法留学，至少在 1918 年 2 月她已经在巴黎美术学院长廊研习美术，早于大多数民国期间旅欧留学的美术家。在基本由男性美术家构成的中国现代美术活动的群体中，和方君璧、潘玉良一样属极其罕见的女性。1913 到 1928 十五年法国留学中，由美术学生到雕塑家的华丽转身是其艺术生涯的黄金时代。她在 1929 年全国美术展览的惊艳亮相以及将作品陈列于中南海可谓其一生的顶峰。

抗战时期王静远滞留北平。

沈宁在他的新作《难忘帅府园》中提到了七七事变后的王静远：

> 1937 年卢沟桥事变爆发后国立北平艺专部分师生在校长赵太侔带领下南迁湖南沅陵，于 1938 年 6 月间，奉教育部令与杭州艺专合并为国立艺专。留平师生经过近九个月的课业停顿后，旧生百余人于 1938 年 4 月初陆续返校报到，遂由日本顾问领导下的伪中华民国临时政府教育部责令恢复开学上课……雕塑科教授为王静远等。
>
> 北京艺专正式开学的时间为 1938 年 5 月 10 日，没有举行任何仪式，即日上课。
>
> 国立北平艺术专科学校代表着当时国家最高艺术学府，对全国的艺术教育和创作水准有所影响，即便是北平沦陷时期，依然并仍以社团和院校为画家聚集的中心。

南迁湖南沅陵的北平艺专师生是少数，大多数留在“国立北京艺专”。王静远是从南方到北平就职的，自不想再南回。加之亲属及雕塑作品都在北平，安土重迁。对于她和北平艺专多数人的这个选择，有诸多历史人文因缘，难一言敝之。

王静远的落寞始于 1946 年夏。

沈宁在同一书中介绍：

> 抗战胜利后，徐悲鸿应教育部聘北上故都时，邀请了一批与之当年相随、志趣相投的美术家共举复兴中国美术之大业，名为接收，实

则创新。1946年7月31日晚甫抵北平，即以电话通知临时大学补习班主任陈雪屏；翌日，即8月1日晨九时便赴临大第八分班与班主任邓以蛰办理交接事宜；2日正式到校视事。随机在接受报社记者采访时，徐悲鸿对艺专未来发展阐明新计划：人士方面大致已决定由吴作人担任教务长兼西画主任，训导长为李德三，中画系主任由徐氏自兼，图案系主任为庞薰琹，雕塑系主任为王临乙，秘书内定为黄养辉；此外则已聘定教授宋步云及留法雕塑家滑田友、留比画家沙耆等。

上述“临大第八分班”指的是光复后国民政府教育部接收北平教育机构，特设“北平临时大学补习班”。王静远所在的“国立北京艺术专科学校”被编为第八分班。接收方按照教育部指令对“伪专科”做甄审。

前排左起：宋步云、王临乙、徐悲鸿、齐白石、夏护士、戴泽；中排左起：王丙照、李可染、卢光照、叶麟趾、齐人；后排左起：叶正昌、王静远、黄养辉、（佚名）、高庄、吴作人、宗其香、孙宗慰、李宗津、刘铁华、冯法祀、董希文、艾中信

经过甄审，与徐悲鸿既没相随，也无志趣相投的王静远落聘，她失业了。中国社会师生圈子结同排异的传统，加之她留法十五年的老资格、滞留沦陷区的选择、逾六十的年龄及其东北女性的率直脾气等可能都是原因。

沈宁给我两张1946年10月和冬季的国立艺专同人合影照片。

后排左起第三人白发者为王静远

沈宁认为王静远应当是在 1947 年初解聘的。被解聘原因，除去自行辞职的可能外（年龄原因？），更重要的一点恐怕还是徐悲鸿在人员任用及教学发展的考虑上（任用自己的学生）。虽然王静远有着北平市美术会理事、北平美术作家协会监事的双层身份，并积极参加后者（以国立北平艺专教员或兼职为核心）会务活动，也是象征性的事情，因为该会存在时间也不过在 1948 年底就解散了。

他说："对其疏远、边缘化的态势还是可以从几幅艺专合影照片的所居位置这样不经意的历史定格中体味得到。"

我很感慨：王静远一旦"失业"，生活会变得"潦倒"，六十几岁的女人没有能力雕塑，不像在斗室也可作画的画家。

"是啊，这恐怕也是解放后（1956）受到有关部门过问，而在雕塑工厂挂名顾问拿份津贴维持生计原因所在，想来就令人心寒。"沈宁亦同感。

这以后，王静远在美术界消失。

她后来怎样？

《中国当代文化艺术名人大辞典》讲王静远"1956 年担任中央美术学院雕塑工厂顾问"。

中央美术学院人事处周玉兰（已退休）告诉我：解放后王静远由文化部安排到雕塑厂做顾问，只拿工资并不上班。担任顾问确有其事，但她已不再从事教学和创作。周给王静远送过几年工资，每月 50 元。说王静远是 1972 年或 1973 年夏天去世的，美院帮助办理的后事并付丧葬费 200 元。王静远原来住南长安街，后搬到西单劈柴胡同 15 号。可能是她在高等教育出版社的侄孙王正序的住地。

沈宁和我曾去西单附近的劈柴胡同（已更名辟才胡同）寻王静远旧址，原有的胡同已辟成大街，街道两侧的楼宇早已取代了昔日的平房小院。到居委会打听，进西城区档案馆问询均无果，再去二龙路派出所查户籍，只查得王静远侄孙王正序，遗憾的是他已于 2006 年去世。后来在朋友帮助下，终于查到她在北京市北长安街的户籍。

王静远别名王荷声，籍贯辽宁海城河鱼沟，出生日期 1884 年 4 月 14 日，户口注销登记时间 1971 年 8 月 5 日。在"文革"的群众专政时期，加之按人口发放粮油布票，死亡日至注销时间不宜太久，且周玉兰说她是夏天去世，故 7 月为妥。

王静远在巴黎美术学院长廊以及里昂中法大学注册表上填写 1893 年 3 月 18 日的出生日期应当是为符合法国美术院校年龄限制而改动的。菲利普对我说一些留法学习美术的中国人因超龄不符合学校年龄规定而修改出生日期并不鲜见。祖父孙佩苍也是这样，在吕西安画室登记时减掉 10 岁。王静远的籍贯是海城，与在里昂中法大学注册表写的“奉天”并不矛盾，奉天既指沈阳，也是辽宁，想必是避免法国方面不知海城在何处而以奉天（辽宁）涵盖之。

1952—1957 年户籍中王静远是“户主”，职业一栏为“失业”，生活来源为“依房租生活”，婚姻状况是“未婚”，政治面貌是“群众”。其住房北长街 105 号系“己产”。

王静远哥哥早年去世（沈宁先生说在她留法时过世），50 年代的王静远已是王家唯一长辈。她的侄子可能已经故去，因为其侄孙王正序夫妻以及侄重孙和侄重孙女四人在 1954 至 1957 年陆续从沈阳来京落在她户籍内。他们的住宅除上述北长街 105 号外，户籍内还记录有西城区皮裤胡同、大角胡同和端王府夹道甲 1 号。这些都可能是王家早年从辽宁移居北京时购置的一部分房产（尚另有房屋出租）。

在京家产，应当是王静远 1931 年夏离杭州美专北上原因之一；安土重迁，令她七七事变后滞留北平也是重要理由吧。

1949 年后，革命画家成为美术史的主脉，新中国培养的女雕塑家群体覆盖了以往的雕塑史。改革开放后，民国时代美术史得以重温。遗憾的是仍不见王静远。

王静远留学法国，执教于杭州和北平艺专，其造诣和名声不亚于潘玉良。但是 1937 年潘玉良选择再赴欧去法发展，王静远则滞留北平，际遇相异，后半生大相径庭。

得以慰藉的是王静远虽终生未婚，晚年能与王家亲属在北京一起生活有所照料，并有经济来源，且得相关部门适当关怀。她在“文革”肆虐的 70 年代初离世，因长久落寞鲜有人知，得以逃过一劫，春秋八十有七，也算善终。

得诸人帮助，找到若干往事记录，因是美术外行，不敢擅多评议，尤其涉及雕塑艺术，只是提供些许素材，供关联人士参考。做到这些也算对得住同乡先贤了。

欣慰之余却难免纠结：怎会落得我这等圈外之人去寻找王静远?

沈宁在《难忘帅府园》“编后琐记”有这样的话：

为民国现代美术史留下一份接近真实的文字，自然谈不到是“重新发现”，因为历史是客观存在的，有待重新发现的，只是人们是否心存“有意与无意遮蔽”和“主动与被动遗忘”的主观态度而已。

既有沈君此语，我还能说什么呢。

注释

（1）江亢虎（1883—1954），出生于江西弋阳一个仕宦之家，祖籍安徽省旌德县江村。中华民国时期著名政客，中国社会党创始人，无政府主义者，他标榜自己是“中国无政府主义的鼻祖”，但却是中国“社会主义研究”的第一人，是毛泽东提及过的社会主义思潮的传播者。他曾蒙孙中山先生赏识，却又卖身投靠日本侵略者，以文化大汉奸的身份终其一生。根据 1906 年 2 月 23 日出版的《直隶教育杂志》一期介绍：“京师大学堂东文助教江亢甫比部，在西单牌楼报子街西单库赀胡同，创设女学传习所一区，分为两班：一为年长不许入学者而设，专习初级师范；一为年幼者入学堂之预备。”

（2）方君璧（1898—1986），女，福建闽侯人。中国 20 世纪初为数不多的女性画家之一。出身于名门望族，曾经留学法国，在巴黎期间其作品《吹笛女》作为第一位中国女性画家的作品入选“巴黎美术展览会”。1984 年巴黎博物馆为她举办了“方君璧从艺六十年回顾展”，给予这位在巴黎起步的东方女画家的业绩以充分的肯定。被誉为“东方杰出的女画家”。代表作品《吹笛女》《拈花凝思》等。

（3）1927 年 11 月 11 日，筹备处召开会议，再次把雕像事宜提上日程，决定由夏光宇和吕彦直一起寻找雕塑家。夏光宇是当时的筹备处主任干事，吕彦直是中山陵的建筑设计师。孙娟娟告诉记者，夏吕二人先是找到了在法国进行多年雕刻的王静远女士，又找到一位日本雕塑家，但是他们的模型送到筹备处后，评审员们还是不满意。最后，担任陵墓设计图案评审顾问、曾在法国巴黎帝国美术学校留学的雕塑家李金发，推荐了法国著名雕塑家——保罗·朗特斯基。朗特斯基先试着雕了一尊半身石膏像，送去中国。因为路途遥远，石膏像的鼻子和下颚部位都损坏了。但是评审委员们觉得比较满意，就决定由他来雕塑孙中山坐像。（引自 2010 年 3 月 29 日 现代快报《中山陵祭堂孙中山坐像之谜》）

（4）李金发（1900—1976），原名李淑良，广东梅州市梅县区人。早年就读于香港圣约瑟中学，后至上海入南洋中学留法预备班。1919 年赴法勤工俭学，1921 年就读于第戎美术专门学校和巴黎帝国美术学校。李金发于 1925 年至 1927 年出版的《微雨》《为幸福而歌》《食客与凶年》，是中国早期象征诗派的代表作，为中国新诗艺术的发展进行了有益的探索和尝试。

（5）岳仑（1905—1989），湖南邵阳人，1920 年前后赴法留学，是我国最早留学法国的雕塑家之一。1923 年在里昂美术专门学校习绘画，练习石膏和人体的素描，师从该校雕刻老师普罗斯特（Frost）学习雕塑，共学习了四年。后到巴黎，在布德尔（Bourdelleo）工作室学习了一年，布德尔去世。后拜栢赫纳（Bernard）为师，学习了一年。1928 年冬季开始到 1930 年春，他在巴黎郊区的农村建立了自己的工作室，创作了六七件大型作品，参加沙龙展，其中一件作品获“最优等名誉奖”。在此之前，岳仑还曾获得“里昂艺术研究会一九二九展览会名誉奖状”。1931 年 4 月，岳仑在上海法租界举办个人雕塑展。展览结束后，岳仑赴法国、意大利等国举办展览，长期在上海居住。后转入外交界，先后任意大利、泰国、伊朗、比利时、埃及、扎伊尔等国秘书、参赞、领事等职。1984 年回国定居，任国务院参事。

跋

从 2007 年开始寻找，已过了十年。写出这第二本书，也算完成自己赋予的使命。洋洋二十多万字，只写了两件事：

我如何寻找，找到了什么。

希望书中数万字的档案、文献对研究民国时期的美术、教育乃至政治有所参考。

“夫孝者，善继人之志，善述人之事者也。”（《中庸 第十九章》）

对祖父，我无才继其志，只能述其事。“善述”并非一味说好，需实事求是，有一分材料说一分话，故谨慎行之，唯恐被亲情误导，或在所难免，请读者指正。

本书部分内容并非考证，是对寻找的描述。基本按时间顺序写，未能将部分文献做系统排置。因很在意叙述过程。

“寻找”已成为我晚年不可或缺的生活。去沈阳和法国的两次用日记形式介绍，一是对路上诸多师友的热忱难以忘怀，也想告诉和我一样在寻找先辈历史踪迹的人们，只要虔诚努力，必能得助；只要决心行动，终会得果。

三毛说：“我来不及认真地年轻，只能选择认真地老去。”在越过古稀之年的 2017 年，写完这这本书稿，算是认真地老去。

书中少部分内容可能招致非议。这里先说声对不起。我无意伤害任何人。道出自以为的真相，将想说的、认为是实话的无忌吐出，也是种责任吧。

三年来搜寻到的历史文献、记录之多之重，远超预期。寻找路途上与各位良师益友们的友情至今温馨于怀。

2015 年 5 月 25 日，去法国前五天，接到一位郑荣城先生来电，说看了我的台湾寻找日记，想去台北“国史馆”查找资料。他的祖父郑维屏和外祖父郑绍成都是国民党将军，在抗战中均有战功，解放初期先后被镇压。郑打算去“国史馆”查询，已订机票，不日启程。我告他须持有台湾文史研究机构的推荐函才能进入“国史馆”，建议找台盟或其祖父老家烟台的政协机构想办法。

两天后他来电话说，找了这些机构，都被拒绝，很是无奈。

我犹豫一番对郑荣城说，有个办法可试。

想起台北的王文澎、BETTY 夫妻，2012 年我去台湾的推荐函，就是他们为我办理的，并陪我各处查找。恰好 BETTY 在青岛，便电话询问可否为郑先生也办理推荐函。

BETTY 问 ：你见过此人？对他了解吗？我说只通过电话，没见过，并不了解，感觉尚可。

她直言道：如果你不了解他，若人品有问题，我去办，得罪了别人，也断了再帮你的路。又说她不日回台湾后旋即赴美。

我不好再多讲，见她口气缓和些，便将郑荣城的电话和邮箱告诉她，又发去郑先生冬泳和跑马拉松的照片，说您看着办好了。

我告诉郑荣城，BETTY 可能会与你联系，但没把握。

6 月 3 日抵达里昂的晚上，收到郑的邮件，告诉我不仅推荐函办妥，在“国史馆”还查到了祖父和外祖父非常珍贵的档案和照片。

我去法国后他们已经和 BETTY 联系上，到台北当晚，BETTY 和她先生王文澎到住处看望这对夫妻，同三年前待我一样，带去地图和悠游卡(交通卡)。为了见到他们，BETTY 将去美国的时间推迟一日，说是怕她先生办得不细致，定要亲自叮嘱一番。

按照与我以前同样的途径，王文澎带着他们先找旅行社吕贵兰小姐，再去拜见中华企业研究院学术教育基金会陈定国董事长，办妥推荐函。

回京见面时，郑荣城夫妻用好运、神奇形容此次台湾寻找之旅。特别详尽地叙述了王文澎和 BETTY 对他们的关照。

在山东威海、文登、荣成打响国军守土抗战第一枪的郑维屏将军在缅甸战场上结识了一位英国军官唐纳德并结成生死之交。抗战胜利后唐纳德回国，始终惦念郑将军，在中国大陆政局巨变后尤为担忧他的生死。1975 年春夏，唐纳德在知自己将不久于人世时，让儿子邓肯录下对郑将军的友情与怀念。38 年后，几经辗转，已是耄耋老人的邓肯先生终于联系到郑荣城并把录音文件交给他。

又是一位有着动人故事的寻找者。

本书截稿前，委托王文澎和BETTY在台北“国史馆”查询孙佩苍在国民参政会的抗日建国提案，该馆不仅对大陆人员封闭，本地人申请查询也被多次询问，提交申请二十多日方得以在屏幕拍照。

蒋向宇是郑荣城在寻找途中结识后介绍给我的。小蒋年龄只有我一半，却很快成为师友。除了在《孙佩苍收藏补遗》一章使我避免乌龙大错外，他用一条蒋梅笙1938年10月12日在柳州偶遇孙佩苍(1)的消息考证，纠正了我根据王震《徐悲鸿年谱长编》在《寻找孙佩苍》书中以及编制本书年表中的相关错误。

王震先生在《徐悲鸿年谱长编》叙述“10月9日（八月十六日）徐先生与张大千、李济深、孙佩苍等友人并携十六箱艺术品乘两舟启程”，“10月16日（八月二十三日）徐先生一行抵梧州”。细心的小蒋指出孙佩苍并未随徐悲鸿等到梧州，虽然徐悲鸿《西江漂流日记》写“十月初，门兴会议欧局稍和缓，而大千至。吾本拟五日乘舟之梧州，已由樊振秋白旭初两兄雇定船只。三日李任公又由汉至，而孙佩苍兄亦由沪至携得沈培老旧藏陈老莲册，天下之奇也。相约同赴阳朔，各方挽留，迁延至决定七日尚未成行。黄旭初先生，以中秋佳节，留任公一日，于是九日方得启碇……舟行凡七日，及第八日十月十六，及抵梧州”(2)，而孙佩苍12日已在柳州。最合理的推定是孙佩苍9日与徐悲鸿等从桂林出发，到阳朔游玩小住后即辞行，12日经柳州转车返渝。

蒋向宇35岁，年龄恰是我的一半

《政治官报》1910年第九百九十七号第14页孙沛苍在北洋师范的第一成绩

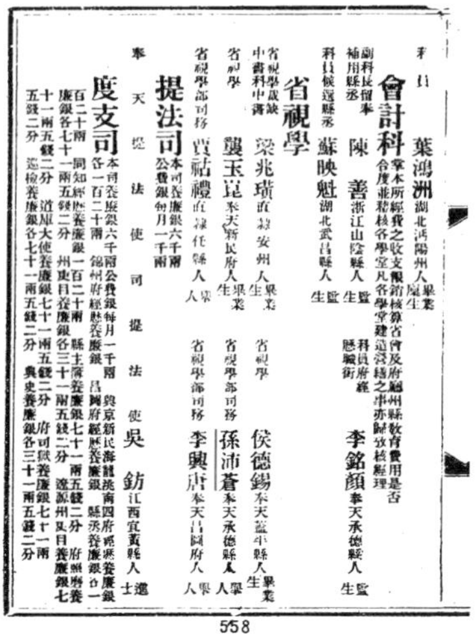

近代中国史料丛刊 290 宣统三年冬季职官录 1及2第558页

蒋向宇向我提供了许多珍贵文件，上面两幅即是他在《政治官报》找到孙佩苍北洋师范优级博物科毕业考试第一以及就任奉天省教育厅省视学部司务的记录，我曾在国家图书馆查询一天而未果。仅是举例，实际甚多。

他找到许多我的二姨奶在沈阳同泽女中的报道，尤其难得的是发现祖母姚淑荣 1913 年至 1918 年在奉天省立女子师范学校是算术老师[3]，这是迄今唯一的信息。又得到孙佩苍有关东北改旗易制的重要文件。

我们一起梳理了 1924—1927 年奉天现代美术教育：出版前，他对照文献，再次校对数万字。这本书有一部分是他的成果，这样说毫不过分。

他给我的诸多历史资讯明显丰富了后期的写作。小蒋也像沈宁先生那样，如同责任编辑，对我发去的章节对照史料仔细校对，标出修辞、字词、标点、格式的错漏，令我受益匪浅。他的《傅斯年致胡适残信考》（见本书附录 15）颇有功力，可与文史学者比肩。

2015 年 3 月 12 日，张澎把许光明介绍给我，好像是上天的安排，填补祖父生涯空白的大批珍贵资讯都与他的帮助分不开。没有老许，我“走进孙佩苍”的时间不知会推迟何久。2015 年 9 月再去沈阳，他又百忙之中为我约来新闻、文史、书画界人士会面交流，得以结识若干新朋。回来后再应我求，又陆续寄来新的《盛京时报》光盘和几个县志，并为本书作序。又是他的帮助，使本书得以在沈阳出版，联系在东北大学的讲座，让祖父回到家乡怀抱。

与彭小苓在原曲画廊

上海原曲画廊老总彭小苓女士与我相知五十余载，这几年对我帮助甚多。每去上海均得吉屋美食款待，介绍当地美术界人士。她的画廊为“新书发布会”和“青青子佩展览”视频制作了字幕，秘书为我打录文献。因她介绍，得以有了在巴黎提供全方位服务的徐平。我视小苓为知音，经常将自己的打算、问题、苦闷毫无保留地告诉她，除为我解决疑难，更可贵的是理解、慰藉与鼓励。

在沈阳拜访了《民国辽沈金石书画史》这部大作著者、沈阳故宫博物院沈广杰先生(4)，喜获赠书和相关历史文图。沈先生在故宫领我观看奉天教育会和美术研究社旧址，如数家珍讲解当年旧况。我们对辽宁美术中的祖父做了很多交流。沈先生还赋诗一首七律《咏孙佩苍》。

匿迹销声世纪魂，追求美术渡海轮。
搜得神品归国后，展就西珍舍己奔。
护宝藏真千万里，赴汤蹈火数载存。
救亡甘洒一腔血，尽在今朝妙笔寻。

读者在前章看到沈宁先生对我的帮助只是部分，从第一本书出版后到完成本书稿，始终不离他的指导。记不得多少次求助咨询，均有求必应，有问必答。其实他在业余时间写作，比我这闲人忙得多。朋友讲我是沈宁的粉丝，说得对。

录奉天教育厅厅长谢荫昌墓志铭时，我竟只看到前言，他阅后将墓志铭补上返给我。令我汗颜的不止于此，本书多章（包括扉页目录）都经沈先生一一仔细校阅，发现并更正的错漏碰缺竟达千余处。但他并不对所写内容做评价，只是讲“写作是件慎重的事情，宁缺毋滥，水到渠成，不能勉强，慎取舍，多修改，方可有望成精品”。

和陈丹青的联系比以前少了，但重要的事还是告诉他。当他得知我第二本书的写作计划后发来邮件：“天不负苦心人。你会做到你想做的。孙佩苍会很高兴。现在你有沈宁，多好啊。”陈先生为本书写了推荐词。

非常感谢菲利普吴敏僖夫妇。2015 年我去法国前，尚未见面的吴女士就将我的行程和需求翻译成英文发给在法国的菲利普，得以在巴黎相见并被引荐给施瓦茨教授。我们在京沪多次见面。我在上海的杰奎琳艺术中心与菲利普和他的助手一起工作，专门研习翻译孙佩苍在里昂中法大学档案。

除了翻译，菲利普还提供了若干包括祖父在内的留法文件。

与菲利普和夫人吴敏僖在上海杰奎琳艺术中心

菲利普正在做一个大型的学术研究《中国美术留学生在法国》，祝他成功。

作为法国主办方，他们成功地在北京、上海、郑州举办了“大师与大师”美术展。计划在巴黎再展。届时打算赴法看展，如果健康允许。

还有一些热忱助我之人，恕不一一列举。

讲这些，除感谢感恩，也有感悟。

“上帝帮助自助者”，若得他助，必先自力。我很赞同“感动上帝”这话。其实谁都是上帝，包括自己。你感动别人，博得来助，亦被感动而去助人。在感动交互传递中深切体味这些是真真切切的正能量。

本书附录较多，约占四分之一文字，虽部分报章内容在相关章节有所摘录，还是将全文存入，或可方便研究者参考。

《调查——法兰西现代教育概况》有一万三千字，是作为教育视察员身份的祖父精心考察之作，亦是中法文化教育交流史一重要记录。

沈宁先生的两篇著作《孙佩苍为北平研究院搜集油画考略》和《关于四川美术协会主办第一次美术展览会及其他》，除了发掘出孙佩苍的美术活动外，更展示了其背景的纷彩宏观，为美术史的重要研究文献。

籍贯同为沈阳的蒋向宇和我梳理出《1924—1931 奉天现代美术之一瞥》，展现了辽沈美术的光荣历史，算是对家乡的一片心意。

我在国内外查找到的文献资料照片用于本书的只是一部分，所有这些文件均对需求者开放。欢迎与我联系。

在 2016 年炎热的 8 月，完成初稿的同时迎来自己七十岁的生日。

友人问，写完“走进”，下一部该是“找到”吧。

实无心力再写。年已古稀，健康每况愈下。别说越洋跨海，就是在图书馆坐上半日也觉力乏，何况还要耗神检索。更由于那些可以揭示孙佩苍本人及其相关事件的文献、藏品或销毁，或遗失，或隐藏，或深锁，与我无缘无分。

而且应结发四十四载的老伴陈吉宇之求，给她留出时间做陪伴，共度有限晚年。

今后有关孙佩苍的某个个案或许会引起讨论，但很难会有人“系统全面”地研究他，也更难去“找到”他。这很正常合理。吊诡的历史和无奈的现实留下永远的遗憾。

只得对爷爷说：对不起，孙儿已无能为力；霾雾重重，我虽已“走进”，还是无法看到一切。有生之年没实现“找到”，你我阴阳两界共存遗憾吧。

若是“找到”，当是在彼岸世界。

我这么想，这么说，并无悲哀。

注释

（1）蒋梅笙:《西南旅行日记》，施康强编《征程与归程》：“十二日，星期三，晴热，在九时光景，和华君步出旅舍，寻到一家小饭馆，吃了午饭，虽不能说好，总比船上胜些。吃完回寓，路上忽然遇见孙佩苍君，是从桂林来，候车去渝的。”

（2）王震编：《徐悲鸿文集》，上海画报出版社 2005 年，第 98 页。

（3）奉天省长公署训令省立女子师范学校知照 省视学视察该校情形报告（民国七年一月二十七日）：“张全祺授专科国文归有光《项脊轩记》，论文释字俱称透辟。姚淑荣授予八级算术，算式简明，解释了当，以上二员任职均满五年。”（辽宁省教育志编纂委员会编：《辽宁教育史志资料 第二集 上》 1990 年）

（4）沈广杰，字众雄，号群璞、东宸逸士，斋署小寒香山馆、雪窗。1962年出生，沈阳人。辽宁省书法家协会会员，辽宁省当代文学研究会常务理事，辽宁省书法艺术研究会副会长，沈阳市美术家协会会员，沈阳市书法家协会会员，沈阳市开明书画研究会副会长，沈阳文物收藏研究会副秘书长，沈阳市沈河区政协常委、沈河区收藏家协会副主席，中国同泽书画研究院书画家，沈阳书画院签约书画家。现工作于沈阳故宫博物院图书档案馆。常年从事书画鉴定及美术史研究，师从李仲元先生，喜诗词，工书画，善金石篆刻。著有《民国辽沈金石书画史》《金梁年谱新编》。

附录1 孙佩苍年表

1889 年

3 月 15 日　抚顺　出生。

1891 年

7 月 21 日　沈阳　夫人姚淑荣出生。

1899 年

由抚顺移居沈阳。[1]

1906 年 11 月—1909 年 11 月

北洋师范学堂专修科之博物科（直隶优级师范博物选科），原考为该堂博物科最优等八名之首。[2]

1910 年

5 月 7 日—5 月 13 日　依例赴京参加学部覆试，覆试以平均分数八十四分九厘六毫名列该堂最优等四名之首，作为师范科举人，[3]充任奉天提学（使）司省视学部司务。[4]

5 月 29 日　由奉天省城赴广宁县调查学务。[5]

1911 年

3 月 9 日　省视学孙沛苍《调查安东县学务报告》。[6]

1913 年

10 月　奉天教育科科长谢荫昌为了弘扬爱国主义精神，通过悬赏的办法征集各种激扬爱国精神、破除迷信陋习的小说唱本近百种，孙沛苍四篇获奖：《犒秦师》乙等，《崖山泪》丙等，《沈云英》丁等，《秦良玉》丁等。[7]

1914 年

4 月　沈阳　任奉天省立第二高级中学教务主任[8]（学监兼博物教员）[9]。

1915 年

8 月 20 日　沈阳　长女孙慧筠出生。

1916 年夏

辽宁义县 看见初等小学堂毕业生金景芳辍学放牛，劝其父让其继续念书（后金景芳由二叔父及舅父资助，插班入高等小学，终成为研究中国古代思想的专家）。[10]

1917 年

5 月 19 日 沈阳 长子孙倜出生。

1918 年

10 月 20 日 沈阳 次子孙倬出生。

1920 年

6 月 28 日 沈阳 “禹珊付之西法影印，允致余（按：金毓黻）全份，以资玩赏”。[11]

奉天教育厅呈奉天省长公署，获准派视学孙沛苍前往法国考察教育。[12]

8 月 30 日 沈阳 离沈“赴京，即趁上海轮船游法多年”。[13]

11 月 7 日 上海 乘法国邮船包岛斯号赴法，同船勤工俭学者共 197 人，周恩来同船。[14]

12 月 13 日 抵达马赛港，同日转车去巴黎。

1921 年

3 月 31 日 沈阳 三子孙佶出生。

1 月—6 月 在巴黎近郊哥伦布学习法文。

1921 年 7 月—1922 年 2 月 移居巴黎，半日在郭伯郎学校学习绘画，半日学习法文。晚间在巴黎市立职工补习学校习画二小时。

8 月 9 日 “天狗会”在巴黎成立。

8 月中旬 柏林“天狗会”会员常玉、孙佩苍到柏林，初见徐悲鸿。

9 月 柏林 徐悲鸿在弗烈德里赫博物院临摹伦勃朗《第二夫人像》[15]，后赠与孙佩苍。

秋 柏林 与徐悲鸿各购得诸多美术品和印刷品。

1922 年秋

与徐悲鸿、蒋碧薇、谢寿康及东北籍的张先生游览德国东部莱比锡和德累斯顿。[16]

1923 春

“天狗会”扩大，谢寿康为老大、徐悲鸿为老二、张道藩为老三、邵洵美为老四，孙佩苍为军师，郭有守为“天狗会行走”，江小鹣为专使。[17]

5 月 31 日　进入国立巴黎高等美术学院，与徐悲鸿同在吕西安·西蒙画室学习。[18]

7 月　在《奉天教育杂志》发表长篇调查报告《法兰西现代教育概况》。[19]

9 月 14 日　巴黎　会见赴莫斯科参观农业博览会期间利用闲暇之时来巴黎的老友李友兰，徐悲鸿在场，同登凯旋门。

9 月 18 日　巴黎　与徐悲鸿、蒋碧薇送别去柏林的李友兰。[20]

1924 年

5 月 1 日　在 1924 年第 5 期《东北》杂志[21]发表《法兰西现代教育状况》。

1921 年—1927 年

旅欧期间于休假时，赴各美术著名之地，阅览其所藏之图画。计除法国之外，曾列意、英、德、奥、比、俄、瑞士、荷兰、西班牙等国，共历名城约四十处，阅图书馆在百数以上。

1927 年

1 月　从法国乘列车经西伯利亚回到沈阳。

春　任四洮铁路局秘书。

6 月 25 日　受东北大学理工科孙国封邀请，讲演美术与人生。“证以欧西文明各国,美术如何之进步。条分缕析,娓娓动听。而于晚近国人之恶德日彰，尤愿以美术就药之。卓识高论，听者极表欢迎云”。[22]

7 月　与东北大学孙国封、姬振铎、高惜冰、周天放、臧启芳成立“一六学术研究会”，孙佩苍是唯一的国民党党员。[23]

10 月 8 日　为请组织美术研究社由致奉天省长公署。[24]

10 月 23 日上午　举行奉天美术研究社成立大会，孙佩苍任社长。[25]

1928 年

8 月 26 日　奉天美术研究社会议，决定中秋举行画展。[26]

9 月 11 日　组织奉天省城教职员联合会通电当局，发动大规模请愿，力促政府改旗易帜。[27]

9 月　东北文学研究会成立，孙禹珊为主要发起人之一。[28]

9月27日—30日　奉天美术研究社在沈阳故宫举行美术展览会。[29]

9月27日　孙禹珊参展作品《孙慧筠画像》在《盛京时报》刊登。[30]

10月1日　《盛京时报》登载《美术与人生之关系》（前半部分）。

10月8日　《盛京时报》登载《美术与人生之关系》（后半部分）。

11月　任辽宁国民简易教育协进会董事。[31]

任东北大学夏声学社事务部指导员。[32]

1929年

1月　赴北平见留法老友徐悲鸿，徐悲鸿为孙佩苍画素描一幅。

款识：戊辰冬尽写雨珊老友 悲鸿

任东北大学文学院教授。[33]

6月29日　“东北大学法律系主任赵鸿翥、教授孙佩苍，率领该校法律政治两系毕业生约三十人，来北大参观。”[34]

10月19日—20日　在北陵东北大学新建运动场举行的中日德运动会上做检察员。[35]

1930年

9月25日　从奉天乘南满铁路火车，携夫人姚淑容、长女孙慧筠启程经北平、南京、上海赴欧就任新职。[36]

10月25日　从上海乘法国邮船博尔多斯号赴法。[37]

12月　就任法国里昂中法大学校长。[38]

1931年

1月17　教育部公函（第34号）案准外交部第357号函，拟派孙佩苍参加青年教育专家分委员会[39]。[40]

1月22日　日内瓦　国际联合会行政院第六十二届会议由行政院决定任命孙佩苍继日本人Nitobe为智育互助委员会[41]和教育青年副委员会委员。[42]

7月3日　参加国联宗旨教育青年专家分委员会会议，目的在改善相异国籍青年之关系并教以世界和平及国联宗旨，余如修改教科书、利用教育陈列所交换高小学生及影戏教育等问题均在讨论之列。[43]

1932年

7月12日　日内瓦　作为中国委员出席世界文化合作委员会教育青年专

家分委员会会议。[44]

7月29日—8月11日　尼斯皇家花园中学　出席第六次世界新教育会议[45]。[46]

8月11日　法国尼斯　邀程砚秋到里昂参观中法大学。

8月12日早10点，与程砚秋、毕修勺、朱洗同回里昂，晚8点到，程砚秋先生在家中吃饭。

8月15日晚　中法大学开欢迎会欢迎程砚秋先生，大家感情甚好，程先生唱七出，各生唱，照相，报馆记者在场。

8月17夜11点，送程砚秋先生赴柏林。

9月1日下午　程砚秋先生在家中吃饭。

9月4日　里昂　李石曾到里昂。

9月5日　里昂　为程砚秋召开欢迎会。[47]

1932年—1933年

为北平研究院在欧洲搜购油画。[48]

1933年

11月6日　里昂　卸任中法大学校长，好友彭济群接任。

1934年

1月4日　离开里昂回国。[49]

1月11日　长女孙慧筠入法国里昂中法大学文科，研究心理学、美学。[50]

1月24日　徐悲鸿应孙佩苍之托到德国法兰克福博物馆临摹伦勃朗《参孙与大莉拉》。[51]

2月　乘坐意大利轮康特鲁梭号抵沪，略事休息，即北上向北平中法大学当局报告一切。[52]

本年，任东北青年教育救济处审查委员。[53]

7月—8月　徐悲鸿从莫斯科乘火车抵海参崴，乘船绕道日本回国，[54]携《参孙与大莉拉》以及苏里科夫《枪兵临刑的早晨画稿》，后交给孙佩苍。

12月　因事不克兼顾，向东北青年教育救济处辞职。

1935年

2月10日　北平　徐悲鸿乘平浦特快列车离平返宁，孙雨珊、蒋梦麟、

杨仲子、熊佛西、刘运筹、吴迪生、王青芳等二十余人送行。(55)

“九一八”后在北平、天津等地指导辽宁抗日秘密工作。(56)

1936 年

2 月中旬 上海 在徐悲鸿家。(57)

7 月 19 日 南京 晚晤高惜冰、金毓黻话旧。(58)

7 月 23 日 南京 午后与金毓黻“作半日清谈，此无聊以遣怀。禹珊方患胃病，亦借此遣日也”。(59)

10 月 11 日 南京 晚金毓黻邀饮于福昌大楼，还有哲轩（臧启芳）、高惜冰、镜如（魏鉴）、荫轩（陈树棠）。(60)

1938 年

6 月 从法国回国。(61)

6 月 16 日 第五届中央常务委员会第八十一次会议通过参政员名单，当即送请国民政府公布，当选辽宁籍参政员。(62)

6 月 21 日 国府下令公布参政员名单。(63)

6 月 29 日 《武汉日报》刊登“孙佩苍先生的意见”“后方的民众，大多数情绪尚欠紧张，仍旧过平时悠闲生活，实应振作精神，把人力和财力集中，以应付空前的国难，再希望本会在人事上不必多费精神，派别和背景，也不要过分重视，而要脚踏实地，替国家民族争取自由平等”。(64)

7 月 4 日 《新华日报》刊登“孙佩苍先生意见”“望参政会提出动员民众的方案 抗战来我国国际地位日益提高”。

7 月 6 日—7 月 15 日 汉口 出席第一届国民参政会第一次大会(65)，与王家桢等另外 20 名参政员共同提请《拥护〈抗战建国纲领〉案》，并参与连署 12 个提案。

7 月 12 日 上午第七次会议上，与王家桢等另外 20 名参政员共同提请的《拥护〈抗战建国纲领〉案》，经讨论获全体一致通过。

9 月 3 日 从汉口到上海见吴湖帆，携陈老莲画册（沈寐叟旧物）。(66)

10 月 3 日 从上海到桂林，与李济深、张大千送徐悲鸿去南洋，相约同赴阳朔。(67)

10 月 9 日 孙佩苍与徐悲鸿、李济深、张大千乘船从桂林启程，告别于阳朔。[67]

10 月 12 日　在柳州转车赴重庆，与将碧薇之父蒋梅笙偶遇。[68]

10 月 28 日—11 月 6 日　重庆 出席第一届国民参政会第二次大会[69]，为第五审委员会审委员[70]，提请 1 个提案，并参与连署 15 个提案。

11 月 6 日　下午三时举行第十次会议，其中讨论孙参政员佩苍等二十二人提，沦陷区域人民迁居内地，其所运来之中西美术品，应免征入口税案，议决。修正通过。[71]

11 月 18 日　重庆　国民党中央下令改组东北党务办事处，委任孙佩苍为主任委员，兼任铁路西区督导专员，设立办事处于天津租界。[72]

11 月—12 月　孙佩苍潜伏天津站被日本特务机关破获只身逃出，途中遇八路军受到招待，被护送天津港，经香港、云南回到重庆。[73]

1939 年

1 月 13 日　重庆　吕著青（咸）于粉江饭店宴请黄炎培、孙佩苍、江翊云、屈文方、梅撷芸（光义）、王厚斋（淮琛，六安，梅、王皆行政法院评事）。[74]

1 月 14 日　重庆　在松鹤楼邀金毓黻、刘公（海泉）、铁生（齐世英）午餐。[75]

1940 年

8 月　由欧返国，抵上海，拟参加黄觉寺先生画展，旋以事匆促赴内地。[76]

11 月 1 日　重庆　金毓黻访孙禹珊，未能见到。[77]

12 月 1 日　三台　午后孙佩苍长子孙僩与项云霞婚礼。[78]

12 月 23 日　国府明令公布第二届国民参政会参政员名单，再次当选辽宁省籍参政员。[79]

1941 年

3 月 1—10 日　重庆 出席第二届国民参政会第一次大会，为第五组审查委员会委员[80]，参与连署 12 个提案。

3 月 2 日　下午，林森主席在国民政府举行茶会，全体参政员及各院部长官都出席，主席并致欢迎词。

3 月 4 日　陪都战时公债劝募委员会成立，主任委员蒋委员长及副主任委员孔副院长，在嘉陵宾馆招待全体参政员及劝委会的负责人。

3 月 5 日　晚间蒋委员长招宴参政员。

3 月 7 日　五院院长副院长公宴参政员。[81]

11 月 17 日—26 日　重庆 出席第二届国民参政会第二次大会，为教育文化组审查委员。[82]提请《东北沦陷区教育亟待推进应请行政院宽筹经费交教育部切实办理案》和《请增筹战区教育经费扩大战区教育工作以强国本而利抗战案》2 个提案，并参与连署 19 个提案。

11 月 22 日　晚七时蒋委员长在嘉陵宾馆欢宴全体参政员及各院部会长官，到约二百余人，餐毕并放映《长空万里》一片，显示中国空军成长之经过。[83]

11 月 23 日　下午四时林森主席在国府招待全体参政员茶会，并邀政府各长官参加，主席对于各参政员远道来渝出席，连日开会辛苦，备致慰劳，末由参政会主席团左主席舜生致词，尽欢而散。晚七时半新运总会举行欢迎参政员大会，由该会黄总干士致欢迎词，并邀新范小学学生歌舞及体育表演，开映中央电影场出品影片，以娱来宾。[84]

11 月 26 日　上午第十次会议上，提请的两项提案经讨论，决议通过。

11 月 27 日　上午九时假新运总会大礼堂举行公祭[陆费伯鸿（陆费逵）、张季鸾、罗文幹三参政员]，以示哀悼。到主席团各主席及参政员来宾共三百余人，蒋主席亲临主祭，主席团及各参政员陪祭。仪式至为隆重，礼堂四周满悬祭幛挽联，备极哀荣。[85]

12 月中旬　从重庆乘车四日到成都。[86]

12 月 19 日　成都　致电蒋介石“主张国共以同等地位参加反轴心同盟”。[87]

1942 年

1 月 1 日　成都　四川美术协会第一次美术展览开幕，孙佩苍的西洋美术收藏第一次出展。[88]

1 月 3 日　成都　在成都市公立医院去世。

1 月 4 日　《中央日报》（成都版）“参政员孙佩苍昨在蓉逝世”：中央社成都三日电：参政员孙佩苍，三日下午在蓉公立医院因胃疾逝世，享年五十二岁，氏辽宁人，早岁留学法国，研究文艺美术，曾任各大学教授多年，甫于上月来蓉，将其收藏之一部分美术品，陈列于川省立图书馆云。

《中央日报》（重庆版）第三版“参政员孙佩苍在蓉逝世”。

《大公报》（桂林版）第三版“孙佩苍病逝”。

《新华日报》第二版“东北籍参政员孙佩苍病逝”。

1 月 5 日　王世杰受蒋介石委托致电孙佩苍家属：“四川教育厅郭厅长子杰兄，转孙参政员佩苍家属礼鉴，顷闻孙先生逝世，经陈奉蒋主席嘱，雨珊先生，从事教育，赞襄政治，均著绩效，兹闻溘逝，至为怆悼，应致吊唁，等因，特此奉达，即希察照，王世杰歌叩。”(89)

《新闻报》第三版“孙佩苍病逝”。

1 月 7 日　《实报》称“孙佩苍突遭暗杀”。金毓黻在日记中写道：“闻旧友孙禹珊病殁于成都医院，为之于邑。”(90)

1 月 10 日　《中央日报》（成都版）、《新新新闻》报道：“蒋主席电唁孙佩苍家属。”

1 月 12 日　《大公报》（重庆版）第三版：“辽宁籍国民参政员孙佩苍于本周病逝蓉垣，其生平所藏美术品，内一部现存此间省图书馆。”

1 月上旬　蒋碧薇致函张道藩：“今日报载孙佩苍在蓉逝世，闻讯之下，无限感伤……”(91)

1 月 21 日　家属讣告：葬于成都城北凤凰山。(92)

1 月 24 日　文奖会第 16 次会上“……林风眠沉痛地说：‘美术家孙佩苍在成都去世，很是凄惨……’”(93)

2014 年

4 月 1 日　孙佩苍后人孙元著《寻找孙佩苍》出版。

10 月 11 日　孙佩苍诞辰一百二十五周年之际，“青青子佩　民国美术史的再发现：孙佩苍及其搜藏”在北京中国油画院展出。

2016 年

5 月　向孙佩苍颁发“抗战胜利纪念章”。

注释

（1）1928 年 1 月 1 日《盛京时报》“奉天画家访问记 三、孙禹珊先生”。

（2）《政治官报》第八百八十八号（宣统二年三月初四日）。

直隶总督陈夔龙奏北洋师范学堂专修科学生毕业请覆试给奖摺

奏为北洋师范学堂专修科学生毕业请送部覆试给奖，恭摺仰祈圣鉴事。窃查北洋师范学堂自光绪三十二年（按：1906 年）开办，当时全省学务计画预拟三年以后各府直隶厅州均应同时设立初级师范学堂，以期广造师资，特先于该堂设立专修科，以为造就此项教员之预备，内分科目为五，曰文学教育、曰历史地理、曰数学理化、曰博物、曰图画手工，先入预科肄习普通再入本科分门专习，拟订预科一年本科二年毕业，录取本省及外省官费自费各生共二百六十八名，于光绪三十三年（按：1907 年）经前督臣袁世凯奏咨在案，兹查该堂自光绪三十二年十月开学起至宣统元年（按：1909 年）十月止，各生肄业三年期满，经前护督臣崔永安督同学司及学务人员暨该堂监督教习分门考试取定等第，除因事革除各生不计外，共取得毕业学生二百五十一名，计文学教育科：最优等六名，优等三十二名，中等十名；历史地理科：最优等十一名，优等二十五名，中等十四名，下等三名；数学理化科：最优等六名，优等十一名，中等二十五名，下等二名，最下等五名；博物科：最优等八名，优等三十二名，中等十六名；图画手工科：最优等十名，优等十八名，中等十六名，下等一名，分别填发毕业文凭。再文学教育科学生张曰轼、陈步蟾，历史地理科学生冀兰亭、孙文如等四名系于预科开办三月后插班入学，计在预科肄业实少半学期，已饬令补习课程自应一体准予毕业，据提学使傅增湘详请奏咨前来，臣查学部奏定各省高等各学堂毕业调京覆试办法内开：凡各省高等专门各学堂每年毕业学生经本学堂举行毕业考试后均限于次年二月以前咨送到京，由部于三月内定期覆试，其程度符合者将覆试所定分数与该学堂毕业分数平均计算酌定等第，再行奏请奖励并准应分科大学升学考试，其程度不符者均不准毕业，又准学部电专修科毕业覆试照选科办法惟原考最优等者覆试优等以下者一概不必覆试各等语，今该堂原考最优等之文学教育科学生苏正冕等六名，历史地理科学生耿兆栋等十一名，数学理化科学生陈之桢等六名，博物科学生孙沛苍等八名，图画手工科学生杨绍思等十名均应饬令赴京听候覆试，其毕业分数仅少十分之二，列最优等之博物科学生王会海拟请随同覆试，以资比较而示体恤，惟该生等因覆试日期未经确定，暂均散处四方，未便先期传集致令久候，恳请饬部明定覆试期限，以便预传各生届期赴京应考，除将履历分数等册及试卷讲义咨部外理合恭摺具陈，伏乞皇上圣鉴。敕部核覆施行，谨奏。宣统二年三月初一日（按：1910 年 4 月 10 日）奉硃批：学部知道。钦此。

（3）《政治官报》第九百九十七号（宣统二年七月初四日）。

学部奏覆试各省优级师范学堂毕业生酌定分数等第照章请奖摺 并单

谨将各省优级师范毕业覆试各生照章分别等第请给奖励缮单恭呈御览，计开：两江优级师范……直隶优级师范博物选科　最优等四名　孙沛苍年二十二岁奉天人毕业覆试平均分数八十四分九厘六毫……以上四名拟请比照优级师范中等办理，作为师范科举人以各部司务补用，令充中学堂、初级师范学堂及程度相当之各项学堂正教员，俟义务年满，以应升之阶分别京外分部分省尽先补用。

（4）《近代中国史料丛刊》“职官录”宣统三年冬季内阁印铸局发行。

（5）《奉天教育官报》1910 年第 45 册，见本书附录，《调查广宁县学务情形报告》。

（6）丹东市教育委员会教育史志办公室《丹东市教育大事记 1872—1990》，编：1991 年。

1911 年（宣统三年）3 月 9 日 省视学孙沛苍《调查安东县学务报告》中记载：“该县学款只亩捐一项全年为 2.2 万元，按本年学费计算，尚亏 3000 余元，将来此款为乡学经费，城学之款没有着落。查该县为开通商埠筹款方面甚多，如苇塘捐每年可收万元，街基地租可提 6000 余元，又埠金各项杂捐岁计 8 万余元，均为商埠巡警调用。”

（7）《奉天公报》民国二年十月十六日第 565 号。

（8）《奉天通志》卷一百五十二：“1914 年（民国三年）4 月，奉天省立第二高级中学成立，地址在锦县城内，校长董宝麟，有学生 4 级。教务主任孙沛苍因训管多方，以身作则，一时生徒咸以得师为幸。”

（9）《奉天公报》1915 年第 1141 号“奉天省立第二中学校调查表”。

（10）《四川国学小史》2009 谢桃坊“金景芳是研究中国古代思想史的专家，于 1941 年到东北大学任教。金景芳 1902 年生于辽宁义县白庙子项家台村，父亲是手工业工人。1910 年入白庙子小学堂学习，小学毕业后曾在家从事农业劳动。1916 年夏，老师孙雨山见他赤腿牵牛，遂力劝其父亲让儿子继续读书。1918 年金景芳考入省第四师范学校，1923 年于初级师范本科毕业后到南堂小学任教，教初中语文。1923 年参加辽宁省教育局长考试，获第一名。1931 年调至教育厅工作，认识继任的厅长金毓黻先生。九一八事变后几经转折，于 1940 年到四川乐山乌尤寺拜见马一浮先生，是年 9 月进入乐山复性书院学习”。孙雨山应为孙雨珊之误。

孙佩苍虽不是学校教师，却是奉天省教育厅视学。

《儒藏论坛 第三辑》(四川大学出版社 2009 年 5 月)《金景芳学术年谱》彭丹。

(11)《静晤室日记》第一册第 63 页 卷三，辽沈书社，1993 年。

(12)《奉天教育厅呈省长公署为派员驻美调查新教育酌给津贴由》民国九年九月六日。

辽宁省档案馆奉天省长公署全宗 2887 案卷

“窃查欧战以后，各国研究革新，教育日新月异，凡关于教授、训练、养护之法以及教育行政上之设施，均与欧战前大异，其趣各省时有特派专员分驻欧美考察。奉省虽僻处东陲亦何能自安锢蔽，前呈准派视学孙沛苍，前往法国。”

(13)《静晤室日记》第一册第 100 页 卷三：“孙禹珊本日赴京，即趁上海轮船游法多年，旧友一朝言别，于邑何如！启程之时，以与上课钟点抵触，未获赴站恭送，尤觉抱歉之至也。”

(14) 1920 年 11 月 7 日《申报》第十版。

(15) 王震编著：《徐悲鸿年谱长编》第 35 页，上海画报出版社，2006 年。

(16) 王震编著：《徐悲鸿年谱长编》第 35 页，上海画报出版社，2006 年。

《我与悲鸿 蒋碧微回忆录》第 77-78 页，岳麓书社，1986 年。

(17) 王震编著：《徐悲鸿年谱长编》第 37 页，上海画报出版社，2006 年。

(18) 见本书第十三章《法兰西的拥抱》。

(19)《奉天教育杂志》第二卷第五号(民国十二年七月出版)奉天省教育会编辑发行。

(20)《新俄罗斯游记》李友兰，1924 年。

(21) 奉天教育厅内编译处编辑发行。

(22)《东北大学周刊》。

(23) 臧启芳：《回忆》。

东北大学大事记(1921—1931)，《辽宁文史资料选辑 总第 33 辑 九一八前学校忆顾》第 82 页。

(24)《寻找孙佩苍》附录 6，广西师范大学出版社，2014 年。

(25) 1927 年 10 月 25 日《盛京时报》第四版。

《破天荒之伟举 奉垣新设阐扬文化机关 美术研究社成立记》。

（26）1928 年 8 月 30 日《盛京时报》《艺苑壮举 美术社渐次起色 秋节中开展览会》。

（27）1928 年 9 月 16 日《大公报》（天津版）第三版《东省教育界促进统一 教职员会二次请愿电文》。

（28）1928 年 9 月 12 日《盛京时报》第四版。

（29）1928 年 9 月 28 日《盛京时报》第四版。

“此次美术成绩展览会之期，计有四日即自廿七日起，至卅日止。前志至廿九日止，系属误传。”

（30）1928 年 9 月 27 日《盛京时报》第七版。

（31）《张氏帅府志》第 187 页，沈阳出版社，2013 年 11 月。

（32）东北大学史志编研室编：《东北大学校志 第一卷 上册 1923.4—1949.2》2008 年。

（33）《东北大学校史资料汇编》。

（34）《北京大学纪事（1898—1977）》第 209 页，北京大学出版社，2008 年。

（35）1929 年 10 月 24 日《申报》第十版。

（36）1930 年 9 月 28 日、9 月 30 日《盛京时报》第四版。

（37）《里昂市立图书馆档案 532-8》。

（38）《里昂市立图书馆档案 532-12》。

（39）Sub-committee of Experts for the Instruction of Children and Young People。

（40）《教育部公报》1931 年第 3 卷第 3 期。

（41）Commission internationale de coop é ration intellectuelle （CICI），“智育互助委员会”是民国时期译法，即世界文化合作委员会，又译为“国际智识合作委员会”或“国际智力合作委员会”。其设有五个分组委员会，“教育青年副委员会”是其中之一，“副”即“分”之意。

（42）国际联合会行政院第六十二届会议报告《外交部公报》1931 年第 3 卷第 12 期。

（43）国际联合会七月份工作报告《外交部公报》1931 年第 4 卷第 4 期。

（44）《国际教育舞台的参演》第三章 第 127 页 表 3-1，山东教育出版社

2010 年。

（45）The Sixth World Conference of the New Education Fellowship。

（46）尼司风物与新教育会议《生活》1932 年第 7 卷第 44 期；《世界半月刊》1946 年第 1 卷第 4 期。

（47）《程砚秋日记》时代文艺出版社，2010 年；《程砚秋赴欧考察戏曲音乐报告书》1933 年 8 月。

（48）本书附录 14《孙佩苍为北平研究院收集油画考略》《里昂中法大学档案 532-41/42/44》。

（49）《里昂市立图书馆档案 360-2》。

（50）《里昂市立图书馆档案 360-1》。

（51）王震编著：《徐悲鸿年谱长编》第 127 页，上海画报出版社，2006 年。《我与悲鸿 蒋碧微回忆录》第 162 页，岳麓书社，1986 年。

（52）1934 年 2 月 7 日《新闻报》第十六版。

“法国里昂中法大学校长孙佩苍君抵沪

法国里昂中法大学创办以来，十有余年。经历任校长吴稚晖、褚民谊诸氏，努力擘划，成绩卓著。现已毕业学生，达百余人，除得法国国家博士大学博士者外，余均毕业各种高等专门学校，回国服务，颇受社会人士欢迎。现任校长孙佩苍，亦系留法前辈，详审国内需要某项人才，即令学生分别学习，刻因劳瘁，已辞去校长职务，于日前乘坐义（按：意大利）轮康特鲁梭号抵沪，略事休息，即北上向北平中法大学当局，报告一切。回来者尚有该校学生李梅君，得法国医学博士，李瑞生毕业格城高等商业专门学校，得法国理科博士，齐雅堂等一行四人，现下榻南京路大东旅社云”。

（53）1934 年 12 月 25 日《申报》第十四版。

（54）王震编著：《徐悲鸿年谱长编》第 135 页，上海画报出版社，2006 年。

（55）王震编著：《徐悲鸿年谱长编》第 147 页，上海画报出版社，2006 年。

（56）《栗直委书记长案》中国国民党党史馆 会 5.3/98.34 号档案。

（57）王震编著：《徐悲鸿年谱长编》第 165 页，上海画报出版社，2006 年。《我与悲鸿 蒋碧微回忆录》第 180—181 页，岳麓书社，1986 年。“相隔不久，据说回到安庆的孙韵君，同样也收到了一封匿名信。孙韵君恼羞成怒，写信告诉徐先生说：暑假以后她要出去自力奋斗了，字里行间颇有从此诀别的意味。徐先生怒气冲冲地把信拿回家里，也不顾当时还有留法老友孙佩苍先生在座，将信放在桌上，伸手连连地猛拍着信，大声咆哮地说："看！看！人家伟大不伟大！"

（58）《静晤室日记》第五册第 3888 页 卷九十一。

（59）《静晤室日记》第五册第 3890 页 卷九十一 。

（60）《静晤室日记》第五册第 3924 页 卷九十二 。

（61）1938 年 6 月 29 日《武汉日报》；1938 年 7 月 4 日《新华日报》第二版。

（62）1938 年 6 月 17 日《申报》（汉口版）第一版。

（63）《国民政府公报》渝字第五十九号 1938 年 6 月 21 日国民政府令。

（64）《国民参政会参考资料续集》东北协会辑 1938 年 7 月 6 日。

（65）1938 年 7 月 7 日《申报》（汉口版）第一版。

（66）《吴湖帆文稿》第 228 页，中国美术学院出版社，2004 年，"孙佩苍自汉口来，晤谈二次。又携示老莲画册，沈寐叟旧物，外间颇有认为真迹者，议论纷纭，莫衷一是。佩苍携观，相与细审，知其《梅花》与《高士》二帧为真迹，其他六帧笔法钝劣，皆后配者，因真迹二帧绢色已黯然，故配者就其色染之，便觉黑暗恶俗，疑团乃白。佩苍大以为然"。

（67）徐悲鸿：《西江漂流日记》："十月初，门兴会议欧局稍和缓，而大千至。吾本拟五日乘舟之梧州，已由樊振秋白旭初两兄雇定船只。三日李任公又由汉至，而孙佩苍兄亦由沪至，携得沈培老旧藏陈老莲册，天下之奇也。相约同赴阳朔，各方留挽，迁延至决定七日尚未成行。黄旭初先生，以中秋佳节，留任公一日，于是九日方得启碇……舟行凡七日，及第八日十月十六，及抵梧州。"

（68）蒋梅笙：《西南旅行日记》，施康强编《征程与归程》："十二日，星期三，晴热，在九时光景，和华君步出旅舍，寻到一家小饭馆，吃了午饭，虽不能说好，总比船上胜些。吃完回寓，路上忽然遇见孙佩苍君，是从桂林来，候车去渝的。"

（69）1938 年 10 月 29 日《申报》第三版 。

（70）1938 年 10 月 30 日《申报》（香港版）第二版，《大公报》（香港版）第三版。

（71）1938 年 11 月 7 日《申报》（香港版）第二版。

（72）高纯淑：《九一八事变后中国国民党的东北党务》。

（73）见本书第十六章《从政·爱国·抗战》。

（74）《黄炎培日记》第6卷第67页，华文出版社，2008年。

（75）《静晤室日记》第六册第4276页 卷九十九。

（76）黄觉寺：《闲话集藏 今画禅室杂记之一》《永安月刊》1943年第60期。

（77）《静晤室日记》第六册第4601页 卷一〇六 。

（78）《静晤室日记》第六册第4611页 卷一〇六。

（79）1940年12月24日《申报》第四版。

（80）1941年3月4日《大公报》（重庆版）第二版。

（81）国民参政会追纪《天文台》1941年第447期。

（82）1941年11月21日《大公报》（香港版）第三版。

（83）1941年11月23日《申报》第三版。

（84）1941年11月24日《申报》第三版。

（85）1941年11月28日《申报》第三版。

（86）1942年1月2日《中央日报》（成都版）副刊 郭有守《第一次美展出品人介绍》。

（87）1942年1月7日《实报》渝伪参政会参政员 孙佩苍突遭暗杀（中华社上海六日电）某方接重庆电：渝伪参政会参政员孙佩苍，近主张国共以同等地位参加反轴心同盟，曾于十二月十九日由蓉电蒋表示意见，此项电文闻已被扣，一月三日晨孙氏突在成都寓所遭暗杀，中两弹未死，凶手逸去，旋就治于公立医院，因流血过多，当晚逝去，一般揣测，行凶者为蓝衣社分子，被害原因与致蒋电报有关。此件真伪待查。

（88）《中央日报》（成都版）1942年1月1日至4日 广告“四川美术协会主办第一次美术展览会（二）西洋美术作品及复制之部——孙佩苍先生搜藏”。

（89）1942年1月10日《新新新闻》“蒋主席电唁孙佩苍家属”。

（90）《静晤室日记》第六册第4873页 卷一一二。

（91）《蒋碧薇回忆录》第588—589页，江苏文艺出版社，1995年3月。

（92）1942年1月21日《中央日报》（成都版）。

（93）王由青：《张道藩的文宦生涯》，团结出版社，2008年1月。

附录2

调查广宁县学务情形报告

省视学孙沛苍

《奉天教育官报》1910年第45册

四月二十一日由省起程，至沟帮下火车，阅宿，抵广邑。第日来谷雨连绵，未曾查视，二十四日天霁，会同陈令及劝学总董查视城内各学堂一周。查城内学堂共七处，计官立两等小学堂、火神庙初等小学堂、六旗初等小学堂、文家胡同简易小学、大佛寺前简易小学、大南关简易小学、小南关简易小学等七处。就中以官立两等小学堂设备规模为整肃，新派之校长徐振华能认真干事，校务整顿大有起色。今年四月间设立师范简易科一班附于该校院内，课程由主任教员及校长各教员协同担任，新派之教员王国光因故辞职，该校长现已拟聘妥人任此席矣。火神庙初等小学堂房舍朽颓，雨天不能上课，亟当修葺，学生等级参差不齐。六旗初等小学堂屋宇宽敞，学生一班约三十人，前列数名程度稍可，其余之程度颇低。文家胡同简易小学、大佛寺前简易小学、大南关简易小学、小南关简易小学四处本系私塾，去岁虽经立案改为学堂，而一切规模尚仍私塾之旧，无桌凳，学生均就坑坐，教科书仅有数种，毕业期限亦无一定，原办学员绅为塞责计，迫使立案塾师借修金以糊口，何能垫赔若干，遂至腐陋如此，已嘱令劝学所速催改良办理，以期收效。考广邑学务开办最早而进步甚迟，虽因提倡督办之不力，亦在学款无一定之着落，历年学款仰给于车牌捐、官梨秤用、报效地地租、征收学费等项，亩捐每月进额约六千元，全归巡警。新设简易师范乃由巡警亩捐预备费项下借用一成（约六百元）作为塾办，其余项则补助乡学，现经议定将此一成永归学款，俟后本邑士绅在咨议局请议以二成归学款，经蒙督宪批饬在案不日将有定局，但就现在情形观之，学款甚形支绌。新举劝学总董郭绍汾对于学务极力整顿，奈无米之炊能毋仰屋耶。今就广邑学务情形商订条议十则胪陈于下：

筹措学款　各种捐项已拨用于学款者，车牌捐及官梨秤用二者各一部而已，官梨秤用一项，只归官立两等小学堂动用；归一般学款动用，只车牌捐一项。

现在斗捐归学款已有成议，自僧立教育会解散，庙捐亦归本邑学款，秤用捐、牛马牙、婚书捐均有归学款之消息，亩捐划分亦有定议，皆宜切实办理以增款额。

清查隐地　查广邑隐地尚多，亟宜切实清查，勿任永久偷漏，亦增筹学款之一道。

立简易识字学塾　关于分年筹备重要事项，广邑现在未办一处，宜速成立并谋扩充。

兴办初等实业　关于分年筹备重要事项应速筹成立。

设劝学员　劝学所只总董一人经理一切，不能时时下乡查考劝办学务，恐难期进步，须酌派劝学员二人以辅之。

立宣讲所　广邑就学人数颇少，原风气不开，宣讲所为开通风气之要端，宜速立勿缓。

检定塾师　私塾锢陋现状难形笔楮，塾师多有仅识之无，借此为糊口计，误人子弟殊非浅鲜，其对于学生家庭阻力极大，骤将私垫解散势必无人就学，为权宜计，设法以检定塾师，合格者务令其改良。

私塾改良研究　塾师既经检定，虽责以改良，彼实茫然，故定期集塾师为改良方法之研究，在城者可借教育会房舍，会长及会员等授以一切改良方法（采直隶私塾改良浅说），在乡者可就附近学堂以研究，分二时期，一星期研究（城里现已实行），一夜课研究。

扩充师范　淘汰私塾必增小学，现在师资缺乏，亟宜扩充师范。

创设女学　现办婚书捐即可作创设女学经费。

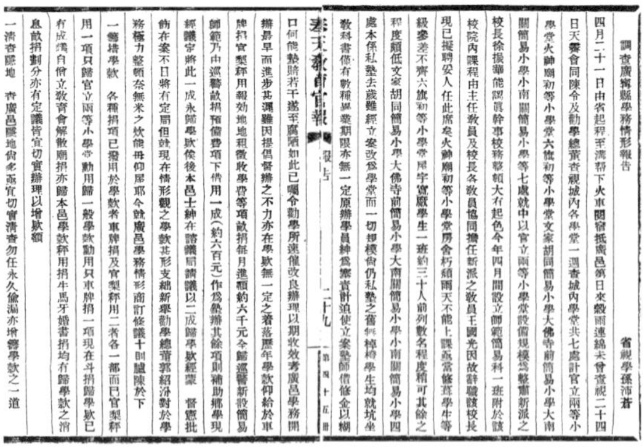
調查廣甯縣學務情形報告　省視學孫沛著
四月二十一日由省起程至溝帮下火車閱宿抵廣邑翌日來陰雨連綿未曾查視二十四
日天霽會同陳令及勸學總董查視城內各學堂一週查城內學堂共七處計官立兩等小
學堂火神廟初等小學堂六旗初等小學堂文家胡同簡易小學大佛寺前簡易小學大南
關簡易小學小南關簡易小學等七處就中以官立兩等小學堂設備規模為整肅新派之
校長徐振華能認眞幹事校務整頓大有起色今年四月間設立師範簡易科一班附於該
校院內課程由主任教員及校長各教員協同擔任新派之教員王國光因故辭職該校長
現已擬聘妥人任此席至火神廟初等小學堂房舍朽頹雨天不能上課亟當修葺學生等
級參差不齊六旗初等小學堂屋宇寬敞學生一班約三十人前列數名程度稍可其餘之
程度頗低文家胡同簡易小學大佛寺前簡易小學大南關簡易小學小南關簡易小學四
處本係私塾去歲雖經立案改為學堂而一切規模尚仍私塾之舊無桌椅學生均就坑坐
教科書僅有數種畢業期限亦無一定原辦學員紳為塞責計追使立案塾師借修金以糊
奉天教育官報　報告　二十九　第四十五冊
口何能熱賠若干歲至腐陋如此已囑令勸學所速催改良辦理以期收效考廣邑學務開
辦最早而進步甚遲雖因提倡督辦之不力亦在學款無一定之着落歷年學款仰給於車
牌捐官粟秤用報効地地租徵收學費等項畝捐每月進額約六千元今歸巡警新設簡易
師範乃由巡警畝捐預備費項下借用一成（約六百元）作為塾辦其餘項則補助鄉學現
經議定將此一成永歸學款俟後本邑士紳在諮議局請議以二成歸學款經稟　督憲批
飭在案不日將有定局但就現在情形觀之學款甚形支絀新舉勸學總董郭紹洴對於學
務極力整頓奈無米之炊能毋仰屋耶今就廣邑學務情形商訂條議十則臚陳於下
一籌措學款　各種捐項已撥用於學款者車牌捐及官粟秤用二者各一部而已官粟秤
用一項只歸官立兩等小學堂勸用歸一般學款勸用只車牌捐一項現在斗捐歸學款已
有成議自僧立教育會解散廟捐亦歸本邑學款秤用捐牛馬牙婚書捐均有歸學款之消
息畝捐劃分亦有定議皆宜切實辦理以增款額
一清查隱地　查廣邑隱地尚多亟宜切實清查勿任永久偷漏亦增籌學款之一道

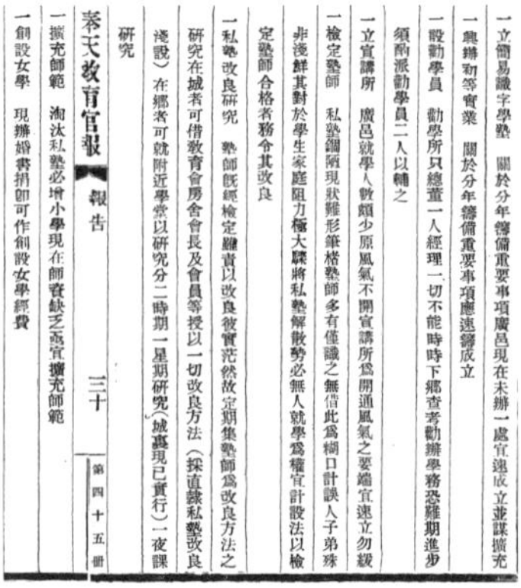
一立簡易識字學塾　關於分年籌備重要事項廣邑現在未辦一處宜速成立並謀擴充
一興辦初等實業　關於分年籌備重要事項應速籌成立
一設勸學員　勸學所只總董一人經理一切不能時時下鄉查考勸辦學務恐難期進步
須酌派勸學員二人以輔之
一立宣講所　廣邑就學人數頗少原風氣不開宣講所為開通風氣之要端宜速立勿緩
一檢定塾師　私塾錮陋現狀難形筆楮塾師多有僅識之無借此為糊口計誤人子弟殊
非淺鮮其對於學生家庭阻力極大驟將私塾解散勢必無人就學為權宜計設法以檢
定塾師合格者務令其改良
一私塾改良研究　塾師既經檢定雖責以改良彼實茫然故定期集塾師為改良方法之
研究在城者可借教育會房舍會長及會員等授以一切改良方法（採直隸私塾改良
淺說）在鄉者可就附近學堂以研究分二時期一星期研究（城裏現已實行）一夜課
研究
奉天教育官報　報告　三十　第四十五冊
一擴充師範　淘汰私塾必增小學現在師資缺乏亟宜擴充師範
一創設女學　現辦婚書捐即可作創設女學經費

附录3

崖山泪

孙沛苍 1913年

南北纷纷苦战争，
烽烟四起民不宁。
尸沉大海无人管，
血染波涛水尽红。
一死独留亡国恨，
舍身为国是英雄。
自古来国破家亡人遭难，
听我把亡国惨事明一明。
说的是大元兴兵来灭宋，
宋君臣被困在崖山海岛中。
张弘范率领着兵船无其数，
将崖山四面围了个不透风。
君臣们领着那数万残兵把山下，
一齐死守在船城。
若问船城怎回事，
我再把这件事儿说分明。
那船城是一千只大船连成一处，
用镇舟石定住船儿不让行。
在四面用木板装订如城垛，
众文武保定了国母幼主住在当中。
撂下闲言且不表，
再说那爱国的英雄越国公。
张世杰传齐了在船兵和将，
带泪开言把话明。
说道是人生不幸赶上亡国，
那亡国的滋味实在残情。
虽说是改朝换代时常有，
这一回却与从前又不同。
亡了大宋不要紧，
叫蒙古霸占中原作朝廷。
这乃是大义所在人人愤恨，
再看那国母幼主孤苦伶仃。
万一的大宋果真亡了国，
可怜他孤儿寡妇何处藏身形。
我们是生在宋国食宋禄，
受人之托怎忍不忠。
趁这时一口气尚存刀枪在手，
也就该杀贼饮血舍命争锋。
千万的不要临阵心害怕，
背义忘恩暗逃生。
更不要惦念家中无心战，
想一想我与诸公一般同。
我也有白发高堂娇妻幼子，
我也有同胞姊妹弟与兄。
我也有土地房屋猪羊牛马，
人谁无心人谁无情。
只因为为国尽忠把一切忘了，
纵然一死也为公。

倘若是宋不该亡把元兵打退，
岂不是公私兼尽骨肉重逢。
就是不幸打了败仗，
也落得个为国舍身万古扬名。
这国公说到末尾精神壮，
眼泪儿一点全无露笑容。
众兵将听罢了国公一些话，
一个个擦拳摩掌抖威风。
说我等赴汤蹈火全不怕，
情愿一死把贼平。
世杰说诸君为国能如此，
哪怕临阵不成功。
这国公一边说着传下令，
大家随我前去把敌迎。
众兵将轰声如雷说愿往，
一霎时出了船城把散舟登。
与元兵大战三日共三夜，
不分谁败与谁赢。
到后来两下鸣金住了战，
张世杰领着兵将回了船城。
不提防被元兵截断运柴通水的道，
宋军中无柴无水怎么能行。
众兵将一连数日未曾用饭，
一个个头也懒得抬眼也懒得睁。
无奈何强把生米来下咽，
又谁知生米咽下渴得更凶。
更无奈手捧着海水喝几口，
又咸又苦解渴不能。
兵将们吃下生米喝了海水，
连吐带泻好不苦情。
张世杰强打精神把兵将瞧看，
忽听得探子报道元兵来攻。
这国公连忙传令去交战，
可怜那空着肚子还得出征。
幸喜这兵将全都知大义，
舍死忘生去交锋。
一个个好似饥狼与饿虎，
这一战比着前番更是凶。
眼看着金乌西坠天色晚，
忽然间阴云四布遮天空。
一霎时狂风暴雨天昏地暗，
咫尺之间看不清。
那元兵四面攻打如潮水，
把宋兵围困在当中。
只杀得尸填大海船难走，
只杀得血染征衣透体红。
只杀得断足损臂哭声惨，
只杀得刀坏弓折心胆惊。
张世杰被困中央无心战，
眼看那十停兵将剩三停。
带领着数百精兵忙逃走，
杀开条血路奔船城。
不提世杰把船城奔，
再说那幼主赵昺九岁孩童。
小君王也有几天未曾用饭，
只饿得小脸儿焦黄嘴唇儿青。
听说是国公领兵去打仗，
不由得小心眼儿只扑噔。

倘若此去打胜仗，
抢来饭食把饥充。
此去若是打败仗，
只怕生活万不能。
自己死了不要紧，
抛下皇娘怎么逃生。
小君王独坐船舱流痛泪，
暗暗地悲啼不敢高声。
猛听得有人进舱说陛下不好，
小君王正在哀痛又吃了一惊。
灯光之下用目看，
呀，原来是陆秀夫丞相来到船中。
忙问道外边之事怎么样了，
陆秀夫摇头流泪说是不成。
张世杰打了败仗存亡未卜，
眼看着贼兵就杀到船城。
船城内护卫兵丁不过数百，
怎能临阵去交锋。
倘若是陛下遭擒臣受绑，
那时节求生不得求死不能。
倒不如君臣一齐投海死，
同算为国尽了忠。
小君王一闻此言肝肠断，
说道是事到如今就依卿。
陆秀夫背定了幼主走出舱外，
也不管风雨临身路难行。
走到船边刚站定，
忽听得背后有哭声。
陆秀夫黑暗之中回头看，
原来是自己的夫人和两个娇生。
忙说道我同主公要投海，
夫人哪，快同公子来随行。
免得国亡家破后，
为奴做婢辱门庭。
陆夫人一闻此言流痛泪，
望一望夫主又看一看娇生。
说我陆氏全家就这样死，
天哪是怎么就不把眼来睁。
二公子一见夫人悲切切，
小手儿扯住娘衣大放悲声。
陆秀夫大声断喝说贱人逆子，
难道说还想忍耻去逃生。
陆夫人说声罢了娥眉倒立，
手拖着两个娇儿就跳入海中。
陆秀夫眼望大海心痛碎，
仿佛犹闻儿的哭声。
倒背手紧紧背定小幼主，
扭回头去叫声主公。
我君臣也就一同去了吧，
那幼主如醉如痴只不作声。
陆秀夫大叫苍天将身一跳，
可怜他忠臣幼主同死波中。
众文武和兵丁一闻幼主投海死，
顷刻间投海死去上千名。
有几个忠心的太监把太后瞒哄，
保护着太后把小船登。
这时节天地昏昏风惨惨，
波涛滚滚雨濛濛。

张世杰兵败回船听说君死，
心肝痛碎泪洒西风。
好一个不死心的国公令人可敬，
他说是社稷为重君为轻。
他还想重立新君再招兵将，
因此带领着数只兵船奔海陵。
半路途中遇见国母，
杨太后听说幼主身死大放悲声。
说我杨氏南北奔波东西奔走，
为的是要留赵家一个后程。
到如今国破家亡皇儿又死，
可怜我薄命的人儿怎么偷生。
早知道白搭上性命挡不了亡国，
也就该隐姓瞒名还得善终。
这国母痛哭皇儿肝肠断，
眼泪儿点点滴滴似血红。
世杰说国母休悲随臣走，
海陵山上再去招兵。
杨太后止住了悲声把忠良看，
说将军哪，我赵家今生难报你的忠。
忙转身将身跳在汪洋海，
扑通一声无影无踪。
张世杰一见太后投海死，
这国公心如刀绞泪如雨倾。
无奈何将船开往海陵去，
不多时来到海陵高山峰。
离海陵不过还有半里路，
忽然的大海之中起了暴风。
那海水被风刮起高数丈，
只见那波涛飞舞半空中。
呼啦啦船篷儿鼓破桅杆儿晃，
滴溜溜船身儿直转浪花儿鸣。
眼看那几只大船将要沉海，
张世杰望一望中原两泪直倾。
说我世杰兵败非怕死，
实指望重兴宋国再招兵。
哪知道事不由人空抱恨，
船到大海遭了风。
这满船的兵将还有数百，
看着淹死在水中。
可怜我为国杀贼把心用碎，
可怜我舍生忘死落场空。
但只是此身虽死心不死，
落得个为国杀身虽死犹生。
恨只恨无人继我杀贼寇，
纵死黄泉目不瞑。
这国公痛泪双流雄心碎，
众兵将叫苦连天放悲声。
那暴风一阵儿比着一阵儿紧，
真正是风如牛吼浪似雷鸣。
忽然的一个大浪从空下，
只打得那几只大船翻倒水中。
可怜那忠勇的国公和爱国的兵将，
一霎时身归沧海命赴幽冥。
这就是大宋亡国一段事，
下一代蒙古大元坐了朝廷。

耿瑛、杨微编：《东北大鼓传统曲目大全（下）》，东北大鼓资料丛书，2007

附录4

调 查

法兰西现代教育概况
孙沛苍

《奉天教育杂志》第二卷第五号
（十二年七月出版）
奉天省教育会编辑发行

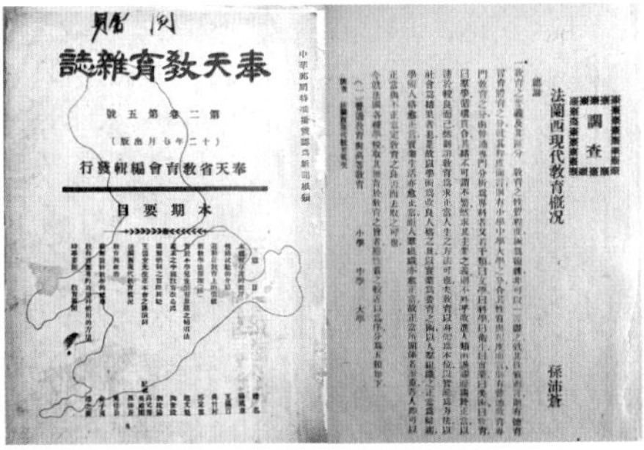
奉天教育雜誌
第二卷第五號
（十二年七月出版）
奉天省教育會編輯發行
本期要目
調查
法蘭西現代教育概況
孫沛蒼

总论

一、教育之要义及其区分

教育之性质程度，极为复杂，非可以一言尽之，就其性质而言，则有德育智育体育之分，就其程度而言，则有小学中学大学之分，合其性质与程度而言，则有普通教育专门教育之分，由普通专门分析为专科者又若干类，曰文学，曰科学，曰卫生，曰实业，曰美术，曰教育，曰群学，循环贯合，其绪不可谓不繁，然求其主要之义，则不外乎改进人类由误谬而趋于正当，以达于较良而已，然则谓教育为求正当人生之方法可也，夫教育以身体为本位，以智能为方法，以社会为结果者也，是故以学术为改良人格之具，以实业为养育之术，以人群组织之正当为归趋，学术人格愈正当，实业生活亦愈正当，而人群组织亦愈正当，故正当所关系者至重，吾人即可以正当与不正当定教育之良否而去取之可也。

今就法国各种学校，取其无背于教育之旨者，随性质之较近以为序，分为五类如下，

（一）普通教育与高等教育　小学　中学　大学

（二）科学教育与文学教育　理科（算学理化博物等）　文科（哲学史学文学等）

（三）卫生教育与实业教育　医药　农业（农学畜牧制造等）

工业 商业 航业 工程（矿路建筑等）

（四）美术教育与音乐教育　美术（绘画雕刻建筑等）　音乐（乐歌戏曲等）

（五）教育学与群学教育　师范（普通高等）　社会学（经济学理社会学理）

第一类乃就程度而言之，第二类为纯粹之学问，第三类为以科学致用于人生体物之术，第四类为情意感发之所必需，第五类为研究个人与社会改良之方法，惟其中各科多互有关系，仅可谓为强分，而其间固无明确之界限，此数者为人群进化之要素，而吾人所当致力之学科，略备于斯矣。

就以上所述诸科察之，皆人生之所必需，固可谓之正当，然其中含有杂质与否，又为不可不研究之问题，今日之社会，果达于极正当之地位否，曰未也，正当果有绝对之时乎，曰无有也，由此可知今之教育尚未达于正当，至其正当之程度如何，则视社会之程度为轩轾，故所谓正当，多少之分而已，非绝对之谓，此无可讳言者也。

二、法兰西教育之特点

法国教育，特点甚多，约举之有二项如下：第一，就普通教育言之，泰西各国，于体育智育均可得比较上之满足，惟德育则往往囿于国体，蔽于宗教。惟法国教育为能脱于神君之迷信，匪特他君主国之所不及，即瑞美两国，虽离于君主之制，犹惑乎新教之风，视法国且弗如也。法国于千八百八十六年，已废神学之专科，于千九百一年，实行国教分离，教育职务，悉出乎宗教，返乎常民，此诚古今万国教育界之新声，而法人对于德育之观念，亦可以概见矣，（我国本为无宗教之国，遂无宗教之心理，此实教育上最可宝贵之点，宜固守之，而弗易也）以思想论，既如上所云，以事实论，法国普通教育，犹有特长之点，则学费廉而求学易也，其公立小学为普及教育之根本，全无学费，人人皆可得求学，中学为学问之要径，价廉而制简，少有他国贵胄学堂之气味，等级相去既近，学问普及较易，至大学与高深学问之机关多不取学费，寒士工民皆得与共之，法人视他国人，亦亲和而无畛域，故他国人来学者甚多，法国去教育平等固甚远，然其趋势向之矣。

第二，就高深教育言之，泰西各国，固各有专长，而精深玄密之思想，与夫发明新理之毅力，终让法人出一头地。科学最重计量，今科学界皆通用法国计量，非以其适乎。戴楷尔 René Descartes 既为哲学大家，复多算学之发明，天文学之宇宙机理，乃出于百劳宿，Pierre de Laplace 物理学类电母，乃发见于居易安，达尔文之进化说，乃根源于陆谟克 Jean Lamarck 之动物哲学，孔德 Auguste Comte 之实验哲学，与斯宾塞之统系哲学相伯仲，他如汽炉无线电汽船飞艇皆首先创始于法国。至人道主义，盛倡于孟德斯鸠 Charles de montesquieu，服尔德 Francois de Voltaire, 卢骚 Jean-Jacques Rousseau 诸子，诗文美术，尤为法人之特色。凡是种种，皆各国人之所公认，非一人之私言，有所偏誉也。

就上述二端，比较研究，固可断言法国之教育为较宜，所谓较宜，非绝对之谓也，如英国之商业经济，德国之化学工艺，美国之机器工艺，意国之美术，皆具特长，甚至古国如埃及希腊，亦各有专长可考，虽西国亦皆互相取资，况中国教育之幼稚，安可囿于一隅乎，吾之谓法较宜者，谓其适宜之点，较他为多，至欧美他国之有专长可取者，乃另一问题耳，更进而言之，各地各种之学问，皆互相因应感触而发生，非有所专属，如法国昔日学术，取于意大利者甚多，近代发明，则法颇盛，而各国输取之，又感发新知，日趋于进，展转不已，由是益可见学术交易之要，而留学为当务之急也。

普通教育与高等教育

小学中学，为普通教育处所，大学为高等教育处所，法国公立小学大学均不收学费，所以助教育之普及也。法国教育大兴方四十年，千八百七十年，每年教育费，仅三十二兆，今则增至三百兆，将及十倍。自千八百八十一年，实行小学义务教育，不收学费，本于近年之统计，幼稚院三千九百八十六处，寻常小学八万二千二百十一处，高等独立小学与附设班共千一百处，中学校四百余处。在千八百七十六年，大学专科教员，计六百二十五人，今则一千二百人。昔之学生计九千九百六十三人，今则四万一千一百九十人，外国学生已达于五千五百余人，且日增无已，由此简单之统计，可以见其教育之进步矣。法国之面积，不过中国十分之一，以此推计，法国中小学校共达九万，则中国应有九十万，其去今之事实，不知几何，中国关心教育者，觌此亦有所感触乎。至大学教育之悬殊，更不待言，就中国目前之教育状况言之，于小学中学深望其加增，于大学则殊不望其加增，因中国之大学，徒有其名而已，与其耗重资而无实效，不若即以所费，加以学生个人之所费，尽使出洋留学，为高等学问之预备，较设大学之资无所增，学生之数亦如旧，而结果大优，暂以他国之大学为我国之大学，便利无过于此者矣。法国每年外国学生尝达五千人以上，欧洲各国，教育已较发达，而至法留学者，且如此之众。吾国欲求高等学问者，更当如何耶，是深望于负教育之责者，与夫个人之财力充裕者，双方注意及之，果能留学人数，日益增加，则师材必因之以多，而普及教育之思想，亦藉以广布，然后高等教育，庶几乃可言也。

小学校

程度 小学分幼稚科寻常小学高等小学三等，此三者有同校时，有分立时，大约幼稚科，由两岁至六岁，寻常小学，由六岁至十三岁，此六年中，学科更分为上中下三级，高等小学，学期一年二年或三年不等。

中学校亦均附设小学班，分为二等，第一等又分为幼稚班与初级班，第二等分为九班八班七班，此后为六班，则系中学程度。

学课 幼稚科，以体育为重，所习为游戏唱歌手工修身浅理通常知识诵说练习写绘计数等，寻常小学，学课为修身国制诵写作文算术本国地理历史科学常识图画唱歌手工体操等，中学校附设之小学班，课程略同。

高等小学，学课为修身国制文学本国史与普通史本国地理与普通地理算术代数几何理化博物卫生习字图画模形唱歌体操等。

高等小学更附有特别科，为经济学农工商学（如机器工艺化学工艺电学工艺农学农业化学商品转运等）速记与打字法簿记几何画美术画化验农园实习（以上男子）育子理家衣工园艺工作等（以上女子）

性质 略可分为公立私立二种。

公立小学，由地方公共机关设立，其数甚夥，有男女同校者，有男女异校者，外国人亦可入学，不纳学费，大约每日上午由八钟至十二钟下午由一钟至四钟为授课时间，星期四星期日停课，寻常小学，校中不理食宿，高等小学，则寄校食宿，其费多寡，因校不同。

私立小学，由有教员资格者自行创办，各城邑皆有之，巴黎内外尤多，学课程度与他小学略同，惟均可于校中食宿，纳给学费与食宿费，价亦因校不同，入校年龄无限制，外国人与夫年长失学者均可入校补习，故此种学校非仅有小学之性质，且有预备学校之性质。

中学附设小学，自六岁起，即可住校，食宿学费，随班次增加。

中学校

程度　中学分第一第二两级，第一级又分为六五四三各班，六班与小学七班相接，第二级又分为二一与哲数各班，此两级共为七班，每班以一年为期。

学课　中学学课，为修身国文腊丁希腊外国语历史地理数学理化博物哲学科学实习图画卫生等。

第一级各班，又各分为 AB 两班，其异点在 A 班多腊丁希腊两科，B 班则较重科学（按此与我国前此中学之分文实科相同）。

第二级二一两班，又分为 ABCD 四班，此四班以腊丁希腊两科之有无轻重定其性质，故 A 班亦名之曰腊丁希腊班，B 班亦名之曰腊丁外国语班，C 班亦名之曰腊丁科学班，D 班亦名之曰科学外国语班，前两班注重文学，后两班注重科学，（按此与我国大学预科之分第一部第二部等之用意相同）哲数班则分为哲学数学两门，此两门又各分 AB 二班，哲数两门之异点，在哲学数学两科之互为轻重，哲学门之 AB 异点，在 A 兼腊丁希腊，B 无希腊，学数门之 AB 异点，在 A 之外国语轻于 B。

中　学　课　程　表

<table>
<tr><td rowspan="2">第一级
学期四年</td><td colspan="2">A班有腊丁科</td><td colspan="2">B班无希腊腊丁科</td></tr>
<tr><td colspan="2">六班………A
五班………A
四班………A　希腊随意科
三班………A　希腊随意科</td><td colspan="2">六班………B
五班………B
四班………B
三班………B</td></tr>
<tr><td rowspan="4">第二级
学期三年</td><td>A班
（腊丁希腊班）</td><td>B班
（腊丁外国语班）</td><td>C班
（腊丁科学班）</td><td>D班
（科学外国语班）</td></tr>
<tr><td>二班A
一班A</td><td>二班B
一班B</td><td>二班C
一班C</td><td>二班D
一班D</td></tr>
<tr><td colspan="2">哲　　学</td><td colspan="2">数　　学</td></tr>
<tr><td>A　班
希腊腊丁
外国语随意科</td><td>B　班
腊丁随意科</td><td>A　班</td><td>B　班</td></tr>
</table>

性质　各城邑中，中学甚多，其中概含小学中学两等，七班而后为小学，六班而前为中学，在中学肄业者之意旨有二，一欲受全中学教育以进于大学

者，次第升班，至于毕业，一欲入专门学校者，无中学完全毕业之必要，可观所欲入之专门学校程度浅深，而定在中学预备之期限，（如欲入专门实习学校者，可于第六五班时，欲入高等专门学校者，须于三二一班时不等）此等学校可餐宿或否，其学费之多寡，随地随校随班次而各异。

中学校亦有两类，一曰地方中学，一曰国家中学，此二者之性质及成绩皆略同，惟一由地方主之，一由政府主之，名都大邑中，多系国家中学校，寻常城邑中，多系地方中学校，国家中学校较为华美，地方中学校较为俭朴，故地方中学校较国家中学校之费用恒廉，此两类学校以数百计。

又有自立中学甚夥，与自立小学之性质无异，二者亦恒兼一校，其数不及考。

女子中学校之性质，与男子中学校无异，其为国家中学地方中学校自立中学校之类别亦同，惟课程则与男校相异，女子中学分为两期，第一期三年，由十三岁至十五岁，第二期二年，由十六岁至十七岁，学科为修身国文外国语文学地理历史数学几何理化博物卫生家计法学常识针工图画音乐体操等。

大学校

程度　大学之考验有四级，一由中学毕业者，考验合格，授以第一级学位，（稚士）乃可正式入大学肆业，大学毕业后，考验合格，授以第二级学位，（学士）或第三级学位，（博士）或他项证书，各科之制不同，又博士复经特别考验为教授，此大学最高级之考验也。

文科学位，有学士博士，旁有高等文凭，理科学位，有学士博士，旁有高等文凭及理化博物学证书，法科学位，有学士，博士，旁有法学证书，医科学位，只有博士，而无学士，旁有外科牙医文凭及收生女士文凭，药科有一二等药士文凭。

学科　文科理科皆各分若干学科，由学生自择所欲之门类而习之，如算学理化学与博物学各为一门，每一门中，有若干科目，亦可自择，有欲兼习者亦可，法科医科药科其中学科为必习科。

文科有哲学，心理学，史学，文学，地理学，古物学，外国文学，教育学，经济史，宗教史等。

理科有微积算学，机器学理，天文学，几何学，宇宙机理，物理的机理学，算学的物理学，物理学，化学，农业化学，工艺化学，电学，类电母学，生物代学，动物学，进化学，解剖学，胎学，生理学，植物学，金石学，地质学，关于工艺科学，关于农业科学，卫生学，物理的地理学，理化博物学实习科等，法科有罗马律，今律，法国律史，政治经济学，社会经济学，工艺经济学，农业经济学，宪法，万国公法，刑律，行政法，商律，诉讼法，农律，工律，海律，属地律法等。

医药科有病理学，治疗法，物理学，化学，生物化学，植物学，生理学，胎学，解剖学，各种病症，外科，传染病症，牙耳目皮肤各科，产科，卫生学，食品学，药学，制药学，药品学，实习科等。

性质　以上所述，皆系国家大学更有宗教大学以其不适于用略之，国家大学之性质亦不一，如文科理科则有书院之性质，法科医科药科则多学校之性质，大学除为正式考验学生特设科外，其余各科，人人可随意听讲，学生中亦分两种，为正式生与旁听生，正式生须纳记名费实习费与考验费，旁听生不与于实习与考验，故不纳此二费，其他随意听讲者，则全不纳费，各大学费用，每年注册费二十法郎，记名费每月三十法郎，书楼费十法郎，理科每科实习费，每三月十法郎至二十五法郎不等，医科每三月十五法郎，药科每三月二十二法郎，又理科中理化博物三科实习费，每三月二十二法郎，医药科特别研究实习费，由五十法郎至百五十法郎，理科特别研究费，由五十法郎至二百法郎。

大学一览表

大学区所在地	大学 分科所在地	文科 十七	理科 十六	法科 十四	医药 分科各三 兼科　五 校　　三　廿六 预校十二
一 Aix Marseille	一 二	文 文	 理	法	医药校
二 Aiger	三	文	理	法	医药
三 Besancon	四	文	理		医药预
四 Bordeau	五	文	理	法	医药预
五 Caen Rouen	六 七	文	理	法	医药预 医药预

六 Clermont	八	文	理		医药预
七 Dijon	九	文	理	法	医药预
八 Grenoble	十	文	理	法	医药预
九 Lille Amiens	十一 十二	文	理	法	医药预 医药预
十 Lyon	十三	文	理	法	医药预
十一 Montpellier	十四	文	理	法	医药预
十二 Nancy	十五	文	理	法	医药预
十三 Taris Rinse	十六 十七	文	理	法	医药预 医药预
十四 Toitiers Limoges Douis	十八 十九 二十	文	理	法	医药预 医药预 医药预
十五 Rennes Angers Nantse	廿一 廿二 廿三	文	理	法	医药校 医药预 医药校
十六 Zoulouse	廿四	文	理	法	医药

高等学问机关

大学之外，更有少数之高等教育组织，入校者不经考验，亦不纳学费，然须学有根柢之人，始可获益，以求高深之造诣，其用意与寻常学校不同，非以考验为策励，以凭证为成绩，师生之授受，不限定成格，乃以发明学理为主旨，巴黎此类建设有数种，其详细科目，分见专科教育。

一、法国学院（科学文学等）

二、博物学院（博物学）

三、巴斯德学院（微生物学生物化学）

四、高等实验学校（科学文学等）

五、工艺学院（工艺学）

此外各处天文台气象台亦高等学问之机关，惟其组织皆附于各处大学，非直接讲授之机关，故略之。

科学与文学教育

浑言之，凡学问皆科学也，析言之，惟算学理化博物诸学为科学，其根源于此诸科，而不出其范围者，亦为科学，如生理解剖化石等之于博物是也，其根源于此诸科，而别有所致用者，则可谓为科学之艺术，而不得谓为科学，如农科医科是也，又科学对待他学而言，乃有实据之学，以别于架空之学，科学对待艺术而言，乃纯粹之学，而非致用之学，此科学名词明晰之界说，人常以理科之名词代科学之名词，二而一者也，今之所谓理科教育，如大学诸科，亦非尽为绝，对之纯粹科学，间亦杂以致用之学，然为艺术中之科学，而非绝对之艺术，如关于农业之化学，或关于工艺之化学之类，而非直接之农业工艺也，此科学教育之性质，至偶附他科不在此例。

文学或文科之名词，初闻之似专就词章而言，实则如史学哲学古学美学等，亦均属于文科此文科教育之性质，又有他类近于文科之学校，亦附其中。

今以理科与文科并言，因其皆学理之科，而非致用之科，此其性质相类处，且此二科往往在一校中，亦并列之一原因，更进而求之，吾人知识学问，实本于二种标记，一为文字，一为算学，文字即一切知识之母，算学及科学之母，故此二者并列为诸科之首，亦出乎自然又大学教育中，已言及二科，兹复另为一章而专言之，所以明其区类，亦以比述诸科，不可无此根本之学科以冠之。

理科学校

理科大学 Facultes des sciences

其学科与组织，已见大学教育，不更述。

法国学院 Bollege de France（Place Berthlot Taris）

此院为文理两科实验及研究之地，现分四十五门，曰机理分析与宇宙机理，曰算学，曰物理学，曰物理学与实验，曰无机化学，曰有机化学，曰医学，曰生物学，曰地质学，曰动植学，曰胎学比较，曰解剖比较，曰实验心理学比较，曰科学通史，曰法制比较史，曰政治经济学，曰社会经济学，曰国史，曰南非史，曰宗教史，曰社会哲理，曰美学与美术史，曰罗马古学，曰希腊古学，曰犹太古学，曰埃及古文与古物学，曰古亚古文与古物学，曰中亚文字历史与古物学，曰阿拉伯文与文学，曰古代中代泉币学，曰中文满文与文学，曰印度古文，曰希腊文，曰腊丁文，曰腊丁文学史，曰新哲学，曰中代法文与文学，曰新世法文与文学，曰日耳曼文与文学，曰欧洲南部文与文学，曰古印度日耳曼文与文学，曰司拉夫文与文学，曰文法比较，曰回教社会学，曰工作史，又有补设数科，曰通史，曰美洲古学，曰音乐史，曰安南古文等科，附设试验所十一处。

博物学院 Museum d, Histoire Naturelle

此本博物院与动植园之建设，以为博物学之研究及实验，其中学科，曰解剖学，曰人学，曰化石学，曰生理学，曰动物学，曰植物学，曰金石学，曰地质学，曰动植学，曰博物物理学，曰植物物理学，曰生物化学，曰病理学比较，曰动植图画，除以上各科附设之实验所外，其在他处者，更有海洋生物试验所，属地试验所，地底生物试验所，于暑何期内，组织地质植物，虫学旅行团平时每一二星期，亦于近方游行，均所以求实验之助也。

高等实验学校 Ecole Pratigue des hautes etudes

此校与大学法国学院博物学院等之学科相表里，并以补其所缺，其讲习室试验室多附设其中，其学科分为五类，曰算学，曰物理化学，曰博物学与生理学，曰史学与文学，曰宗教学，各类中之子目，与以上三校略同，其第五类为古今各处宗教，详他所未详，因大学废止天主教神道学之分科，故于千八百八十六年，添设此科、以补其缺，非崇信之旨，乃稽考之意也。

人学学校 Ecole d, anthcPolgie（Rue de l, Ecole de medecine 15 Paris）

此校创立于千八百七十五年，此科之有专门学校，始于法国，其中专研究关于人类之科学，其科目为上古人学，人群习俗记，人群习俗学，人群习俗学比较，动物的人学，生理的人学，解剖的人学，群学，人学的地理学，言语学，此外更有演说，校中有精美之陈列，以供参考，每年十一月起，至次年四月止，入学者不纳费。

文科学校

文科大学 Facultes des lettses

其学科与组织，已见大学教育，不更述。

法国学院 Cottege de France

详见理科学校。

高等实验学校 Ecole pratigue des hauts etudet

详见理科学校。

东方语学校 Ecole speciale des langues orientales vivantes（Ruede Lille L

Paris）

此校教授东方今语，既为研究科学之预备，亦为培养通译之人才，入校程度，中学毕业有第一级学位者，学期三年，学科每年百五十佛朗，其科目为阿拉伯文，波斯文，土耳其文，马来文，阿尔梅年文，新希腊文，中国文，日本文，安南文，印度文，俄文，马罗尼文，暹罗文等，及东方各国历史地理政俗诸科。

古书学校 Ecole des Chartes（Rue de la Sarbonne l9 Paris）

此校研究古代书籍文件，养成司理各处典籍与藏书之人，学期三年，不纳学费，科目为古字学，罗马字学，目录学，外交史，法国政法史，古物学等，及储书之实习。

古宫博物院学校 Ecole du Louvre（au mnie du Louvre）

此校为养成存古与藏书之人，学期三年，不纳学费，其科目为东方古物学与古磁，埃及古物学，古字学，画史，雕刻史，工艺美术史等。

法国国外更有古文古物古迹诸校数处，在雅典者，研究希腊古文古学，在埃及者，研究古物学，在罗马者，研究古迹与书籍收藏，在安南者，研究古物学，古文，以及东方各国之文化。

卫生与实业教育

卫生与实业教育，皆根源于科学，致用于人生，一以科学之理术，以卫生或治疗，一以科学之理术，以制物，转以济于身之所需，是二者为用不同，而其理则一也，故同列入一章，又各医药之学，与农畜之学，固接近而难判别，农业又旁通于工艺筑，亦无可界划，此又卫生并列之一说也，进而言之，卫生与实业，皆所以谋人生之幸福而不相忤，惟今之社会，措置失当，于是矛盾互生，遂有卫生之所戒，为实业之所倡者，如烟也，酒也，皆足以妨害卫生，而为工商之营业，类于此者，尚不胜书，若吾人详思而深察之，求所以矫其乖谬，反其矛盾，而归之于正，则卫生与实业之旨以合，而人类之幸福以增，此又卫生与实业并言之一意也。

医科学校

医科大学 Facultes de medecine ………………………… 其学

医科学校 Ecole de medecine ······························· 科与

药科大学 Facultes de Pharmacie ····························· 组织

药科学校 Ecole de pharmacie ······························ 均见

医学科大学 Facultes de medecine et de Pharmacie ······ 大学

医药科学校 Ecole de medecines et de farmacine ········ 教育

巴斯德学院 Linstitu Pasteus （Rue Dutat Paris）

此院专研究微生物学与生物化学，以微生物学为巴斯德所发明，故学院即以其名名之，此院为学问家所组织，各国人所捐立，实属政府管辖，各方学者聚集其间，以研究实验，此院分微生物学，种浆治疗，与生物化学三部，第一部更分四项，一羊猪马牛传染病种浆，二疯狗种浆，三设微生物学一班，春季开学，共一百课，每课讲解与实习参半，与学者多系医家，其科目略如下，微生物形体，微生物生理，微生物养料，微生物种法，微生物观查法，空中微生物，土中微生物，水中微生物，各种微生物研究，各种微生物病症，种浆治疗法等，四试验室特别之研究，第二部分为制各种治疗传染病之浆，如白喉鼠瘟等症，第三部分为五项，一生物化学室，为巴黎理科大学所寄附，二生理化学室，为巴黎高等实验学校所寄附，三发酵科，研究皮酒酒精牛乳各种细菌，并与农工专家接洽，四农业化学室，研究植物生理，植物病理，五物理的化学室，院中并附设医院，与此同式之组织，各国皆有之，外省有二，属地有四。

食品卫生学院 Linstitut d, hygiene allimantaire

专为食品卫生学之研究，其科目不外理化生理诸问题，尤重者为实验。

催眠术治疗学校 L, Ecole de l, Hypnotisme （Rue St andre desarts Paus）

研究心理学为疗病之方法，用以医神精各症，巴黎与安西省各有一校，催眠术纯为心理的作用，非玄奇之术也。

产科学校 Ecole de maternite

此校虽为医科大学所兼辖，亦为独立之学校，中学女生可经考入校，四年毕业，巴黎及他省有医科大学之处，多设此科。

育子学校 1.Institut de Puericulture （R, Denfert Rochereau 74）

2.Ecole de ePuriculture （R, Falguire 91 bis）

育子学校，巴黎有二，研究培育幼子之法，如卫生与病症，食量与给乳，以及透体光之察验，皆在研究之内。

又各医院中，往往兼研究实验教育之组织，如试验所讲演社等，亦为卫生教育之要务。

农业学校

农业学校，范围甚广，约可别为两大部分，曰农业本科，曰农业专科，所谓本科，研究关于农业之普通事项，所谓专科，乃就一种事项而专研究之者也，农业本科，其程度可分为三，曰农业小学校，曰实习学校，曰高等学校，农业专科，亦分为三，曰工艺，（如制糖制酒制乳等）曰种植，（如园艺林业等）曰牲畜，（如兽医养马殖禽等）各校均见下表。

农业小学校　此类学校，偏种重实习，以养成有技艺之农人为宗旨，小学程度者可入之，学期二年，或三年，不纳学费，其普通学科，为法文，算学，历史，地理，理化，博物，农业，农具，种植，丈量，兽医等实习之技艺。

农业实习学校　此类学校，学理与实习并重，小学毕业或农业小学毕业者可入之，学期二年或三年，其学理诸科，为法文，算学，几何，物理，化学，植物学，动物学，地质学，植物病理学，虫学，农学，农业化学，微生物学，农业工艺，农器与农事建筑，园学，林学，葡萄种植法，蚕学，养蜂法，养鱼法，殖禽法，牲畜学，簿记学，经济学等，其实习诸科，随各地之专宜，此类学校，计二十余处，详另表。

高等农业学校　此类学校，偏趋于学理与科学之试验，工作之实习较少，其宗旨在养成农学专家或教授，中学校或农业实习学校毕业者可入之，学期二年，学科门类，与实习学校相类，惟程度加深，此等学校，亦分两类，曰国立农业学校，曰农学院。

国立农业学校　一在巴黎近乡格里宁，此校注重北方农业，如五谷种植，草地，工艺植物，葡萄植法等，一在蒙伯里，此校注重南方农业，如青果，葡萄，蚕业，酒，油等，一在玩纳，注重西方农业，各草地，牧畜，果木，乳业，果酒等。

格里宁附设女学一班，由七月起至十月止，两星期毕业，宗旨在授以高等农业知识，并养成农业女学教授，七月至十月以外之时间至农家实验。

国立农学院　在巴黎，此农校之最高等者。此校在养成高等学问家，科学之研究较多于实习，学期二年。

农业学院　此院附设于南西大学，其教育分两种，一关于农业之科学，学期至少四季，二农学专科，分为五类，曰林学，曰经济学，曰乳学，曰农学实习，曰属地学，学期至少二年。

又他处大学，亦有关于农学诸科，如农业化学，农业植物学，农业动物学，农业地质学等，工艺学院，亦设关于农业诸科，如农具及他种农业问题。

属地农学校　巴黎近乡，有高等属地农学校，学期一年，学科为属地农学，食品植物，属地植物学，属地动物学，属地农具学，植物病理学，属地卫生学，属地农业经济学，属地原料等。

巴黎近乡及阿甫省，又有二属地实习学校，其中亦附有关于农学科，一农业工艺，一棉花种植与制造，此外非洲尚有一属地农业学校。

属地农学之异于寻常农学，在天气不同，植物异类，故须特别研究，实则与普通农校，究无大异，中国多热带出品，颇有可于属地学校中研究者。

园艺学校　园艺学校，在养成园业家，植物园技师，园学教授，园景工程与图画技师等，学期二年，由各农校毕业者可入此校，其学科为果木植养法，植物分植与美术工作，菜蔬植养法，养花法，植物学，园景构造法，关于园艺之物理化学地质学，关于园艺之农学，农具，植物病理学，动物与虫学，算学，测绘，簿记学等。

又有园艺并藤器工艺学校，学期三年，分园艺科与园器科。

国立林水学校　此校程度颇高，农学院毕业者，可入之，学期二年，其学科为林学，（林木种种艺术经济统计等）关于林学之博物学，（植物动物地质等科）林律，（管理工程渔律猎律等）算学图绘，（交通建筑水力）外国语，兵法等科。

国立农艺学校　此校为养成农业中之工艺专家，如制糖制酒精皮酒诸科，自农业学校毕业者可入之，学期二年，学科分学理实习二种，学理科为机器建筑图画，物理，化学，农学与牲畜学，麦粉工艺，制乳工艺，工律，农业经济学，卫生学等，实习科为制糖制酒精制皮酒等。

国立牛乳工艺学校　此校有二，为养成制牛乳工艺艺师，其程度由小学毕业者可入之，惟入此校者多由他农校毕业而来，就此实习，学期一年，学科为算学，化学，农学，养畜学，微生物学，牛乳工艺学，试验与分析，制各种乳膏制乳油等。

牛乳工艺女学校　此种学校有三，学期一年，学科为法文，算学，理化，博物，农学，牲畜学，制乳工艺学，簿记学，理家学，卫生学等，以及制造乳膏奶油之实习，又有若干学校与此相似，惟无一定居址，随地移教，三月毕业，不收学费。

蚕业学校　蒙伯里农校，附蚕学专科，研究养蚕及出丝各种方法，最要者为选种，以免传染病，此中国蚕业所最宜注意者，阿尔带亦有一蚕业实习学校。

殖禽学校　农学校中，皆有此科，更有实验专校在巴黎近乡，学期一季毕业，教授鸡鸭兔等畜养法，及暖笼殖禽法等。

渔业学校　此种学校，皆设于海滨，计十余处，以改良渔业为宗旨，其学科为算学，地理，天文，气象，渔业，海物，存鱼法，渔业经济学，航业，筑船，机器用法，英文与渔业通用语，海律，卫生等，（寻常以渔业与海军及航业各校同列以其性质与农较近改列于此）江河渔业，则无专校，下江省有养鱼所，各农校中，亦均有养鱼一科。

兽医学校　此乃程度甚高之学校，与医学校略同，必中学毕业有第一级学位者方能入校，此种学校有三，一在巴黎近乡，两在外省，学期四年，学科与医科略同，如理化，博物，生理，解剖，医药等科，加以各种牲畜病理，预防兽病传入，牲畜学，验肉法，商律等科。

养马学校　此校为养成高等技师及司马军官而设，自国立农学院毕业者，方得入此校，学期二年，学科有四，曰马学，曰马之生理解剖卫生学，曰马之饲养法与管理，曰骑演。

又各省多农学主讲，求农业知识之普及，农品化验室与农业试验场甚众，亦属研究农业之机关。

工艺学校

工艺各学校，门类至繁，程度各异，难以一简单之说明赅括之，兹略依其性质程度别为三类，曰实习学校，曰国立工艺学校，曰高等工艺学校，于此寻常学校外，如工艺学院及理科大学关于工艺诸科亦是，更有关于工艺演讲夜学等，多不胜记。

实习学校　此类学校甚众，数以百计，或名曰实业学校，或名曰工商实习学校，其普通性质，则无大异，其程度为工艺学校之最初等，小学毕业即可入此校，学期由三年至四年不等，其学理诸科，为修身，法文，历史，地理，卫生，算学，代数，几何，三角，簿记，物理与工艺应用物理，化学与工艺应用化学，机器学，几何画，外国语等，其实习专修科，在男子以铁工木工为最普通，在女子以刺绣制衣为最普通，此外如电科，冶金，纺织，染工，钟表，仪器，以及书业印刷，写真，雕刻等科，亦恒各有专一，并有预备矿科与建筑科者，校中学理与实习并重，有兼商科者，有不兼商科者。

国立艺术学校　此校有五，其程度为工艺学校之中级，由实业学校毕业者，可入此校，学期三年或四年，其学理诸科，为法文，算数，代数，几何，三角，物理，化学，机器学，电学，经济学，历史，修身，卫生等科，其实习科目，为铁工，木工，机器，电学，自由车等。

高等工艺学校　此类学校，计二十余处，其程度科目颇殊，而均为高等，由中学毕业或国立工艺学校毕业者可入，就学科言之，略分五类，（甲）一校中兼数科者，如机器，建筑，采矿，冶金，化学，电学等，（乙）电学机器，（丙）工艺化学，（丁）机器与飞行器，（戊）化学工艺之一科，如制纸制革等，以上甲乙丙三科，子目较繁，举例如左，同类他校，互有异同，然大略可见也。

（甲）巴黎中央学校之科目　微积阐微，机力学理，热力机理，动力学理，几何画理与实用，物理与化学，矿物学与地质学，机器分体制造，建筑学与寻常建筑，卫生事务与卫生学，电学计量，物科抵力学理，机器制造与安置，冶金学，铁工建筑，工艺物理学，工艺电学，热力机器，化学分析，工律与工业经济学，水力学，铁工学，开矿，公共建筑，铁路工业，簿记。

（乙）巴黎高等电学校之科目　电学公例，磁力，连流电机，连流动机，电力传送，间流电公例，间隔器，变化器，间流动机，电流变状，支配与通线，电力计量法，电灯，电科化学，电报，设电，连流间流电机制造，地底通电，电工附用器制造，试机，电力致用，中央机关电力于铁路功用，德律风，轧线电车。

（丙）里乐化学学院科目　化学，无机化学，有机化学，物理化学，工艺化学，工艺化学，又分八类，一化学品制造与矿质化学品，二建筑料，如石灰赛门汀土磁瓦玻璃等，三采矿冶金，四糖酒醋粉等制造，五农业化学，肥料土质等与食品，六麻质染料印刷，七油质，如脂油，腊料，肥料，石油，松香，漆，橡胶等，八绵质木质纸料药料等。

理科大学　关于工艺诸科详见大学教育。

工艺学院　Conservatoire nutional des arts et metiers, Rue saint martin Paris，兼博物院与学校之性质，陈列各种仪器与物品，分若干门类，曰物理学与机器学，曰几何学，曰计量学，曰地图学，曰测绘学，曰时计学与天文学，曰建筑学，曰卫生学，曰社会经济学，曰农学与农具学，曰交通与铁路，曰矿学冶金与铁工，曰光具与暖具，曰化学品，曰玻璃制造，曰磁陶器制造，曰纺织，曰印刷，曰刻镂，曰照像等类，此外又附工艺卫生陈列馆，院中各种物品，或为模形，或为实物，均极精审，非仅可供博览，亦所以助专家之研究也。

其中学科，分为六大门类，曰机器，曰建筑，曰物理，曰化学，曰农学，曰社会经济学，其第一类分三科，曰几何艺术，曰机器，曰纺织，其第二类分二科，曰建筑，曰美饰，其第三类分二科，曰物理学之艺术，曰工艺电学，其第四类分五科，曰化学，曰工艺化学，曰冶金与铁工，曰颜料染科印科，曰塞门土磁陶玻璃科，其第五类分二科，曰农科化学与分析，曰农学，其第六类分八科，曰政治经济与工律，曰工艺经济与统计，曰社会保险组织，曰工会，曰社会经济学，曰商法，曰工艺卫生，曰工商地理学，附设化验室，院中主讲，皆一时名家，随科学之进步，传工艺之新知，学理既深，为用亦切，演讲皆在夜晚，因受课多工艺家，白昼少暇故也。

实业学校	通科 修身 法文 历史 地理 卫生 算学 代数 几何 三角 簿记 物理 工艺应用物理 化学 工艺应用化学 机器艺术 图画 几何画等 女校加家事学女子事业 机器写字等科 略则 宗旨 养成有学识之匠师 学期 三年或四年 年龄 十四岁以上 学课 讲授实习并重 学费 各校不同			
国立实业学校	地名		实习专修	
	校地	省名	工	商
Eecoles national-esprofes-sionnelles	Voiron	Tsere	铁科 工科 织科（绸布）	
	Vierzon	Cher	铁科 木科 磁科	
	Armentieres	Nord	铁科 木科 磁科	
	Nante	Loire inferieur	铁科 木科	
公立实业学校	Bohain	Aisne	织科	
Ecole Prof-essionnelles	Dellys	Alger	铁科 木科 电科	
	Michelet	同	铁科 木科	

	地名		实习专修	
	校地	省名	工 农	商
同	Tasuazirt	Alger	木工科	
同	Bar-ur-Sein	Oube	铁科 木科 附农院讲授	
同	Olais	Gard	铁科 电科 附矿工学校预备科	
同女校	St-Chaumond	同	工艺图绘科 衣科	
同女校	Nancy	Meurthu-ot-moselle	制衣科 绣科 烹调科 家事	
同	Laharite	Nievre	铁科 木科 农事	
同	Haubourdiu	Nord	铁科 木科	
同	Montiviliers	Seine Lnfori-eure	铁科 木科	
同	Omiens	Somme	铁科 木科	
同	La Seyne	Var	铁科 木科 海船机器使用	
同	Toulon	同	铁科 木科 海船机器使用	

	地名		实习专修	
	校地	省名	工 农	商
同女校	Reims	Marne	制衣科	
同女校	Bleneau	Yonne	制衣科	
同	Valieas	Vauclus	铁科 木科 农科	英文 德文
同	Ougouleme	Charente	铁科 木科 石科 磁科 电科 自由车科	英文 德文
同	Montbrison	Loire	关于农业之铁木工业 建筑学校预科	德文 邮电局预备科

同	St aignan	Leire et－cher	铁科 农科	商科
同	Ongers	Maine et Loire	铁科	商科
同	Saumur	同	铁科	商科
同	Yonville	Haute marne	机器科 冶金科 农科	商科
同	Longwy	Meurthe et Mrselle	铁工科 木工科 冶金科 矿工学校预科	商科
同	Nancy	同	铁工科	英文 德文

	地	名	实 习 专 修	
	校 地	省 名	工 农	商
同	Douai	Nord	铁工科 木工科 路矿桥梁工程	商业
同	Fournes	同	铁工科 木工科 农事	商业
同	Lyon	Rhone	染科 机器科	丝商
同女校	同	同	制衣科 绣科	英文
同	Chalonsu－r－Sa－one	Saone－ct－Loire	铁工科 木工科 机器科 电科 预备钟表专校	邮电局
同	Roucn	Saine Lnferi－eure	铁工科 木工科 附农业	英文 德文 商店实习
	L,Lle－sur－LaSargue	Vauclus		
同	Epinal	Vosges	关于纺织之机器科 化学科 图画科	商店实习 商品化验
同	同	同	纺织专科	
自立实业学校	St Guentin	Oisne	铁工科 木工科	
	同	同（E, de yissage）	织科 关于织科之机器	

	地	名	实 习 专 修	
	校 地	省 名	工 农	商
Ecoles libres professi－onnelles	Zroyes（E,de bon netrie）	Oube	帽科	
	Oix	Bouche－du－Rhone	预备桥梁工程海船机器师	
	Marseille（E,Commerce）	同		商业
	Bordeoux（E，C，I）	Gironde	铁工科木工科预备桥梁学校	商业
	Nancg	Meurthe－ct－moselle	电科纺织科	商业
同	Zourcoing（E，I）	Nord	纺科 织科 机电科	商业

同	Versailles（E，C，I）	Seine-ct-Oise	工科 农科	
同	同	同	机器科 电科	
巴黎实业学校	Ecole Diderot,Bd de ta Villette		铁工科 木工科	
同	Ecole Dorian,aveune philip-peauguste，72		铁工科 木工科	
巴黎女子实业学校	Paris,Rue Poitrou，7，		刺绣制衣各种图画	英文

	地　　名		实 习 专 修	
			工	商
Ecoles Professi-onnelles et menagres	Paris R，d，aubbeville，12		略同	英文
	Rue Fondary，24		略同	
	Rue Ganneron，26		略同	
	Rue Bouret，2		略同	
	Rue Boulets		略同	英文 德文
工商实习学校			科目性质均与实业学校同 有工商同在一校者 有各成一校者	
	地　　名		实 习 专 修	
	校 地	省　名	工	商
工艺实习学校	Masseille	Bouche-du-Rhone	电机科 自由车科 商船机器科	
Ecoles Pra，	Brive	Correze，	铁科（如制各铁机关与镕铸）木科（建筑器具）	
	Montbeliard	Doubs	铁科 木科 电机科	

	地名		实习专修	
	校地	省名	工	商
Tiques de Commerce et de tindustrei	Rennes	Llle-ct-Vileines	铁科 木科 电机科	
	Morez	Zuta	铁科 木科 钟科 光科 镜具科	
	Firming	Loire	冶金科	
	Riv.ede-gier		铁科 电科	
	St Chaumond		铁科 木科 雕科	
	St Etienne		铁科 木科 电科 纺织科	
	Limoges	Haute-Vienne	铁科 木科	英文 德文 西班牙文
同	St Nazaire	Loire Lnferieur	铁科 木科	
同	Lelle	Nord	铁科 木科 电科	
同	Boulogne-mrmer	Pas-de-calais	铁科 木科 电科 自由车科 船科	
同	Elberf	Seine-Lnforimr	铁科 木科 染织科	

	地名		实习专修	
	校地	省名	工	商
同	Le Haure	同	铁科 木科 电科 船科	
同	Rouen	同	铁科 电科	
工商实习学校	Oyonnat	Ain	铁科 木科 仿牙骨科（如梳子等）	英文 德文
同	Ardennes	同	铁科 木科	英文 德文
同	Narbonne	Aude	铁科 木科 电科	
同女校	Marseille	Bonches-du-Rhone	刺绣科 制衣科 制帽科 制花科	
同	Dyon	Cote dor	铁科 石科（制石器）附农园实习	商店银行
同女校	同	同		邮电局 火车局
同	Romans	Drome	铁科木科电科制鞋科	
同	Brest	Finistere	铁科木科机器科海船机器科	商店银行
同	Nime	Gard	铁科电科	

附录5

法兰西现代教育状况

孙沛苍报告《东北》1924年第5期

美术与音乐教育

美术就广义言之，凡足以表现美情者皆是。属于目者，为绘画雕刻建筑。属于耳者，为音乐歌曲。属于脑者，为文学诗词。就狭义言之，则惟属于目者为美术。今之所谓美术学校，即属于狭义者也。故其分科，仅有绘画、雕刻、建筑之科。音乐本广义美术之一端，兹并列论之。

音乐所赅括者，不仅调奏乐器，即歌曲亦属之。故析言音乐，则有器乐、口乐之别，音乐学校，实兼此二者。

简言之，可以绘画与音乐代表耳与目之美术。是二者均为教育之所重，中小校内皆有之，深求之而至于专科，则其价值与科学并重。盖科学属于理，可用以改良物质，美术属于情，可用以发扬精神。

今有谓美术非中国之要务者，谓之为无用。偶有治美术者，亦鄙科学之干燥，目之为无味。此二者皆见其一而忽其二，不知世界事事物物皆不过强为分析，即科学与美术之分亦然，如耳目脑之机体，属于物质，其所触发之美音美色美思，则属于精神。循环无端不可判别。谓科学与美术并重，互相补助，以进人类于较良，庶乎近之。

中国之美术，价值虽高，然若谓其尽善，无待取资于他人，乃保守家之误。若谓宜尽废之，而纯法西方，亦摹仿家之误。若能存固有之风味，兼采西方之良法，必可得美术之大观也。

美术学校

昔之绘画观念，专属于美术，今之绘画功用，更普及于工艺。于是美术与工艺，有密切之关系。故谓美术科为美术工艺可也，谓为图绘工艺亦可也。美校略分四类，一曰美术学校，一曰美术工艺学校，一曰图绘专科学校，一曰建筑专科学校。

美术学校：国立美术学校有六。一在巴黎，五在外省。巴黎美校最为完善，在巴昂者性质近之。男女均可入校，不纳学费。

巴黎美术学校分为绘画、雕刻、建筑三部。其科目，曰历史、曰解剖学、曰画理、曰透视学、曰理化学、曰颜料化学、曰测图、曰建筑、曰房律、曰建筑学理、曰文学、曰古物史、曰美术史、曰建筑学史、曰法国建筑学、曰图饰、曰雕铸等。

以外又有地方公立自立各种美术学校，二十余处，性质略同，惟不若以上各校学科之完备。

美术工艺学校：美术工艺学校与美术学校，性质学科相类，惟于所习诸科中，有趋重于一科，或专一于一科者。

制磁学校诸科，为实用算学、几何学、解剖学、仿写画、模形、绘样、化学，与制磁技艺、转削法、模制法、修补法、造模法、各种彩画法、制造次序各法之实习、烧磁与用炉法、化学实习、磁器之配合、制造粉饰法、美术与磁器史。

图绘学校：图绘学校甚多，各城邑中多有之，其数计将三百。其主要科目，或为美术画，或为工艺美术画。

专门建筑学校：专门建筑学校在外省已设立者五，将设立者三，在巴黎者一。其学科之性质，本于美术学校建筑科。巴黎学校与各省学校略同，但较为完善，惟纳费颇多，他校则不纳费。巴黎学校科目，为算学、几何画理、察视法、割物法、建筑法、测绘、建筑机器、铁架、关于建筑之理化学、建筑学理、古今美术史、卫生建筑律、经济学等。他校与此略同。

音乐学校

音乐学校有三种：曰国立音乐学校、曰公立音乐学校、曰自立音乐学校，共一百余处。其所习略同，惟巴黎之国立音乐学校最为完善。

国立音乐学校：巴黎国立音乐学校，在各省有十三分校，又各省之国立学校有十七，共为三十一校。

巴黎国立学校有正班与预备班共十五。入学之年，最幼者九岁，最长者二十四岁，均须考入。校中限于学额，他国人入校，每班仅能容二人。其学科为歌乐实习谱、合音学（弹琴或写谱）、唱与唱剧、形容剧、唱剧美术、钢琴丝器（卫胡林等）、管器（笛箫之类）、音乐词曲史、舞剑等。

公立音乐学校：此种学校共七十处，其最著者九处。

自立音乐学校：其最著者三处。

教育学与社会学教育

教育学者，改良人类之学也。社会学者，社会进化之迹也。斯二者互相表里。盖非人类改良，社会无从进化，欲求社会进化者，以社会之良美为的，以教育之进行为用，可也。因教育与社会之关系如此，故师范学校与社会学校并重。

学之意有二：一学理之意，二致用之意。如理化学、博物学皆第一意，如工艺理化学、农业博物学，则皆第二意。若教育学与社会学，均可为第一意，亦可为第二意。惟习惯上教育多取第二意，社会学多取第一意。于是以第一意之教育学，归之于哲学之类，以第二意之社会学，归之于法政之类。实则教育学非仅一种相习的方法而已，实根据于极详之学理。而社会学亦非徒究空理，亦可致用于实际也。

今之法政多根据于习惯与臆说，而非本于真确之学理，实不能谓为社会学致用之良者。今法政之于将来之社会学，犹昔之医卜星相之于今之医学天文化学。昔之医卜星相，非不偶与医学天文化学相符，然误杂已甚。今法政与社会学之比，盖亦若是。特是今之社会学亦极幼稚，宜乎有今之误杂之法政。姑列此二者于一门，以表社会学之学理与致用之性质，以待一日有精确致用之社会学如医学如天文化学者，以代此名医卜星相之法政学可也。

以上所云之法政，就学理言之，无论其是非，自均有其研究之价值，以为求社会学之学理与致用之参考。惟今之法政学校，多不以此为务，惟以养成官吏讼师为目的。如是则法政非社会学之致用，实一营业之学。耳若抱此目的以研究法政，则远不如研究实业之为愈矣。兹将有关研究法政学理诸校列入。而所谓法政实习学校，以预备职业为务者，均略置之。

今之社会学说虽尚幼稚，而已日趋于光明。研究社会学之方法与研究科学无异。不外真确正当。惟是今之社会学诸校，尚不能副此意也。

师范学校

师范学校有三等，曰初等小学师范，曰高等小学师范，曰高等师范。

初等小学师范学校：此校宗旨在养成幼稚班与小学教授。每省本应有男女各一校，惟亦有缺者。入校者须年及十六，得有小学证书方可。学期三年，不纳学费。其学课为心理学与道学、教育学与学校管理法、法文与文学、历史与国制、地理、算数与簿记、物理学、化学、博物学、外国语、习字、唱歌、图画、音乐、体操等。以上诸科为男女各校所同。其男校专有诸科，为几何学、测绘、园业、农业实习等。其女校专有诸科，为家计学、针工科、厨艺、洗衣法、园艺等。

高等小学师范学校：此校宗旨在养成高等小学教授。入校须年及十九，得有高等证书方可（初等小学师范学校与第二年终，有考试及格者与以高等证书）。学科与初等师范略同，惟程度较深。男校更加铁木、木工、工艺、机器、电工诸科与实习，并试验讲授。

高等师范学校：此校宗旨在养成中学或大学教授。惟充中学教授，须有第二级学位与教授考验。充大学教授须有第三级学位与教授考验。故于本校学课外，并授课于大学，学期三年，不纳学费。学科分为文、理两门，与大学学科略同。其关于教育学，则有教育之历史与组织青年心理学、卫生学诸科。关于实习，则学生于第三年每星期内赴中学两次，练习讲授三月。

高小师范学校	男校
	女校
高等师范学校	男校
	女校

社会学校

研究社会问题专校有二，曰社会研究学校，曰自立社会学校。其他关于社会、政治、经济诸科，可供社会问题之研究者，分见于文科法科大学、法国学院、人学学院。

社会研究学校：此校分为四科，一为道学哲学教育学诸科，二为社会学科，三为舆论与公民科，四为美术科（音乐词章戏曲）。可兼习四科，或专习二科。

惟二科中社会学为必习科。学期至少二年毕业。

自立社会学校：此校教授各派社会学说，不分门户。每年学科无定。略可分为三类，一讲授，二演说、三观览。又附以人群习俗学科、人群社会学科。学期二年，每年分为两期，第一期始于十一月，第二期始于正月杪。

文科大学 史学、经济学等

法科大学 法政、经济学等

法国学院 史学、经济学、社会学等

人学学院 人群习俗学、社会学等

附录6

美术研究社发起宣言暨简章

美术研究社发起宣言

自近世崇尚物质文明以来，人类受其压迫，咸存贪进之心，得寸进尺，竞逐不已。一若衣食住之外，更无所需要者，斯亦少过矣。夫人之于世，衣食住虽为生活之不可免，而非徒为衣食住而生活也。谋躯体之安适，固不能不尚物质，谋精神之安适，则不能不更有所求。良以躯体与精神立于对等地位。躯体有寒饿，则衣之食之，而精神之饥渴，安可置之不顾。故物质与精神之调剂，乃生活之正轨，亦进化之极则也。同人等有见于此，用特广集同志，结为斯社，意在提倡精神生活，扬艺术之光明，除群众之苦闷，人皆有心，心同此情，性天中原有真乐，正不必任机诈，肆搏噬，徒争夫衣食之末而永久为和平之梗也。邦人君子，亦有同情于此义而热心于斯道者乎？盍联袂以来归。

发起人：

李友兰、孙佩苍、马龙田、金恩祺、邓鹏秋、孙万清、张之汉、王莲友、张钟炳、张志良、杨明辉、李敬增、冯广民、马赞益、邱烟云、李象庚、李奠唐、徐柏春、周天放、崇仲山、袁子春、杜乾学、王悦安、白耀堂、□□□、金光耀、黄荫桂、□□□、□□□、□□□、王枢垣、邢定云、张雪翕。

同启

美术研究社简章

一　宗旨　本社以发扬美术，提倡精神生活为宗旨。

二　社员　无论本城外城，凡曾经研究美术与志在研究美术者，皆得为本社社员。

三　组织　本社组织分两部

甲 干事部　主管全社实施事务，其人员由全体社员选举之。

社长一人　总理本部全体事务，任期一年。

干事二人　一司出纳，一司庶务，任期均一年。

乙 评议部 主管筹款及解决重大事项，其人员由社长敦聘，当地资望隆重之人充任之。

评议长一人 为评议表率，由全体评议中推举，任期一年。

评议无定额 其权限为提议及决定本社一切重要兴革事项。

四 研究范围 暂以绘画为限，绘画分中国画与西洋画两种。

五 研究方法 以社员互相研究为主，每星期日开研究会一次，更随时延请专家指导作法或讲演理论，其在外处之社员得采用通函研究办法。

六 作品陈列 本社备陈列室一所，社员作品均得随时陈列。

七 展览会 本社每年开展览会一次，凡属社员均得出品，但须受审查会之审定始得陈出。

八 审查会 每当举行展览会时，应先期组织审查会，由全体社员公推审查员五人，并由五人中更举审查长一人。

九 宣传计划 分两种办法

甲 本社拟择欧洲各名画家之杰作，印成集册与单片，附以说明，廉价出售，以增高一般人对于美术之兴趣，并可为研习美术者之参考。

乙 本社拟发刊出版物介绍美术学理，其简章另定之。

十 建设图画馆计划 本社为辅助研究及提倡美感教育起见，拟合全体社员之力，并求各方援助，建设图画馆一所，陈列中外大家作品，以供公共阅览。至作品收集方法，则分购买与捐施两种。

十一 经费 经常费由社员担任之，凡社员每季须纳奉小洋六元，以供一切开销。特别费有评议部设法筹集之，专供美术宣传及创设图画馆之用。

十二 社址 附设于奉天省教育会内。

十三 本简章有未尽善者，得随时修改之。

1927 年 10 月 23 日《盛京时报》

附录7

孙沛苍等为请组织美术研究社　由

呈为拟组织美术研究社恭请

鉴核备案事，查自近世崇尚物质以来，人类受其驱役常存贪进之心，得寸进尺有增无减，驯至思想日鄙，感情日漓，举凡性天中温和纯洁之良质，渐就汩没，而贪诈凶狡诸恶德日以增高，于是作奸犯科之事益出益精，而生存竞争之祸愈演愈烈，推溯缘由，未始非重物质轻精神有以致之。佩苍等有鉴于此，爰拟组织美术研究社以济斯弊。遂于十月二十三日开筹备会草定简章，推举各部职员立社。本旨在提倡精神生活，不使国人咸趋于物质一途，而纳其身于温和优美之艺术化雨之中，启发其性天中之真乐，则贪诈凶狡诸劣性，久受熏陶自当无形消泯，而后，害人侵众之事庶乃可免。窃以为当此物欲横流之际，利用感情教育，以相匡救，诚为根本之良方，而亦釜底抽薪之至计也。所有拟组织美术研究社各缘由是否可行理合，检同简章及职员履历表，呈请

鉴核备案实为公便谨呈

奉天省长

美术研究社简章及成员履历表各一份

具呈人 孙佩苍等

中华民国十六年十二月八日

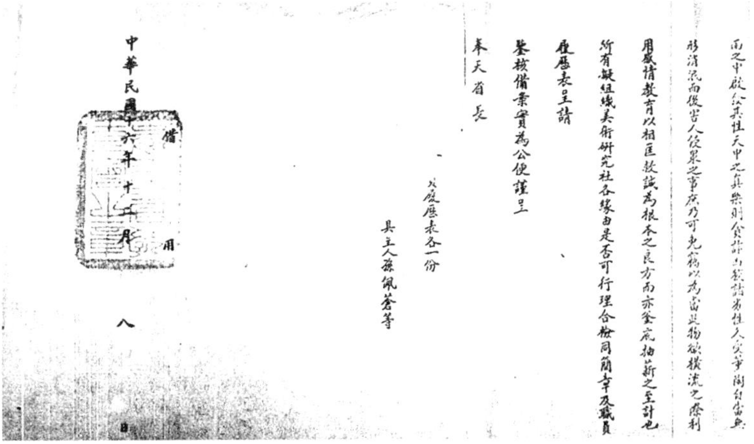
雨之中啟發其性天中之真樂則貪詐凶狡諸劣性久受薰陶自當無
形消泯而後害人侵衆之事庶乃可免竊以為當此物欲橫流之際利
用感情教育以相匡救誠為根本之良方而亦釜底抽薪之至計也
所有擬組織美術研究社各緣由是否可行理合檢同簡章及職員
履歷表呈請
鑒核備案實為公便謹呈
奉天省長
及履歷表各一份
具呈人孫佩蒼等
中華民國十六年十二月八日

美术研究社简章

一 宗旨　本社以发扬美术，提倡精神生活为宗旨。

二 社员　无论本城外城，凡曾经研究美术与志在研究美术者，皆得为本社社员。

三 组织　本社组织分两部。

甲 干事部　主管全社实施事务，其人员由全体社员选举之。

社长一人　总理本部全体事务，任期一年。

干事二人　一司出纳 一司庶务，任期均一年。

乙 评议部　主管筹款及解决重大事项，其人员由社长敦聘，当地资望隆重之人充任之。

评议长一人　为评议表率，由全体评议中推举，任期一年。

评议无定额　其权限为提议及决定本社一切重要兴革事项。

四 研究范围　暂以书画金石为限，绘画分中国画与西洋画两种。

五 研究方法　以社员互相研究为主，每星期日开研究会一次，更随时延请专家指导作法或讲演理论，其在外处之社员得采用通函研究办法。

六 作品陈列　本社备陈列室一所，社员作品均得随时陈列。

七 展览会　本社每年开展览会一次，凡属社员均得出品，但须受审查会之审定始得陈出。

八 审查会　每当举行展览会时，应先期组织审查会，由全体社员公推审查员五人，并由五人中更举审查长一人。

九 宣传计划　分两种办法。

甲 本社拟择欧洲各名家之杰作，印成集册与单片，附以说明，廉价出售，以增高一般人对于美术之兴趣，并可为研习美术者之参考。

乙 本社拟发刊出版物，介绍美术学理 其简章另定之。

十 建设美术馆计划　本社为辅助研究及提倡美感教育起见，拟合全体社员之力，并求各方援助，建设美术馆一所，陈列中外大家作品，以供公共阅览。至作品收集方法，则分购买与捐施两种。

十一 经费　经常费由社员担任之，凡社员每季须纳奉小洋六元，以供一切开销。特别费由评议部设法筹集之，专供美术宣传及创建美术馆之用。

十二　社址　附设于奉天省教育会内。

十三　本简章有未尽善者，得随时修改之。

美术研究社职员履历表

社职	姓名	籍贯	职业
社长	孙佩苍	奉天沈阳县	四洮铁路局秘书
干事	徐柏春	奉天怀德县	奉天省立第一高级中学暨同泽中学校教员
仝	黄荫桂	奉天沈阳县	奉天省教育会收发员
评议长	张之汉	奉天沈阳县	奉天实业厅厅长
评议	李友兰	奉天法库县	本溪煤铁公司总办
仝	金恩祺	奉天抚顺县	奉天储蓄会董事
仝	张志良	奉天沈阳县	奉天储蓄会会长
仝	周守一	奉天盖平县	奉天省长公署第四科主任
仝	吴家象	奉天义县	东北大学总务长
仝	冯广民	奉天铁岭县	盘山县知事
仝	李象庚	奉天海城县	奉天省教育会会长
仝	杜乾学	奉天怀德县	上将军公署秘书
仝	董襄忱	奉天沈阳县	奉天储蓄会经理
仝	王光烈	奉天沈阳县	东三省公报馆经理
仝	王枢垣	奉天新民县	奉天储蓄会总理

录自辽宁省档案馆新馆

附录8

美术与人生之关系

（孙禹珊）

美术对于人生之关系，可分为两方面：（一）对生活之关系。（二）对于人生之关系。由前而言，美术为人生一种不能免之需要；由后而言。美术是由社会之一种医药。

（一）美术与生活

（问）何以美术为人生之所需要?

（答）人生不能无所需要。斯需要又分为肉体的与精神的两种。衣食住之属于肉体的需要，尽人知之矣。而所谓精神的需要，美术即居其一。盖人之所曰为人与动物异，非祇饱食暖衣安居，即能满其所望。若仅有物质供给，则生活定感枯燥寡味，终将不能自聊，而必另求所以满足精神之道，于是而美术生焉。是则美术者，为增加人生趣味调剂，人生不安而自然发出之一种需要也。人类愈进化，此种需要亦愈强。上古原人穴石以为居，磨铸金石以为刀斧器物粹纯之物质需要也。厥后，则刻物象于穴壁之间者有之，施雕缕于用具之上者亦有之。是为美术之萌芽，是为精神需要之表现，与物质无与也。更后，则文化日进。人知杂用木石以作宫室，创为陶冶以成器物。而后新奇之屋式，精卓之刻缕，与夫巧妙之花纹，以及美丽之彩绘，乃相继而俱兴。美术根基，于焉树立。迨至今日，则绘画雕刻建筑皆进为专门研究之事。而美术一科遂为构成近世文明之要素矣。综合此等美术而观之，往古近今虽有简单复杂之别，而其为精神之需要则一也。吾人若只在实用方面着想，则筑室仅取其爽厂舒适，制器仅取其坚实耐用斯已足，而其余之事为多事矣。然人每不惮烦而为之者，何也？盖爱美之性，与生俱来，虽欲抑之而不能。是故吾谓美术，为人生一种不能免之需要也。

（问）美术为独立的抑为附属的?

（答）人类生活需要随进化而增其程度。肉体如斯，精神亦然。于是，昔日伴于物质而存在之美术，因需要之极，遂脱离物质之羁绊而独立。是为纯粹美术，绘画雕刻是也。对此而称附属于物质之美术为实用美术，各种工艺美术是也。

（问）然则纯粹美术对于人生殆无何等之重要关系乎？

（答）是不然。凡足以满足人类之需要者，皆不可斥为无用。夫吾人不承认衣食住以外尚有需要，则无论已。如承认三者之外仍有欲望时，则不得谓纯粹美术为无关重要。凡谓纯粹美术为无关重要者，殆已承认实用美术之为重要矣。夫实用美术之于纯粹美术□特需要程度之关系耳。于其附属于物质者则赞许之，于其独立者则排斥之，是非不澈底之见解乎？今有一镂金之水瓶于此，其范而成形可以取水者，瓶之功用也，物质之供给也。若其镂刻之花纹，则美术之作用，而精神之需要也。今吾人于此等花文则认为不可免，而于独立之雕刻绘画则斥为无用。夫不都为人工乎？瓶上镂纹之无补于取水，亦犹之单纯绘画雕刻之不可以为衣食。吾人既不排斥精神生活，而独赞许其小节，遗弃其大端，是又何说。须知凡事需要之极，则求完备之心必益切。此纯粹美术所以离于物质而独立也。盖美术之附于物质者，受其限制，每不得充分发展。如建筑上之雕刻，宜与其他部分相调和，不能一意表彰其本体之美。又如屋壁之画为装饰性质，其结构色调，当力求与其主干之建筑相称，不能只注意于画之一方。夫如是，则实用美术不能满足一般嗜美之意，而必力求其解放者，殆亦进化上自然之趋势耳。

（问）美术与物质对于人生之关系何者最为重要？

（答）二者殆未可偏立。盖物质之需要，属于肉体。而美术之需要，则属于精神。合肉体与精神，始名为人。二者既未可分离，则物质与美术即不能有所轻重也。美术与物质平衡发展，互相调剂，则人之生活，始可谓之圆满。惟世人对于美术，多执偏见。动辄曰：人生衣食住而已，何事他求。殊不知，精神与肉体立于对等地位。肉体有寒饿，精神亦有饥渴。谋肉体之安适，固不能有赖于衣食住。而谋精神之安适，则舍美术莫为功。夫着衣无裨于求食，尽人知其然也。然则徒有物质之供给，又岂能满足精神之需要哉。彼谓衣食住之外无需要者，殆只知肉体之可贵，而忘其精神之尤可贵也。且就反对者本身而言，彼等之衣食住，果为单纯之物质乎，殆不能也。设由彼等之衣食住内尽去其美术方面之供给，当呈如何简陋景象。虽彼等排斥美术之人，恐亦不能忍受。由此言之，彼等方身受美术之惠而不知，犹且为此反对之论，是直以五十步笑百步耳，不其惑欤。

（问）人类既皆具爱美之性。何以我国人反对美术者乃居多数？

（答）此其故由于教育不良缺乏感情之所致。盖爱美之性，虽人皆具有，要须受相当之培养，始可发展昭著。若根本上缺乏此种培养，或加之以阻碍，则除少数赋性强者，或可得一种自然之滋长，而其余多数之赋性弱者，则萎缩或濒于槁死矣。此我国人对于美术所以提倡者少而反对者众也。夫既名为人，便须有人的生活。人的生活以趣味为生，而趣味之有无，则以感情之发达与否为断。美术者感情之结晶也。有真挚之感情，斯有忠实之作品。亦惟有真挚之感情，始能明了作品之所以忠实处。故感情缺乏之人，非惟不能创作，亦且不能欣赏。天下感情发达之人，其感触为特别敏锐。故有许多事物情境及心灵隐微奥秘之处，惟文人诗家美术家为足以知之，常人则茫然也。如杨柳岸晓风残月，一种清峭幽静之景色，何等动诗人之徘徊留连。彼荷锄之农夫知之乎？荒江老屋，秃柳残阳，瘦马嘶风，小犬当户，此直一幅天然图画，为美术家不易觅得之题材，彼村居之人知之乎？楼头月，午夜萧，长空雁唳，深谷猿啼，思妇怨曲，丐子哀欧，此等情境，如使文人对之，当必有一种惊（按：此字排版倒置）心凄骨之感触。彼市井之人知之乎？同一境地，同一情事，彼何以有如许感触，此何以茫无所动，亦感情发达与不发达之故耳。彼聋者不知声，非无声也。瞽（按：瞽，原误排）者不辨色，非无色也。亦聋瞽使之然耳。

今天感情缺乏之人，对良时住（按：佳，误排）景绘画诗文音乐等事，而一无所动，是与聋瞽之不辨声色者何异？将谓聋瞽之幸福大于完人乎？固不可也。就吾国现状而言，一般人对于美术，确在一种无感觉之状态。而真能了解美术趣味者，千百人中不得一二。夫美术之性质，原为平民的，而非贵族的；广远的，而非偏狭的。故抱提倡美术之宏愿者，法当培养一般人之感情，使之对于美术俱有相当之领解，而普遍的增加其生活上之趣味，未可认此种趣味为应永久归少数人所专享也。或谓感情为痛苦之媒，次除苦恼，须展爱情，铲除之不暇，何有于培养。此种消极论调，实背进化之理。吾人恶痛苦而不知杜其来源。惟以不能感知为贵。是与不恕人之詈己，而恕皮肤之有感觉何异。况痛苦为快乐之对境，无痛苦亦无快乐。至爱之人，一旦远离，惜别之情，每至于涕泣，其爱愈深者，其悲亦愈甚。悲泣固属痛苦，而人生趣味在其中矣。若不能有所悲，必不知有所爱。此种麻痹生活，有何生活趣味之可言。

（问）奢侈与提高生活是否相混，且美术是否有助长奢侈之嫌？

（答）提高生活云者，乃根据人生欲望。而发展经济，改良享用，所以促进人群之幸福者也。奢侈云者，逞利己之私心，挟特殊之势力，以享用其所不当享用，大都为侵夺人群之幸福者也。世亦有因缺乏远虑徒逞一时之欲，而流于奢侈者，此为愚人自杀之道，不可深论。二者之意义，虽划然不紊，但奢侈之标准则初非一定不变。同一行事，在经济未发达之前，目为奢侈。在经济既发达之后，或视为俭啬。如殷周之际，民生单简。纣之玉杯鱼箸，则诚为奢侈。至于今，则一中人之家可具之也。故判定奢侈行为，当以其时其地之经济情况为准。初非划定某某之事为奢侈范围，而永远不得近之也。至孟子谓庖有肥肉，厩有肥马，民有饥色，野有饿殍，为率兽食人。亦恶时君之徒私己利，罔恤民艰，始有此激切之言。固非谓庖必不可以有肥肉，厩必不可以有肥马，特于民有饥色野有饿殍之际而有之。斯为奢侈，斯为大恶耳。吾人生今之世，虽不能过求人类生活之平等，要亦当铲除其极甚者。故凡挟政治经济或其他势力，取人之所不足，以提高其个人之生活者，皆吾人所当深恶痛恨而切勿自蹈之者也。吾国人多不明此意，尝混奢侈与提高生活为一谈。因恶奢侈，遂并人生欲望而俱禁制之。实大谬误。要知今日中国人之生活，仅可谓之不死而已，不名为生活也。目下经济困窘，优厚享用，固当排斥。然吾以为发展经济提高生活则视此为尤要。良以人类生活，自有其时代的相当水平线。若忘却根本之计，而一味倡消极之节欲论，实大有碍于人类之进化者也。至谓美术能助长奢侈，此尤沿误之论。夫如前言，美术为人生需要之一，与物质同。物质既不能摈，美术亦何能废。若云助长奢侈，则物质之引诱力，或较美术为更强。世有为物质身亲盗贼之行者,而为美术者有几人哉？不过实用美术能助长物质光焰，间接上或不无推进生存竞争之弊，然而亦极微矣。若夫纯粹美术，则非惟无此弊，且更有抵抗奢侈之功效。凡从事于纯粹美术之人，彼绝不注重物质，绝无一般人奢侈之念。即耽玩美术之人，亦必不以世俗之纷华为贵，此可历历证之于实际者也。观夫美术家之居室及其服饰器物，大都朴静高雅，具有美的最高质点，必不至如人富商巨宦之室，金碧辉煌，徒骇俗子之目也。至同情于美术，而有赏鉴能力之文学家，视此亦有其相当之同点。故吾谓纯美思想如能灌输于一般人之心中，使知真美与俗美之辨，则必能矫正世俗种种无谓奢靡，而可省却无限之物力。彼谓美术为不急之物，奢侈之媒，而欲一概禁绝之者，非但违反进化，蔑视人生，抑亦未察夫实际，误有益为有害。而为此南辕北辙之谋。斯则吾人所绝对不可盲从者也。

（二）美术与社会

第一，可调剂物质文明之弊。近世物质文明进步极速，而精神文明不能与之相随，致人类诱于物质，而为其所役。举凡天性中温厚和平之良质，渐就泯没，而贪鄙凶狡诸恶德，日益增进。于是生存竞为之惨剧，愈演愈烈，而盗贼娼妓竟至充斥于都市也。此讵非人类史上一大污点乎。欲救此弊，惟有竭力提倡精神生活以调剂之。彼利欲竞逐之人，一旦登名山，临胜境，与方外闲话，无不觉爽然作出世之想。虽极龌龊之辈，至此名利之心， 亦当为之一淡。艺术之能改变人生目标，不使咸趋一途，其功用亦犹是也。吾人平心立论，生于廿世纪，必欲返诸洪荒太古之简陋生活，固不可能。然亦何必穷奢极欲，竭锦绣珠玑之奉，而始谓之适意也哉。不有淡泊自然之生活乎。竹篱瓦舍，备置琴书图画，公务之暇，逍遥其间。纳吾人生活于温和优美之艺术空气之中，以启发其性天中之真乐。虽布衣蔬食，亦能怡怡自足。若此者其所需于物质者少，而其欲易偿。虽于生活上不能无争。而其度亦少杀矣。

第二，可矫正人类之残忍性。人类最大之劣性，即为残忍。残忍之动机，恒起于愤怒妒忌及贪欲念之发作。而卒感其恶果者，则由于感情缺乏。若吾人能常受艺术熏陶，则感情自必日厚，同情心亦必日增。视世间万事万物，皆含一种融融泄泄之乐意；视己身与万物，同为组成此庄严灿烂之自然界之一体；视人类相残，与自伐肢体无异。虽一屠宰，一渔猎，皆于心有所不安。此必不能更为操刀杀人之事。非祇不为操刀杀人之事，且能进而为爱护人类及增加人类幸福之活动。美术系于人之行为，既有如斯之重要关系。此人类精神发育，所以应重视夫情之培养。而美感教育所以特见许于当代也，盖欲改革一种弊端，不为根本解决，不作进一步之探求，绝不能收其全功。所谓不过正必不可以矫枉也。如彼曾受教育之人，不必戒其不为盗，彼自不为盗。未受教育之人，虽如何解释盗之不可为，彼或终不免于为盗。此治标治本之异也。矫正残忍之所以必恃夫美感教育者，理与此同，即所谓根本解决，进一步之办法也。世人慨人心险恶，每思以智理救正之，此非澈底之计也。不观乎我国学校之身教本，说理何尝不委曲详尽，但其功效，每不敌一二小说剧本，此其故可以思矣。

第三，可矫正人类之虚伪性。虚伪亦人类劣性之一，其为害虽不若残忍之烈而显，而其潜在人心，实更大而且普。吾人若以清澈之眼光观察社会，则觉人众相与之际，无在而不充满虚伪之空气。家人相处，匿其真情，徒以缛礼相縻系，虚言相欺绐。友朋僚侣相往还，则市义沽恩心口乖背，惟攀附倚助之是谋。普通社会之交接，则更机巧百出，假公利以快私图，尔诈我虞，默契无怍。口心日运。不知其非。其甚者，或直为欺论之行矣。此等人群之劣性，实吾人所当注意矫正者。矫正之道，亦须如上述采积极方法，由感情入手，如此虽不敢谓能悉化浇薄为谆厚，然亦可为人类保存元气不少也。试观世之真正艺术家，大都感情热烈，心地坦直，彼绝不知城府机诈为何物。所谓能不失其赤子之心者也。然世多以痫人目之。狂者以不狂为狂，不必辩也。法国19世纪大雕刻（按：此处脱一“家”字）罗丹（Auguste Rodin 1840—1917）未知名时，常致其作品于巴黎美术展览会，备受各审查员之诋諆。幸赖某审查员长力排众议，始获陈出。罗知之，感某甚至。每日必携小筐贮鸡卵，登门以献。虽风雨无间，阻之不听也。迨后，罗年事渐长，技亦日精，声名闻于世界。直至膺国家大奖之后，犹日日亲馈鸡卵于某之门也。夫以须发种种誉望赫赫之人，而亲为此孺子寒素之行。其性情之真挚为何如，实令人闻之，感而迸泪。惟世或以不通世故讥之，然则世之所谓世故者，可知矣。虽然，世人讥诮美术家，亦未尝无其片面之理由。如使外交官具有美术家之性格，当然非失败不可。然吾人若放大眼光玄论，人类之机变深沉，固为应付现时代之利器。但使世界扰攘不得安宁者，此亦或为一有力之原因。良医不如无病，良刀伤药不如不负创。宋人资章甫，越人断发文身。无所用之。吾但愿人类之机变深沉成为越地之章甫，则世界和平，庶乎可望。

第四，可矫正人类之痹懦性。知足与忍耐，同为我国人之良善性质。然极知足之弊，则近于痹。极忍耐之弊，则近于懦。此我国人所以处污秽蒙不洁而不知苦。受暴力之敲诈与凌践而不知抗也。二者之病。皆由于感情迟钝。谋其救济之策，则惟有藉力于美术。夫感情如锋刃，而美术则砺石也。感情久受美术磨砺，则必日渐锐利，应事感物，自能格外精敏。小而一身，大而国家而世界，倘逢不合意之事，则必深感不快。惟其不快，斯有改革，惟其改革，斯有进步。盖人之行为虽系于意志，而意志则每受感情之影响。此感情所以常为改革先锋也。米西盎兹罗[Michelangelo Buonarroti 1475—155（6）4 意大利著名美术家]之参与布罗郎斯 T（F）lorence 战事，卢骚[Jean-Jacques Rousseau（1712—1778）]、福禄特尔[Voltaire 15（6）94—1778]之鼓吹法国革命，非皆由于感情有所不能忍而然欤。

第五，可消弭人类厌世之念。时势倣扰，易令人作厌世之想。欲图挽救，则惟有藉美术以滋溉其精神，使常一种欢欣活泼之状态。对于万事，自抱乐观，必不至有灰心惓怠放弃职责之事。纵令事与愿违，无论如何失望，终觉人生尚有可以系恋之处，亦不至出于自杀之一途也。今吾人有极欢悦之事在心，则觉一切事物均可喜。虽遭诟詈，亦不为侮。又事业失败之人，得心爱者之一言鼓舞，遂奋起精神，另作起一番事业。此等事虽动力别有所属，而其为感情之妙用。则，美术固与之同也，盖美术能养成人类一种超世的精神，使其心有专注，乐有专归，不系念于世俗之荣辱毁誉。故能拔其身于苦恼之外，而登诸快乐之途。睹明丽之山川，庄严之城市，与夫美秀之人物，则觉自然之伟大，与人生之可贵。爰思如何增益此伟大，与保持此可贵。如是，则消极念头，自无由生。在美术家意中，以为人之幸福，咸出自然凡为之赐。人类者皆自然之走卒，而助之增饰此美丽可爱之世界者也。故人类之活动，即自然之间接活动。人生自然中，拜自然之赐，总以能尽其辅佐之责，始为无负于自然。如是，则匪祗残杀毁灭之为得罪自然，即不受自然之支配，放弃职责。与夫妄思自杀者，亦同为自然之罪人也。

第六，可替代人类之不正当娱乐。为慰劳精神及剩余精神之处置，吾人不能不采取各种适当之娱乐方法，美术即其一也。在欧美各国，虽较小之城市，殆无不有美术馆。此非仅为专家研究地也，亦在使一般人于职事之暇，得享美术欣赏之乐，使其心有所寄。无暇他及，则邪僻之念，自无由发生，而不正当之诱惑，亦无由侵入，诚良图也。吾人试于星期休息日，往观各美术馆。当见其游人成千累百，至极众盛，而此辈不尽为美术家，自不待言也。使无此馆，则此千百游人中，当必有一部分消磨其光阴于酒店咖啡馆跳舞场等种种不正当娱乐之中。此等娱乐实为丧品堕行之媒介，社会上有许多罪恶，悉导源于此。今兹区区一馆，竟能安顿尔许人之精神，使不他骛无形之中，为社会消除隐患不少。谓之不重要，不可得也。反观我国之娱乐组织，何等幼稚。而一般之谋消遣者，率不出嫖赌两途。世人不察，动辄诋世风为颓败。而国家组织之不善，实居其主因。盖人生不能绝嗜欲，抑之则决溃，纵之则邪侈，因势而利导之，是有望于各种适当娱乐组织之出现也。然则美术之提倡又乌可缓哉。（完）

刊于 1928 年 10 月 1 日和 10 月 8 日《盛京时报》

附录9

破天荒之伟举

奉垣新设阐扬文化机关

美术研究社成立记

不啻营理想艺苑欲步西东

士绅首倡——学子风从

一朝大计——思垂永久

美术者，文化之一部而民众精神之表征也。欲观一国社会民众之文野，颇有就美术上一考察之。盖美术可以表现人生，安慰人生，使社会整暇，雍熙和睦，能促进文化之向上。所以东西各文明国，鲜有不特别注意而竭力以提倡之者。以为国家如能多建美术院，即所以为其国之民众，多建理想和平之幸福也。中华文明古国，五千年灿烂文化，其来夐乎远矣。上而周秦汉魏，中而晋唐五代，下而宋元明清。金石书画，焕然大备。迄于今日，亦可谓精妙而发达矣。顾文化无疆，学乏止境。值此物质昌明，凡百事业竞进之候，不进则退，中断则亡。如此固有美术，不能保存发扬，几何不为东西各国之新兴美术所侵凌，是坐自暴自弃之病，而忍观国粹之沦没也。美术为事，关系一国文野。民众精神，夫既如此。则凡以爱国爱文化为职志者，亦惟尽心竭力以提倡之耳。奉天士绅及美术家，如李香斋、张仙舫、孙玉山（按：孙佩苍）等数十人，有鉴及此，慨然与同志发起组织奉天美术研究社。盖欲营一理想艺苑，犹如东西各国之有美术院耳。该社暂假皇宫教育会余室，组织一月之久，得告成立。是奉垣新设之一阐扬文化机关。不惟东省从前无之，即求之国内，实亦甚少，不可谓非为近年中国破天荒之伟举也。缘该社于前日（廿三）上午，举行成立大会。记者曾参与盛典，乃愿缕述经过，以飨读者。

奉天士绅及多数美术家，今日何以而思及组织美术研究社乎。曰，道理固多，而直接原因，则为奉天美术学校之停办也。奉天美术学校，创自前岁，尔时，系由延吉韩乐然君个人所经营。为时未久，韩君乃以经济困难，无人援助，舍校而去。嗣经学生奔走呼号，遂得士绅李香斋、冯子安、金哲忱诸先生之热心援助，始由教育会承办，继续进行。纯无省政府之资金，宛然一私立之美术学校耳。李冯诸公，虽关心美术，顾数人能力，终为有限。时教育厅办理固有学校，尚难裕如，则欲请拨大宗款项，未免极难如愿。不得已，亦惟对该校尚未毕业学生，解囊供给。以俟事竣，再谋发展而已。本午（按：为“年”字误排）上期，该校学生，悉数学成。各董事以办理美术学校，固为提倡美术必要之团（按：为“图”字误排），然奉人士喜研究美术者，大有人在。未必喜美术者，即能入校研究美术。且学生出校，亦未必仍回学校研究，则除极力谋画继续办理美术学校外，应时势需要所最不可少者，即为美术研究社也。美术研究社性质，初与外国之美术院组织无殊，不过草创，暂从易办范围入手而已。李香斋张仙舫等，既有此等计画，遂由美术学校毕业生徐柏春君，商同教育会长李梦兴，依原议计画着手进行。是时，省垣士绅及新闻界有志人士，咸愿加入援助。如张志良、周天放、杜乾学、董襄忱、王希哲、王枢垣、邓鹏秋、王莲友、杨明辉、马缵益、李奠唐、崇仲山、王悦安、金光耀、邢定云、马龙田、孙万清、张钟炳、李敬增、邱烟云、徐柏春、袁子春、白曜堂、黄荫桂、周德舆、张雪盦等，争先恐后，以为提倡美术，有关国民责任，相与谋画。遂草宣言，并制简章，而于前日竟开成立之大会矣。是日皇宫教育会中，除开当期教育会外，且有六一学术研究会之举行。一时，会场不敷应用，美术研究社成立大会，不得已，乃在原定之美术馆中举行。先是该馆内部，已备就案椅茶点，并于壁中悬有省垣国画家孙玉泉、白耀堂山水人物，及洋画家孙玉山（按：孙禹珊，孙佩苍）留法作品，与法国某大画家精绘风景数幅。望之丕然而有美术之新气象。会中临时招待，为李梦兴、孙玉山、徐柏春三人。十时，会员陆续到会，旋李香斋、张仙舫、穆六田、王希哲、马雨尘、周天放、金哲忱等，亦先后莅会。寒暄既毕，即振铃开会。由主席李梦兴报告发起及组织经过，大意与前述无殊。嗣由穆六田君演说，略谓，鄙人游日有年，对于该国之提倡美术，实为欣羡。中国美术，原极精妙。顾中国积习，研究美术，泰半皆系文人。风雅之事，文人自好之而自善之而已。初与社会无若何关系，所以虽有巨制，驯致淹没无传。以视今日东西各国，设院印传之风靡国内，不可同日而语。中国战乱，原难令人安然研究美术。目下奉天，有若桃源，则成立斯社，或可救国家美术于未坠，输入外洋美术以补短，前途真无量焉。次由王希哲君演说，略谓，提倡美术，设立研究社，利有二端：一可利用研究美术时间及兴趣，减却不良消遣，如赌博冶游之类。一可保存国粹，发扬文化，促学术之进步，百事之文明。惟美术范围，非仅止于图画，如雕刻金石，亦未始不可酌增一科。夫凡艺皆进，乃能互用。吾之意见，亦惟如斯云尔。次由孙玉泉君演说，略谓，画有中西，原为一系。国人之重绘画，切宜从正当入手。例如今之画家，咸欲漫为，不宗格律，彼自称艺术叛徒者，殆矢志艺术革命之谓也。顾若辈所画之图，三点为人，一手一足为幅，巨笔大线为形。夫既若此，何须研究。是与由专制而共和，由共和而共产，几乎陷于无政府状态矣。由吾所观，已失意义，今后诚当反对之也云。次由周天放君演说，略谓，美术为一切思想进步之源，英人韩登尝言之矣，惟提倡美术，旨在继长增高。则创作一事，首当重视。盖过去虽可保持，然与未来圆满较好之发现，无不在创作之中。西洋美术，贵于创作，并非临摹。是研究美术，必先以自作为依规也。虽然，非谓创作未来派立体派之创作而言，乃不拘于旧作专在袭取之谓也云。次由白耀堂君演说，略谓，图画院为观摩之机关，深望首先从事设立云云。次由孙玉山演说，略谓，物质昌明，生计转交不安。男盗女娼，为一切罪恶源泉。欲使人类屏除痛苦，首宜设法调节安慰美术者，即调节安慰之方法也，缘此各国皆注意而提倡之。鄙人留法多年，久有归国提倡美术之心。今幸少得各方援助，殊觉快乐。深望众志成城，坚持到底云云。次由金小天君演说，略谓，鄙人性喜美术，乃思有所研究，顾苦无研究机会，前此异常忧虑。前年奉天有美术学校之设，殊为快慰。然终至停办，则大失望。今幸美术研究社成立，是亦予吾人一大好机会耳。中国美术，本极精巧。顾历代巨制，皆入外人手中，抑何可惜。然此亦由外人深喜研究中国美术所使然。吾人仅舍本求末，徒尚洋画，岂非自甘国粹灭亡。须知中国古诗，外人译诵每以为美。吾曹国人，反厌弃之，得非奇耻。于画亦然，不问中西，胥以正当方法研究。南宗北宗，古典浪漫，皆具意义，万不可心存成见，格于门户，互相攻击，致蹈提倡之反又破坏之之故辙，如此方能见提倡之效也。今奉垣士绅前辈，厚吾后生，竭力提倡援助。吾曹小子，抑何荣幸，真当虚心为之矣，云云。演说毕，众议推举社长、干事、庶务、评议长诸人。嗣如李香斋提议，废止投票法，当即推举孙玉山为美术研究社社长，张仙舫为评议长，李香斋、金哲忱、李梦兴、周天放等为评议员，教育会会计某君为庶务，徐柏春为干事，穆六田等为宣传部干事。皆通过信任，诸人亦乐于就职。就中张仙舫先生演说，且谓誓本所有，努力襄助云云。旋众议将简章扩充范围，改为金石书画，图画院改为美术馆，即由该室充之。每周星期日开会研究，并请名人讲演及印刷书报之类。皆就绪当即散会，合拍一照，纷纷散去。按此社成立，实以李友兰先生之力为多。缘彼昔年，曾至欧洲一次。故其归来，则以提倡美术为怀，是亦东省美术界之一福星也。乃表而出之。

1927 年 10 月 25 日《盛京时报》第四版

附录10

秋节皇宫展览成绩中
奉天美术研究社之一瞥
东省艺苑一页新纪录

美术者，文化之一部，亦民众精神之表征也。欲观一国社会之文野，颇可就美术上，一考察之。盖美术可以表现人生，安慰人生，足使社会整暇，雍熙和睦。所以东西各文明国，鲜不特别注意而提倡之，以为国家若能多建几许美术院，必能为其国民多增几许理想和平之新幸福也。中华文明古国，原有五千余年之灿烂文化，上而周秦汉魏，中而晋唐五代，下而宋元明清。金石书画，焕然大备，迄于今日，未尝不精妙发达。顾文化无疆，学乏止境，值此物质昌明之世，凡百事业竞争角逐之秋，不进则退，中断则亡。因之爱国爱邦并爱文化之奉天缙绅士子，乃能不辞劳苦，及时而兴。美术研究社之所以成立，即由于此。美术研究社，创自昨年十月廿三日，截至目下开展观会止，几已一年。此一年中，记者曾亲临该社，与闻进行之事。故于此次该社展览成绩，快慰之余，不能无言。爰将该社经过情形，胪志如下，以飨读者。（小天谨识）

金碧辉煌，朱门洞辟，奉垣皇宫中秋潇洒之日，正沈水士女群来观画之时。盖美术研究社一年以来诸社员之挥毫成绩，已于此三日内（十四、十五、十六）而与市民初相见矣。青松之下，碧石之上，彼络绎不绝，欣然而来之士，或当有未知美术研究社何时始成立者。今作一报告语，奉天士绅及多数美术家，前此何必欲组织一美术研究社乎。曰道理固多，而直接原因，则为奉天美术学校之停办也。奉天美术学校创自前岁，尔时，系由延吉韩乐然君个人之经营，为时未久，韩君乃以经济困难，无人援助，舍校而去。嗣经李香斋、冯子安、金哲忱、孙禹珊诸公之热心援助，始由教育会承办，继续进行。纯无省政府之资金，宛然一私立之美术学校耳。李冯诸公虽关心美术，顾数人能力，终为有限。时教育厅办理固有学校，尚难裕如，则欲请拨大宗款项，未免极难如愿。不得已，亦惟对该校尚未毕业学生，解囊供给，以俟事竣，再谋发展而已。是年上期，该校学生，悉数学成。各董事以办理美术学校，固为提倡美术必要之图，然奉人士喜研究美术者，大有人在，未必喜美术者，即能入校研究美术。且学生出校，亦未必仍回学校研究，则除极力谋画，继续办理美术学校外，应时势需要，所最不可少者，即为美术研究社也。美术研究社性质，初与外国之美术院组织无殊。不过草创之始，暂从易办范围入手而已。李冯诸公，既有此等计画，遂由美术学校毕业学生徐柏春君，商同教育会长李梦兴，依原议计画着手进行。是时，省垣士绅及新闻界有志人士，咸愿加入援助。如张惠霖、周天放、杜乾学、董襄忱、王希哲、王枢垣、邓鹏秋、王莲友、杨明辉、马缵益、李奠唐、崇仲山、王悦安、金光耀、邢定云、马龙田、孙万清、张钟炳、李敬增、邱烟云、袁子春、白曜堂、黄荫桂、周德舆、张雪龕等，争先恐后，以为提倡美术，有关国民责任，相与谋画，遂草宣言，并制简章。乃于昨年十二月廿三日，假皇宫教育会临时社址，开成立大会。是日，经众议决，请教育会拨与社址一处，当由该会指定皇宫七间配房，作为社员研究美术场所。旋即推选职员，众以发起人孙禹珊君，孙君留法八年，潜心研究美术，殊为称职，遂选为该社社长。其时孙君虽供职于四洮路局，而其热心提倡美术，实能不辞劳苦。以故该社进取精神，迄未少减。此外如李香斋、张惠霖、金哲忱、董襄忱、王枢垣诸公，则相率解囊援助，众志成城。而奉天美术研究社之未来运命，乃得激昂。嗣于第二次开会讨论社务组织，遂分评议社员两部，评议员当由大众推定，其表如下。

评议长张之汉，评议李友兰、金恩祺、张志良、冯广民、李象庚、董九龄、王枢垣、王光烈、周守一、杜乾学、穆六田、金光耀、吴家象、马缵益、张乃增、刘申光、邓鹏秋、王莲友、杨明辉、李奠唐、崇仲山、王悦安、邢定云、孙万清、邱烟云、张钟炳、李敬增、袁子春、白启元、周复兴。

该社评议员选定之后，复由发起人，依简章规则，向各方征求社员。决于每礼拜日，自上午十时起，至下午三时止，实行研究绘画。国画方面，由邱（烟）云、孙玉泉诸人，临时分别指导。洋画方面，由孙禹珊、张知受诸人，临时分别指导。当时社员入社，为数虽不甚多，然欣然而来者即至隆冬，无不如期到会研究。所需费用，由教育会暂行垫办，嗣得李香斋等援助，即行偿还。迨至寒假，社中虽有炉火，惟以年关在即，由干部开会讨论。结果，乃与各校寒假取一致办法。至本年正月二十日，再行开会研究。本年该社开会研究以来，社员日多一日，各评议员，亦热心指导。其如期到会社员，列表如下。

社员	王家人	同	李西庚
同	杨峰春	同	王绍刚
同	黄荫槐	同	黄位元
同	廖福纶	同	李祖铭
同	王庆云	同	刘文郁
同	于景泉	同	衣希人
同	姜巨卿	同	孟昭仁
同	姚永江	同	白春圃
同	董宗禹	同	张玉贵
同	何汝湘	同	韩建勋
同	史彦梓	同	万金声
同	刘　慎	同	张德福
同	刘　溥	同	王正中
同	王　謇	同	朱长志
同	张德润	同	何玉峰
同	巴俊杰	同	刘正树
同	张秉甲	同	庞昆吾
同	刘金绶	同	蔡鸿志
同	于永池	同	赵智民
同	朱彦博	同	李素纯
同	曹凤棠	同	白庆年
同	郝文煜	同	衣飞涛
同	钱保持	同	张雪盦
同	关赓平	同	马龙田

该社既有如许社员，于是研究缳（按：疑为“绘”字误排）画之士，益形团结巩固，几乎无礼拜日不往社中研究。前此虽值戒严，此期，社中人士，依然继续工作，以有种进精神。诸社员之绘画成绩，实异畴昔，此次将所有成绩，陈列展览。虽为社中原定计划，然必欲使奉天市长，前往观览者。旨在提倡美术，藉期引起一般人之艺术兴味，盖亦该社成立来之伟举也。

该社当成立之际，意在研究美术。美术范围本广，并非仅绘画一道，即可包括一切。惟该社成立一年，对于其他科目，如雕刻泥塑诸端，一因材料困难，一因指导尚少，故未能如愿进行。将来该社范围扩大，经费充足，颇思邀聘名家，来此指导。届时，能使奉天有一大规模之美术院而夸耀乎中国，固亦人人之素望也。本日（廿七）该社第一次成绩展览会，业于皇宫中，分为三室陈列。第一室国画部，陈列社友作品，为数甚多。若大连之张伯川，及省垣之蔡晓坡等作品，均有极深造诣。此外社员作品，亦有一百余幅。第二室，陈列社员收藏名画，三十余幅，悉为不可多得之作。第三室洋画部，除社员一百余幅作品之外，更有李香斋收藏泰西名画数十幅，精贵一时。可（按：疑为“均”字误排）奉垣人士所不常见。

此次美术成绩展览会之期，计有四日即自廿七日起，至卅日止。前志至廿九日止，系属误传。该社社员，于此展览会前，均撰有艺术论文及美术杂感，殆为此一年以来，人人研究心得。本报将于十月一日副刊中，出一《艺术专号》披露该项文字及图画等。籍以公诸同好，继续提倡美术云。

1928 年 9 月 27 日、28 日《盛京时报》第四版

附录11

艺苑壮举
美术社渐次起色
秋节中开展览会

前日皇宫会场讨论已有结果
各方筹备出品正在积极进行

奉天美术研究社，自昨年成立以还，内部进行，实有相当成绩。当时省垣士绅若张仙舫、李香斋、张惠霖、金哲忱、冯子安、李梦兴、马雨尘、周天放、王希哲、穆六田、金小天诸人，罔不极力援助，非赠以金钱，即提倡鼓吹。此外美术家如邱烟云、崇仲山、孙玉泉、白耀堂、徐延年、张知受等人十余，每于星期日开会研究美术之期，无不躬至皇宫会场之中，与青年会员，讲授讨论。虽值隆冬大雪，固未尝辍。其间社长孙禹珊先生，本在四平街四洮铁路局中供职。惟以关心东省艺术，不容令多年未有之研究美术机关，徒具形式，故于每礼拜六，势必由四平街乘车来奉，到社与诸同志互相策励，以期日进无疆。当该社成立，全体会员已有三四十名之多。然除评议员及指导员外，真正从事学习绘画者，每周来者，不过廿余名。社中原拟会员暂以六十名为限，因社址较小，经费不充，故不得不谨慎办理，以期精不在多。成立两月之后，更有女学生数名，请求入会研究美术。社中开会讨论，以奉天风气，尚未十分开通，未便容其加入。故该社会员中，一时不能有女会员。此点虽属遗憾，然亦莫可如何。迨至寒假，始行闭会，今春灯节以后，仍旧开会研究，毫未间断。顾自戒严期中，会员到场，虽少行寥落，而会内干部精神，迄未少减。暑假后时局平静，又值新秋凉爽之期，乃于前日（二十六）

在皇宫美术社开会讨论，以会员年来实有相当成绩，为提倡美术，引起社会群众对于欣赏艺术之兴味计，势必开一大规模之美术展览会，然后乃能推广扩充，方不负苦心经营之至意。遂订于中秋节前后四日，自阳历九月廿七日起，至三十日止，假皇宫教育会大议事堂，开第一次美术展览大会。不收票费，绝对公开。现正从事征求作品推举审查专员中。想中秋潇洒之日，当有一番惊人之景，或者黑水白山之间出一法国砂隆大展览会，使外人对我中国文化建设，另抱好感，亦未可知也。

又讯：该社于会员作品之外，更拟向一般美术家征求作品。因该社使命在提倡奉天美术，并非自成团体，而与社会人士，即漠不相关。闻社外人士，现均拟将作品，早日送入该社，以期届时展览个人自修之成绩云。

图中自上而下为李香斋、孙禹珊、邱烟云、孙玉泉、徐延年诸人近影。

1928 年 8 月 30 日《盛京时报》第四版

附录12

辽宁美术传习所成立宣言

美是人类生活中唯一的要素，爱美是人类共同的心理，美育是在许多教育原理上最重要的分子。我们要知道，近世纪以来，从产业革命直到现在，可以说是科学万能时代。在这个时期内，人类所有的权威，殆完全由于科学的恩赐，因之所谓事事求真的科学精神，也成为一种牢不可破的势力了。但是科学的目的是求真，其对象为自然，这用之于解决外部物质生活，固然可以迎刃而解，毫不感觉困难。但是她毕竟不能解决人们的深邃神秘精神生活，所以我们观察现在，凡是科学最发达的民族，他们有大楼可住，有汽车可坐，有电灯电话……可以使用，物质的享受，是到了极端了。但他们毕竟免不了苦闷，反而享受愈优，苦闷愈甚，所谓世纪病世纪末的悲哀等，几乎是现代人唯一的感觉。要解除这种苦闷，弥补由科学精神造成的缺憾，只有提倡艺术，让一般民众都艺术化领受一切美术上的享乐。关于此点我们只看近代人所提倡的“艺术生活”便可知道梗概了。

我们中国，积古以来，是声名文物之邦的，所谓东方艺术的重镇，也自然要推我们了。但是很不幸的，我们如肯平心静气的观察，自从革命以来因社会的经济组织不稳固，国内政局，也不安定，闹得四万万国民，都为着吃饭穿衣问题，奔走着不暇，那有工夫讲求艺术呢。可是只因为这样，我们在物质的享乐，处处被剥夺之外，还加上种种精神上苦痛，特别是我们所居住的地方，辽宁，因为文化稍微落后的关系，我们周围的环境只是冷酷的、枯寂的、沙漠式的古城，机器式的市街，伴着一群偶象式的人类。我们自身，处在这种桎梏之中，真是寂漠（按：应为“寞”）得要死，拘束得要死。我们只要看见一弯黄金的皓月，或者一团雪地上的蔷薇，我们已是心神舒畅了。

此外，辽宁近来的发展，异常迅速，所有的市街，都开辟了，所有的马路，都放宽了，所有的楼房，都建筑起来了。所有的一切，都要求着美观，要求着艺术化，一切旧的陈腐的式样，将不为一般人所采用，而欢迎新奇的精警的美术了。因此现代的艺术画，图案画及应用美术，也十分的为这块土上民众所需要。

我们综合以上三点，为满足现在人们生活的需要，势必得提倡艺术教育，教授一般的艺术技能和智识，来造就出许多关于情命天才家，去补补从前艺术教育的缺憾。可是我们自己的力量微小，难负重任，但同时又为我们自己的“爱美心”所驱使，社会的“恶环境”所感动，乃创设辽宁美术传习所，联合爱好美术的同志们，共同研究，共同努力。我们自己并不敢说对于美术有若何深湛的研究，和惊人的成绩，不过我们却自信对于美术，从以往到现在，时时在努力的。我们并不企图把自己造成什么美术大家，只求我们的同志们，日益增多，日益努力，都一齐走入美的世界罢了！

爱好美术的同志们呀！你们已久在恶浊社会里奋斗，久在泥涂中挣扎，在黑暗中憧憬！你们已久感受着生活之苦闷了！现在解放的机会到了，愉快的生活不久也开始了，快快的兴起，快快的兴起，和我们携手一同走向美的乐园！

美术传习所招收美术生

李香斋、金哲忱、张惠霖等捐款创办之美术研究社，为提倡东北文化，陶冶艺术人才起见，特由该社主干孙禹珊、金小天、徐延年等，组织辽宁美术传习所，定日内开始招生，授课时间为每星期一至星期五午后六时至八时。俾得在校学生及各机关各团体之有志研究美术者，均有研究机会，并聘请三六桥等多人为书画教授，兹将该所招生简章志之如下。

（一）宗旨　发扬国有艺术及研究西洋艺术，而促进美的教育，陶冶艺术人才为宗旨。

（二）程度　凡初中以上学校学生或程度相当及有美术志趣者均可。

（三）性别　男女兼收。

（四）课程：中国画、西洋画、美学、艺术概论、美术史略、心理学、透视学、工艺研究、书学、现代文学、诗词、金石学、音乐。

（五）授课时间　每星期一至星期五晚六时至八时。

（六）毕业　二年毕业。

（七）报名日期　由即日起至十月五日午前止。

（八）报名手续　填写报名书交纳报名费，现洋一元。

（九）报名地点　皇宫西院省教育会传达室。

（十）考试日期　十月五日十二时在本所举行考试。

（十一）考试科目　中国画、西洋画（任意选考一门，须自代笔墨）。

（十二）名额　第一期五十名。

（十三）学费　每学期现洋十元（本期开学较晚，延长一月）。

（十四）杂费　每学期现洋两元（讲义煤火等费均在内）。

（十五）开学日期　惟录取各生须在开学前交纳一切费用，十月七日晚六时举行开学礼并正式上课。

（十六）待遇　毕业后成绩优良者，由本所介绍为各学校美术教员，各大公司艺术专员。

（十七）所址　本所设皇宫省教育会美术研究社内。

1930 年 9 月 30 日《盛京时报》

附录13

关于四川美术协会主办第一次美术展览会及其他

沈　宁

一、问题的提出

作为著名收藏家和鉴赏家，有着“中国现代西画收藏第一人”之称的孙佩苍，其部分藏品遗失于1942年初由四川美术协会主办之第一次美术展览会期间，从而引发其后人对此事的思考，寻求真相和公正，在历尽艰辛的搜寻过程中产生诸多疑问：四川美术协会第一次美术展览会为何又改称八人联合画展？孙佩苍离奇猝死后藏品随之失踪，是机构保存还是遭到人为褫夺？为何事后遭遇“集体失语”而数十年间不见当事人公开解释内中缘由？等等，囿于年代的久远，相关文献的缺失，笔者就查见到的有限资料对此次展览会举办之背景、参展内容及报道评论等情况进行梳理分析，希冀对孙佩苍参与展出情况、藏品去向等做出推论，一己之得，不足以诠释历史真相，聊供研究者参考而已，如能在此基础上深入发掘史料，进一步引发人们对先贤足迹之追踪，更多地揭示尘封已久的历史真相，则于中国现代美术史研究不无裨益。

二、四川美术协会的成立及主办第一次美术展览会

抗日战争爆发后，国民政府迁都重庆，文化机构及百余所院校接踵而至，各沦陷区文艺界人士大批涌入，特别是曾经居住在成都或在此活动过的美术家张大千、徐悲鸿、吴作人、常书鸿、丰子恺、吕斯百、唐一禾、董寿平、关良、江小鹣、刘开渠、王子云、李有行、庞薰琹、雷圭元、沈福文、谢趣生、洪毅然等人，通过兴办美术教育和举办书画展览等形式，给蓉城抗战文艺高潮注入新的活力。1940年秋，蓉社（1932年秋）、蜀艺社（约1935年）、成都美协（1939年）三个社团合并改组成立了四川美术协会，把成都的美术活动推向了一个新的高潮。

该会有着四川省党部及省政府教育厅的官方背景支持，由四川省主席张群（岳军）为会长，李伯申、黄仲翔为副会长，省教育厅长郭有守（子杰）为理事长，郭梦芝等二十人为理事，张采芹、郭梦芝、林君墨、余中英、芮敬于、罗文谟、刘开渠、胡北仑、谢趣生等九人为常务，刘豫波、向仙乔、

袁雩风、陈益廷等九人为监事。协会宗旨在团结成都艺人，联络情感，研究学术，一面发扬固有文化，一面做抗战宣传等工作，其内部包含中画、西画、雕塑、金石、书法、摄影、建筑、版画、漫画、装饰等部门，每一部门均设有专门研究会，新旧会员共二百余人。

协会成立之后，在整理会务、接收会所的同时，展开对社会文化及辅助政府宣传抗战等工作，“曾响应劳军募捐，由会员捐助现款及润笔共数千元，交中央银行汇交军委会，转发前方。又捐书画四十余件，交省动员委员会接收，变关转汇前方。此外，关于兵役宣传，航空建设等节储运动，如宣传画征求画或宣传品，无不尽量供给。此外年来各省美术专家因职业关系，避地入川，或美慕川中山水名胜，来游者甚众，或携带作品展之者，本会皆以同道之谊，尽量介绍、帮助，予以便利，意在使川中艺术与各省文化成为交流，观摩借镜，俾于爱好收藏人士，及后起生徒，当非浅鲜”。(1) 同时还将联合全国美术协会，尽量展开文艺复兴运动，发行会刊，定期举行学术讲座，举办巡回展览，使美术大众化、社会化，普及乡村，进而与各友邦进行文化交流，敦睦邦交，增进感情，达到以美育陶冶感情，引导人生重返“真”“善”之德性，消灭世界战争，实现人类真正文明为工作目标。并经教育厅长郭有守提议，将 1942 年定为美术年，开展一系列美术活动。由四川美术协会主办之第一次美术展览即成为美术年的最重要展事。

郭有守（1901—1978），字子杰，四川资中人，早年毕业于北京大学，20 世纪 20 年代自费留学巴黎，获巴黎大学经济学博士学位。回国后，曾任国民政府教育部第二科科长，负责留学生出国事务和电影检查，并长期主持中国教育电影协会工作，为中国电影走向国际做出积极贡献。后任联合国教科文教育组织首任教育处处长、台湾当局驻比利时“大使馆参事”等职， 1966 年毅然起义回到北京，适逢“文革”，不得善终。去世后，

1936年7月28日中德文化协会举行第一届年会时，郭有守（前排左四，教育部代表），宗白华（前排左三），莫尔博士（前排右一，德大使馆代表），滕固（二排左三），谢寿康（后排右二）等合影。

曾为秘密中共党员身份才被公开。他在1939—1946年任职四川省政府委员兼教育厅厅长期间，积极实施战时国民教育计划，为战时及战后培养人才取得了重大成绩。其曾自道“有守于抗日战期中，受命典蜀学政，以四川为复兴基础，而文化事业类多未备，爰首建图书、博物、科学各馆”，略见政绩一斑。[2]除此之外，对开展抗战后方美术中心之美术活动同样倾力，积极网罗艺术人才，筹划美术展览，这在常书鸿、吴作人等人的回忆文章都有反映，如常书鸿回忆：“1941年夏季，在四川成都任国民党教育厅厅长的郭有守来看我，想请我去筹建四川省立艺术专科学校。我虽没有答应，但还是同意了他要我去成都写生和开画展的要求。我在成都及灌县、郫县青城山等地画了三四十幅油画风景写生和水彩画。这次成都画展，郭不仅操办，也撰文介绍，获得极大成功。画展真可谓是享誉蓉城，但却引起了张道藩的妒忌与不满。”[3]此时常氏担任由国民政府教育部下属美术教育委员会秘书职务，该会主任为张道藩。吴作人年谱中也在1941年条目中记载“郭有守意欲邀请担任成都美专教授，因眷恋重庆故迹，不愿前往”。但在三年之后，还是应郭之邀住进督院街省教育厅，与先期已住在此处的刘开渠一家为邻，从事绘画创作，并与刘开渠、庞薰琹、丁聪、雷圭元、沈福文、秦威等人组织“中国现代美术研究会”，在华西坝的华西大学举办该会首届画展。1945年3月吴作人赴青康藏地区旅行写生归川后，参加该会举办的第二届美术展览，5月下旬由该会与华西边疆研究所在成都祠堂街四川美术协会联合主办《吴作人旅边画展》，郭有守撰写了《画家吴作人——人和作品》长文，介绍了吴氏的习画经历及成绩，回顾了成都八大油画家联合展览会中，以吴1940年在空袭下所作的《子母难》一幅，最为观众所留恋不肯去的情景。认为“他的技巧是有素描根底而不受素描的束缚。在油画色彩上，力求解放，以达到尽量发展个性的表现”。并预言吴作人“应该在不久的将来，可以看见他更惊人的杰作”。[4]此前，郭有守撰有《刘开渠在成都》长文，以雕塑家的培育、雕塑艺术在现代中国、重要的作品、结语四个部分系统介绍刘开渠的艺术成就。另有文章介绍这一时期四川美术活动情况：“40年代成都画展很多，几乎每星期有一个画展，影响比较大的主要都在祠堂街四川美协展览馆举行。”在战火纷飞的年代，成都仍然能够举办集合了唐、五代、宋、元、明、清历代名家古代书画的“蓉古书画展览会”“张大千藏古书画展览”。还有“刘克谦书展即所藏甲骨拓片展览”，介绍米勒、塞尚、马蒂斯等西方大师名作的“欧洲名画片集成展览”等一类层次较高的我国古代和西方现代艺术精品展览。此外，各种当代名流书画展更是交相辉映令人目不暇接。40 年代的成都人任何时候都有机会欣赏到我国古代和当代第一流的书画作品，这些展览活动无疑大大提高了成都美术创作活动的水准。[5]这其中，郭有守的贡献不容忽视。撰写本文，笔者查阅了成都部分报纸后所得信息，仅以 1941 年 12 月间画展为例，计有如下主要美术展览举行：

1941 年 12 月 14-15 日 常书鸿画展假祠堂街聚兴诚银行大楼举行。13 日预展。《中央日报·中央副刊》（成都版）是日开辟专刊，刊登郭有守《画家常书鸿》、庞薰琹《书鸿的画》、李有行《读书鸿油画后》；20 日《华西日报·华副》，刊登木冬《常书鸿个展点滴》；24 日同报刊登洪毅然《论常书鸿艺术及其他》。陈列作品共计三十六幅，主要部分为油画、水彩占十一幅，素描仅一幅，有造像、静物、风景，取材精审，落笔生动，其《案头》（静物）、《灌县离堆》、《灌县秋朝》及《秋朝》等帧尤令参观人士所一致赞美。全部作品中除非卖品外，十九幅 / 件已被预订。

1941 年 12 月 20—22 日 漫画家丰子恺、摄影家盛学明联合展览，在祠堂街聚兴诚银行二楼画厅举行。计有丰氏近作漫画百余帧，盛氏历年游历黄山西康各地之摄影数十帧，均为精心杰作，闻已预订将尽。27 日《华西日报·华副》刊登毅公《论丰子恺先生的漫画》。

1941 年 12 月 26—28 日 庞薰琹丘堤画展在城守街四川省立图书馆二楼举行绘画展览会。26 日《中央日报·中央副刊》刊登郭有守《丘堤与庞薰琹》、李有行《从庞薰琹的画谈到图案》、雷圭元《薰琹的画》；28 日《中央日报·中央副刊》刊登沈福文《〈路〉及其他——介绍庞薰琹何丘堤的画》。

1941 年 12 月 27—28 日 秦威画展在青年会举行画展，计有水彩西画百帧，连同木刻数十帧，极为名贵。12 月 26 日《中央日报·中央副刊》刊登赵望云《介绍秦威的画》。

1941 年 12 月 28—29 日 关良画展假祠堂街聚兴诚银行大楼举行个展。27 日预展。“展品中水墨部分经郭沫若氏题词之舞台人物素描，笔简意劲，生面别开。如《闹院》《狮子楼》《骂曹》《卖马》等幅，最能传神，尤为观众所爱好。油画之部，风景如《土沱山》《泊舟》《北碚江畔》，静物画《诗》、静物《女》二幅，□味隽永，技巧浑脱，堪称杰构。至水彩颜色调和，写景天□，亦臻化境。全部展品共计五十余幅，昨日已为订购近半。”“所作油画水彩等画□四十余帧，皆精心杰构，其写平剧舞台人物，着墨不多，而意境无穷，尤别饶风格，加以郭沫若氏题词堪甚称珠联合璧。”25 日《中央日报》刊登丁迈《斗室读画记》，27 日《中央日报·中央副刊》刊登郭沫若《关良艺术论》、李有行《听关良先生谈画说戏》、陈毅《读画杂感》。

1942 年元旦举行为期一周的四川美术协会第一次美术展览会，是在激发抗战建国情绪、沟通友邦美术交流的大背景下举办的，这从郭有守《第一次美展出品人介绍》一文中有所体现。该文由两个部分组成，第一部分为“油画阵容”，介绍参展的吴作人、吕斯百、秦宣夫、唐一禾、王临乙、吕霞光、李瑞年、黄显之等八位画家情况，这些留学法、比，归国后服务于足以代表国内主要的艺术教育和研究机关、中国近二十年内所培植成功的美术人才中占据重要位置者（还包括常书鸿、庞薰琹、刘开渠等），将作品集中展现在成都，是一空前创举。“欧洲近代文明，导源于文艺复兴。中华民族此时正致力于复兴大业，四川又忝为复兴根据地，文艺方面如何才可以达成复兴任务？”这便是举办此次画展的深层含义。第二部分为“孙佩苍先生及其收藏”，较为详细地介绍了孙氏的收藏经历及最终目的“是想多寻得一些有价值的作品，搬回自己祖国，以备成立一个美术馆”。“他对于艺术批评（尤其西洋方面）的造诣可说是中国的罗斯金（J.Ruskin 英国著名艺术平批评家），他从事收藏的努力与成就，又颇似方密勒（Von Miller 德国明兴博物院创办人，若走完该院，

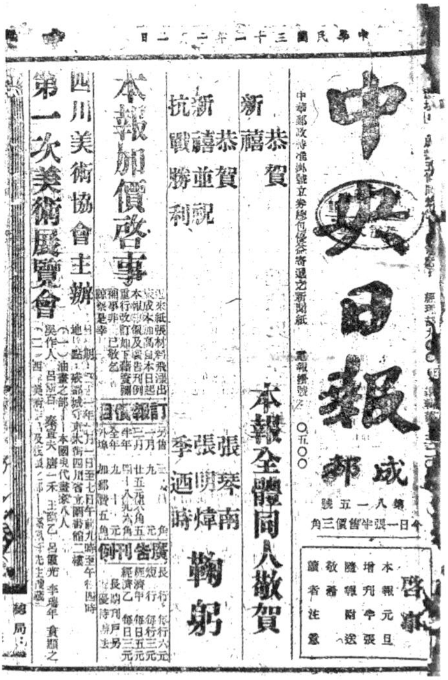
中央日報
成都
恭賀新禧
本報全體同人敬賀
本報加價啓事
四川美術協會主辦
第一次美術展覽會

1942年1月1日《中央日报》（成都版）刊登四川美术协会主办第一次美术展览会广告

积长可达数十里），假如我不是太梦想的话，希望他能把所有的收藏都留在四川成立一个美术馆。馆址、馆舍我们可以负责去寻觅或兴建。我更希望其他收藏家也一样的将所有的珍品捐给美术馆或至少随时公开展览：使美术教育得以普及；因普及而对于将来文化有更大的贡献；使此次展览的意义，佩苍二十余年来从事于保护与宣扬艺术文化的工作，得到进一步的成就。”(6)

此次展览策划人郭有守及所邀请的参展对象均有留学法国的经历，大的方面说具有将西方文化介绍国内，以达到中外文化艺术交流之目的；小的方面看，这里不但有当年“天狗会”成员的情谊，更是徐悲鸿、孙佩苍弟子们习艺成绩的集体亮相，使得此次联展阵容强大而别具意义。

三、展览报道及展品评论

1942 年“美术年”的开门大展即四川美术协会主办之八人联合画展的筹备工作是充分的，除事前召开新闻发布会介绍举办该展意义外，还陆续刊登广告、组织评介文章和举办座谈会配合宣传。

1941 年 12 月 23 日，郭有守特邀集成都美术界及新闻界人士茶会，说明此次展览会之意义及美术教育之重要性，并由吴作人及罗文谟分别报告展出情况，计此次展品，悉为油画，由吴作人、吕斯百、秦宣夫、唐一禾、王临乙、吕霞光、李瑞年、黄显之八人所作，共一百幅，多静物写生，其中为《重庆燃烧中》《不可毁灭的生命》及《重创再战》《难民》等帧，不独富有艺术价值，尤饶抗战精神。(7)同日《中央日报》（成都版）“蓉市拾零”率先刊登消息：“四川美术协会主办之吕斯百、吴作人、秦宣夫、唐一禾、王临乙、吕霞光、李瑞年、黄显之等八画家联合画展，定三十一年元旦日起至七日止，假省立图书馆举行。同时并有名收藏家孙佩箴 [苍] 将西洋美术复制品多种参加陈列。”并在 30 日的同报中再次刊登展览消息。说明主办单位为四川美术协会，而画展名称分别为“四川美术协会第一次画展”和“八画家联合画展”，这在日后的广告用词和评介文章中交替使用，致使相关画家年表条目中出现画展名称不统一的现象，以实际情况看，后者的名称更为准确。

展出期间，《中央日报》（成都版）、《新新新闻》等刊登了画展广告，文字内容略有不同，其中后者注明提供日期“子江”系韵目代日期即指 1 月 3 日：

四川美術協會主辦
第一美術展覽會
一日至七日九時至四時東大街省立圖書館
油畫之部：吳作人，呂斯伯，秦宣夫，唐一禾，王臨乙，呂霞光，李瑞年，黃顯之
西洋作品及復製之部：孫佩蒼先生搜藏 子江

1942年1月3日《新新新闻》刊登四川美术协会主办第一次书展览会广告

四川美术协会主办第一次美术展览会［《中央日报》（成都版）1—4日］

日期：三十一年一月一日至七日午前九时至午后四时

地点：成都城守东大街四川省立图书馆二楼

（一）油画之部——本国现代画家八人 吴作人 吕斯百 秦宣夫 唐一禾 王临乙 吕霞光 李瑞年 黄显之

（二）西洋美术作品及复制之部——孙佩苍先生搜藏

四川美术协会主办第一美术展览会［《新新新闻》（3—5日］

一日至七日九时至四时东大街省立图书馆

油画之部 吴作人，吕斯百，秦宣夫，唐一禾，王临乙，吕霞光，李瑞年，黄显之

西洋作品及复制之部 系孙佩苍先生搜藏 子江

此外还刊发了有关画展的专刊及评介文章：郭有守《第一次美展出品人介绍》、徐仲年《吴（作人）吕（斯百）两画师印象记》、庞薰琹《读画随笔》、叶正昌《川美协会主办第一次画展之介绍》、洪毅然《评八画家联合画展及其他》等，主要对参展人员从艺经历及参展作品进行介绍，其中以吴作人、吕斯百、唐一禾、黄显之最受好评，主要原因为部分作品中能以反映战时生活状况，具备有抗战建国的现实意义。这些文章多出于画家、美术评论家及友人之手，故而具有较高的理论及鉴赏水平，更成为研究参展画家从艺经历及文章作者自身著述轶文极为重要文献资料，值得引起从事中国现代美术史研究者的重视。

笔者没有查到有关展览的作品（藏品）目录，综合各类信息，百幅参展作品的大致情况为：

吴作人：《缝纫》《吴夫人像》《浣衣女》《虞美人》（花）《月季花》《重庆燃烧中》《不可毁灭的生命》《延烧后》《子母难》（均油画）及军人生活速写等。

吕斯百：《院内》《嘉陵江》《冬菊》《辛夷》《芍药》（均油画）及素描等。

秦宣夫：《藕》《插秧》《赶场》《云南乡女》（均油画）及素描等。

唐一禾：《红衣女》《女团员》《像》等三幅油画人像。

王临乙：《云南乡女》等素描五幅。

吕霞光：《重庆之雾》《风景》（油画）等。

李瑞年：《老妇》（素描）等。

黄显之：《武运长久》静物油画一幅。

画展的成功举行，蓉城轰动，艺坛欣然，自元旦开幕以来，参观者络绎不绝，

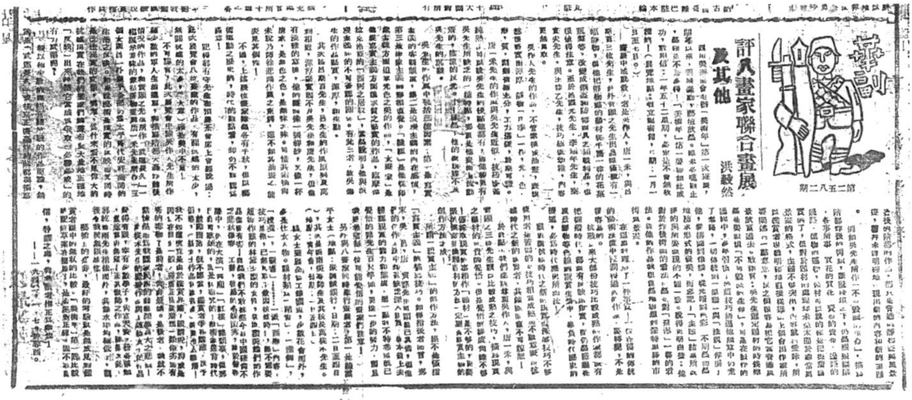
評八畫家聯合畫展及其他　洪毅然

评八画家联合画展及其他（洪毅然）

大半作品售出，其中以吴作人、吕斯百二人为多，这或许可以说明此二人参展作品在“质”与“量”中均占有重要位置，与评论文章中的倾向相吻合。再来看看众人是如何评价举办此次画展之意义：“这次八大作家慨允选集作品百幅，来蓉公开展览七日，这是空前创举。他们的作品中一部分是旧作，大都经过流离转徙，历尽无限辛苦，才能保留着的。一部分是在生活不安定时所成的创作。虽然取以于战时题材的还不甚多，但是他们业已注意向这方面致力。只要他们所费的心力得到大众的欣赏，他们必定能为知画者尽最大之努力。”（郭有守）“这个画展第一个特点就是：假若不因为抗战，这八位作家绝不会聚集在一起，更不会联合起来举行这末一个大规模的绘画展览会。……这八位作家虽然都是留学法比，虽然有好几位都是徐悲鸿先生的弟子，虽然他们所走的路径相仿佛，然而这八位作家的作风各不相同。由这点看来，更可以相信苏格拉底的一句话：‘艺术的任务，恐怕还是在表现出心灵的内容。’”（庞薰琹）“在这整个世界动荡之中，战争的烈焰燃遍了宇宙每一

个角落的时候，在这大后方的成都能有如此的展览会出现，真是一件极难得的事，当此国家民族存亡绝续之秋，展览会决不是故意来粉饰太平或妆点元旦的庆祝盛况的，而是要给与一般人以精神的粮食和激发国民忠党爱国的思想。这次展览的作品中，一部分是纯粹艺术品，一部分是含有抗战意识的图画，在这些作品中，当然可获得一些新的趣味新的知识。”（叶正昌）“‘美术年’第一声即如此成功，敢相信：一年五十二星期，必定是不会无收获的！”（洪毅然）庞薰琹甚至发出“在十年之内，中国能领导全世界的艺术运动，以中华民族之优秀，以过去文化之辉煌，想来也绝无人笑我此预祝为狂妄”之呼声。

四、孙佩苍的藏画辅展及藏品去向

孙佩苍（1889—1942），别号雨珊，辽宁辽阳（按：原文如此，应为沈阳之误）人，早年毕业于北洋师范优级博物科，1920 年 10 月以俭学身份赴法留学，初在巴黎美术学校进行初级美术训练，后专攻美术史研究，课余从事欧洲艺术品搜集。1926 年归国后，受聘为东北大学文学院专任教授兼法工学院教授。1930 年底赴法担任里昂中法大学校长、国联宗旨教育青年委员会中国委员、教育专家委员会的东方委员等职务，曾受国立北平研究院委托代为搜集欧洲艺术品。1934 年返国后从事国民党党务工作，抗战时期当选为国民参政会第一二两届参政员，1942 年 1 月 3 日即此次八人联合画展举办之际病

中華民國三十一年一月二日　中央日報　星期五　第四版

中央副刊

第一次美展出品人介紹

郭有守

一、油畫陣容

孫佩蒼先生及其收藏

吳呂兩畫師印象記

徐仲年

讀書隨筆

郭有守文中专门介绍孙佩苍先生及其收藏

逝于成都。

欲了解孙佩苍藏画作品参展原委，还是要细读郭有守的这篇介绍文字：

老友孙佩苍，籍隶辽宁，是我在巴黎读书时的同学。当时往还最密的都是些研究文艺的朋友，如徐悲鸿、张道藩和谢寿康。佩苍最注意的两件事：一是艺术的批评，一是艺术品的收藏。他的全副精神，都在这两方面。二十余年来如一日。我于二十一年再度赴法，那时他也回到里昂担任中法大学的校长。他仍是继他留学时代的工作，日积月累，他的收藏，也就一天比一天丰富起来。但他并不以此为满足，所以，每次回国来，不久又听说他再去欧洲了。这种不畏跋涉，百折不回的精神，也无非是想多寻得一些有价值的作品，搬回自己祖国，以备成立一个美术馆。可是东西搜集愈多，操劳也愈重，经过九一八之变，已使他身体和精神，都遭受打击。七七抗战以后，更使他着急于收藏品的安全，二十八年春，他还过成都冒险回到东北去看他的收藏。目前他的大部分东西分别存在上海和香港，仅有一小部分是带到四川来的。

因为他担任国民参政员，所以住在重庆。近来他很有些感触，国际风云日紧，尤其最近太平洋也不太平，他一生所致力而得的珍藏，不惟没有得着正当的归宿，还仍放在箱子里，连命运如何也不知道。因此才毅然决然慨允就带到四川的东西中，选出一部分精品公开展览，好容易坐了四天的公路“特别快车”，才到成都，使我们得到欣赏的机会，可说成都是很幸运的。这些名作展览以后，一定对于四川的艺术界产生良好影响。但他因此害了一场病，他此种为艺术而牺牲的精神，实令人敬佩。他对于艺术批评（尤其西洋方面）的造诣可说是中国的罗斯金（J.Roskin 英国著名艺术批评家），他从事收藏的努力与成就，又颇似方密勒（Von Mullor 德国明兴博物院创办人，若走完该院，积长可达数十里），假如我不是太梦想的话，希望他能把所有的收藏都留在四川成立一个美术馆。馆址、馆舍我们可以负责去寻觅或兴建。我更希望其他收藏家也一样的将所有的珍品捐给美术馆或至少随时公开展览：使美术教育得以普及；因普及而对于将来文化有更大的贡献；使此次展览的意义，佩苍二十余年来从事于保护与宣扬艺术文化的工作，得到进一步的成就。

从目前掌握的材料来看，孙佩苍与郭有守有两次在法国交集的经历，一次是孙氏1920年11月7日以俭学身份随第十五批勤工俭学生赴法留学，不久在法国与谢寿康、徐悲鸿、张道藩、邵洵美、郭有守、江小鹣、常玉、蒋碧微等组成联谊式的团体“天狗会”，孙被封为“军师”，而郭被封为“行走”，会友们情谊亲切。1926年孙氏返国，担任东北大学教授等职务；另一次为1930年底孙氏受聘赴法国里昂中法大学担任校长，而1932年郭氏参与教育部组织教育考察团赴欧洲考察教育期间，曾专门参观过里昂中法大学，故而对孙氏继续从事搜购艺术作品有所了解。此次画展前不久，孙氏从上海转赴重庆，出席参政会第二届二次会议后，应郭氏之邀携部分藏品赴蓉参展，从八位画家联展内容多为油画和素描来分析，孙氏精选的藏品应当是欧洲油画原作及名画印刷品与之呼应，作为辅助展出，且数量必不会超过百幅以上。

令人生疑之处在于：查考涉及该展文献资料中，除郭有守文章专门介绍及广告、消息中提及外，无论是在展前约稿（徐仲年、叶正昌）或预展、展览期间（庞薰琹、洪毅然）所写评论文章中，还是展会后举办座谈会的消息中[8]，均只字未提有关孙佩苍藏画参展情况，以艺术家、评论家的视角和亲历者的身份而言，对同一展览中的作品能视若无睹吗？况且还是国内难得一见的欧洲油画原作和印刷精美的复制品！这种参与“集体失语”的行为实在是匪夷所思。笔者对此情形，认为有如下几种可能性：

（1）该展是以八位画家联展为主体，而以孙氏藏画及美术印刷品为辅，且参与展出之品数量有限，未能引发观众或评论者之重视。

（2）由于孙氏的突然病故（一说遭暗杀），鉴于各种原因将其展品撤展。

（3）这部分藏品始终就没有参加联展，或者说这项原有计划中的内容，因为孙氏长途劳顿，已经患病在身，或许抵蓉后即住院治疗，原允参展作品来不及取出布置。而先期拟定之广告、消息均已发出，造成名不副实。否则就无法解释出庞薰琹是参观了预展后写出并分两次刊登在1日、2日报纸上；洪毅然的文章作于展览最后一日即1月7日，发表于1月18日《华西日报·华副》第2582号，且文内除去对八位画家作品评介之外，还附带对同期两处举办之展览进行批评时，竟然也只字未提及有此藏画出展，岂非怪事？[9]再往前看，当12月23日郭有守等主持招待会时，也是主要谈及八人联合画展而未涉及藏画展出事，可见这件友好加盟参展以壮声威的事情并未最终实现。至于孙氏去世后，来自4日《中央日报》（成都版）“蓉市拾零”报道中言及“孙参政员收藏美术品之一部分，尚应邀陈列于省立图书馆”，[10]因为使用“尚”字显得含混暧昧，是已经参展还是曾经受邀而未能参展呢？恐怕也是记者未加细察单凭广告之言所为之。

从（1）（2）两相来看，显然不近常理，故而笔者倾向于第（3）项的推论。

那么，这些藏品的去向如何呢？

从郭有守的文章中可以推测出藏品可能被留在成都省图书馆。作为日后美术馆建成后的基本馆藏品，这是相关机构想做而又符合藏者意愿的事情，加之孙氏的遗骨葬于成都北凤凰山阳，物伴故人，也符合中国人的传统观念，故而可能性最大。成都原有美术馆毁于1933年战乱中，四川美术协会成立后的工作之一，即开辟会所及建立美术馆，据李永翘《张大千年谱》：1944年3月25日美术节，四川美术协会在成都祠堂街美协会址举行庆祝大会，参加者有美协会员暨来宾百余人，张大千在演讲时向大会提议：“请（省美协）会员捐作品展览醵资，筹建（四川）美术大厦”，此提议迅被大会一致通过，并当即推举郭有守、余中英、罗文谟、林君墨、张大千、张采芹、陈筑山、许士骐、刘开渠、杨曼华、蔡佩珠、冯若飞等人筹备进行。当日的活动内容还有该会在成都华西坝青年馆举办了“庆祝美术界中外作品联合画展”，将中外古今名作聚于一堂，[11]展品中的外国美术作品来自何方？此外，笔者尤为关注上引张颖文中言及抗战期间在四川曾举行过“介绍米勒、塞尚、马蒂斯等西方大师名作的‘欧洲名画片集成展览’”一语，不知这些内容是否与孙佩苍藏画有关？其次，由于孙氏的突然逝世，这批未及参加展览藏品，或被友人带回重庆，转由亲友保管，以战时迁播，政权易手，终致散失。有传闻台湾某机构曾保留有部分孙氏藏画，尚且不知从何种渠道流落此间，姑且作为一条查考线索，亦企盼这批浸透收藏者心血之物能得到妥善保管。

毋庸讳言，孙佩苍的很多基本史实至今尚未厘清，史料的不系统和不全面，限制了研究者的视野和研究的深度，致使人生经历和艺术轨迹相结合的研究方法无法实现，笔者在能够经眼的文献中进行归纳分析后所得出以上几种思考，未必令人信服，聊供有兴趣继续深入研究者参考，谬误之处，尚祈指正。

甲午处暑于京城残墨斋

注释

（1）《四川美术协会之回顾与前瞻》，1941 年 12 月 31 日《新新新闻》《党军日报》。

（2）郭有守：《〈道德经意疏〉序》，蒙文通著《道书辑校十种》，巴蜀书社，2001 年。

（3）《常书鸿自传：九十春秋——敦煌五十年》，北京大学出版社，2011 年 1 月。

（4）原文见《客观》1946 年第 12 期，7 页。收入吴作人国际美术基金会编《吴作人研究与追念》，北京出版社，1999 年 4 月第 1 版。

（5）张颖川：《八年画坛风云》，《文史杂志》1994 年第 5 期。

（6）郭有守：《第一次美展出品人介绍》，1942 年 1 月 2 日《中央日报·中央副刊》（成都版）第 752 期。因抗战期间印刷条件有限，造成原报印刷字迹较为模糊不清，多有漫漶、缺漏处，笔者根据字体及文意加以辨识及增补，此处未予特别标识。

（7）1941 年 12 月 24 日《成都快报》《新新新闻》，“悉为油画”之说不确，另有素描作品。

（8）1942 年 1 月 7 日《新新新闻》刊登《川美术协会明开座谈会，请艺术界交还意见》：四川美术协会主办之第一次西画展览会，元旦开幕以来，参观者络绎不绝，作品中除少数未标价外，其余大半为爱好艺术者订去，尤以吕斯百吴作人二君之画作售去特多，今为最后一日，展览毕，吕吴二君即将赴渝，此间美协，将于明 [八] 日主办一座谈会，邀请艺术界人士交还意见，届时并由吕吴二君讲述创作经验云。

（9）1942 年 1 月 1—3 日，西南美术专科学校职业科学生习作及万从木校长个人画展分别在少城公园及青年会展览。1 日预展、2—4 日线云平画展在祠堂街聚兴诚银行举行。

（10）1942 年 1 月 4 日（3）《中央日报》（成都版）“蓉市拾零”：国民参政员孙佩苍（辽宁人）早岁留学法国，研究文艺，精于美术批评，并从事于美术品之收藏。历任国立大学教授，及里昂中法大学校长。上月下旬来蓉，因途中劳顿，胃疾复发，入公立医院，不幸于昨日下午逝世，享年五十有二。孙参政员收藏美术品之一部分，尚应邀陈列于省立图书馆。

1942 年 1 月 4 日（3）《成都快报》：参政员孙佩苍昨日在蓉逝世

（中央社）国民参政员孙佩苍辽宁人，早岁留学法国，研究文艺，精于美术批评，并从事于美术品之收藏，历任国立大学教授，及里昂中法大学校长，上月下旬来蓉，因途中劳顿，胃疾复发，入公立之医院，不幸于昨（三）日下午逝世，享年五十有二，孙参政员收藏美术品之一部分，尚应邀陈列于省图书馆，诚可谓以身殉美术矣。

（11）参见李永翘著：《张大千年谱》，四川省社会科学院出版社，1987 年 12 月第 1 版。

附录14

孙佩苍为北平研究院收集油画考略

沈 宁

孙佩苍（1889—1942），别号雨珊，辽宁辽阳（按 ：原文如此，应为沈阳之误）人，早年毕业于北洋师范优级博物科，1920 年 10 月以俭学身份赴法留学，初在巴黎美术学校进行初级美术训练，后专攻美术史研究，课余从事欧洲艺术品搜集。1926 年归国后，受聘为东北大学文学院专任教授兼法工学院教授。1930 年底赴法担任里昂中法大学校长、国联宗旨教育青年委员会中国委员、教育专家委员会的东方委员等职务，曾受国立北平研究院委托代为搜集欧洲艺术品。1934 年返国后从事国民党党务工作，抗战时期当选为国民参政会第一、二届参政员，1942 年 1 月病逝于成都。

对中国现代收藏欧洲绘画原作第一人的孙佩苍生平、成就研究，限于资料匮乏、藏品缺失，近六十年来鲜有成篇，直到近年来北京翰海拍卖公司在春拍中推出了“溯本寻源——孙佩苍家族收藏徐悲鸿油画珍品专场”及孙元著、陈丹青序之《寻找孙佩苍》一书的出版[(1)]，开始引起艺术界的关注。笔者认为涉及孙氏藏画的脉络主要有三条：一、抗战爆发后将保存在东北的收藏品经香港等地转移到重庆，并选择部分藏品参加 1942 年元旦起至七日，在成都美术协会举办第一届美术展览会中作为乙部展出之藏画（含印刷品）部分，随着孙佩苍的突然病逝（另有遭暗杀之说）及展览的结束，藏品下落不明。二、经姚淑文女士在上海慈幼教养院仓库中秘密保存藏画部分，日后曾以捐赠名义暂存中央美术学院陈列馆，待“文革”结束后经家属要求进行退还时部分藏品被扣留、遗失部分。三、20 世纪 30 年代初中期受北平研究院委托代为搜集艺术品，抗日战争爆发后由教育总署移归国立北京艺专保存及中华人民共和国成立后经中国科学院划归中央美术学院部分。由于第三部分远离其后人寻找的范围，所以更加被人忽略，而对这批被称作“美院展览馆的基本藏品”之解析，可以对近现代中法艺术合作交流、中国学术机构中博物馆的建设，特别是对孙佩苍作为“民国第一收藏家”的个案研究，将具有一定的现实意义。

一、国立北平研究院的设立及与里昂中法大学合作

1929 年 9 月 9 日国民政府在北平（今北京）成立学术研究机构国立北平研究院。院长李煜瀛（石曾），11 月聘李书华（润章）为副院长，襄理院务。该院筹备起初隶属于北平大学区，后改为独立学术机关，隶属教育部，下分行政事务与研究机构两部分。行政事务设总办事处，处理全院行政事务，地址在中海怀仁堂西四所。研究机构分理化、生物、人地三部，设物理、化学、镭学（后改称原子学）、药物、生理、动物、植物、地质、历史等 9 个研究所和测绘事务所等，1931 年 3 月设博物馆，内分设理工、艺术、风俗陈列所，研究事业，在启发民智，改善风俗，提倡工业。其首先开办者，为艺术陈列所，陈列物品，系古今中外名人字画、美术雕刻、捏像塑像、碑帖、金石拓片，及各种古迹名胜造像等有艺术价值者。

该院建院主旨在发展文化事业，目标为“科学研究”及“科学应用”，前者为探讨自然界真理，增长人类知识，以求在学术上增高国家或民族对于国际的地位；后者即科学对于国计民生实际上的应用。该院最初每月三万元的经费可以由北平大学经费中支付，后成为一个学术机关，各方面的开支增大，需多方筹集，于是设法同其他学术机关合作，以便节省部分经费。当时所拟定的合作学术机关有：国立中央研究院、国立北平图书馆、故宫博物院、国立天然博物院、北平地质调查所等，此外还有国际学术机关世界学院、中法大学研究院、巴斯德学院等。[(2)]

里昂中法大学系 1921 年经吴稚晖、蔡元培、李石曾等创办之中法共建高等学府，其办学宗旨是为中国学生提供高等教育的机会，其目的是要为中国培养一批高级学者和研究人员，同时为国内大学提供合格的高校师资。该校利用庚款，培养了大量中国急需的科学和教育方面的专家和人才，这种培养精英人才的高等学校，实行公开招考、择优录取制度，故而学生整体素质很高，仅以学习美术者而言，“该校学生成绩甚为优美……其在校中考试屡次冠曹及得银牌等奖证者，为数亦多，如方蕴之于法国国立里昂美术专门学校图案科，王静远之于同校雕刻科[(3)]，唐学咏之于法国音乐学院，虞炳烈之于里昂建筑学校，同校同业均视为畏友，法国学界亦传为佳话云”。[(4)]“在美术学校建筑学校音乐学院考得第一奖金计二十六次，奖牌及奖状计六十次”。[(5)]其中程鸿寿考得塑像第一奖金及装饰第一奖金；王临乙、吕斯百考得活模型班第一奖金；常书鸿考得活模型班第一奖状；王临乙考得炭笔写生第一奖状。(6)据《1921年至1946年里昂中法大学海外部同学录》，此二十五年间在该校学习美术者计有18人（见附表），其中在孙佩苍1930—1934年任里昂中法大学校长时有常书鸿、王临乙、吕斯百、李慰慈、陈芝秀、陈士文等6人。(7)这些艺术学子大多获得过优异的考试成绩，并在学成归国后成为艺术界的重要力量。

1921-1946年里昂中法大学海外部同学录摘录表

序号	姓名	籍贯	生年	性别	费别	学科	入学日期	返国或离校日期
1	苏梅	安徽	1900	女	校	美术	1921.10.3	1925.5.22
2	潘玉良	安徽	1894	女	校	美术	1921.10.3	
3	方蕴	江苏	1901	女	校	美术	1921.10.3	1927.10.4
4	邱代明	四川	1901	男	校	美术	1921.10.4	1926.6.
5	黄叶	广东	1895	男	广东	美术	1921.10.5	1927.12.16
6	孙福熙	浙江	1989	男	校	美术	1921.10.6	1924.12.31
7	王静远	辽宁	1893	女	校	美术	1921.10.25	1928.10.19
8	程鸿寿	江苏	1903	男	平	美术	1926.10.16	
9	范新群	湖南	1902	女	校	美术	1928.5.1	1929.5.3
10	常书鸿	浙江	1905	男	浙江	美术	1928.10.16	1935.6.离校
11	王临乙	江苏	1909	男	福建	美术	1928.12.21	1934.8.1
12	吕斯百	江苏	1906	男	福建	美术	1928.12.21	1934.7.13
13	李慰慈	广东	1907	女	平	美术	1929.10.12	1933.8.11
14	陈芝秀	浙江	1910	女	浙江	美术	1931.3.1	1935.6.离校
15	陈士文	浙江	1907	男	浙江	美术	1931.10.1	1937.8.6
16	滑田友	江苏	1912	男	校	美术	1936.10.1	1939.12.1
17	刘淑芳	广东	1910	女		美术	1941.11.16	1946.3.12
18	周轻鼎	湖南	1909	男		美术	1941.11.16	1945.10.
备注：费别项说明当时补助先生学费与生活费的机构："广东"即"广东省教育厅"，"平"即"北平中法大学"，"校"即"里昂中法大学"。								

1930年里昂中法大学为庆祝国庆节（"双十节"）的到来，曾借得我国参加比国万国展览会之名家国画一百余幅，此外尚有自比京中国驻比代办谢寿康处借到徐悲鸿画作二十幅、自巴黎处借到何香凝四幅、王济远作品二十幅，共一百四十余幅。里昂中国学生私人珍藏美术品，及里昂中法大学同学历年成绩——油画、雕塑、博士论文等均搜集陈列于大礼堂、A、B两教室及阅报室四处。展出国画作品以山水花草居多，其中管平《出浴图》、高奇峰《散步归来》、邢一峰《花中兔》、赵浩公《鸡在菊花中》、冯逸梅《游鱼水中》、

北平研究院副院长李书华（润章）

王一亭《授经图》及汪采白、张大千、伍佩荣诸人画作，均受到法国人赞美。徐悲鸿作品专门陈列在A教室内，所作鸟兽，独成一派，逸笔淡色，而神气毕露，尤为法国人所推重。学生作品如虞炳烈《国民政府建造图》《巴黎大学区中国学舍图》，王临乙、吕斯百、常书鸿之西洋炭画，程鸿寿之雕刻等，法国人皆称之为奇才之作。开展当日，里昂报界及与该校有关人士等百余人到会。报章杂志纷纷记载展览消息，且摄影刊印。里昂美术学校秘书 A.Vicard 先生发表长篇评论文章，诗人 Pailleux 先生作诗赞扬中国美术，甚至有人要求在该校开办中国画班，以便学习。[8]以圣伊雷内城堡为标志性建筑的里昂中法大学曾在中法教育文化交流方面发挥了独特桥梁作用，推动并加强了法兰西思想精神、学术文化在中国的传播，同时也向法国人民介绍了遥远的东方大国中华文明，加深了不同历史背景和文化取向的人们之间相互的认识和理解。中法两国间艺术交流活动的开展，也为即将上任的孙佩苍校长日后受到北平研究院委托代为搜集艺术品创造了良好的契机。

二、北平研究院委托孙佩苍在法代为搜集美术品

有关孙佩苍受北平研究院委托代为搜集海外艺术品的文献记载，经笔者查阅，目前发现有两则，其一：据1931年3月17日《国立北平研究院博物馆理工陈列所筹备会第一次会议记录》载，早在1930年1月8日召开该院博物馆筹备会时，即决定博物馆内先设理工艺术风俗三陈列所，其中“艺术陈列所，曾托驻法国孙君代为调查办理”。此“驻法孙君”应即指孙佩苍，因孙氏在1930年双十节之后至里昂中法大学担任校长。从孙佩苍早期赴法俭学时曾就读巴黎美术学校学习美术，之后改习美术史，出于个人兴趣和研究需要开始系统搜藏西方油画作品及印刷品的经历看，筹备艺术陈列所所需对西

方美术作品有着鉴赏能力和一定工作之便的不二人选，也非孙氏莫属。[9]

其二：国立北平研究院刊登之《本院各部会所组概况及要闻·总务部文电统计摘要》中“关于本院博物馆事件”收发文（摘录）得知，1931 年 3 月 17 日北平研究院博物馆理工陈列所筹备会不久，曾向国内外机构及个人广泛征集、商借相关物品以利展示，得到积极响应，包括河北省、察哈尔省、绥远省、宁夏省、浙江省、北平市、天津市、青岛市、上海市、汉口市等省、市政府、公署、教育局、个人等都纷纷提供物品或借或赠，远在法国的里昂中法大学校长孙佩苍及毕业于里昂美术专门学校雕塑科及巴黎美术学院雕塑系、返国后任教于国立北平大学艺术学院雕塑科主任的王静远也在委托、应征之列。（参见下表）[10]

日期	收文·投送者	案由
二十年六月十九日	北平市教育局	准函为设立博物馆理工艺术风俗三陈列所除备案外请查照由
二十年八月二十一日	王静远	拟赠雕刻品十件送博物馆陈列由
日期	发文·投送者	案由
二十年四月十七日	孙佩苍	寄签字函及空白封面请代征集海外理工艺术赠品由
二十年四月二十五日	各机关团体	本院博物馆艺术陈列所于五月一日开幕送入场券请参观由
二十年八月二十一日	王静远	函复请拟送雕刻品十件开示物品重量价值以便起运由
二十一年五月二十八日	各省政府 各省教育厅 各市政府	请饬属征集艺术陈列物品送院由

虽然目前尚未能获取寄发孙佩苍“签字函及空白封面请代征集海外理工艺术赠品由”之具体文字内容，但笔者认为，从上述第一条所引文献及筹备、成立三项陈列所时间来分析，显系委托孙氏代为博物馆内理工陈列所、艺术陈列所而征集海外赠品，实际上部分艺术品是采取购置而得之。

为存史料，现将当时理工、艺术陈列所征集陈列品函件抄录如下：

本院博物馆理工陈列所征集国内理工叶出品[11]

本院博物馆理工陈列所，为提倡我国理化工艺及增长民众知识起见，凡国内所有理工出品，足供研究之价值者，均广为搜集以供众览。除直接函各省区著名工厂公司征求出品外，并分函各省市政府、实业厅、建筑厅、社会局等机关，转饬所属各县社会局、建设局、商会及各大工厂，征集各种工业出品并机器模型制造顺序说明等件，以供展览。至应需寄费及物品价值，概由本院担任。并置就征集物品表一种，俾得分别填入。

征集艺术陈列物品，平市府昨令教育局[12]

平市府前接北平研究院函，以该院博物馆艺术陈列所征集艺术陈列物品，请饬属广为征集，市府据情昨已转令教育局遵照，原令如次：

案准国立北平研究院函开，本院博物馆为发扬文化起见，特设立艺术陈列所，凡关于古今字画金石雕刻等项，有足供研究之价值者，亟愿广为征求，以备陈列，而供众览。贵市政府提倡文化，谅表同情。拟恳鼎力赞助，转饬各教育局暨各学校代为征集或酌予寄赠或暂予寄陈，于精华荟萃之中，收同志观摩之益。兹附上艺术陈列征集物品表五十份，送请查收，分别转发以便依式填注，随同物品寄到，俾资陈列，而广宣传。至应需寄若干，概由本院担任，并请其先行代垫函示，立即汇还，相应函达查觉，见复等因。附表五十份准此，合行检发原表令仰该局遵照，征集径送该院陈列并将征集物品列单报查，此令。

北平研究院博物馆艺术陈列所自 1931 年 5 月 1 日对外正式展出，最初陈列场仅三处，后以陈列品增多，不敷分配，复辟第四第五两陈列场。其各场所在地及陈列品目情形概略如下：

第一陈列场，怀仁堂内外两殿，陈列品大部为碑帖拓片，各处送陈之名胜照片，及北平庙宇壁画等。

第二陈列场，福昌殿正殿内，原陈古今字画及先贤手泽等。

第三陈列场，延庆楼下，陈列品为美术雕刻及烧瓷建漆制品。

第四陈列场，福昌殿西殿内，陈列法国名画石膏及大理石雕塑像。

第五陈列场，福昌殿东殿，陈列油画水彩及辋川图卷等。

值得注意的是，在第四陈列场中已经明确注明陈列品为法国名画、石膏及大理石雕塑像，可以说，此时有关此项藏品数量的搜集已经达到一定规模，故而有辟为专场之必要，这在国内当时以学术机关收藏外国艺术品并能专场专题长期展出，较为罕见，值得引起美术史研究者的重视。与此相关的例证还有下列几项：

1932 年 9 月 25 日，北平大学艺术学院教授王静远举行个人雕刻展览会，

北平研究院院长李煜瀛（石曾）

展出地点即在中海怀仁堂国立北平研究院陈列室第四陈列场。展出作品有石膏人类模型、玩骰、悲愁、弄箫女像及孙中山先生石膏像等。这些雕塑作品曾在杭州展出，颇得好评，此次展出后，即赠该馆以作永久陈列。这正与前印王静远赠送博物馆雕塑作品往来函件内容相吻合，可惜不知这些作品以后的下落为何。

1935 年 8 月，该馆“新由法国购运绘画照片及油画名作二百五十幅。刻正装潢整理，并作说明。一俟工作完成，拟即分陈福昌殿东西两殿内，公开展览。以该两殿之位置光线陈列画片，较为适宜也”。[13]

即在刊登这则消息的原刊中，还刊登了一幅《博物馆陈列法国油画之一（吕贝珈）》图版，笔者将此图发陈丹青先生辨识作者及回忆中央美术学院陈列馆中是否收藏此画作，经陈先生对该图反复鉴赏后认为：“几乎是 17 世纪末 18 世纪初的作风，是莆桑一路的延续，很好的一幅画。不知这幅画现在在哪里？孙佩苍收藏中，以我记忆，只有 19 世纪画，没有更早的。但年头实在久了，我不相信自己的记忆。”查这幅题名《吕贝珈》的油画作品，与苏格兰历史小说家沃尔特·司各特（Walter Scott，1771—1832）的著名长篇历史小说《撒克逊劫后英雄略》（现译为司各特的《艾文荷》，1819 年出版）当属同一题材。该书经林纾译述，1905 年 10 月由商务印书馆出版。林氏对犹太女郎吕贝珈“洞明大义，垂青英雄。又能以坚果之力，峻斥豪暴”大为赞赏，并以传神之笔，尽情描绘：“夫以吕贝珈之美，在英国中固第一，……身段既佳，又衣东方之衣饰，髻上束以鹅黄之帕，愈衬其面容之柔嫩；双瞳剪水，修眉入鬓；准直颐丰，居中适称；齿如编贝，柔发作圆瓣，被之肩际；缟颈酥胸，灿然如玉；衣波斯之锦，花朵如生，合众美为一。”以这段文字对应画作内容，或许有助于对作品的理解。

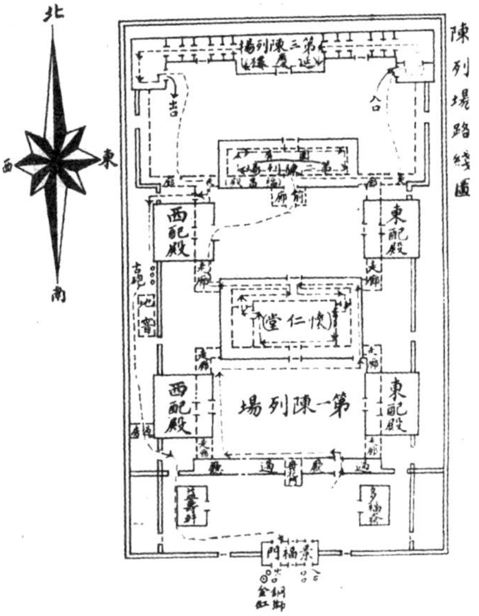

国立北平研究院博物馆艺术陈列所路线图

1936 年 3 月 28 日至 4 月 18 日，中德学会在国立北平研究院博物馆艺术陈列所举办德国绘画展览会，展出德国著名画家所作绘画多种，并德国精印绘画品一百五十余幅，印画极工，参观者颇为踊跃。

北平研究院博物院艺术陈列所之所以能够有系统地搜购欧洲艺术品，固然与其“发扬文化”的办所宗旨有关，同时也应看作是 20 世纪初期蔡元培倡导的艺术代宗教学说、李石曾等人创办中法大学为国家培养精英人才以及李石曾、李书华等主办北平研究院学术机构三者之间相互交融的最佳体现。从 20 世纪初期西画东渐的美术思潮中，将西方美术作品介绍于国内，建立中国博物馆、美术馆，以便成为推动中国美术发展的参考物，是那一代留学欧洲的艺术学子共同的心愿，这在徐悲鸿、王子云等人的论述中均有体现，颜文樑、王临乙、吴作人等从国外购置艺用石膏像用于美术院校教学，孙佩苍等人搜集绘画原作及印刷品意在编写艺术史书籍及建筑美术馆，1936 年南京建成国立美术陈列馆，这与国立北平研究会在此前后从欧洲购置艺术品都可看作是这一历史潮流下的同一作为。

三、中国科学院的建立及北平研究院博物院艺术陈列所藏画的转移

早在七七卢沟桥事变的前一两年，日本侵略者的野心十分明显，随着北平地区的形势日益险恶，为保障学术研究工作的进行，北平研究院决定陆续将部分研究机构迁离北平。七七事变后，该院无法在原址继续工作，各研究单位和行政单位立即进行内迁。1938 年 4 月，副院长李书华在昆明设立一办事处，其时因战事影响，该院的经费曾停发数个月，随后各项经费均减成支付，博物馆等机构因经费紧缩而停办，馆内藏品随之流散。其中法国油画作品等被部分移交王石之任校长的国立北京艺术专科学校。

查1942年3月25日北京《新民报》刊登《艺专古美术展览》报道，大致可以了解到部分藏品的流存情况：

（本报特讯）国立北京艺术专科学校，以该校于去岁冬间，曾由教育总署令将北平研究院之油画多幅移归保存，该项油画具系法国古名家遗作，为近代罕见之品，名贵异常，为求公开鉴赏起见，决将其陈展，并征集教职员同人私家所藏古书画及古美术工艺品等项，都凡一百数十件，如莫高窟发现之唐代佛画四帧，宋马远翎毛松鹊图，五代北宋李营邱山水，元人仿关同山水，五代后蜀黄荃双鹿图，及明代文徵明、八大山人、石涛、陈老莲、唐六如、蓝瑛、沈石田等作品，概属古代佳构，此外并有陶瓷、工艺品等，定于明（二十六）日起至二十九日止，在东总布胡同该校举行古美术展览会四日，并于今（廿五）日举行预展，只招待京中各机关领袖及各界闻人到校参观，请柬昨日已分别发出云。

这批移归国立北京艺专的法国油画作品具体数量不详，如果不出意外的话，应当在抗战胜利后继续由临时大学第八分班及徐悲鸿接收重建国立北平艺专时延续保存，与之后自中国科学院划归中央美术学院的多幅法国油画原作，同属于北平研究院旧藏的一部分。

抗战胜利后，北平研究院及其机构陆续迁回北平。在该院总办事处编印之《国立北平研究院抗战及复员期间工作概况（民国二十六年至三十六年）》[14]各机构设置中，已不见有博物馆各陈列所之记载，更无藏品去向说明。1949年2月间北平市军管会文化接管委员会对北平研究院进行接管，同年11月，中国科学院在北京成立，郭沫若为院长。原北平研究院的各机构皆归入中国科学院，隶属于政务院下的文化教育委员会。同时宣布：北平研究院及中央研究院的名称即日撤销，北平研究院从此不复存在。北平研究院在活动的20年中，遵循其创始人李煜瀛拟定的“学理与实用并重”的宗旨，以实行科学的研究，促进学术进步为其任务，取得了令人瞩目的成就，其中

即将竣工之国立美术陈列馆（1936）

也应当包括1930—1937年以来自欧洲搜集之艺术品（含油画原作、画作印刷品及雕塑作品等），对这些作品的研究和集中陈列展出，势必对美术院校师生教学、观摩，为普通观众欣赏到西方艺术作品起到良好的借鉴、宣传作用。

1951年底，美术史学家、诗人常任侠经过华北人民革命大学政审通过后，返回中央美术学院接任图书馆主任职。不久，适逢中央根据毛泽东指示开展“反贪污、反浪费、反官僚主义”之三反运动，全国各地积极响应，文教系统亦闻风而动，上至文化部长，下至基层人员，自我检讨，联合动员，展开一场轰轰烈烈的清查活动。常任侠不仅对管辖内的图书馆收藏做过逐一排查，还经常参加院外的一些相关会议（浪费展览会、揭发处理贪污分子大会、讨论打虎策略会等），接收团体或个人的图书、文物捐赠、转让，为丰富馆藏建设奠定了厚实的基础，较为重要的有原辅仁大学教授张怀捐赠的古籍线装书、傅惜华与周作人部分藏书、郑振铎自印度购置的艺术图书、古董商人方雨楼遗存字画及孙佩苍购藏之美术印刷品等。他在晚年的一篇回忆文章中是这样记述的：

自1952年起，我兼中央美术学院图书馆长，为馆收集不少珍贵书物、古艺术品。其中重要的是孙佩苍在欧洲德、法等国为过去北平研究院收集的一批名画家的油画，解放后归科学院。某日我去看郭老，恰逢在仓库中取出。这在中国保存的名画家的原作还是稀有的。我签呈郭老划归中央美术学院，可以发挥更大的作用。经郭老批准，即由图书馆以车运来，这成为后来美院展览馆的基本藏品，其中也经过本院美术家的修整，并把这些原来的宝贵画框，也修理一新。其后孙佩苍家中所藏一大批西洋名画原大的印制品，也收归本院。这些美术品印数甚少，其第一二张，例归该国美术馆保藏。

国立北平研究院博物馆陈列法国油画之一《吕贝珈》

孙氏在前数张中选购，仅下真迹一等，也甚不易得。徐悲鸿先生常盛赞孙氏的辛勤和精鉴，在他身后由本院保藏这些珍品，也出于故院长的教导。[15]

查阅常任侠1952年日记，他首次见到中国科学院藏画的时间为4月21日：参观“科学院贪污展览会，……科学院所购欧洲油画多幅，有损毁者。又桥川所藏宋版书，宋翔凤书扇等，放仓库中，多被毁，可惜之甚”。为搞清楚这批藏画的来源，他向此时任中国科学院语言研究所研究员的吴晓铃（1914—1995）询问情况。抗战胜利后，他们曾经同为印度国际大学中国学院教授，在治学、收藏图书上有着相近的志向和爱好，私交很好。具体办理接收是在10月16日，日记中留下这样一则重要文字：“上午赴科学院取来西洋油画十三件，晤郭沫若、钟潜九。”[16]

里昂中法大学大门

常任侠与郭沫若相识于日本，1935年12月11日，在日本东京帝国大学进修的常任侠专程前往千叶市川须和田町郭沫若寓所进行了拜访，从而结下了深厚的友谊。抗战爆发后，他们同在武汉政治部三厅从事抗日宣传工作，1939年后共同参与过挖掘整理重庆汉墓遗物，留下多篇研究论文和唱和诗篇，再加上他们都与徐悲鸿关系密切，当1952年国内外政治风云变幻的背景下，遇到这批不为所重的西方油画作品，存之仓库又有浪费之虞，不如移交中央美术学院，物为所用，一举两得。从1948年底徐悲鸿曾频繁参加在中南海北平研究院总办事处举行之平津国立院校长谈话会，并与院长李书华有过交往的情况来分析，徐悲鸿对该院收藏有孙佩苍经手购置欧洲油画的情况是略知一二的，由常任侠出面向郭沫若建议并得首肯，或许就有徐悲鸿的意愿在内——此时徐氏身患重病不利出行。事实上，早在这年初的一次常郭偶遇交谈中，就为此事的成功进行了铺垫。

1月20日，常任侠与郭沫若偶遇公园，品茗且谈，兴致甚畅，其话题涉及孔墨评论、奴隶制度社会问题、故宫博物院购归“二希”、中央美术学院整风情况、创作题材诸事，当常“告以油画亦受批判，同人中谓油画艺术，未经群众批准，亦是资产阶级之物。郭谓表现大幅，终非油画不可，如主题正确，则群众应亦喜爱也”。正是郭沫若对油画作品所具有的社会教育和艺术功能的高度认识，得此机缘，故而成就了这段艺坛佳话。

常任侠晚年回忆这段经历时，“犹记往科学院，见欧西原作名画四十余幅，保存不善，致有残损，吾请郭老批归美院，以车载来，价值甚巨。在中国甚不易得，此盖过去科学院派遣孙佩苍在法国坐收得之。又孙佩苍藏画千张，亦收归美院。辅仁大学教务长张怀博士，藏章回小说多珍本，明刊《一片情》为海内外孤本，闻其遭批判，惧散失，吾往请归美院，张氏慨允，以车载来，此皆未费一钱，得此珍物。他如朱启钤旧收，周作人苦雨斋旧藏，陶兰泉藏金石旧拓，皆由吾收得，此可以自慰矣”。(17)这里谈到的画作“四十余幅”与最初记录的“十三件”数目有差误；“孙佩苍藏画千张，亦收归美院”之语，实为画作印刷品。而当年中央美院领导层对搜集中外作品有着分歧，仍从常任侠1952年9月19日的日记中可以看得出：“上午八时赴馆办公。谈方雨楼遗画《番王按乐图》《岳阳楼图》需价五千万，丁井文颇热心，欲为学校购之，但江丰不同意。又谈孙佩苍所藏画，恐亦无结果。此两君者，生前一爱中画，一爱西画，吾院皆与之有关系，徐悲鸿先生之友也。”此处谈到的孙佩苍藏画，正是孙元《寻找孙佩苍》书中提到的成都画展遗失与中央美院扣留不还之后者，因本文侧重点在于探讨孙佩苍为国家学术机构搜集外国美术作品这一史实，以期研究者对孙氏收藏美术品的意义有所新的认识，故而对孙佩苍另外两条收藏线索容当别论。

国立北平研究院正副院长及博物馆艺术陈列所全体职员

中央美术学院美术馆王璜生馆长在《馆藏国立北平艺专精品陈列前言》中坦言：

“北平艺专”递延多变，档案及作品的收藏极为单薄零散，再加上相应的保护、整理措施简率粗陋，以至于应有的相关收集、整理、复制、保护、研究、展示、出版等工作都没有在规范的基础上较好地开展。[18]

本文中提到的1941年、1952年由国立北京艺专、中央美术学院两次接收到北平研究院旧藏的欧洲油画作品的经办手续、登记簿等历史记录是否存留？北平研究院寄中法大学校长孙佩苍委托代理搜集欧洲艺术品的函件是否存档？这些看似流传有序的藏品都是经过孙佩苍之手抑或另有途径？等等，有待于进一步深入发掘史料，在此基础上做出合理的解释。

甲午处暑于京城元大都城垣遗址

注释

（1）2011年翰海拍卖公司春季拍卖会推出的“孙佩苍家族收藏徐悲鸿油画

珍品专场”，其中《孙慧筠画像》《坐裸女》和《参孙与大莉拉》为重量级作品。孙元著《寻找孙佩苍》，广西师范大学出版社，2014 年 4 月第 1 版。

（2）参见《本院各部会所组概况及要闻》，《国立北平研究院院务汇报》第 3 卷第 4 期，1932 年 7 月。《北平研究院院务汇报》，双月刊，全年六期为一卷，自 1930 年至 1936 年，共出版七卷。

（3）王静远（1893—1968），辽宁海城人。早年在北京江亢虎办的内城传习所学习，1921 年经蔡元培推荐赴法国勤工俭学，毕业于法国里昂国立美术专门学校雕塑系，为我国赴法学习雕塑的第一人。1928 年回国后历任国立西湖艺术院和国立北平艺专、中央美术学院教授。

（4）《中法大学之成绩》，《世界日报》1927 年 7 月 18 日第 6 版。

（5）《里昂中法大学近闻》，上海《申报》1930 年 9 月 30 日第 8 版。

（6）《里昂中法大学考试成绩》，上海《申报》1929 年 10 月 9 日。

（7）李尘生，《欧华学报》1983 年第一期。

（8）董希白：《里昂中法大学本年国庆国画展览志盛》，《中法教育界》1930，Num.38。

（9）《国立北平研究院院务汇报》第二卷第二期，1931 年 3 月。

（10）《国立北平研究院院务汇报》第五卷第一期，1934 年 1 月。

（11）《国立北平研究院院务汇报》第二卷第六期，1931 年 11 月。

（12）1932 年 6 月 5 日北平《京报》《华北日报》。

（13）《国立北平研究院院务汇报》第 6 卷第 5 期，1935 年 9 月。

（14）《国立北平研究院抗战及复员期间工作概况》，北京档案馆藏，卷宗号 J004-001-01792。

（15）《冰庐失宝记》，该文作于 1989 年 11 月 6 日。收入端木蕻良、方成编《说画集》，中外文化出版公司 1990 年 12 月第 1 版；郭淑芬、常法韫、沈宁编《常任侠文集》（卷二），安徽教育出版社，2002 年 2 月第 1 版。

（16）《常任侠日记集·春城纪事（1949-1953）》，郭淑芬整理，沈宁编注，台湾，秀威信息科技股份有限公司，2013 年 12 月第 1 版。

（17）常任侠日记，1984 年 2 月 27 日条，未刊稿。

（18）《艺术》2013 年第 5 期。

附录15

傅斯年致胡适残信考

蒋向宇

致胡适（残）

（无年月日残信，无签名。）

……此稿文字，已照昨日谈话会中同人提出各点改过。

此为密件，切勿向会外人露布。

昨日谈话会中签名者有：胡景伊、张君劢、左舜生、范锐、褚辅成、张澜、于明洲、钱端升、王家桢、王近信、傅斯年、罗隆基、梁漱溟、罗文幹、黄建中、朱之洪、陈启天、周士观、余家菊、陆鼎揆、吴绪华、王卓然、奚伦、邵从恩、杭立武、张忠绂、谭文彬、高惜冰、孙佩苍、张申府，凡三十人。

兹为求今日签完发出，分数份传观……

（据抄件，原件存中国社会科学院近代史研究所）

这是《傅斯年全集》第七卷（湖南教育出版社，2003 年 9 月）第 393 页收录的一封傅斯年先生写给胡适先生，日期和背景均不确定的残信。于是笔者斗胆从以下三个方面进行初步界定：

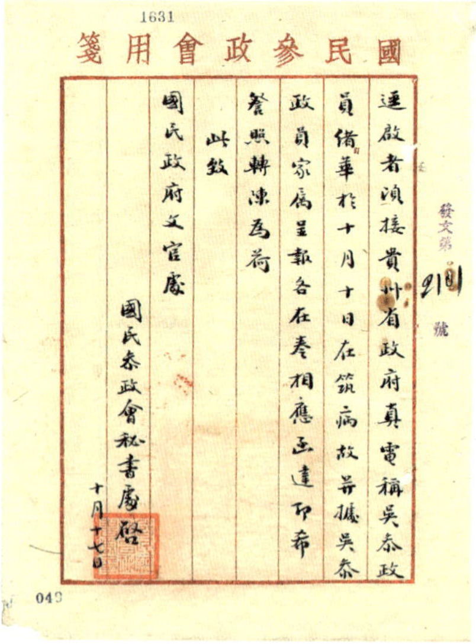
1631

國民參政會用箋

逕啟者頃接貴州省政府真電稱吳參政員緒華於十月十日在筑病故并據吳參政員家屬呈報各在案相應函達即希查照轉陳為荷

此致

國民政府文官處

國民參政會秘書處啟

十月十七日

發文第2181號

049

国民参政会秘书处就参政员吴绪华病故函达国民政府文官处

1. 时间

查信中提及的三十位签名者，去世最早的为吴绪华先生。据《吴绪华先生传略》一文（《贵阳历史研究》贵州人民出版社，1996）记载，吴绪华先生于 1939 年 8 月 28 日病逝，《国民参政会第五次大会纪录》记载，贵州省政府二十八年十月十一日电：吴参政员绪华于十月十日逝世。实际 8 月 28 日为农历，由此可推断该信应写于 1939 年 10 月 10 日（农历八月二十八日）之前。

2. 背景

据国民政府 1938 年 6 月公布的第一届国民参政会参政员名单，胡适先生以及三十位签名者均为第一届国民参政会参政员。

查陆鼎揆、吴绪华、于明洲、张申府等仅为第一届国民参政会参政员，之后各届未再担任。三十人不局限于某个党派，如张君劢、罗隆基、陆鼎揆为国社党，左舜生、陈启天、余家菊为青年党，褚辅成为中间党派，张澜为无党派，梁漱溟为乡建派，张申府为救国会……三十个不同党派而又都是参政员的人士在一起开会，推测信中提到的谈话会很大可能应为国民参政会第一届第一至四次大会中的某次大会期间的某次谈话会。（第一届国民参政会的五次大会：第一次大会 1938 年 7 月 6 日—7 月 15 日 汉口，第二次大会 1938 年 10 月 28 日—11 月 6 日 重庆，第三次大会 1939 年 2 月 12 日—2 月 21 日 重庆，第四次大会 1939 年 9 月 9 日—9 月 18 日 重庆，第五次大会 1940 年 4 月 1 日—4 月 10 日 重庆。）

3. 动机

据《胡适日记》《胡适年谱》，1937 年 7 月 11 日见蒋介石，随后参加庐山谈话会。28 日返南京。8 月 13 日被聘为国民政府国防参政会参议员。9 月起，受蒋委托，以非官方身份出游欧美，做非正式的外交工作。1938 年 1—7 月在美国及加拿大游历及演讲，7 月 13 日乘轮船赴欧洲，转游法国、瑞士和普鲁士，9 月 17 日，国民政府任命其为驻美全权大使。10 月 3 日由欧返抵纽约，5 日赴华盛顿就任。任驻美大使到 1942 年 9 月，且之后一直到 1946 年 6 月才由美动身回国。由此可见，胡适先生虽然为国民参政会第一届参政员，但并未参加国民参政会第一届的五次大会。

查“国史馆”档案 [卷名：国民参政会任免（一），数位典藏号：001-032100-0005]，1939 年 5 月 5 日，中国国民党中央执行委员会秘书处发函给国民政府文官处：国防最高委员会及行政院先后函称：国民参政会参政员胡适已被任命为驻美大使，而国民参政会组织条例规定：现任官吏不得为参政会参政员。5 月 9 日，国民政府文官处又发函给国民参政会秘书处并复函中央执行委员会秘书处：国民政府批，胡适应解除参政员职务。5 月 18 日，国民

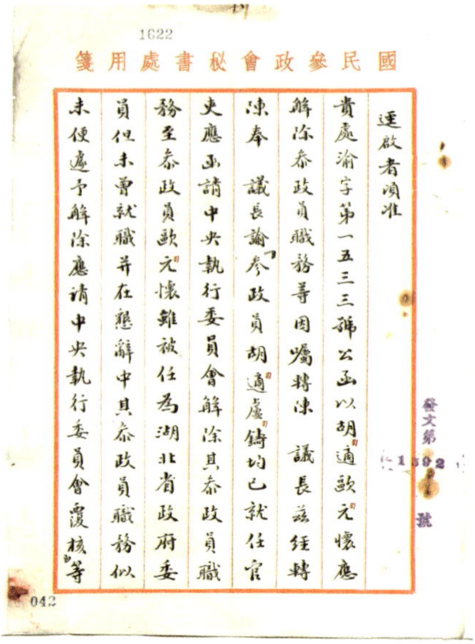
1622
國民參政會秘書處用箋
逕啟者頃准
貴處渝字第一五三三號公函以胡適、歐元懷應
解除參政員職務等因囑轉陳
議長茲經轉陳
議長諭「參政員胡適、盧鑄均已就任官
吏應函請中央執行委員會解除其參政員職
務至參政員歐元懷雖被任為湖北省政府委
員但未曾就職並在懇辭中其參政員職務似
未便遽予解除應請中央執行委員會覆核」等
發文第1592號
042

国民参政会秘书处函请中央执行委员会解除胡适参政员职务复函国民政府文官处

参政会秘书处复函国民政府文官处：参政员胡适已就任官吏，应函请中央执行委员会解除其参政员职务。

据《胡适年谱》（曹伯言 季维龙 编著，安徽教育出版社），1938年7月30日写信给傅斯年，信中说：“我自己受‘逼上梁山’（按：指之前蒋介石发电报给胡适，要他出任驻美大使），你们当有所知，何以都不电告你们的意见。……”

另据《胡适与傅斯年》[（台湾）王汎森《胡适研究丛刊 第3辑》，耿云志主编，1998]，1939年5月24日胡适给傅斯年的一封信说：“国中形势，我甚盼你多给我消息。此一年之中，全赖（翁）诩儿与我通电。徐新六与蒋廷黻的信都很重要，可惜新六死了，而廷黻太多成见、太悲观，所以我深盼你写信给我。”

由此可初步判断，1938—1939年间，傅斯年很少给胡适写信。《胡适来往书信选》所收录，1938—1939年仅有1939年8月31日傅斯年致胡适的一封信，虽然不是书信全集，但也能在某种程度上印证上述判断。

所以分析此信可能仅仅是向不在国内的参政员胡适就该次谈话会内容进行告知而已。

深入查找

查《胡适日记全编 7　1938—1949》《胡适日记全集 第7册 1934—1939》《胡适的日记 手稿本 第13册 1936年1月—1938年12月》《胡适的日记 手稿本 第14册 1939年1月—1940年12月》等均未查到收到此信的记载，三十位签名者的日记、年表《褚辅成年谱长编》《张君劢年谱长编》《左舜生年谱》《张澜年谱》《张澜年谱新编》《张澜先生年谱》《梁漱溟书信集》

《梁漱溟先生年谱》《余家菊先生论著 第7辑 余家菊先生日记手稿》《所忆张申府回忆录》等亦未有该谈话会的记录，还有《傅斯年文物资料选辑》《胡适之先生年谱长编初稿》《胡适年谱》（耿云志编）、《梁漱溟日记》没有找到，未能查阅。

据《翁文灏日记 上》（中华书局，2010）载1938年12月11日日记：

傅孟真（按：傅斯年）交阅七月十二日上蒋攻孔（按：孔祥熙）函，又十一月上蒋（按：蒋介石）书，参政员五十二人署名，请：（一）明定各部署职权，以清责任；（二）严考诸大政负责人之功过与声名，分别进黜。后件署名者为：胡景伊、张君劢、范锐、傅斯年、张一麐、褚辅成、张澜、罗文幹、王家桢、钱端升、罗隆基（《翁文灏日记选》，《近代史资料》总第103号第118页记载为罗济生）、梁漱溟、杭立武、张忠绂、马君武、胡石青、余家菊、胡元倓、王造时、梁实秋、杨振声等五十二人。

这里写明署名共五十二人，但名单只有二十一人，尚有三十一人未写全。残信中写到“昨日谈话会中签名者有……兹为求今日签完发出，分数份传观”，看来署名的三十人应为谈话会中签名者，之后传观应会有更多签名者。且残信署名人员与该日记记录的署名者重叠的比例很高，据此，我们很自然地会把残信与翁文灏日记里提到的傅斯年上蒋书联系起来。

水落石出

于是查“国史馆”档案[题名摘要：胡景伊张君劢左舜生等函蒋中正请明订主要部署职权及严考国家大政负责人功过等，数位典藏号：002-080101-00022-008]，也即翁文灏日记里提到的傅斯年上蒋书，照录全文如下：

介公委员长赐鉴！

初夏屡获侍座。

高山仰企，景佩弥深！时日推迁，又复三月。瞻念我公乾惕劳勤，导率抗战，以一身而支全局，凭精诚以敌众难，国命赖以不坠，前途尚有可为。静言思之，感激涕零，再造邦族，我公是望！犹忆去年十二月南京陷落后，人心惶惶，赖我公镇定布置，卒开第二段抗战之局。今广州不守，武汉撤退，人心再度摇动，谣诼于以繁兴。

此时亦非我公镇定布置，明示国策，无以安众心而资抗战。此固不待景伊等言之者也。又广州沦陷，情况不明，江上久战，损失颇多。必收拾力量，减少遗失，以为下一期抗战之资，更速补缺陷，全盘布置，以开下一段有利之形势。此中节目，我公尤明晰无遗，亦不待景伊等备述也。惟军事之成功，系乎政治之运用，政治若有重要之缺陷，则虽具精兵良将，效命疆场，无以操胜利之左券。我公之领导将士，布置战略，国人上下对之不特未有间言，亦且服膺信赖，若政务各端是否妥善，则有不能默尔者，今危急至此，更不敢不贡此丹心。景伊等追维年余以来抗战之经过，以为政治之最大症结，约有两端，敢析陈之。

一、明定各主要部署之职权，以清责任，而责事功。吾国历久之积习，每只问人而不问制度，故一事而属之数人，庶事或综于一手，下夺上权，上侵下职，积习既久，浸成淆乱。凡事之有利可图，有权可把持者，群争而众夺之，凡事之无利可图，无权可把持者，群去而众遗之。凡事之责任重大，乃至关系国家安危者，每自设法而避去之。及事之既坏，遂无以指明负责之人，而正其罪。且因此发生之摩擦，既坐失时机，更每引起甚危险之人事纠纷。举例言之，数月来对外贸易之未有成绩，其责任在行政院长乎，抑在经济部长乎，抑在贸易调整委员会乎？西南交通事项之进展不速，其责任在交通部乎，抑在他人乎？又如西南三省应统筹之事项，其责在行政院长乎，抑在重庆行营主任乎？又如今日之外交部，国人皆指为不努力，而外部自谓权不在手，故只能如书办之坐待吩咐，其信然乎？充此习惯，恐已有机构亦失作用，遑论改善？夫一手而操庶事，一事而归数人，固无人可尸其功，亦无人肯任其过，驯致上下推诿，左右争执，此在承平之时已可为之寒心，此时尤不足以应付战局也。景伊等不揣愚憨敢请我公严明指定各事之负责人，且明定职权，其功归之，其过亦归之，既不容越职，亦不容避责。此所以增效能，振纪纲者也。

二、严考关系国家存亡诸大政负责人之功过与声名，分别进黜，以固人心，而增国力。景伊等备位议职，深自思维，实觉目下政治之缺陷，虽有关机构，固鲜在政策，而在人事者实为最大。盖虽有良善政策，若执行者不得其人，终于存亡无补也。抗战以来，论外交则当事者之努力似尚有所阙，长持松懈坐待之态度。论财政则筹款借款每有贻误，致失时机，只取坐吃山空之办法。所有因迟缓、疏忽、懈怠，以及人事纠纷而召致之损失，不可不归咎于人之不称职也。即如行政院长之大任，在平时已略如外国之首相，此时尤关战事之前途。若其人一切措施不副内外之望，则国家之力量因此减少者多矣。夫政策决在中枢，大计秉之我公，景伊等衷心信赖，然若执行者不得其人，恐亦无益于国事也。

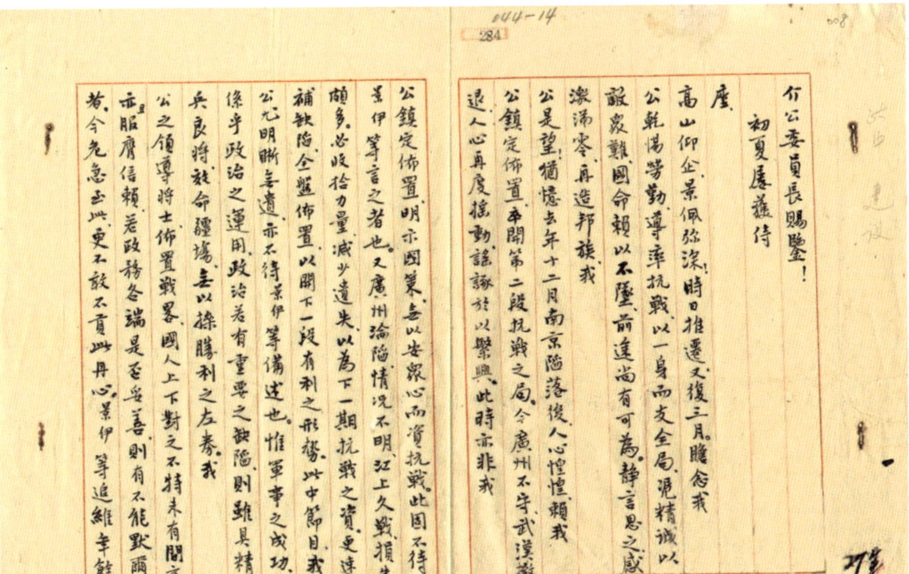
介公委員長賜鑒！初夏屢蒞侍座，高山仰企，景佩弥深！時日推遷，又復三月。瞻念我公乾惕勞勤，導率抗戰，以一身而支全局，況精誠以啟衆難，國命賴以不墜，前途尚有可為。靜言思之，感激涕零，再造邦族，我公是望！猶憶去年十二月南京陷落後，人心惶惶，賴我公鎮定佈置，奉開第二段抗戰之局。今廣州不守，武漢撤退，人心再度搖動，謠諑於以繁興，此時亦非我

公鎮定佈置，明示國策，無以安衆心而資抗戰。此固不待景伊等言之者也。又廣州淪陷情況不明，江上久戰，損失頗多，必收拾力量，減少遺失，以為下一期抗戰之資，更速補缺陷，全盤佈置，以開下一段有利之形勢。此中節目，我公尤明晰無遺，亦不待景伊等備述也。惟軍事之成功，係乎政治之運用。政治若有重要之缺陷，則雖具精兵良將，效命疆場，無以操勝利之左券。我公之領導將士，佈置戰略，國人上下對之不特未有閒言，且服膺信賴。若政務各端是否無善，則有不能默爾者。今危急至此，更不敢不貢此丹心。景伊等追維年餘

傅斯年上蒋书

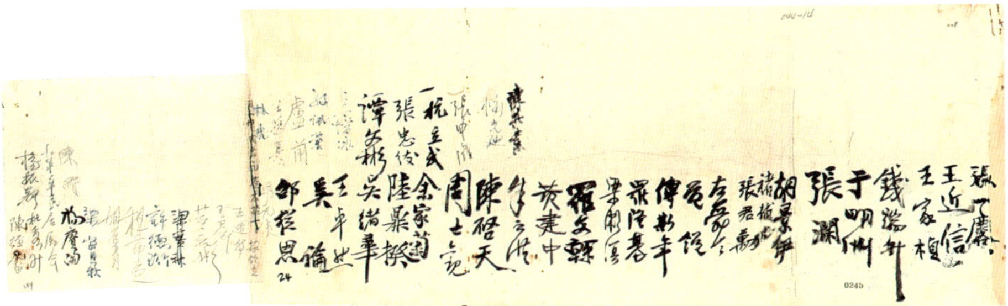
張一麐 王近信 王家楨 錢端升 張瀾 胡景伊 陳啓天 周士觀 余家菊 陸鼎揆

附呈之五十二人签名原纸

景伊等报国无术，忧国弥深，至于今日，不能不尽其所欲言。此固以求心之所安，亦由我公精诚感召，仰企佩戴，而不能自已也。上列各事，未便于会中讨论，以滋误会，故密陈左右，未使外知，谨呈

鉴察，万幸万幸！专此，敬叩

钧安！

胡景伊 张君劢 左舜生 范 锐 傅斯年 张一麐 褚辅成 张 澜

罗文幹 王近信 王家桢 钱端升 于明洲 罗隆基 梁漱溟 黄建中

陈其业 朱之洪 梅光迪 陈启天 张申府 周士观 杭立武 余家菊

张忠绂 陆鼎揆 谭文彬 吴绪华 高惜冰 王卓然 孙佩苍 奚 伦

卢 前 邵从恩 王葆真 林 虎 胡元倓 茹欲立 王造时 马君武

黄元彬 许德珩 程希孟 胡石青 梁实秋 陈 时 杨赓陶 韦卓民

居励今 杨振声 杜秀升 陈经畬

共五十二人谨呈 廿七年十月三十日

再陈者：此启中各意见均系于十月二十四日谈话会中同人发表，当指定七人起草，经数次讨论修改，于廿七日谈话会中决定本文，并于是日谈话会及卅日聚餐会中签毕，所有签名原纸附呈

钧览

至此，终于水落石出，傅斯年残信中署名的三十人均在该五十二人名单里，残信应为就1938年10月第一届国民参政会第二次大会期间联名上蒋书一事，写信告知胡适先生。残信中署名的三十人为27日谈话会中署名的，后在30日聚餐会中又有二十二人署名。且由档案中所载“上列各事，未便于会中讨论，以滋误会，故密陈左右，未使外知”，讨论及署名该上蒋书的谈话会及聚餐会均应非在国民参政会上，而是在参政会下的私人聚会。

附录16

十五届赴法学生团之组织

法邮船包岛斯号，今日由日本进口，七日开赴马赛。此次华法教育会拟送俭学生男女共百七八十人，前往巴黎留学。日前该会已摄影志别，兹悉此届赴法学生有鉴于以前赴法者之各种困苦，均因无团体之组织，特于上月三十一日，假华法教育会开十五届赴法学生团成立大会，到者男女不下二百人，当时议决颇夥，兹将其有关留学放洋者志之于下：

（一）简章

（1）名称　定为中华民国十五届赴法学生团。

（2）宗旨　以联络感情、互相扶助为宗旨。

（3）组织　由本届赴法男女学生组织之。

甲、分组，全团分为ABCD……若干组，每组十人，由团员自由组织之。

乙、代表，每组公推长于外国语者一人充之，再由各组代表公举总代表三人，以为重要事项发生时，代表全体意见于对待方面。

丙、设文牍会计各一人，执行本团文案及出入收支各项等事宜。

（4）经费　本团须用经费时，由各组平均负担，交总会计。

（5）规约　团员有不正当举动，得由代表规劝之。

（6）成立　本团于出发前一星期正式成立。

（7）附则　本简章自公布日施行，抵巴黎即行废止。

（二）筹备

甲、各组员之行李，用A1A2B1B2……代之，有各组守望员看护之。

乙、船位闻有好歹，若不事先为之支配，必纷扰于临时，故目下由代表编定AB……依次登轮。

丙、分全团为十六组，每组十人，公推组长，长于外国语者一人充之。

丁、总代表三人：顾尧阶、沈立成、李昌熙。文牍兼会计一人江世义。

戊、各组分代表：A组董鸿才、B组谢树英、C组冯克毅、D组江世义、E组宋德璋、F组顾尧阶、G组张明、H组杨兴（培？）、I组黄恒光、J组陈（恒？）夫、

K组李恒安、L组董效舒、M组卢宗藻、N组郭庆云、O组柏劲直、P组刘德襄。

1920年11月6日《申报》第十版。

1920年11月8日《京报》第三版以“十五届赴法学生团”为题，内容相同。

十五届赴法学生姓名录

华法教育会第十五届赴法学生一百九十七人，将于今日（1920.11.7）乘法邮船包岛斯号起行，兹将此届学生姓名录下。

奉天：（俭学）李一民、金用桢、金载勋、李晶燮、钱鸿达、方之化、徐岭海、包咸采、李浩、金永潞、崔昌显、濮守重、李龙济、韩秀龙、狄一华、郑锡海、许元、卢凤麟、袁亨泽、庄源林、金钟声、徐尚璋、冯兆异、于锡恩、孙佩苍

（勤工）刘文彦；

浙江：（俭学）王行素、沈立成、周昌炽、胡封、童致和、刘德襄、沈颂年、褚凤仪、张镇谦、周经楷、毛宾、陈孝可、徐贤焯、周恩来

（勤工）王光埏、郭颂铭、乔国儒、邓孝勤、张明、章明、田有秋、周志恕、陈修杰；

安徽：（俭学）邓穆、王若怡

（勤工）董桂阳、沈宜壬、汪同祖、董效舒、刘树屏、张明德、张正道、章韫胎、曹自谦、吴本智、杨杰（后改名杨洁）、杨刚、江世义、陈坦夫、李昌熙、刘文騄、姚保之、方涛（焘）；

直隶：（俭学）郭梦吉、赵曾隆、李福景、王晨、姜般若、张少武

（勤工）张呈祥、巴广亨、孙寿朋、张湜、张进辅、张德刚、李廷钊、王道宣、孙岳峰、尚鋕、张见超、李泽棠、郭庆云、卢宗藻、戴仲虎、武肃、翟薪传、胡兰馨、张汝鉴、蔡无、李恒安、齐锁庄、王守义、张汉文、段其燕、叶云启、邓毓珩、佟宝铭、钱启福、钱家鼎；

湖南：（俭学）蔡（苏）曜庭、余平、陈泮藻、娄砚斋、黄聚星

（勤工）萧振声、潘融、冯克毅、彭树茂、黄雄；

湖北：（俭学）董鸿才、董瀓才

（勤工）傅祖霖、陈镇瀛、程士斌、李林、周家襄、林永裕、游华国、

杨兴培、庄世法、袁敦怀、刘崇厚、王泽润、宁守恪、陈声煜；

江西：（俭学）刘克俊、金树章、谢承瑞

（勤工）李凌鹤、汪恩广、黄国俊、谢远灞、王仍、郭志汾、陈发祥；

四川：（俭学）左绍先、宋德璋、施玮

（勤工）缪仁、傅钟、黄恒光、何肇绪、李霦、杨槭、卢丕谟、宋法明、舒辉暲、熊天锡；

江苏：（俭学）郑德祺（麒）、陈廷辉、刘大绶、徐鼎、吴坦

（勤工）左元华、孙锐、孟稜崖、邱炳生、顾尧阶、沈沛霖、邓开举、杨品荪、柏劲直、于履中、姚亮、朱增璞；

河南：（俭学）丁肇青

（勤工）钮秉甲、张景仲、赵汉鼎、杨中方、李秉煊、王衍会、连成中、赵同功、宋建寅；

绥远：（俭学）李士林、巴文峻

（勤工）阎伟；

陕西：（俭学）李景铭、谢树英

（勤工）李荣春、阎浔、白筮益；

山东：（俭学）孙鹤翔；

贵州：（勤工）殷权、杨开荣；

广东：（勤工）陈天麟；

广西：（勤工）覃仲霖。

又女学生河南：李淏，直隶：郭隆真、张若名。

以上俭学生七十一人，勤工生一百二十三人，女生三人，共一百九十七人。

本名录参照 1920 年 11 月 7 日《申报》第十版“十五届赴法学生姓名录”、1920 年 11 月 7 日《民国日报》第十版“十五届赴法之俭学生”、《安徽教育月刊》1921 年第 44 期“函为留法勤工俭学生请给津贴按名照发由附留法勤工俭学学生发给津贴名单”、《留法纪事：20 世纪初中国留法史料辑录》（周永珍著，国家图书馆出版社，2008 年）、“留法勤工俭学生姓名、批次表”“留法勤工俭学生姓名异同鉴别”及《留法勤工俭学运动（一）》（张允侯、殷叙彝、李峻晨，上海人民出版社，1980 年 10 月）等比较甄别而成。

附录17

民国电报日期代码

电报日期代码是古汉语的韵目。以韵目代日是中国历史上的一种电报纪日方法，以金代编修的《平水韵》的韵目代替日期，一直延用到中华人民共和国建国初期，前后使用了70余年。

1日　东、先、东、送、屋
2日　冬、萧、肿、宋、沃
3日　江、肴、讲、绛、觉
4日　支、豪、纸、寘、质
5日　微、歌、尾、未、物
6日　鱼、麻、麌、御、月
7日　虞、阳、麟、遇、曷
8日　齐、庚、荠、霁、黠
9日　佳、青、蟹、泰、属
10日　灰、蒸、贿、卦、药
11日　真、尤、轸、队、陌
12日　文、侵、吻、震、锡
13日　元、覃、阮、问、职
14日　寒、盐、旱、愿、缉
15日　删、咸、潸、翰、合
16日　铣、谏、叶
17日　篠、霰、洽
18日　巧、啸
19日　皓、效
20日　哿、号
21日　马、个
22日　养、祃
23日　梗、漾
24日　迥、敬
25日　有、径
26日　寝、宥
27日　俭、勘
28日　感、沁
29日　豏、艳
30日　陷、卅
31日　世、引

民国电报月日代码

发报月份用地支（子、丑、寅、卯、辰、巳、午、未、申、酉、戌、亥）代替。

日期	上平	下平	上声	去声	入声
一日	东	先	董	送	屋
二日	冬	萧	肿	宋	沃
三日	江	肴	讲	绛	觉
四日	支	豪	纸	寘	质
五日	微	歌	尾	未	物

六日 鱼 麻 语 御 月
七日 虞 阳 麌 遇 曷
八日 齐 庚 荠 霁 黠
九日 佳 青 蟹 泰 屑
十日 灰 蒸 贿 卦 药
十一日 真 尤 轸 队 陌
十二日 文 侵 吻 震 锡
十三日 元 覃 阮 问 职
十四日 寒 盐 旱 愿 缉
十五日 删 咸 潸 翰 合
十六日 铣 谏 叶
十七日 筱 霰 洽
十八日 巧 啸
十九日 皓 效
二十日 哿 号
二十一日 马 个
二十二日 养 禡
二十三日 梗 漾
二十四日 迥 敬
二十五日 有 径
二十六日 寝 宥
二十七日 感 沁
二十八日 俭 勘
二十九日 豏 艳
三十日 “卅” 陷
三十一日 “世”、“引”

实际电报中常用表示日期的代用字

一日——东
二日——冬
三日——江
四日——支
五日——歌（微）
六日——鱼
七日——虞（阳）
八日——齐（庚）
九日——佳
十日——灰（蒸）
十一日——真
十二日——文
十三日——元
十四日——寒
十五日——删
十六日——铣
十七日——筱
十八日——巧
十九日——皓（效）
二十日——号
二十一日——马
二十二日——养
二十三日——漾
二十四日——敬
二十五日——有
二十六日——宥
二十七日——感
二十八日——俭（勘）

二十九日——艳

三十日——卅

三十一日——世

韵目代日是中国历史上的一种电报纪日方法。清政府开通电报之初，因为发送电报非常昂贵，按字论价，“字字是金”，所以节约用字就非常重要。为此发明了一种新的纪日办法，用地支代替月份，用韵目代替日期。这种方法在电报领域一直延用到中华人民共和国建国初期，前后使用了70余年。在其他领域也有使用，甚至有些人日记都是以韵目代日。历史上一些著名的事件也是以此命名的，如：马日事变、灰日暴动、文夕大火、艳电、皓电等。

洪钧以金代编修的《平水韵》的韵目代替日期。韵目是中国传统音韵学中概念，要学写诗词，首先要学韵书，知道怎么押韵。从《韵目表》中挑选出来代替日期的韵目，总共有三十个，分别代表三十天。前面十五天用的是韵目上平声的全部，接后是韵目上声的十个，再来是韵目去声的五个；后来使用公历，又添上最后一个《韵目表》中没有的“世”，代表三十一日，这样用三十一个字分别代表三十一天。这种富有诗意的纪日方法在当时是非常方便的，因为读书人一看就知道哪个字代表哪一天，但是到后来，白话文兴起，诗词失去实用功能，读书人对填词作诗逐渐失去兴趣，声韵也就不被重视了。以至于过去一般人都会的事情，却变成了专业知识，现在一般人很难弄清楚了。

韵母代日表

日期	韵目					日期	韵目			
	上平	下平	上声	去声	入声		上声[1]	去声[1]	入声[1]	替换
1日	东 dōng	先 xiān	董 dǒng	送 sòng	屋 wū	16日	铣 xǐ	谏 jiàn	叶 yè	
2日	冬 dōng	萧 xiāo	肿 zhǒng	宋 sòng	沃 wò	17日	篠 xiǎo	霰 xiàn	洽 qià	
3日	江 jiāng	肴 yáo	讲 jiǎng	绛 jiàng	觉 jiào	18日	巧 qiǎo	啸 xiào		
4日	支 zhī	豪 háo	纸 zhǐ	寘 zhì	质 zhì	19日	皓 hào	效 xiào		
5日	微 wēi	歌 gē	尾 wěi	未 wèi	物 wù	20日	哿 gě	号 hào		
6日	鱼 yú	麻 ma	语 yǔ	御 yù	月 yuè	21日	马 mǎ	箇 gè		

（续表）

7日	虞 yú	阳 yáng	麌 yǔ	遇 yù	曷 hé	22日	养 yǎng	祃 mà		
8日	齐 qí	庚 gēng	荠 qí	霁 jì	黠 xiá	23日	梗 gěng	漾 yàng		
9日	佳 jiā	青 qīng	蟹 xiè	泰 tài	屑 xiè	24日	迥 jiǒng	敬 jìng		
10日	灰 huī	蒸 zhēng	贿 huì	卦 guà	药 yào	25日	有 yǒu	径 jìng		
11日	真 zhēn	尤 yóu	轸 zhěn	队 duì	陌 mò	26日	寝 qǐn	宥 yòu		
12日	文 wén	侵 qīn	吻 wěn	震 zhèn	锡 xī	27日	感 gǎn	沁 qìn		
13日	元 yuán	覃 tán	阮 ruǎn	问 wèn	职 zhí	28日	俭 jiǎn	勘 kān		
14日	寒 hán	盐 yán	旱 hàn	愿 yuàn	缉 jī	29日	豏 xiàn	艳 yàn		
15日	删 shān	咸 xián	潸 shān	翰 hàn	合 hé	30日		陷[1]		卅
						31日		[1]		世、引

三十日，按规定该用“陷”，但是于军队不吉利，忌用，便用“卅”（卅，拼音：sà，就是三十）字代替；又公历三十一日没有韵目可用，通常都用“世”或“引”字来代替；“世”字是“卅一”的合写，“引”字则像阿拉伯数字31。根据上表，“东日”是初一；“马”代表二十一日，马日事变是发生在（一九二七年五月）二十一日；文夕大火发生在（一九三八年十一月）十二日夜；艳电则是（一九三八年十二月）二十九日的电报。

致　谢

没有诸多良师益友指导帮助，本书不可能完成。

尤为感谢天津友人蒋向宇先生提供大量珍贵史料，并对全书严谨校审，纠正数以千计的错漏以及若干谬误。

谨此致谢。